계시록
해석

계시록 해석

펴 낸 날 2024년 6월 10일

지 은 이 윤행선
펴 낸 이 이기성
기획편집 이지희, 윤가영, 서해주
표지디자인 이윤숙
책임마케팅 강보현, 김성욱
펴 낸 곳 도서출판 생각의 뜰
출판등록 제 2018-000288호
주   소 경기 고양시 덕양구 청초로 66, 덕은리버워크 B동 1708호, 1709호
전   화 02-325-5100
팩   스 02-325-5101
이 메 일 bookmain@think-book.com

• 책값은 표지 뒷면에 표기되어 있습니다.
  ISBN 979-11-7048-708-1(03230)

천부경과 / 성경을 / 바탕으로

계시록
해석

윤행선 지음

생각의뜰

|목 차|

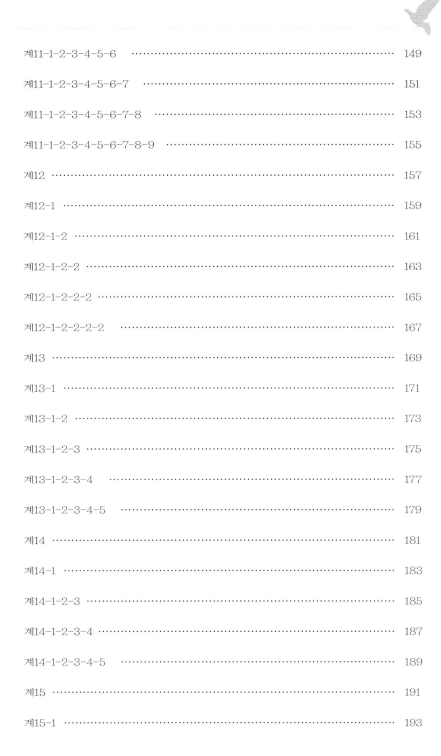

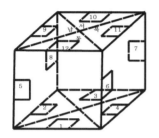 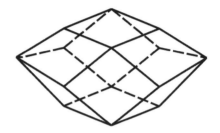

계1	계4	계8	계12	계16	계20
계2	계5	계9	계13	계17	계21
계3	계6	계10	계14	계18	계22
	계7	계11	계15	계19	

경기도 여주에 사는 농부는 1978년 구정날 기도원에 올라가 금식 기도를 시작하여 셋째 날이 되는 영시에 성령에 감동하여 기도굴에서 기도하고 있는 나를 내려다보는 또 하나에 내가 있어 무엇인가를 타고 올라가면서 기도굴에서 기도하고 있는 나를 아무런 장애가 없이 내려다보면서 이렇게 내가 몸을 기도굴에 두고서 천국으로 가는 것일까 하는 생각을 하면서 고개를 들어서 위를 올려다보는 그 순간에
창1:5-아침이 되는-창1:4-어두움에 밤하늘이==>*<=창1:5-저녁이 되는 낮의 하늘과 전쟁을 하는 것을 보면서 올라가고 올라가서 보니

창1:5-4-저녁이 되는-낮이라 칭하신-창1:4-빛이 있는- -창1:1-천이라 하는 낮의 하늘과 = = = =>*<=
창1:5-4-아침이 되는-밤이라 칭하신-창1:4-어두움에 - -창1:2-흑암이라 하는 밤하늘이 전쟁을 하는 ==> 하늘의 전쟁을 보고 보니 함께
창1:5-4-저녁이 되는-낮이라 칭하신-창1:4-빛들의 아버지 -창1:1-天父와 天子와 天夫의 집이라 하는 집 宇 와 ===>*<=
창1:5-4-아침이 되는-밤이라 칭하신-창1:4-어두움에 아비- 창1:2-陰父와 陰自와 陰夫의 집이라 하는 집 宙 가 전쟁하는 =>-宇宙에 전쟁을 보고 보며 볼 때
창1:5-4-1-천이라 하는-낮의 셋째와 둘째 하늘나라에서=>*<= 아침이 되는-밤이라 칭하신 陰父와 陰自와 陰夫들에 나누어진 어두움의 날이
　　　　　　　　　　　　一始無始一 析三極 無進本 一終無終一로 없어져서 흑암이라 하는 밤하늘이
창1:5-4-2-깊음이라 하는-물의 흑암 속에-저녁이 되며 아침이 되는-
　　　　　　　　　　　-둘째 날에-낮이라 칭하신 빛으로 영생하시는 하나님께서 있으라 하시고 하늘이라 칭하신
창1:5-4-2-깊음에 있는--창1:6-8/14-18-궁창으로 -<= = 陰父와 陰自들이 쫓겨서 내려가고 -함께-
창1:5-4-2-수면에 물을-저녁이 되며 아침이 되는-셋째 날에 -
　　　　　　　　　- 낮이라 칭하신 빛으로 영생하시는 하나님께서-모이라 하시고 바다와 땅이라 칭하신
창1:5-4-2-수면에 물을-창1:2-9-10 /창2:8-14/창3:24-땅이라 칭하신 뭍에 있는 에덴동산으로 어두움이 쫓겨서 내려가는 것을 보고 보며
　　　　　　　　　　　　　　　　　　볼 때
창1:5-4-1-천이라 하는-낮의 하늘에 하나님이-유1:6-자기 지위를 지키지 아니하고 자기 처소를 떠난 천사들을 큰 날 심판까지 영원한 결박으로
창1:5-4-2-흑암이라는 -어두움에-밤의 하늘에-<- - 유1:6-타락한 천사들을 가두어 둔 것을 -사도 유다와 같이 보며
창1:5-4-2-흑암이라는 -어두움에-밤의 하늘에-<- -신5:1-22/신4:10-16-여호와가 있는 화염에 불꽃이 충천한 불못이 있는 것을 보며
창1:5-4-2-흑암이라는 -어두움에-밤의 하늘을-<- -벧전3:9- 옥이라 하는 지옥으로 -사도 베드로와 같이 보고 보며 볼 때
　　　　　　　　　　　　　　　　　　또
창1:5-4-2-아침이 되는-여섯째-밤에 밤이라 칭하신-겔1:4-28-여호와라 하는 네 생물이 -창12:26-창2:4-8-우리의 형상과 모양대로 우리가
　　사람을 만들자 하고서-금 은 놋 철-나라에 조상들을 만든 여호와라 하는 네 생물을-금 은 놋 쇠 도깨비들로 보며 -창1:2-신이라
　　　　　　　　　　　　　하는 귀신들로 보고 보는-반면에-
창1:5-4-1-저녁이 되는-여섯째-낮에 낮이라 칭하신 빛으로 영생하시는 하나님께서-창1:27-29-사람을 창조하시되 남자와 여자라 하는 빛의
　　자녀들을 창조하시고 창조하신 빛의 자녀들에게 복을 주시며 이르시되 생육하고 번성하여 ==>밤이라 칭하신 모든 생물을 이겨서
　　다스리라 하시며-어두움에 하늘과 땅과 바다를-<== 정복하고 점령하여 충만하라 하신 말씀을 따라서 밤이라 칭하신 어두움을 <-
　　　　　　　　　　　　-<==정복하고 점령하는 창조하신 빛의 자녀들에게
창1:5-4-1-천지면에 있는 낙원에 생명나무 열매를 생명의 양식으로 - - -창1:1-27-29-창조하신 빛의 자녀들에게 -<=== 주셔서
창1:5-4-1-천지면에 있는 빛의 자녀들이 있는 - - - - - - - - - - 창1:1-천부의 집을 -<===천자문에서 -집 宇 라 하는 - 반면에-
창1:5-4-2-흑암과 땅에 있는 - 어두움에 자녀들이 있는 어두움에 아비---창1:2-음부의 집을 -<===천자문에서 -집 宙 라 하는 것을 보며
창1:5-4-1-천부의 집과 ->*<-창1:2-음부의 집이 싸우는 -宇宙-에-전쟁을 -낮의 하늘과 밤하늘이 전쟁하는 것으로 보고 보며 볼 때
　　　　　　　　　　　　　　　　　　또
창1:5-4-1-천부와 천자의 집 宇 에 있는- 낮이라 칭하신 빛의 자녀들과 후손들을 三天地人들과 -天父와 天子의 天夫人들로 보고 보며 보는
　　　　　　　　　　　　　　　　　-반면에-
창1:5-4-2-陰父와 陰自의 집 宙 에 있는- 밤이라 칭하신 어두움에 자녀들과 후손들을 二天地人들과- 陰父와 陰自의 陰夫들로 보고 보며-또
창1:5-4-2-神이라 하는 神父와 神自의 神夫들과 神者라 하는-놈 者 자를 사용하여 놈들로 보고 보며 볼 때
　　　　　　　　　　　　　　　　　　또
창1:5-4-1-저녁이 되는 낮이라 칭하신 -창1:1-4-/요1:1-18-/엡2:15-16-빛으로 영생하시는 천부의 천자이신 독생자 예수님께서 원수 된
창1:5-4-2-아침이 되는 밤이라 칭하신 -창1:2-4-/요1:5-17-/엡2:15-16-어두움에 계명과 율법을 육체로 폐하시고 십자가로 소멸하신
창1:5-4-2-아침이 되는 밤이라 칭하신 -창1:2-4-/요1:5-17-/고전15:56- 어두움에 죄와 사망의 율법을 -道可道 非常道 名可名 非常名이라
　　　　　　　　　　　　　　하며-空 不 異 色 色 不 異 空-이라 하는-반면에-
창1:5-4-1-저녁이 되는 낮이라 칭하신 -창1:1-4-/요1:1-17-/롬8:1-2-빛으로 영생하시는 그리스도 예수 안에 있는 생명의 성령의 법을 -
　　　　　　　　　　　-苦集滅道-라 하며- 色 卽 是 空 空 卽 是 色-이라 하며 -道可道 有常道 名可名 有常名-이라 하며
창1:5-4-1-天父와 天子와 天夫들이 있는-집 宇 를- 마고성과 부도라 하며- 옴마니벧메훔이라 하며- 성경에서 거룩한 성 새 예루살렘과
벧엘이라 하는 것을-성령에 감동하여 공간과 시간 여행을 하면서-창1:1-2-안에서 이렇게 보고 보며 본 것이라 이렇게 그 이야기를 시작하는 것이다.

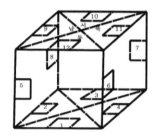 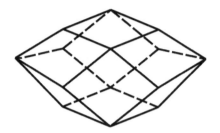

계1	계4	계8	계12	계16	계20
계2	계5	계9	계13	계17	계21
계3	계6	계10	계14	계18	계22
	계7	계11	계15	계19	

창1:5-4-1-천이라 하는- 저녁이 되는 낮의 하늘의 하나님 아버지 천부의 집에 -위에 그림과 같이-열린 열두 문과 열두 기초석이 있는 반면에
창1:5-4-2-흑암이라는- 아침이 되는 밤이라 칭하신 어두움에 아비 음부의 집에는-위에 그림과 같이-열린 문이 없고 이십사 기초석이 있으며

또

계4:1-하늘에 열린 문으로 처음에 -계4:1-계1:10-나팔 소리 같은 큰 음성으로 밧모섬에 있는 요한에게 이르시되 네 보는 것을 두루마리에 써서
계1:4-아시아에 있는 일곱 교회에 보내라 하시는 말씀을 -계1:9-밧모섬에서 요한이 성령에 감동하여 들으며 몸을 돌이키면서 -볼 때-
계4:1-하늘에 열린 문으로 예수께서 처음에 -계1:10-16- 나팔소리 같은 큰 음성으로 말씀하시는-그의 얼굴은 해가 힘있게 비추는 것과 같이-
계4:1-8-과-창1:1-5-낮이라 칭하신-창1:1-4-/요1:1-17-빛이 힘있게 비추는 빛을-이렇게-사도 요한과 농부가 본 것이 동일하며

그리고

창1:5-4-1-천이라 하는-계4:1-8-낮의 하늘에-계4:1-열린 문으로 처음에 이어서 두 번째 이리로 올라오라 하셔서 사도 요한이 성령에
감동하여 낮의 하늘에 열린 문으로 올라가서 크게 소리쳐서 보라 하는

창1:5-4-2-흑암에 구름이라 하는 -계4:2-8-밤의 하늘에- 창1:4-어두움에-계4:2-3-보좌가 베풀어져 있는 것을 보며
창1:5-4-2-혼돈하고 공허한 땅에 -계4:2-8-밤이라 칭하신- 창1:4-어두움에-계4:2-4-보좌가 베풀어져 있는 것을 보며
창1:5-4-2-깊음에 있는 궁창에 -계4:2-8-밤이라 칭하신- 창1:4-어두움에-계4:2-5-보좌가 베풀어져 있는 것을 보며
창1:5-4-2-수면에 물이 있던 땅에 -계4:2-8-밤이라 칭하신- 창1:4-어두움에-계4:2-6-보좌가 베풀어져 있는 것을 보며
창1:5-4-2-수면에 물이 있던 땅에 -계4:2-8-밤이라 칭하신- 창1:4-어두움을-계4:2-7-네 생물이라 하는-겔1:4-28-여호와로 보고 보며

보는 반면에

창1:5-4-1-천이라 하는- 계4:1-8-낮의-셋째 하늘에-계4:1-天父와 天子이신 예수님의-계3:1-21-보좌에-창1:4- 빛의 자녀들이 있으며
창1:5-4-1-천이라 하는 -계4:1-8-낮의-둘째 하늘에-계4:2-천부와 천자의 -성령님의 -계20:11-12-크고 흰 보좌에 빛의 자녀들이 있고
창1:5-4-1-천이라 하는 -계4:1-8-낮의 첫째 하늘에 -계4:5-천부와 천자의 -일곱 영이-계20:4-6-보좌에-창1:4- 빛의 자녀들이 있으며
창1:5-4-1-천지면에 -- 계4:1-8-낮이라 칭하신-요1:1-18-29-과-계22:1-어린양의 보좌에-빛의 자녀들이 있는 생명나무 낙원이
창1:5-4-1-天父와 天子와 天夫들이 있는 天父의 집 宇라 하는- 계22:1-19-거룩한 성 새 예루살렘에 있으며

또

창1:5-4-1-지면에 생명나무가-밤이라 칭하신 어두움에-고전15:56-율법이 사망으로 쏘는 죄가 주관하는 밤에 달마다 열두 가지 과실을 맺어서
창1:5-4-1-천이라 하는-계4:1-2-5-8-낮의 하늘에 계시는 예수님과 성령과 일곱 영이==>-계1:4-일곱 교회들에게 하시는 말씀을 듣고서
　　　　-계4:2-8-밤이라 칭하신-창1:2-4/신5:10-15/요1:5-17/고전15:56-어두움의 율법이 사망으로 쏘는 죄를-<==
　　　　　　-<=== 계2:1-7-이기는 그에게-<-주려고-창1:1-27-29-지면에 생명나무 열매가 세세토록 있으며

또

창1:5-4-1-지면에 있는-계2:7-낙원에-계22:1-2-생명나무 열매 가 -창1:1-창조기로부터 태초기와 창세기와 말세기에 세세토록 있으며
창1:5-4-1-지면에 생명나무 잎사귀들은==>-밤이라 칭하신 어두움의 율법이 사망으로 쏘는 죄에 맞아서 죽어서 잠자는 영혼들을 깨우기-
　　　　　　생명나무 잎사귀들==>-깨어 일어날-蘇-라 하는-音-과-밤이라 칭하신 어두움에 죄와 사망에 율법에 취하여 있는
창1:5-4-1-지면에 생명나무 잎사귀들이==>-계22:2-25-개들과 술객들과 행음자들과 살인자들과 우상숭배자들과 거짓말을 지어내는 자들을
　　　　　　깨우치기 위하여-술 깰-醒-성이라 하는-音으로-세세토록-있으며 있는
창1:5-4-1-지면에 생명나무 잎사귀들이==>-밤이라 칭하신 -어두움에 있는 만국을 소성하는 소성의 음을 ==>-
창1:5-4-1-저녁이 되는-계4:1-8-낮이라 칭하신-창1:1-4/요1:1-17-/엡2:15-16-빛으로 영생하시는 예수께서 원수가 되어서 나누어진
창1:5-4-2-아침이 되는-계4:2-8-밤이라 칭하신-창1:2-4/신4:10-15/엡2:15-16- 여호와의 계명과 율법을 육체로 폐하시고 십자가로
　　　　　　소멸하신 예수님 십자가 복음과 죽은 자들 가운데서
창1:5-4-2-밤이라 칭하신-창1:2-4/신4:10-15/고전15:56-여호와의 율법의 사망을 이겨서 폐하시고-<=*=>-다시 살아나신 예수께서
창1:5-4-2-밤이라 칭하신-창1:2-4/신4:10-15/요1:5-17/갈3:13-여호와의 율법의 저주에서 = = = =>- 우리 인류를 속량하시고
창1:5-4-2-밤이라 칭하신-창1:2-4/신4:10-15/요1:5-17/롬8:2-여호와의 죄와 사망의 율법에서= = =>- 우리 인류를 해방하시고
창1:5-4-2-밤이라 칭하신-창1:2-4/벧전2:9-어두움에서 = = =>- 우리 인류를 불러내셔서-
창1:5-4-1-낮의 하늘나라-마4:17/마10:1-17/벧전2:9/계1:1-9-거룩한 천국의 예수의 나라와 제사장으로 삼으시고 승천하신 천국의 복음을
창1:5-4-1-지면에 생명나무 잎사귀가 ===>-밤이라 칭하신 어두움에 있는 만국을 소성하는 소성의 음으로 보고 듣고 본 것이라 이렇게 그림으로
그려서 그 이야기를 하고 하며 하여서 사도 요한과 농부가 성령에 감동하여 공간과 시간 여행을 하면서 보고 들은 것을 증거하여 증명을 하려는 것이다.

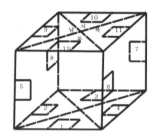

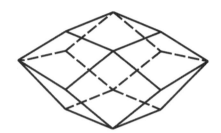

계1	계4	계8	계12	계16	계20
계2	계5	계9	계13	계17	계21
계3	계6	계10	계14	계18	계22
	계7	계11	계15	계19	

창1:1-천이라 하는 - 저녁이 되는 낮의 하늘의 하나님 아버지 천부의 집에 -위에 그림과 같이---열린 열두 문과 열두 기초석이 있으며 반면에
창1:2-흑암이라는 - 아침이 되는 밤의 하늘의 하나님 음부의 집에는-위에 그림과 같이-- 열린 문이 없고 이십사 기초석이 있는 것을 보고 보며
또

창1:5-4-1-저녁이 되는-계4:1-8-낮이라 칭하신-요1:1-18/마10:1-7/계1:1-9-예수님의 제자이며 사도 요한이 밧모섬에서 성령에 감동하여
창1:5-4-1-저녁이 되는-계4:1-8-낮의 하늘에 -계4:1-열린 문으로 처음에 -계1:10-나팔 소리 같은 큰 음성으로-밧모섬에 있는 사도 요한에게
이르시되 네 보는 것을 두루마리에 써서-계1:4- 아시아에 일곱 교회에 보내라 하시는
창1:5-4-1-천이라 하는-계4:1-8-낮의 하늘에 계신- 예수님 얼굴빛이 - 궁창에 있는 -계1:10-16-해가 힘있게 비추는 것과 같이-
창1:5-4-1-저녁이 되는-계4:1-8-낮이라 칭하신-창1:1-4/요1:1-18/계1:1-8-10-17-빛이 힘있게 비추는 빛을 보며 -또-
창1:5-4-1-저녁이 되는-계4:1-8-낮이라 칭하신-창1:1-4/요1:1-18/계1:1-8-10-18-빛으로 전에도 이제도 계시는 예수께서-
창1:5-4-2-아침이 되는 -계4:2-8-밤이라 칭하신-창1:2-4-어두움에 아비- 陰父와 사망의 열쇠를 가지시고 -음부와 사망을 열어 놓으셔서

창1:5-4-2-흑암에 구름에 베풀어진 - - - - 어두움에-계4:2-3-보좌에-계5:1-9-12-14-거문고 향연의-계9:1-할렐루야 무리를 보며
창1:5-4-2-혼돈하고 공허한 땅에 베풀어진 - 어두움에-계4:2- 4-보좌에-계5:1-9-12-14-거문고 향연의-계19:3-할렐루야 무리를 보며
창1:5-4-2-깊음에 있는 궁창에 베풀어진 - 어두움에-계4:2-5-보좌에-계5:1-9-12-14-거문고 향연의-계19:4-할렐루야 무리를 보며
창1:5-4-2-수면에 있던 땅에 베풀어진 - - - 어두움에-계4:2-6-보좌에-계5:1-9-12-14-거문고 향연의-계19:6-할렐루야 무리를 보며

창1:5-4-1-저녁이 되는-- 계4:1-8- 낮이라 칭하신 -계5:6-7-8-9-어린양이 일곱 인봉 중에서-계6:1-12-17-여섯째 인을 떼실 때
보고 보며 볼 때
창1:5-4-2-어두움에----계4:2-3-보좌가 베풀어진-아침이 되는 -어두움에-계4:2-8-밤하늘이라 하는 -창1:2/시18:11-흑암에 구름이
창1:5-4-1-빛이신- - -계4:1-예수님과 아버지-계3:21-보좌가 있는 -계4:2-5-8-셋째 하늘에서-큰 대풍에 휘말려서 흑암에 구름이라
하는 밤하늘이 두루마리 책에 종이 축이 말리는 같이 떠나가
창1:5-4-2-어두움에- - -계4:2-5-보좌가 베풀어진 -깊음이라 하는 물의 흑암 속에 있으라 하시고 하늘이라 칭하신 궁창으로 떠내려가므로
-궁창에 해와 달이 총담같이 검어지고 검 붉은 피와 같이 되며 궁창에 별들은 밤하늘이 떠내려간 대풍에
흔들려 설익은 무화과나무 열매처럼
창1:5-4-2-어두움에- - -계4:2-6-보좌가 베풀어진 수면이 있던 땅으로-<= = = 궁창에 별들이 대풍에 흔들려서 떨어지며
창1:5-4-2-어두움에- --계4:2-4-보좌가 베풀어진 혼돈하고 공허한 땅과-창1:6-8-궁창 위로 나누어진 물이 있는 바다에 큰 지진이 있어
섬이 옮기우매 땅에 임금들과 왕족들과 장군들과 부자들과 강한 자들과 자주자가 굴과 산 바위 틈에 숨어서
큰 지진에 무너지는 산들에게 우리 위로 무너져 달라 하며 큰 지진에 터져서 날아다니는 바위 덩어리들에게
이르되 우리 위로 떨어져서
창1:5-4-1-천이라 하는- 계4:1-2-5-8-낮의 하늘에-계3:1-2-보좌에 앉으신 예수님 얼굴에서 힘있게 비추는 낮에 빛과 어린양의 진노에서
창1:5-4-2-어두움에- - 계4:2-4-5-6-보좌가 있는 곳에서 우리를 가리우라.
창1:5-4-1-저녁이 되는-계4:1-2-5-8-낮이라 칭하신-계6:1-17-그들의 진노의-유1:6-큰 날 심판이 이르렀으니 누가 능히 서리요 하는 일이
창1:5-4-2-어두움에- - 계4:2-4-5-6-보좌 있는 -창1:2-안에서 있는 들을 -이렇게- 성령에 감동하여
창1:5-4-1-저녁이 되는-계4:1-2-5-8-낮의 하늘에서 이렇게 사도들이 본 것과 동일하게 본 것이라 이렇게 그림으로 그려서 그 리얼 스토리에
이야기를 이렇게 하고 하며 하여서 증거하고 증명을 하는 것이다.

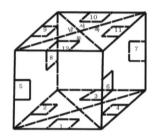
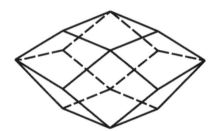

계1	계4	계8	계12	계16	계20
계2	계5	계9	계13	계17	계21
계3	계6	계10	계14	계18	계22
	계7	계11	계15	계19	

창1:1-천이라 하는- 저녁이 되는 낮의 하늘의 하나님 아버지 천부의 집에 -위에 그림과 같이---열린 열두 문과 열두 기초석이 있으며 반면에

창1:2-흑암이라는 - 아침이 되는 밤의 하늘의 하나님 음부의 집에는-위에 그림과 같이-- 열린 문이 없고 이십사 기초석이 있는 것을 보고 보며

또

창1:5-4-1-저녁이 되는-계4:1-8-낮이라 칭하신-요1:1-18/마10:1-7/계1:1-9-예수님의 제자이며 사도 요한이 밧모섬에서 성령에 감동하여

창1:5-4-1-저녁이 되는-계4:1-8-낮의 하늘에 -계4:1-열린 문으로 처음에 -계1:10-나팔 소리 같은 큰 음성으로-밧모섬에 있는 사도 요한에게

이르시되 네 보는 것을 두루마리에 써서-계1:4- 아시아에 일곱 교회에 보내라 하시는

창1:5-4-1-천이라 하는-계4:1-8-낮의 하늘에 계신- 예수님 얼굴빛이 - 궁창에 있는 -계1:10-16-해가 힘있게 비추는 것과 같이 -

창1:5-4-1-저녁이 되는-계4:1-8-낮이라 칭하신-창1:1-4/요1:1-18/계1:1-8-10-17-빛이 힘있게 비추는 빛을 보며 -또-

창1:5-4-1-저녁이 되는-계4:1-8-낮이라 칭하신-창1:1-4/요1:1-18/계1:1-8-10-18-빛으로 전에도 이제도 계시는 예수께서-

창1:5-4-2-아침이 되는-계4:2-8-밤이라 칭하신-창1:2-4-어두움에 아비- 陰父와 사망의 열쇠를 가지고 -음부와 사망을 열어 놓으셔서

창1:5-4-2-흑암에 구름에 베풀어진 - - - - 어두움에-계4:2-3-보좌에-계5:1-9-12-14-거문고 향연의 -계9:1-할렐루야 무리를 보며

창1:5-4-2-혼돈하고 공허한 땅에 베풀어진 - 어두움에-계4:2-4-보좌에-계5:1-9-12-14-거문고 향연의-계19:3-할렐루야 무리를 보며

창1:5-4-2-깊음에 있는 궁창에 베풀어진 -- 어두움에-계4:2-5-보좌에-계5:1-9-12-14-거문고 향연의-계19:4-할렐루야 무리를 보며

창1:5-4-2-수면에 있던 땅에 베풀어진- - - 어두움에-계4:2-6-보좌에-계5:1-9-12-14-거문고 향연의-계19:6-할렐루야 무리를 보며

창1:5-4-1-과- 계4:1-8-낮의 하늘에-계4:1-열린 문이 있는-계19:11-열린 하늘로 백마 탄 예수님 군대가 손에 철장을 들고 나아와 ===>-

창1:5-4-2-흑암에 구름이라 하는 밤하늘을 -<= = = = = = = 타고서 백마 탄 예수님 군대가 손에 철장으로

창1:5-4-2-흑암에 구름에 베풀어진-계4:2-3-보좌에 어두움과 거문고 향연의 할렐루야 무리를-<== = 손에 철장으로 재림 심판하여서 타고 있는

창1:5-4-2-과-신 4:10-15-흑암에 구름 속에 여호와가 있는 화염에 불꽃이 충천한 불못에 산 채로 던져 넣는-<== 재림 심판하고서 흑암에 구름이

밤하늘을 타고서 백마 탄 예수님의 군대가

창1:5-4-2-어두움에 -계4:2-4-보좌가 베풀어진 땅으로 -<= = = 내려가서 손에 철장으로 백마 탄 예수님과 아버지 군대가

창1:5-4-2-과-계4:2-4-보좌에 어두움과 거문고 향의 할렐루야 무리를 개 패듯이-<=== 재림 심판하셔서 타고 있는

창1:5-4-2-과-신4:10-15-여호와가 있는 화염에 불꽃이 충천한 불못에 산 채로 던져 넣고서-<== 흑암에 구름이라 하는 밤하늘을 타고서 -또-

창1:5-4-2-어두움에 -계4:2-5-보좌가 베풀어진 궁창으로 -<===내려가서 손에 철장으로 백마 탄 예수님과 아버지 군대가

창1:5-4-2-과-계4:2-5-보좌에 어두움과 거문고 향연의 할렐루야 무리를 개 패듯이-<===재림 심판하셔서 타고 있는

창1:5-4-2-과-신4:10-16-여호와가 있는 화염이 불꽃이 충천한 불못에-계4:2-5-보좌로부터 뇌성의 불과 음성의 불과 번갯불이 흑암에 구름이

이라 하는 밤하늘을 가르며 나오는 여호와가 있는 불못에 던져 넣는 것을 -사도 요한이-성령에 처음 감동하여

밧모섬에서 보고 보며 볼 때-

창1:5-4-1-과-계4:1-열린 문으로 처음에-계1:10-나팔 소리 같은 큰 음성으로 말씀하시는 예수님-계1:10-17-발 앞에 엎드러져서 사도 요한이

죽은 자같이 떨고 있었던 이유는-사도 요한이 이전에 유대교에 있을 때-

창1:5-4-2-어두움에-계1:1-4-보좌가 있는 -요2:19-성전 제단에서 제사하는 -거문고 향연의 할렐루야 무리들 가운데 있었기 때문이라 하더라.

그리고

창1:1-2-과-곧-계4장-안에서-계12:1-14-한 때와 두 때에-둘째며 여섯째 인 떼심과 나팔과 대접 심판에 일들을-계4장-좌편 남쪽에서 보는 일들

이-계16-17-19-19-있으며-또-하편에서 보는 일들이 -계1-2-3-장에 있는 것이더라.

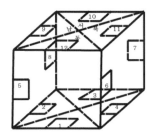

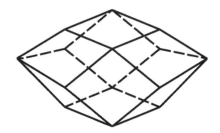

계1	계4	계8	계12	계16	계20
계2	계5	계9	계13	계17	계21
계3	계6	계10	계14	계18	계22
	계7	계11	계15	계19	

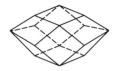

계1	계4	계8	계12	계16	계20
계2	계5	계9	계13	계17	계21
계3	계6	계10	계14	계18	계22
구약과 복음서	계7	계11	계15	계19	사도행전 사도서신

창1:5-4-1-과- 창1:2-4-5- 안에서 있는 계시의 영상과 일들을 두 그림과 도표로 정리한 것이며

창1:5-4-1-저녁이 되는-계4:1-2-5-8-낮의 하늘나라와
창1:5-4-2-아침이 되는-계4:2-4-5-6-8-밤의 하늘나라가 나누어져 전쟁하는 것을-계4장-전편에서 보는 일들이-계4-5-6-7-장에 있으며

창1:5-4-1-저녁이 되는-계4:1-2-5-8-낮의 하늘나라와
창1:5-4-2-아침이 되는-계4:2-4-5-6-8-밤의 하늘나라가 나누어져 전쟁하는 것을-계4장-우편에서 보는 일들이-계8-9-10-11-장에 있으며

창1:5-4-1-저녁이 되는-계4:1-2-5-8-낮의 하늘나라와
창1:5-4-2-아침이 되는-계4:2-4-5-6-8-밤의 하늘나라가 나누어져 전쟁하는 것을-계4장-가운데서 보는 일들이-계12-13-14-15-장에 있으며

창1:5-4-1-저녁이 되는-계4:1-2-5-8-낮의 하늘나라와
창1:5-4-2-아침이 되는-계4:2-4-5-6-8-밤의 하늘나라가 나누어져 전쟁하는 것을-계4장-좌편에서 보는 일들이-계16-17-18-19-장에 있으며

창1:5-4-1-저녁이 되는-계4:1-2-5-8-낮의 하늘나라와
창1:5-4-2-아침이 되는-계4:2-4-5-6-8-밤의 하늘나라가 나누어져 전쟁하는 것을-계장-후편에서 보는 일들이-계20-21-22-장에 있으며

창1:5-4-1-저녁이 되는-계4:1-2-5-8-낮의 하늘나라와
창1:5-4-2-아침이 되는-계4:2-4-5-6-8-밤의 하늘나라가 나누어져 전쟁하는 것을 -계4장 하편에서 보는 일들이-계1-2-3-장에 있으며

그리고

창1:5-4-2-아침이 되는 -계4:2-8- 밤이라 칭하신 -계4:2-7- 네 생물이-계4:2-4-5-6-보좌가 있는

창1:5-4-2-흑암에 구름에-베풀어진 - - -계4:2-3-보좌가 있는 함 하늘과 네 생물이 운행하며
창1:5-4-2-혼돈하고 공허한 땅에 베풀어진- 계4:2-4-보좌가 있는 땅에서 네 생물이 운행하며
창1:5-4-2-깊음에 있는 궁창에 베풀어진- - 계4:2-5-보좌가 있는 궁창에서 네 생물이 운행하며
창1:5-4-2-수면이 있던 땅에 베풀어진 - - -계4:2-6-보좌 있는 땅에 있는 에덴동산에서 네 생물이 운행하는 것을 -선지자들과-농부가 본 것이
동일한 것을 먼저 소개합니다.

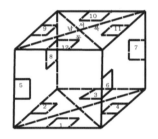
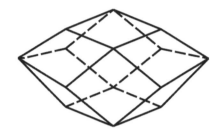

계1	계4	계8	계12	계16	계20
계2	계5	계9	계13	계17	계21
계3	계6	계10	계14	계18	계22
	계7	계11	계15	계19	

계1	계4	계8	계12	계16	계20
계2	계5	계9	계13	계17	계21
계3	계6	계10	계14	계18	계22
구약과 복음서	계7	계11	계15	계19	사도행전 사도서신

창1:5-4-2-밤하늘이라 하는-시18:11-신4:10-15/겔1:4-큰 구름의 흑암 속에 있는 불 가운데서

-시18:11-신5:10-15/겔1:4-5-네 생물의 형상과 모양이 나타나는데 것을 에스겔이 그발강가에서 보니

창1:5-4-2-밤이라 칭하신 --겔1:4-5-6-10-네 생물 네 얼굴 사면에 전면은 사람의 얼굴이며

-네 생물 네 얼굴 사면에 우면은 사자에 얼굴이며

-네 생물 네 얼굴 사면에 좌면은 소의 얼굴이며

-네 생물 네 얼굴 사면에 후면은 독수리에 얼굴이며

창1:5-4-2-밤이라 칭하신 --겔1:4-5-6-9-네 생물이 각기 두 날개를 들어 펴서 마치 네 명의 사람이 사방에 서서 양팔을 들어 펴서 양손을 맞잡은 것과 같이 연결을 하고 있으며

--네 생물이 각기 날 날개로 몸을 가리고 있으며 -또-

--네 생물이 각기 두 날개로 합동하여

창1:5-4-2-운행하여 비행하는 속도가 - 겔1:4-14-번개같이 빠르며 번개같이 빠르게 운행하여 비행하는 네 생물의 날개 모양을 보고 보며 보니

창1:5-4-2-아침이 되는 밤이라 칭하신-겔1:4-15-네 생물의 네 얼굴을 따라서 하나씩 있는 돌아가는 바퀴 모양으로 있으며 이 모양은 경비행기가 운행할 때 앞에서 돌아가는 프로펠러 날개가 돌아가는 모양으로 번개같이 빠르게 운행하는 네 생물에 날개가 -계1:1-4-폭풍을 일으키는 것을 보고 보며 볼 때

창1:5-4-2-아침이 되는 밤이라 칭하신-겔1:4-28-네 생물 사면 광채의 모양은 비 오는 구름에 있는 무지개 같으니

창1:5-4-2-아침이 되는 밤이라 칭하신-겔1:4-28-계4:2-7-네 생물을-陰父라 하는 여호와의 영광의 형상의 모양이라 하는 것을 이렇게 선지자 에스겔이 본 것과 동일하게 본 것이라 이렇게 그 이야기를 하는 것이며

또

창1:5-4-2-아침이 되는 밤이라 칭하신-겔1:4-18-계4:2-7-네 생물을-창1:2-8/창3:24-에덴동산에 있었던 여호와라 하는 것이며

창1:5-4-2-아침이 되는-계4:2-8-밤이라 칭하신-겔1:4-28-여호와라 하는-계4:2-7-네 생물이-아침이 되는-여섯째-밤에

창1:5-4-2-아침이 되는-계4:2-8-밤이라 칭하신-겔1:4-28-여호와라 하는-계4:2-7- 네 생물이

창1:5-4-2-과-창1:26-우리의 형상과 모양대로 우리가 사람을 만들었다 하고서 여호와라 하는 네 생물이-금 은 놋 철나라 조상들을 만든 자들이라 하며

창1:5-4-2-神이라 하는 귀신들과 금 은 놋 쇠 도깨비들로 보고 보며 본 것이며

또

창1:5-4-2-아침이 되는 밤이라 칭하신 -겔1:4-18-계4:2-7- 네 생물의 날개들이

창1:5-4-2-아침이 되는 밤이라 칭하신 어두움에 아비 음부의 집 宙에 -이십사 기초를 이루고 있고-또-이십사 장로가 이십사 기초를 이루고 있으며

창1:5-4-2-아침이 되는 밤이라 칭하신 네 생물이 각기 두 날개로 몸을 가리고 각기 두 날개로 서로 연결을 하고 각기 두 날개로 합동하여 경비행기같이 운행하는 모양이-이집트 아비도스 신전에서 볼 수가 있으며

또

창1:5-4-2-아침이 되는 -계4:2-8- 밤이라 칭하신 -계4:2-7- 네 생물이-계4:2-4-5-6-보좌가 있는

창1:5-4-2-흑암에 구름에- 베풀어진 - - -계4:2-3-보좌가 있는 함 하늘과 네 생물이 운행하며

창1:5-4-2-혼돈하고 공허한 땅에 베풀어진- -계4:2-4-보좌가 있는 땅에서 네 생물이 운행하며

창1:5-4-2-깊음에 있는 궁창에 베풀어진- -계4:2-5-보좌가 있는 궁창에서 네 생물이 운행하며

창1:5-4-2-수면이 있던 땅에 베풀어진 - - -계4:2-6-보좌 있는 땅에 있는 에덴동산에서 네 생물이 운행하는 것을 -선지자들과-농부가 본 것이 동일한 것을 먼저 소개합니다.

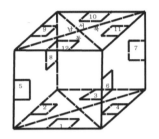
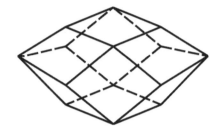

계1	계4	계8	계12	계16	계20
계2	계5	계9	계13	계17	계21
계3	계6	계10	계14	계18	계22
	계7	계11	계15	계19	

계1	계4	계8	계12	계16	계20
계2	계5	계9	계13	계17	계21
계3	계6	계10	계14	계18	계22
구약과 복음서	계7	계11	계15	계19	사도행전 사도서신

또

창1:5-4-2-아침이 되는-계4:2-8-밤이라 칭하신-신4:10-15/겔1:4-28-여호와라 하는-계4:2-7-네 생물이-계4:2-4- 보좌가 있는-

창1:5-4-2-음부의 집에서 -혼돈하고 공허한 땅에서-운행하는 것을 -시6:1-웃시야 왕이 죽던 해에 선지자 이사야가 본 것이며

창1:5-4-2-밤이라 칭하신 -겔1:4-28-과-계4:2-7-네 생물이

-사6:1-각기 두 날개로 얼굴을 가리고-각기-두 날개로 몸을 가리고-에스겔이 볼 때 몸을 가리고 있던 날개를 들어 펴서

-이륙하는 소리에 -계4:2-3-보좌가 있는 음부의 집의 문지방에 터가 -사6:1-4- 터가 요동을 치며

창1:5-4-2-음부의 집에 -사6:1-4-화염에 연기가 충만하여-네 생물이 이륙하여 사방에서 운행하는 모양을 보니 이 모양은-코브라 헬기와 아파치

헬기와 같은 모양에 헬리콥터 비행기와 같은 모양을-선지자 이사야가 스랍이라 하는데 이는

-창2:8-14-창3:24- 에덴동산 동편에서 생명나무 낙원으로 가는 길을 막아서 지키는 화염검으로 보고 보며 본 것이며

창1:5-4-2-아침이 되는- 밤이라 칭하신-겔1:4-28-여호와라 하는 -계4:2-7-네 생물이- 코브라 헬기같이 운행하는 모양을

이집트 아비도스 신전에서 볼 수가 있는 것이다.

또

창1:5-4-2-아침이 되는 밤이라 칭하신-겔1:4-28-여호와 하는 -계4:2-7-네 생물이-계4:2-5- 보좌가 베풀어진

창1:5-4-2-깊음이라 하는 -창1:6-8-물의 흑암 속에 있으라 하시고 하늘이라 칭하신

-겔10:1-궁창에서 운행하는 것을 에스겔이 보며 -겔10:1-20-그것은 내가 그발강가에서 본 바,

-계7:4- 이스라엘 하나님 아래 있었던 생물이라 그들이 그룹들인 줄을 에스겔이 아니라 하여서 이는

-창2:8-14/창3:24-에덴 동편에서 생명나무 낙원으로 가는 길을 막아서 지키는 그룹들로 본 것이며

창1:5-4-2-깊음이라 하는 물의 흑암 속에 있는 궁창에서-밤이라 칭하신 네 생물이 운행하는 모양을 잠수함과 같은 물고기와 같은 모양으로 본 것이며

또

창1:5-4-2-아침이 되는 밤이라 칭하신-겔1:4-28-여호와라 하는-계4:2-7-네 생물이-계4:2-6- 보좌가 있는 음부의 집이라 하는 성전에 있는

창1:5-4-2-수면이 있던 물을 모으라 하시고 땅이라 칭하신 뭍에 있는-겔28:1-13-에덴동산에서 운행하던 것을-또-에스겔이 본 것이며

또

창1:5-4-2-과-겔28:1-13-네가 옛적에 에덴동산에서 각종 보석으로 단장하였음이여 네가 지음을 받던 날에 너를 위하여 소고와 비파가 예비되었도다.

-겔28:1-14-너는 기름 부음을 받고 지키는 그룹이여 내가 너를 세우매 네가 하나님의 성산에서 불타는 돌들 사이에서 왕래하였도다.

-겔28:1-15-네가 지음을 받던 날로부터 네 길이 완전하더니 마침내 네게서 불의가 드러났도다.

-겔28:1-16-네 무역이 많음으로 네 가운데에 강포가 가득하여 네가 범죄하였도다. 너 지키는 그룹아, 그러므로 내가 너를

더럽게 여겨서 하나님의 산에서 쫓아냈고 불타는 돌들 사이에서 멸하였도다.

-겔28:1-17-네가 아름다우므로 마음이 교만하였으며 네가 영화로우므로 네 지혜를 더럽혔음이여, 내가 너를 땅에 던져 왕들 앞에 두어

그들의 구경거리가 되게 하였도다.

-겔28:1-18-네가 죄악이 많고 무역이 불의하므로 네 모든 성전에 성소를 더럽혔음이여 내가 네 가운데서 불을 내어 너를 사르게 하고

너를 보고 있는 모든 자 앞에서 너를 땅 위에 재가 되게 하였도다.

창1:5-4-2-과-겔28:1-19-만민 중에서 너를 아는 자가 너로 인하여 다 놀랄 것임이여 네가 경계거리가 되고 네가 영원히

다시 있지 못하리로다 하셨다 하라 하시니라.

창1:5-4-2-수면이 있던 물을 모으라 하시고 땅이라 칭하신 뭍에 있는-계4:2-6-보좌가 있는 에덴동산에서 여호와라 하는 네 생물이 운행하는 것을

-선지자들과-농부가-본 것이-이렇게 동일하다는 것을 이렇게 소개를 하는 것이다.

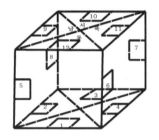
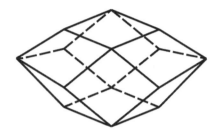

계1	계4	계8	계12	계16	계20
계2	계5	계9	계13	계17	계21
계3	계6	계10	계14	계18	계22
	계7	계11	계15	계19	

계1	계4	계8	계12	계16	계20
계2	계5	계9	계13	계17	계21
계3	계6	계10	계14	계18	계22
구약과 복음서	계7	계11	계15	계19	사도행전 사도서신

또

창1:5-4-1-천부께서

창1:5-4-1-저녁이 되는-계4:1-8-낮이라 칭하신-창1:1-4/요1:1-18-빛이신 독생자 천자이신 예수께서

창1:5-4-1-천이라 하는-계4:1-8-낮의 하늘나라-창1:1-4/요1:1-17-마4:17-마10:1-7- 천국에 복음을 전파하시며

창1:5-4-2-아침이 되는-계4:2-8- 밤이라 칭하신-창1:2-4/신4:10-15/요1:5-17- 여호와의 십계명을 기록한 두 돌판과 율법의 법궤가 있는

창1:5-4-2-陰父와 陰自-집이라 하는 -요12:19-성전을-<=== 헐라고 예수께서 말씀하신

창1:5-4-2-과-요2:19-성전 안 성소 휘장에-<=== 아침이 되는 밤이라 칭하신 여호와라 하며 네 생물이라 하는 네 그룹 중에 하나의 그룹의 형상과 모양이-청색과 자색과 홍색에 고운 베실로 수놓아져 있었으며

창1:5-4-2-과-요2:19-성전 안 벽면에-<=== 아침이 되는 밤이라 칭하신 여호와라 하며 네 생물이라 하는 네 그룹 중에-하나의 그룹의 형상과 모양이 금으로 만들어져 있었으며

창1:5-4-2-과-요2:19-성전 안 지성소에서-<=== 밤이라 칭하신 여호와라 하며 네 생물이라 하는 네 그룹 중에서-두 그룹이 날개로 여호와의 율법의 법궤를 덮고 있었다가

또

창1:5-4-1-창조기와 태초기와 창세기와 말세기 -한 때-

창1:5-4-1-저녁이 되는-계4:1-8- 낮이라 칭하신-창1:1-4/요1:1-17/엡2:15:16-빛으로 영생하시는 예수께서 원수 된

창1:5-4-2-아침이 되는-계4:2-8- 밤이라 칭하신-창1:2-4/요1:5-17/엡2:15-16-여호와의 계명과 율법을 육체로 폐하시고 십자가로 소멸하실 때에

창1:5-4-2-아침이 되는-계4:2-8- 밤이라 칭하신-창1:2-4/요1:5-17-여호와의 폐하여진 율법의 법궤가 있는

창1:5-4-2-陰父와 陰自-집 宙라 하는

창1:5-4-2-과-요2:19-성전 안 성소에 -마27:51-휘장이 위로부터 아래로 찢어져서 폐하여졌으며

창1:5-4-2-과-요2:19-마24:1-2-여호와의 성전이 -<= = = 예수님 말씀과 같이

또

창1:5-4-1-창조기와 태초기와 창세기와 말세기--계12:1-14-한 때와 -

창1:5-4-2-과-단7:2-4-5-6-7-25 -한 때에-계13:1-넷째 열 뿔 짐승이라 하는

　　　　　-단2:2-31-38-39-40-한 때에-넷째 철나라-눅2:1-가이사 아구스도가 있는 로마 제국의 군대가 예루살렘에 들어가 ====>-

　　　　　-요2:19-성전을 불살라서 무너뜨릴 때-

창1:5-4-2-아침이 되는-밤이라 칭하신-신4:10-15/신5:1-22/요1:5-17-여호와의 십계명과 율법을 따르는 유대교 유대인들이 도륙과 살육을 당한 그 피가

창1:5-4-2-과-요2:19-성전이 있는 예루살렘에서 시냇물같이 흐르고 살육과 도륙을 당한 그 시체가 예루살렘 거리에 거름 덤이 같이 쌓여 있었던 것이며

또

창1:5-4-2-아침이 되는 밤이라 칭하신 어두움에 아비라 하는

창1:5-4-2-陰父와 陰自와 陰夫들이 있는-집 宙 라 하는 -요2:19-마24:1-15-성전에-멸망에 가증한 것이 있다는 다니엘과 예수님이 말씀하신 것을 이렇게

창1:5-4-1-저녁이 되는-계4:1-2-5-8- 낮의 하늘에서 - - - 성령에 감동하여 이렇게 보고 보며 본 것이라 이렇게 그 이야기를 하고 하며 하게 되는 것이다.

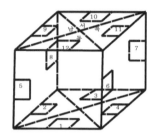

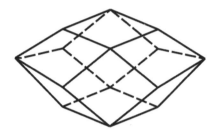

계1	계4	계8	계12	계16	계20
계2	계5	계9	계13	계17	계21
계3	계6	계10	계14	계18	계22
	계7	계11	계15	계19	

계1	계4	계8	계12	계16	계20
계2	계5	계9	계13	계17	계21
계3	계6	계10	계14	계18	계22
구약과 복음서	계7	계11	계15	계19	사도행전 사도서신

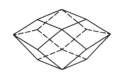

창1:5-4-1-저녁이 되는 낮에 - 계4:1-과-계7:1-이 일 후에 보는 -계7:1-땅과 바다는?

창1:5-4-2-수면에 물을 -저녁이 되며 아침이 되는 셋째 날에 -계4:1-8-낮의 하늘에 계신 예수께서

창1:5-4-2-수면에 물을- 창1:9-10- 모이라 하시고 땅과 바다라 칭하신 그 땅과 바다이며 -에덴동산이 있는 땅이며

창1:5-4-2-과-계7:1-붙잡힌 사망 바람에 첫째는-

창1:5-4-1-저녁이 되는 -계4:1-8-낮이라 칭하신 빛으로 내려오시는 -계4:1-예수께서

창1:5-4-2-아침이 되는 -계4:2-8-밤이라 칭하신 -계4:2-3-보좌 가운데 첫 째 인 떼실 때-흰 말 탄 자와 흰 마병대가 나와서==>-

창1:5-4-1-저녁이 되는 -계4:1-8-낮이라 칭하신 빛으로 내려오는 거룩한 성과-<==전쟁을 하다가 쫓겨 내려간 흰 말 탄 자와 마병대가 ==>

창1:5-4-2-과 -창2:8-11-에덴에서 발원하여-첫째 강이 흐르는 어두움에 땅에서 나라를 이루어 살아가는 비손의 나라와 -<== 함께하여서

　　　　　-창2:8-11-비손의 나라가<=== 흰 말 탄 자와 마병대 능력으로

창1:5-4-2-과-창2:8-12-첫째 강의 금화 문명의 무역풍과 -첫째 생물의 신바람이라 하는 종교와 문화의 바람과 -전쟁 바람을 일으켜서

　　　　　-창2:8-12-첫째 비손의 금나라 제국을 건설하여-

창1:5-4-2-과-계7:1-붙잡힌 사방 바람에- 첫째가-창1:5-4-1-태초기- 한 때 - 첫째로 있었던 것과 같이

또

창1:5-4-2-과-계7:1-붙잡힌 사방 바람에-첫째가-창1:5-4-1-창세기-한 때-

창1:5-4-2-과-창2:8-11-창10:7-하월라가 있는-우르에 나라와-<== 함께하여서-첫째 우르의 금나라 제국을 건설하여 있었으며

또

창1:5-4-2-과-계7:1-사방 바람에-첫째가-창1:5-4-1-말세기-계12:1-14-한 때와-

창1:5-4-2-과-단7:2-4--25-한 때에-첫째 사자 같은 짐승이라 하는 - 느부갓네살 왕의 나라와 -<= = = 함께하여서

　　　　　-단2:2-31-38-한 때에-첫째 금나라 바빌론 제국을 건설하는 금화 문명과 종교와 전쟁 바람에 ==>-

창1:5-4-2-아침이 되는-계4:2-8-밤이라 칭하신-신4:10-15-여호와의 율법을 따르는-유대인들의 유대교 -요2:19- 성전이 무너지고

　　　　　-유대교 유대인들의 나라가 무너지고-유대교 제사장들과 장로들과 유대교 교인들은

　　　　　포로로 사로잡혀서 끌려가 그발강에서 바빌론 제국을 건설하는 일에 종살이하였던 것이며

　　　　　-반면에-

창1:5-4-1-저녁이 되는-계4:1-8-낮이라 칭하신 -창31:13-벧엘의 하나님 제사장이며 살렘 왕 멜기세덱의 반차를 따르는 제사장 다니엘과

　　　　　그의 동무들과 그의 가족들은 바빌론 왕궁으로 들어가 느부갓네살 왕의 모사가 되어서 느부갓네살 왕을 전도하여 느부갓네살 왕이

　　　　　벧엘의 하나님 이름으로 조서를 내려서 벧엘의 하나님 이름을 경배하고 찬양하였던 느부갓네살 왕은 다니엘과 함께 영생을 얻어서

창1:5-4-1-천이라 하는-계4:1-2-5-8- 낮의 하늘에서-계21:2-10-하나님께로부터 내려오는 거룩한 성, 새 예루살렘에서 재림 심판에

　　　　　동참하여 있는 메데의 다리오 왕과 또 요나의 전도를 받아서 회개한 니느웨 성 사람들이 있는 것을 누구나 보게 될 것입니다.

　　　　　살아서 보는 분들도 있을 것이요- 육신의 몸을 벗어 버리면 누구나 보게 될 것입니다.

　　　　　그리고

창1:5-4-2-과-계7:1-사방 바람에 첫째가 붙잡혀서-계7:2-4-8-살아 계신-곧-죽은 자들 가운데서 살아나신 하나님의 인을 치시기까지

　　　　　-계4:6-7-보좌 주위에서 두 번째 때를 도사리며 기다리는 첫째 생물의 날개바람이

창1:5-4-2-과-창1:8-11-14-에덴에서 발원하는 -계9:14-16-넷째 유브라데 강에 결박한 네 천사와 마병대 수 이만만에 사 분의 일로

　　　　　- 흰 말 탄 자와 흰 마병대가 있는 것을 이렇게 사도 요한이 본 것과 같이

창1:5-4-1-저녁이 되는-계4:1-2-5-8-낮의 하늘에서 이렇게 성령에 감동하여 보고 보며 본 것이라 이렇게 그 이야기를 하고 하며 하는 것이다.

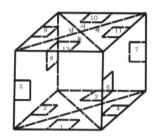

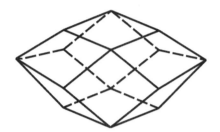

계1	계4	계8	계12	계16	계20
계2	계5	계9	계13	계17	계21
계3	계6	계10	계14	계18	계22
	계7	계11	계15	계19	

계1	계4	계8	계12	계16	계20
계2	계5	계9	계13	계17	계21
계3	계6	계10	계14	계18	계22
구약과 복음서	계7	계11	계15	계19	사도행전 사도서신

창1:5-4-1-저녁이 되는 낮에 - 계4:1-과-계7:1-이 일 후에 보는 -계7:1-땅과 바다는?

창1:5-4-2-수면에 물을 -저녁이 되며 아침이 되는 셋째 날에 -계4:1-8-낮의 하늘에 계신 예수께서

창1:5-4-2-수면에 물을- 창1:9-10- 모이라 하시고 땅과 바다라 칭하신 그 땅과 바다이며 -에덴동산이 있는 땅이며

창1:5-4-2-과-계7:1-붙잡힌 사망 바람에-둘째는-

창1:5-4-1-저녁이 되는-계4:1-8-낮이라 칭하신 빛으로 내려오시는-계4:1-천부의 천자이신 예수께서 열린 문이 있는 거룩한 성 새 예루살렘과

창1:5-4-2-아침이 되는-계4:2-8-밤이라 칭하신-계4:2-4-보좌 가운데-둘째 인 떼실 때--- 붉은 말 탄 자와 붉은 마병대가 나와서===〉

창1:5-4-1-저녁이 되는-계4:1-8-낮이라 칭하신 빛으로 내려오는 거룩한 성과-〈== 전쟁하다가 쫓겨 내려간 붉은 말 탄 자와 마병대가==〉

창1:5-4-2-과-창2:8-13-에덴동산에서 발원하는-둘째 강이 흐르는 어두움에 땅에서 나라를 이루어 살아가는 기혼의 나라와-〈== 함께하여서

　　　　-창2:8-13-기혼의 나라가 -〈 = = 붉은 말 탄 자와 마병대 능력으로

창1:5-4-2-과-창2:8-13-둘째 강의-은화 문명의 무역풍과-둘째 생물의 신바람이라 하는 종교와 문화의 바람과 함께-전쟁 바람을 일으켜서

창1:5-4-2-과-창2:8-12-첫째 비손의 금나라 제국을-〈==정복하고 점령하여

창1:5-4-2-과-창2:8-13-둘째 기혼의 은나라 제국을 건설하여

창1:5-4-2-과-계7:1-붙잡힌 사방 바람에-둘째가-창1:5-4-1-태초기- 한 때 -둘째로 기혼의 은나라 제국이 있었던 것과 같이

　　　　　　　　　　　　　또

창1:5-4-2-과-계7:1-붙잡힌 사방 바람에-둘째가-창1:5-4-1-창세기-한 때-둘째-

창1:5-4-2-과-창2:8-13-창10:7-구스가 있는-소돔과 고모라 나라와-〈== 함께하여-둘째 은나라 소돔과 고모라 나라와 함께하여

　　　　　　　　-소돔과 고모라 나라가-〈== 붉은 말 탄 자와 마병대 능력으로

창1:5-4-2-과-창2:8-13-둘째 강에-둘째 은화 문명의 무역풍과 둘째 생물의 신바람이라 하는 종교와 문화의 바람과-함께-전쟁 바람을 일으켜서

창1:5-4-2-과-창2:8-13-둘째 강의-둘째 은나라 소돔과 고모라 연합 제국을 건설하여 있었고

　　　　　　　　　　　　　또

창1:5-4-2-과-계7:1-붙잡힌 사방 바람에-둘째가-창1:5-4-1-말세기-계12:1-14-한 때와- =둘째-

창1:5-4-2-과-단7:2-5--25-한 때에-둘째 곰과 같은 짐승이라 하는 - 메데 바사 나라와-〈 = = 함께하여서

　　　　　-단2:2-31-38 -한 때-둘째 은나라 -단8:1-4-20-숫양 같은 짐승이라 하는 메데 바사 연합 제국을 건설하여 있었으며 ==〉

　　　　　　　　　　　　이때

　　　　　　　-대하36:22-23-바사 왕 고레스가 조서를 내려서

창1:5-4-2-밤하늘의 신 여호와가 세상 만국으로 내게 주었고, 나에게 명령하여 무너진 유다 예루살렘 성전을 건축하라 하였으니 너희 중에 여호와의 백성 된 자들은 다 예루살렘으로 올라갈지어다. -하여서-유데인들이 바빌론 종살이에서 해방되어서-요2:19-성전을 다시 세운 것이며

　　　　　　　　　　　　그리고

창1:5-4-2-과-계7:1-사방 바람에 첫째가 붙잡혀서-계7:2-4-8-살아 계신-곧-죽은 자들 가운데서 다시 살아나신 하나님의 인을 치시기까지

　　　　　-계4:6-7-보좌 주위에서 두 번째 때를 도사리며 기다리는 둘째 생물의 날개 바람이

창1:5-4-2-과-창1:8-13-14-에덴에서 발원하는 -계9:14-16-넷째 유브라데강에 결박한 네 천사와 마병대 수 이만만에 사 분의 일로

　　　　　- 붉은 흰 말 탄 자와 붉은 마병대가 있는 것을 이렇게 사도 요한이 본 것과 같이

창1:5-4-2-과-계4:2-4-보좌 가운데서 -계6:3-4-둘째 인 떼어져서

　　　　　-계4:6-7-보좌 주위에서 두 번째 때를 도사리며 기다리는 둘째 생물이-둘째 짐승의 우상의 이름이며 -또-여호와라 하는 것을

창1:5-4-1-저녁이 되는-계4:1-2-5-8-낮의 하늘에서 이렇게 성령에 감동하여 이렇게 보고 보며 본 것이라 그 이야기를 하고 하며 하는 것이다.

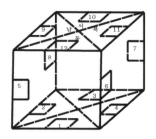
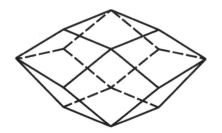

계1	계4	계8	계12	계16	계20
계2	계5	계9	계13	계17	계21
계3	계6	계10	계14	계18	계22
	계7	계11	계15	계19	

계1	계4	계8	계12	계16	계20
계2	계5	계9	계13	계17	계21
계3	계6	계10	계14	계18	계22
구약과 복음서	계7	계11	계15	계19	사도행전 사도서신

창1:5-4-1-저녁이 되는 낮에 -계4:1-과-계7:1-이 일 후에 보는 -계7:1-땅과 바다는?

창1:5-4-2-수면에 물을 -저녁이 되며 아침이 되는 셋째 날에 -계4:1-8-낮의 하늘에 계신 예수께서

창1:5-4-2-수면에 물을- 창1:9-10- 모이라 하시고 땅과 바다라 칭하신 그 땅과 바다이며 -에덴동산이 있는 땅이며

창1:5-4-2-과-계7:1-붙잡힌 사망 바람에-셋째는-

창1:5-4-1-저녁이 되는 -계4:1-8-낮이라 칭하신 빛으로 내려오시는-계4:1-천부의 천자이신 예수께서 열린 문이 있는 거룩한 성 새 예루살렘과

창1:5-4-2-아침이 되는-계4:2-8-밤이라 칭하신-계4:2-5-보좌 가운데-셋째 인 떼실 때--- 검은 말 탄 자와 검은 마병대가 나와서===〉

창1:5-4-1-저녁이 되는-계4:1-8-낮이라 칭하신 빛으로 내려오는 거룩한 성과-〈== 전쟁을 하다가 쫓겨 내려간 검은 말 탄 자와 마병대가==〉

창1:5-4-2-과-창2:8-14-에덴동산에서 발원하는-셋째 강이 흐르는 어두움에 땅에서 나라를 이루어 살아가는 힛데겔의 나라와-〈= 함께하여서

　　　　　-창2:8-14-힛데겔의 나라가 -〈 = = 검은 말 탄 자와 마병대 능력으로

창1:5-4-2-과-창2:8-13-셋째 강의-청동기 문명의 무역풍과-셋째 생물의 신바람이라 하는 종교와 문화의 바람과 함께-전쟁 바람을 일으켜서

창1:5-4-2-과-창2:8-13-둘째 기혼의 은나라 제국을-〈==정복하고 점령하여

　　　　　창1:8-14-셋째 힛데겔의 놋나라 제국을 건설하여

창1:5-4-2-과-계7:1-붙잡힌 사방 바람에-셋째가-창1:5-4-1-태초기- 한 때에-셋째- 힛데겔의 놋나라 제국이 있었던 것과 같이

　　　　　　　　　　또

창1:5-4-2-과-계7:1-붙잡힌 사방 바람에-셋째가-창1:5-4-1-창세기-한 때에-셋째-

창1:5-4-2-과-창2:8-13-창10:22-앗수르가 있는- 아람의 나라와-〈== 함께하여-

　　　　　　　　-아람의 나라가-〈== 검은 말 탄 자와 마병대 능력으로

창1:5-4-2-과-창2:8-13-셋째 강에-청동기 문명의 무역풍과 셋째 생물의 신바람이라 하는 종교와 문화의 바람과-함께-전쟁 바람을 일으켜서

창1:5-4-2-과-창2:8-13-셋째 강의-셋째 힛데겔의 놋나라 제국을 건설하여 있었고

　　　　　　　　　　또

창1:5-4-2-과-계7:1-붙잡힌 사방 바람에-셋째가-창1:5-4-1-말세기-계12:1-14-한 때에 -셋째와-

창1:5-4-2-과-단7:2-6--25-한 때에-셋째 표범과 비슷한 짐승이라 하는 - 헬라 나라와-〈 = = 함께하여서

　　　　　-단2:2-31-38 -한 때에-셋째 놋나라 -단8:5-21-숫염소 같은 짐승이라 하는 헬라 제국을 건설하여 있었으며

　　　　　　　　　　그리고

창1:5-4-2-과-계7:1-사방 바람의 셋째 -창1:5-4-1-태초기 한 때에-셋째 힛데겔의 놋나라 제국이 있었을 때---창4:16-17-가인이-

창1:5-4-2-과-창3:24-에덴동산에서 여호와 앞을 떠나서 생명나무 길을 따라서 나아와 에덴 동편-힛데겔의 놋나라 놋 땅에 거하며 놋나라 여인을

　　　　　-창4:16-17-아내로 맞이하여 가인이 에녹을 낳고 그 땅에 생명나무 낙원의 보좌가 있는 제단과 성전과 성을 돌로 쌓고 가인이 그의

　　　　　아들 에녹에 이름으로 그 성을 이름하여 에녹이라 하였더라.

　　　　　　　　　　그리고

창1:5-4-2-과-계7:1-사방 바람에 첫째가 붙잡혀서-계7:2-4-8-살아 계신-곧-죽은 자들 가운데서 다시 살아나신 하나님의 인을 치시기까지

　　　　　-계4:6-7-보좌 주위에서 두 번째 때를 도사리며 기다리는 셋째 생물의 날개바람이

창1:5-4-2-과-창1:8-13-14-에덴에서 발원하는 -계9:14-16-넷째 유브라데강에 결박한 네 천사와 마병대 수 이만만에 사 분의 일로

　　　　　- 검은 말 탄 자와 검은 마병대가 있는 것을 이렇게 사도 요한이 본 것과 같이

창1:5-4-2-과-계4:2-5-보좌 가운데서 -계6:5-6-셋째 인 떼어서

　　　　　-계4:6-7-보좌 주위에서 두 번째 때를 기다리는 셋째 생물이-셋째 짐승의 우상의 이름이며-또-헬라에 제우스 신이라 하였던 것을

창1:5-4-1-저녁이 되는-계4:1-2-5-8-낮의 하늘에서 이렇게 성령에 감동하여 이렇게 보고 보며 본 것이라 그 이야기를 하고 하며 하는 것이다.

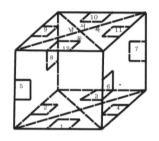

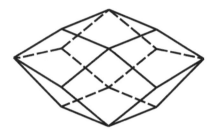

계1	계4	계8	계12	계16	계20
계2	계5	계9	계13	계17	계21
계3	계6	계10	계14	계18	계22
	계7	계11	계15	계19	

계1	계4	계8	계12	계16	계20
계2	계5	계9	계13	계17	계21
계3	계6	계10	계14	계18	계22
구약과 복음서	계7	계11	계15	계19	사도행전 사도서신

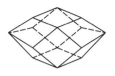

창1:5-4-2-과-계7:1-붙잡힌 사망 바람에-넷째는-

창1:5-4-1-저녁이 되는-계4:1-8-낮이라 칭하신 빛으로 내려오시는-계4:1-천부의 천자이신 예수께서 열린 문이 있는 거룩한 성 새 예루살렘과

창1:5-4-2-아침이 되는-계4:2-8-밤이라 칭하신-계4:2-6-보좌 가운데-넷째 인 떼실 때 - - - 청황색 말 탄 자와 마병대가 나와서===〉

창1:5-4-1-저녁이 되는-계4:1-8-낮이라 칭하신 빛으로 내려오신 거룩한 성과-〈== 전쟁하다가 쫓겨 나아가 청황색 말 탄 자와 마병대가=〉

창1:5-4-2-과-창2:8-14-에덴동산에서 발원하는-넷째 강이 흐르는 어두움에 땅에서 나라를 이루어 살아가는-창4:22-두발가인이 있는

메소포타미아 나라와 함께하여 -〈= 함께하여서

창1:5-4-2-과-창2:8-13-넷째 강의-철기 문명의 무역풍과-넷째 생물의 신 바람이라 하는 종교와 문화의 바람과-전쟁 바람을 일으켜서

창1:5-4-2-과-계7:1-붙잡힌 사방 바람에-넷째가-창1:5-4-1-태초기- 한 때에- 넷째 철나라 메소포타미아 제국이 있었을 때

창1:5-4-1-과-계4:1-8-낮이라 칭하신 빛으로 내려오셨던-계4:1-천부의 천지이신 예수님과 거룩한 성 새 예루살렘이

창1:5-4-2-과-창2:8-12-벧엘리엠에 하나님으로 내려오셔서-창4:16-17-에녹성에 있는 에녹에게로 가서서 -창5:21-24- 에녹과 삼백 년을

일하시고 승천하신 기록이 있으며

또

창1:5-4-2-과-계7:1-붙잡힌 사방 바람에-넷째가-창1:5-4-1-창세기-한 때에-넷째-

창1:5-4-2-과-창2:8-14-창10:8-니므롯의 나라와 -〈== 함께 하여-니므롯의 나라가-〈= 청황색 말 탄 자와 마병대 능력으로

창1:5-4-2-과-창2:8-14-창10:8-넷째 강에-철기 문명의 무역풍과 넷째 생물의 신 바람이라 하는 종교와 문화의 바람과-전쟁 바람을-시날 땅과

-바벨과 에렉과 악갓과 갈레에서 일으키기 시작하여 나아가 앗수르가 있는 아람 제국의 니느웨 성을 정복하고서

-니느웨와 갈라 사이에 레센이라 하는 테크노 파크와 무역센터를 건설하고 바벨 신전을 건설하고 니므롯 제국의

큰 성을 건설하여

창1:5-4-2-과-계7:1-사방 바람에-넷째가-창1:5-4-1-창세기-한 때에-넷째 철나라 니므롯 제국이 있었을 때-

창1:5-4-1-과-계4:1-8-낮이라 칭하신 빛으로 오셨던-계4:1-천부의 천자이신 예수님과 거룩한 성 새 예루살렘이-벧엘의 하나님으로 오셔서

창1:5-4-2-과-창2:8-11-창10:7-하윌라가 있는 -첫째 금나라 갈대아 우르에 있는 아브람을 ===〉-벧엘로 불러서 일하시고

-창2:8-13-창10:22-앗수르가 있는-셋째 놋나라 밧단 아람에 있는 야곱을 -창35:1-13-일하시고 승천하신 기록이 있으며

또

창1:5-4-2-과-계7:1-붙잡힌 사방 바람에-넷째가-창1:5-4-1-말세기-계12:1-14-한 때에-

창1:5-4-2-과-단7:2-7--25-한 때에-넷째 열 뿔 짐승이라 하는- 로마 나라와 함께하여서 로마 나라가 청황색 말 탄 자와 마병대 능력으로

-단2:2-31-38 -한 때에-넷째 철나라 로마 제국을 건설하여 있을 때-

창1:5-4-1-저녁이 되는-계4:1-8-낮이라 칭하신 빛으로 -계4:1-천부의 천자이신 예수께서 열린 문이 있는 거룩한 성 새 예루살렘과 함께

창1:5-4-2-과- 마2:1-베들레헴의 하나님으로 오셔서 삼년 반 일하시고-벧엘리엄과 벧엘과 베들레헴이라 하는-베다니-행1:1-12-감람원에서

승천하신 기록이 성경에 있으며

그리고

창1:5-4-2-과-계7:1-사방 바람에 넷째가 붙잡혀서-계7:2-4-8-살아 계신-곧-죽은 자들 가운데서 다시 살아나신 하나님의 인을 치시기까지

-계4:6-7-보좌 가운데 넷째 생물의 날개 바람이

창1:5-4-2-과-창1:8-13-14-에덴에서 발원하는 -계9:14-16-넷째 유브라데강에 결박한 네 천사와 마병대 수 이만만에 사 분의 일로

- 청황색 말 탄 자와 마병대가 있는 것을 이렇게 사도 요한이 본 것과 같이

창1:5-4-1-저녁이 되는-계4:1-2-5-8-낮의 하늘에서 이렇게 성령에 감동하여 이렇게 보고 보며 본 것이라 그 이야기를 하고 하며 하는 것이다.

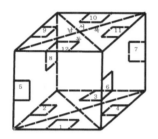
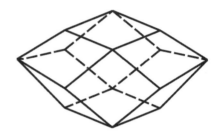

계1	계4	계8	계12	계16	계20
계2	계5	계9	계13	계17	계21
계3	계6	계10	계14	계18	계22
	계7	계11	계15	계19	

계1	계4	계8	계12	계16	계20
계2	계5	계9	계13	계17	계21
계3	계6	계10	계14	계18	계22
구약과 복음서	계7	계11	계15	계19	사도행전 사도서신

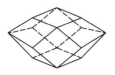

창1:5-4-1-天父이신 天子이신 독생자-계4:1-예수를 천부께서-태초기와 창세기와 말세기-동일하게-

　　　　　　　　　-계12:1-14- 한 때에-벧엘리엄과 벧엘과 베들레헴에 -하나님 대제사장이며 살렘 왕으로 -보내실 때 함께

창1:5-4-2-어두움에-<= = = == 창1:3-있으라 하신 빛으로 -창1:1-천부께서-계4:1-독생자 예수를 보내서서

창1:5-4-2-밤이라 하는-계4:2-4-5-6-보좌에 있는 어두움에 -계6:1-3-5-7-8-인을 떼시며

창1:5-4-2-아침이 되는-계4:2-8-밤이라 칭하신 -창1:2-4/신4:10-15/신5:1-22/요1:5-17-어두움에-<= = = 창1:3-4-있으라 하시고

창1:5-4-1-저녁이 되는-계4:1-8-낮이라 칭하신 -창1:1-4/창14:17-20/요1:1-17/엡2:15-16-빛으로 예수님이 내려오셔서 원수 된

창1:5-4-2-아침이 되는-계4:2-8-밤이라 칭하신 -창1:2-4/신4:10-15/요1:5-17/엡2:15-16-여호와의 계명과 율법을 육체로 폐하시고 또

　　　　　　　　　-창1:2-4/신4:10-15/고전15:56-여호와의 율법의 사망을 -<= = = 이겨서 폐하시고

　　　　　계1:1-4-5-죽은 자들 가운데서 다시 살아나신 땅의 임금들의 머리가 되신 살렘 왕 예수께서

창1:5-4-2-아침이 되는-계4:2-8-밤이라 칭하신 -창1:2-4/요1:5-17/고전15:56/계1:4-5-여호와의 율법의 죄에서===>-우리를 해방하시고

　　　　　　　　　-창1:2-4/신4:10-15/요1:5-17/갈3:13-여호와의 율법의 저주에서==>-우리를 속량하시고

　　　　　　　　　-창1:2-4/신4:10-15/요1:5-17/롬8:2-여호와의 죄와 사망의 율법에서=>우리를 해방하시고

창1:5-4-2-아침이 되는-계4:2-8-밤이라 칭하신-창1:2-4/벧전2:9-어두움에서===>-우리 인류를 불러내어서

창1:5-4-1-저녁이 되는-계4:1-8-낮의 하늘나라-마10:1-7/벧전2:9/계1:9-천국이라는 예수의 나라와 왕 같은 제사장으로 삼으시고 승천하신

창1:5-4-1-저녁이 되는-계4:1-8-낮이라 칭하신-롬8:1-2/빌3:1-9-예수님 안에 있는 생명의 성령의 법에서 난 의를 깨달음과 믿음으로 받아서

창1:5-4-2-아침이 되는-계4:2-8-밤이라 칭하신-롬8:2/빌3:9-8-여호와의 죄와 사망의 율법에서 난 의를 배설물같이 버려 버리고서

　　　　　　　　　-롬8:1-2-예수님 안에 있는 생명의 성령의 법과-살렘 왕 멜기세덱의 반차를 따라서

　　　　　　　　　-마10:1-7/벧전2:9-계1:1-9-천국이라 하는 예수의 나라와 왕 같은 제사장 노릇을 하면서

　　　　　　　　　　　　　또

창1:5-4-2-밤이라 칭하신--계4:2-4-5-6-보좌에 어두움의 율법이 사망으로 쏘는 죄를 -<== 이기고 다스리는 왕 같은 제사장 노릇을 하면서

창1:5-4-1-천이라 칭하신--계4:1-2-5-8-낮의 첫째와 둘째와 셋째 하늘에-계4:1-열린 천국 문으로-세세토록-

창1:5-4-1-천부 집 字에 --계4:1-열린 천국 문으로 올라온

창1:5-4-1-천부의 천자--- 낮이라 칭하신-마4:17-마10:1-7-행9:22-계1:10-예수님의 열두 제자이며 열두 사도의 이름으로

창1:5-4-1-천부의 집 字에 -열두 기초석을 -위에 그림과 같이-계4:1-천부의 천자이신 예수께서-말세기-한 때에-단장을 하셨으며

　　　　　　　-또-창35:1-26/창48:5-과-계7:4-8-이스라엘 자손 열두 지파 이름으로-

창1:5-4-1-천부의 집 字에- 열린 열두 문을 -계4:1-천부의 천자이신 예수께서-창세기-한 때와 두 때와 반 때에-단장을 하셨으며

　　　　　　　-또-창4:16-17/창5:21-24-가인과 에녹의 후손 에덴 동편 동의족의 십이 환국에 열두 단군의 열두 진주의 이름으로

창1:5-4-1-천부의 집 字에- 열린 열두 문을 열두 진주로-계4:1-천부의 천자이신 예수께서-태초기-한 때와 두 때와 반 때에-단장하셨으며

　　　　　　　-또-여섯째 -창1:27-29-낮에 창조하신 빛의 아들들의 열두 보석의 이름으로

창1:5-4-1-천부의 집 字에-열두 기초석을 열두 보석으로 -계4:1-천부의 천지이신 예수께서 -창조기-한 때와 두 때와 반 때에-단장을 하셨으며

　　　　　　　　　　　　　또

창1:5-4-1-천부의 집 字에-계4:1-천부의 천자이신 예수님과 함께 -말세기 -한 때와 두 때에-

창1:5-4-1-천부의 집 字와-계4:1-2-5-8-낮의 셋째 하늘에서- 계21:2-10-하나님께로부터 천자이신 예수님과 내려오시면서

창1:5-4-2-陰父의 집 宙에-계4:2-4-5-6-보좌에 어두움을 <= 계21:2-10-재림 심판하시는-계4:1-예수님과 天父의 집 宇라 하는

　　　　　　　　　　거룩한 성 새 예루살렘을 - 성령에 감동하여 공간과 시간 여행을 하면서

창1:5-4-1-저녁이 되는 낮의 하늘에서-창1:1-2-안에서 있는 일들을 이렇게 보고 보며 본 것이라 이렇게 그 리얼 스토리에 이야기를 하는 것이다.

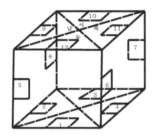
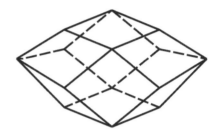

계1	계4	계8	계12	계16	계20
계2	계5	계9	계13	계17	계21
계3	계6	계10	계14	계18	계22
	계7	계11	계15	계19	

계1	계4	계8	계12	계16	계20
계2	계5	계9	계13	계17	계21
계3	계6	계10	계14	계18	계22
구약과 복음서	계7	계11	계15	계19	사도행전 사도서신

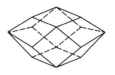

또

창1:5-4-1-천부의 집 宇에-계4:1-천부의 천자이신 예수님과 함께 -말세기 -한 때와 두 때에-

창1:5-4-1-천부의 집 宇와-계4:1-2-5-8-낮의 셋째 하늘에서- 계21:2-10-하나님께로부터 천자이신 예수님과 내려오시면서

창1:5-4-2-陰父의 집 宙에-계4:2-4-5-6-보좌에 어두움을 <= 계21:2-10-재림 심판하시는-계4:1-예수님과 天父의 집 宇 라 하는

거룩한 성 새 예루살렘을- 성령에 감동하여 공간과 시간 여행을 하면서

창1:5-4-1-저녁이 되는 낮의 하늘에서-창1:1-2-안에서 있는 일들을 이렇게 보고 보며 본 것이라 이렇게 그 리얼 스토리에 이야기를 하는 것이며

한 때

창1:5-4-1-天父의 집 宇와-계4:1-2-5-8-낮의 셋째 하늘에서-계4:1-천자이신 예수께서 천부의 집 宇 라 하는 거룩한 성 새 예루살렘과

창1:5-4-2-陰父의 집 宙에-계4:2-4-5-6-보좌에 있는 陰父의 陰自에 -계6:1-3-5-7-8-인을 떼어서

창1:5-4-2-밤이라 칭하신 어두움에 -<==낮이라 칭하신- 빛으로 내려오셨던 천자와 천부의 집 宇 라 하는 거룩한 성 새 예루살렘을

-환단고기에서 -마고성과 부도지라 하는 것이며

-불경에서 --옴마니벧메홈이라 하는 것이며

-성경에서-- -살렘 왕이 있는 살렘 성에 벧엘이라 하는 집이라 하는 성전 있었던 것이며

그리고

- 옴 마 니 벧 메 홈 -에

-옴-은-창1:5-4-1-천지와 만물을 창조하신-요1:1-18-빛과 생명과 말씀으로 영생하시는 광명진언에 진리이신 천부의 천자를 --옴-이라 하고

-마-는-창1:5-4-1-천부와 천자의 집 宇 라 하는-계21:2-10-20-거룩한 성 새 예루살렘에 열두 기초석에 열두 보석을 - - ---마-라 하고

-니-는-창1:5-4-1-천부와 천자의 집 宇 라 하는-계21:2-10-21-거룩한 성 새 예루살렘의 열린 열두 진주 문을 가리켜서- --니-라 하고

-벧-은-창1:5-4-1-천부와 천자의 집 宇 라 하는-계21:2-10-22-거룩한 성 새 예루살렘 안에 있는 성전을 가리켜서 - - - ---벧-이라 하고

-메-는-창1:5-4-1-천부와 천자의 집 宇 라 하는-계21:2-10-거룩한 성 새 예루살렘이 내려온 크고 높은 산을 가리켜서 - - - -메-라 하고

-홈-은-창1:5-4-1-천부와 천자의 집 宇 라 하는-계21:2-10-거룩한 성 새 예루살렘에 들어 있는-마4:17-천국을 - - - - - -홈-이라 하고

또

창1:5-4-2-아침이 되는 밤이라 칭하신-창1:2-4/신4:10-15/고전15:56-어두움의 율법이 사망으로 쏘는 -롬6:1-14-죄가 주관하지 못하는

창1:5-4-1-저녁이 되는 낮이라 칭하신-창1:1-4/창1:14-17/요1:1-17/롬6:1-14-빛이신 예수님 은혜를 -옴마니벧메홈-이라 하는 것이며

창1:5-4-2-아침이 되는 밤이라 칭하신 -창1:2-4/신4:10-15/고전15:56-어두움의 율법이 사망으로 쏘는 -롬6:1-14-죄가 주관하지 못하는

창1:5-4-1-저녁이 되는 낮이라 칭하신 -창1:1-4/창14:17-20/요1:1-17/롬6:1-14-빛으로 영생하시는 예수님 은혜 아래 들어가는 진리를

창1:5-4-1-저녁이 되는-계4:1-2-5-8-낮의 하늘에 계시는 -롬8:1-2-예수님 안에 있는 생명의 성령의 법이라 하고 -苦 集 滅 道-라 하고

色卽是空 空卽是色-이라 하고

창1:5-4-1-저녁이 되는 -계4:1-2-5-8- 낮의 하늘에 계시는 -롬8:1-2-예수님 안에 있는 생명의 성령의 법을 따라서

창1:5-4-2-아침이 되는 -계4:2-8-밤이라 칭하신-신4:10-15/고전15:56-어두움의 율법이 사망으로 쏘는 -롬6:1-14-죄가 주관하지 못하는

창1:5-4-1-저녁이 되는 -계4:1-8-낮이라 칭하신-요1:1-17/롬6:1-14- 예수님 은혜 아래 있는-히4:1-10-안식에 거하는- 빛의 자녀들을

창1:5-4-1-天父와 天子의 天夫人이라 하고 -三天地人이라 하고 -아 녹 다 라 삼 먁 삼 보 리 -라 하고 하며 하는

반면에

창1:5-4-2-아침이 되는 밤이라 칭하신 나누어진 어두움에 날을 —始無始— 析三極 無進本 —終無終—이라 하며

창1:5-4-2-아침이 되는-계4:2-8-밤이라 칭하신-신4:10-15/롬8:2/빌3:2-9-어두움에 죄와 사망의 율법에서 난 의를 가지고 있는 -사람들을

창1:5-4-2-陰父와 陰自의 陰夫人 이라 하며- 神夫人 이라 하며 -아사리들이라 하며-빌3:9-2/계22:15-개들이라 하는 것을 -성령에 감동하여

창1:5-4-1-저녁이 되는-계4:1-2-5-8-낮의 하늘에서 이렇게 보고 보며 본 것이라 이렇게 그 리얼 스토리에 이야기를 하고 하며 하게 되는 것이다.

계 0-1-2-3-4-5-6

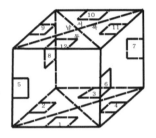
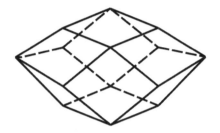

계1	계4	계8	계12	계16	계20
계2	계5	계9	계13	계17	계21
계3	계6	계10	계14	계18	계22
	계7	계11	계15	계19	

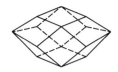

계1	계4	계8	계12	계16	계20
계2	계5	계9	계13	계17	계21
계3	계6	계10	계14	계18	계22
구약과 복음서	계7	계11	계15	계19	사도행전 사도서신

계12:1- - 큰 이적이- - - - - - - - - - - - - - - - - - ---창1:1-천이라 하는 저녁이 되는-계4:1-2-5-8-낮의 하늘에서 보이며

- -해를 입은 여자는 - - - - - - 창1:5-4-1-저녁이 되는-계4:1-8-낮이라 칭하신 예수께서 성령의 권능을 입으신 모습이시며

- -면류관에 열두 별은 - - - - - 마4:17-예수께서 전파하시는 천국이 들어 있는 거룩한 성의 열두 문에 있는 열두 천사들이며

- -여자 발 아래 - - - - - - - - 마4:16-흑암에 앉은 백성이 있고- 사망의 땅이 있고 -창1:4-어두움에 그늘진 곳이 있으며

- -해산하게 되어 아파서 부르짖는 여자는 - - -창1:4-어두움에 계명과 율법을 육체로 폐하시고 십자가로 소멸하시는 예수님 모습이며

계12:1-3-또 다른 이적이 - - - - - - - - - - - - -창1:5-4-2-흑암이라 하는 아침이 되는 -계4:2-8-밤하늘에서 보이며

---- 창1:5-4-2-흑암이라 하는 아침이 되는 -계4:2-8-밤하늘에서 용이 보이고

계12:1-4-용의 꼬리가 - - - - - - - - - 여자가 머리에 쓰고 있는 면류관에 열두 별 중에서 삼 분의 일을 끌어다가 땅에 던지는 것이며

-용의 꼬리가 -- 여자가 해산하는 아이를 삼키고자 하는 것은 - - - - - - - - - 예수님의 무덤을 인봉하여 지키는 것으로 보며

계12:1-5-여자가 낳은 사내아이가 보좌 앞으로 올라가는 모습은 - - - - - - - - 행1:1-12-감람원에 승천하시는 예수님 모습으로 보며

계12:1-6-그 여자가 광야로 도망하는 모습은 - - - - - - - - - -행2:1-성령 강림으로 탄생한 예수님의 몸 된 -행8:1- 예루살렘 교회가

계4:2-8-밤이라 칭하신-요1:5-17-어두움의 율법을 따르는 유대교 장로들과 제사장들에게 핍박을 받아서

계12:1-6-그 여자가 광야로 도망하는 모습을 ===== 행8:1-예루살렘 교회가 유대와 사마리아와 금 은 놋 철나라 땅으로 흩어지는 것으로 보며

볼 때

창1:5-4-1-천이라 하는 -계4:1-2-5-8-낮의 하늘에 계시는

창1:5-4-1-과-계12:1-5-승천하신 예수님을 우리 민족은-창1:1- 天 下 大 長 軍 -이라 하는 -장승을 --생명나무로 만들어서 섬겨 왔으며

창1:5-4-1-과-계12:1-6-그 여자라 하는 성령을 - - - -창1:1- 地 下 女 長 軍 -이라 하는 -장승을 --생명나무로 만들어서 섬겨 왔으며

창1:5-4-1-과-계4:1-2-5-8-낮이라 하늘에-일곱 영을 -칠성단으로 만들고 또 주의 몸 된 성찬을 -팥죽에 옹심이에 떡을 만들어 넣어서

먹고 마시면서

천 냥같이 큰 죄라도 말 한마디로 탕감받는다는 천국에 복음을 우리 민족은 속담으로 가지고 있으며

창1:5-4-2-흑암이라 하는 밤하늘이 무너져도 우리가 올라갈 -계4:1-8-낮의 하늘에 열린 문이 있다는 천국에 복음을 속담으로 가지고 있으며

창1:5-4-1-천이라 하는 -계4:1-2-5-8-낮의 하늘에 계시는 주의 몸 된 성찬을 팥죽에 옹심이를 만들어 넣어서 먹고 마시며 부르는 노랫소리

-아리랑에-아는 - 신랑이신 예수님이 성령을 약속하시고 다시 오실 것을 약속하시고 구름을 타시고 북방 하늘로 승천하시는 모습이

감람산을 넘어서 가시는 모습으로 보이며 다시 구름을 타시고 오실 예수님이 감람산을 넘어서 오실 예수님을

그리하며 부르는 노랫소리에 아리랑은

창1:5-4-1-천이라 하는-계4:1-2-5-8-낮의 하늘에서 있는 주 하나님 전능하신 어린양의 혼인 잔치가 천상에서 있는 노랫소리로

창1:5-4-2-과-계4:2-4-5-시온좌와 -계14:3-시온성이 있는

창1:5-4-1-과-계4:1-2-5-성령을 일곱 뿔로 일곱 영을 일곱 눈으로 가지시고-계14:1-시온산에 서신 어린양에 혼인 잔치에 아리랑 노래에

- 아리랑-에- 아는 -시온산을 가리키며

- 아리랑-에- 랑은 -시온산에 서서 기다리고 계시는 신랑이신 어린양을 가리키며

- 아리랑-에- 리는 -시온산에 서신 어린양을 신랑으로 섬기는 우리를 가리키는 語音이며

창1:5-4-2-과-계4:2-4-5-시온좌가 있는-계14:3-시온성에서 -거문고 향연의 옛 노래와 새 노랫소리와 할렐루야 소리가 있으며-반면에-

창1:5-4-1-과-계4:1-2-5-과-계14:1-3-십사만사천이 -계1:4-9-아멘 아멘 하는 노래를 능하게 배워서 능하게 부를 수 없는 이유는

창1:5-4-2-밤이라 칭하신 어두움의 율법을 따라서 제사하는 제단 불 위에서 어린양이 살아나면 거문고 향연의 제사가 성립되지 않기 때문에

창1:5-4-1-과-계1:4-9-어린양이신 예수님의 부활이 담겨 있는 성도들의 기도 소리는 -십사만사천 외에는 능히 배울 수가 없기 때문이더라.

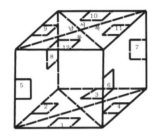
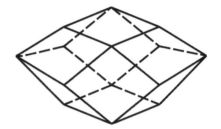

계1	계4	계8	계12	계16	계20
계2	계5	계9	계13	계17	계21
계3	계6	계10	계14	계18	계22
	계7	계11	계15	계19	

계1	계4	계8	계12	계16	계20
계2	계5	계9	계13	계17	계21
계3	계6	계10	계14	계18	계22
구약과 복음서	계7	계11	계15	계19	사도행전 사도서신

계5:1-6-보좌와 네 생물은- - - - - - - - - - 창1:5-4-2-아침이 되는-계4:2-8-밤이라 칭하신-계4:2-7-네 생물이며

계5:1-6-보좌와 네 생물과 장로들은- - - - - - 창1:5-4-2-아침이 되는-계4:2-8-밤이라 칭하신-계4:2-10 -이십사 장로들로

이는

창1:5-4-2-과-계5:1-6-陰父와 陰自들의 陰夫人들이며

창1:5-4-2-과-계5:1-6-밤이라 칭하신 어두움에-<== 창1:3-있으라 하시고 어두움과 나누사 낮이라 칭하신 빛이신 어린양이 서서 계시다가

창1:5-4-2-과-계5:1-7-보좌에 앉은 陰父 앞으로-<== 天의 天子이신 어린양-장로들 사이에서 걸어 나오셔서

-보좌에 앉은 陰父 오른손에서 일곱 인봉 두루마리를-<== 천부의 천자이신 어린양이 빼앗아서

창1:5-4-2-과-계5:1-8-어린양이 두루마리를 취하시매 -네 생물과 이십사 장로들이 보좌 위에서 거꾸러져 떨어져서 -서서 계시는-

어린양 발 앞에 엎드러서 -천부의 천자이신 어린양의 원수들이 어린양의 발등상이 되는 이렇게 보고 보는 것이며

또

창1:5-4-1-과-계5:6-8-천부의 천자이신 어린양이-계6:1-17/계8:1- 일곱째 인을 떼실 때-

-계1:4-5-6-7-아멘 아멘 하는 성도의 기도들은

창1:5-4-1-과 -계4:1-8-낮의 하늘에 열린 문으로 올라가-계4:1-예수님-계3:21-아버지 보좌 앞 -계8:1-3-금단으로 상달되는

반면에

계5:1-9-12-14-네 생물이 아멘 하는 거문고 향연을-계8:1-3-성도들의 기도들과 합하여 드리고자 하다가

창1:5-4-1-과-계4:1-열린 문에서-

천부의 천자이신 어린양의 일곱 뿔이라 하는 일곱 천사가 일곱 나팔 소리로 ==>-거문고 향연의 노랫소리를 심판하고

천부의 천자이신 어린양의 일곱 눈이라 하는 일곱 천사가 일곱 대접 === 올라오는 거문고 향연의 향로 불을 담아서

창1:5-4-2-어두움에- 계4:2-4-5-6-陰父의 陰自들 -보좌가 있는 신전 제단에 -<= = =쏟아 버려 버리는 심판을 인 떼심과

나팔과 대접 심판을 함께하는 것이라.

창1:5-4-1-낮의 셋째 하늘에 계신 천부와 천자에 집 字에 -계4:1-열린 문에서 -거문고 향연이 심판을 받는 이유는

창1:5-4-1-낮의 셋째 하늘에 계신 천부의 천자이신 어린양이-계5:9-12-죽임을 당하사 죽임을 당하셔서 -일곱 인을 떼시는 것이 아니라

창1:5-4-2-밤이라 칭하신 어두움의 율법의 사망을 이겨서 폐하시고 승리하여 다시 살아나셔서 승천하셔서 -일곱 인을 떼시는 것이라.

계5:9-12-14-아멘 하는 죽임을 당하사 죽임을 당하신 어린양이라 하는 거문고 향연의 노랫소리를-

창1:5-4-1-과-계4장-전면에서 보고 들을 때-천지와 만물을 창조하신 -빛과 생명과 말씀의 씨나락을-창1:5-4-2-신이라 하는 귀신들이

까먹는 소리로 보고 들었으며 -또-

창1:5-4-1-과-계4장-좌편에서-거문고 향연을 보고 들으면- 만전 만승하신 만세 반세 반석이신 천부의 천자이신 어린양을 만전 만패하신

만세 폐석으로 세공을 하는 -계18:2-22-세공업자들의 이빨 까는 맷돌 소리로 보고 들었으며-또-

창1:5-4-1-과-계4장-중앙에서-거문고 향연의 노랫소리를 보고 들을 때-계12:1-10-우리 주 하나님 앞에서-계4:8-밤낮 우리 주 하나님을

참소하는 자들의 소리로 보고 들었으며-또-

창1:5-4-1-과-계4장-우편에서-거문고 향연의 노랫소리가- 계8:1-2-나팔 소리 심판을 받는 것으로 보고 들었으며 -또-

창1:5-4-1-과-계4장-하편에서-거문고 향연이-계1:4-보좌가 있는 -요2:19- 성전 제단과 니골라 당들의 입에서 나오는 것을 보며

창1:5-4-1-과-계4장-후면에서-거문고 향연의 노랫소리를 보고 들으면-계20:13-다른 책에-어두움에 죄와 사망의 율법을 따르는 -계21:8-

-빌3:2-9/계22:15-개들과 술객들과 행음자들과 살인자들과 우상숭배자들이 거짓말을 지어서 만들어 내는 소리 보고 들은 것이다.

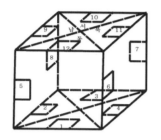

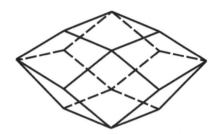

계1	계4	계8	계12	계16	계20
계2	계5	계9	계13	계17	계21
계3	계6	계10	계14	계18	계22
	계7	계11	계15	계19	

계1	계4	계8	계12	계16	계20
계2	계5	계9	계13	계17	계21
계3	계6	계10	계14	계18	계22
구약과 복음서	계7	계11	계15	계19	사도행전 사도서신

계9:1- 무저갱은

창1:5-4-1-저녁이 되며 - - 창1:5-4-2-아침이 되는 -둘째 날에-계4:1-8- 낮의 하늘에 계신 예수께서

창1:5-4-2-깊음이라 하는 - - 창1:6-8-물의 흑암 속에 있으라 하시고 하늘이라 칭하신 궁창을 -계9:1-무저갱으로 보는 것이며-또-

창1:5-4-2-수면에 물을 - - 창1:9-10-모이라 하시고 땅과 바다라 칭하신 뭍에 있는

창1:5-4-2-수면이 있던 땅의- 창2:8-14-에덴동산에서 발원하는 넷째 강 -계9:1-14-유브라데가 무저갱이라 하는 궁창에서 보이는 것이며

또

창1:5-4-2-흑암에 구름을-계10:1-힘센 천사가 -시18:11-장막과 같이 자기를 두르고 쫓겨 내려온 힘센 천사의 두 발이 불기둥 같은 것은

-계10:1-힘센 천사의 두 발이-신4:10-15-흑암에 구름 속에 화염에 불꽃이 충천한 불꽃 가운데 있기 때문이며

-계10:1-2-천사 손에 놓인 두루마리는 -계8:1-일곱 인 떼어진-신4:10-15- 율법서이며

-계10:1-4-힘센 천사가 부르짖는 소리에 장막같이 두르고 있는 밤하늘이라는 흑암에 구름에서 일곱 우레 소리가 나며

-계10:1-2-힘센 천사가 두 발로 발로 밟고 있는 땅과 바다에서

창1:5-4-2-과-단7:2-4-5-6-7-25-한 때와 두 때에-계13:1-2-첫째가 다섯째로 둘째가 여섯째로 셋째가 일곱째 짐승으로 나오며

-계13:1-11-18-땅에서-둘째가 여섯째로/ 셋째가 일곱째로/넷째가 여덟째 짐승의 이름의 수

-(육백)(육십)(육)으로 나온 것을 보고 보며 볼 때

-계10:1-7-힘센 천사는 -신4:10-15-호렙산에서 -행7:53-율법을 전하여 준 천사로 스데반 집사와 같이 보며

-계10:1-7-힘센 천사가 -여섯째-인 떼실 때 대풍에 떠내려간 흑암에 구름이라 하는 밤하늘을 장막같이 두르고

쫓겨서 내려가 분노하여 부르짖는 소리에 밤하늘이라 하는 흑암에 구름에서 일곱 우레 소리를 발하였고

창1:5-4-1-천이라 하는-계10:1-8-낮의 하늘에서 나서 요한에게 들리던 음성이 또 요한에게 말하여 이르되 네가 가서 바다와 땅을 밟고 서 있는

힘센 천사 손에 펴 놓인 두루마리 가지라 하기로

창1:5-4-1-천이라 하는-계4:1-2-5-8-낮의 하늘에 계신 예수께서 요한에게 보내 주신 천사에게 요한이 나아가서 작은 두루마리를

갖다 달라 한 즉, 그 천사가 요한에게 이르되 네가 갖다 먹어 버리라 네 배에는 쓰나 네 입에 꿀같이 달리라 하거늘

-계10:1-10-요한이 바다와 땅을 밟고 서 있는 힘센 천사 손에서 작은 두루마리를 갖다 먹어 버리니 내 입에는

꿀같이 다나 먹은 후에 내 배에서는 쓰게 되더라.

창1:5-4-1-천이라 하는 -계4:1-2-5-8- 낮의 하늘에 계신 예수께서 요한에게 보내 주신

-계10:9-11-천사가 요한에게 네가 많은 백성과 많은 나라와 방언과 임금들에게 다시 예언하여야 하리라 하더라.

또

계11:1-또 -요한에게 지팡이 같은 갈대를 주면서 척량하라 성전은?

창1:5-4-1-천부와 천자에 집 宇라 하는-계21-2-10-거룩한 성 새 예루살렘이

창1:5-4-1-천이라 하는 -계4:1-2-5-8-낮의 셋째 하늘에서 하나님께로부터-내려오는 것을

-계4:1-2-5-일곱 영 중에서-계21:9-일곱째 마지막 대접을 가진 천사가 요한을-계4:2-성령으로 데리고 크고 높은

창1:5-4-2-어두움에 - -계4:2-4-5-보좌와-계14:3-시온성이 있는

-계14:1-시온산에 내려온-계21:2-10-21-거룩한 성 새 예루살렘을 보이며 함께 척량을 하고

-계14:1-시온산에 내려온-계21:2-10-22-보지 못하였던 거룩한 성 새 예루살렘 안에 성전을

창1:1-2-곧-계4장-안에서 있는-처음과 나중 일 안에-들어 있는-장차와 전에 일에서-계11:1-2-거룩한 성 안에 성전을 보이며 또 지팡이 같은

갈대 자를 주면서 성전을 척량하라는 것이니 도표를 참고로 하여서 -창1:1-2-과 -계4장-안에서 보시기 바랍니다.

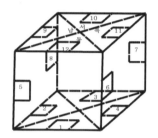 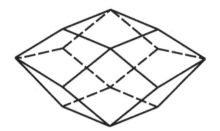

계1	계4	계8	계12	계16	계20
계2	계5	계9	계13	계17	계21
계3	계6	계10	계14	계18	계22
	계7	계11	계15	계19	

계1	계4	계8	계12	계16	계20
계2	계5	계9	계13	계17	계21
계3	계6	계10	계14	계18	계22
구약과 복음서	계7	계11	계15	계19	사도행전 사도서신

창1:5-4-1-낮이라 칭하신 -마4:1-17- 빛이신 예수님 전파하시는 천국이-계11:1-2-거룩한 성에 들어 있으며 거룩한 성의 성전이 되시고

-마10:1-7-예수님 제자들이 전파하는 천국이 -계11:1-2-거룩한 성에 들어 있으며

-마10:1-7-천국을 전파하는 열두 제자의 이름이-그림으로 보는 -계11:1-2-거룩한 성의 열두 기초석에 있으며

-계11:1-13-성전 척량이 끝나는 시에- 큰 지진이 나서

-계11:2-13-거룩한 성의 십 분의 일이-마26:69-75/마27:5-사건으로 무너질 때-

창1:5-4-1-낮이라 칭하신 -마4:1-17-빛이시며 -계11:1-성전이신 예수께서-엡2:15-16-원수 된

창1:5-4-2-밤이라 칭하신 -어두움에 계명과 율법을 육체로 폐하시고 -마27:51-십자로 소멸하실 때-

창1:5-4-2-밤이라 칭하신 -어두움에-요2:19-성전 성소의 휘장이-마27:51-위에서부터 아래로 찢어져서 폐하여지고

창1:5-4-2-밤이라 칭하신 -어두움에-계11:19-성전이 열리며 언약궤라 하는 폐하여진 율법의 법궤가 보이며 -또-

창1:5-4-2-밤이라 칭하신 -어두움에-계4:2-3-4-6-보좌가 있는 무너지는 밤하늘에서-계11:19-뇌성의 불과 번갯불과 음성의 불이

무너지는 흑암에 구름이라 하는 밤하늘 안에서 쏟아져 땅에 떨치며 땅에서 큰 지진이

불이 나오는 것을 이렇게 보고 보며 보는

반면에

[계11:1-13-십 분의 일이 무너진 거룩한 성의 십 분의 일이 다시 회복되는 계시의 영상의 그 계시의 영상을 -계산으로 정리하면

[계11:1-13]*[계14:17-20]+[계11:13] =[계14:1]

[계11:1-13]*[계14:17-20]= 이 계산은 = = = = = = = 계6:5-6-셋째 인 떼실 때-계산하지 말라-감람유와 포도주를 계산하는 것이며

[계11:1-13]*[계14:17-20]=이 계산에서 나오는 수는== 계6:9-11-다섯째 인 떼실 때에-기다리시는 수가 깨워지는 수이며

[계14:1-어린양이 -한 때와 두 때에- 셋째와 일곱째 인을 -계4:5-계14:3-보좌 가운데 셋째 생물의 인을 떼신 것이며

또

[계11:1-2 + 마10:1-7] -(마26:69-75/마27:5)=(계11:13)+(요21:15-23/행9:1-22)=[계4:1-계2:1-17]

[계4:1-계2:1-17]-흰 돌은 -계11:1-2-거룩한 성의-12-번-기초석 위에 -마10:1-7-열두 번째 제자 가룻 유다에 이름이 있던

-12-번-기초석을 대신하여 흰 돌이 흰 기초석으로 리모델링되어 있으며

-12-번 -흰 기초석 위에는

-행9:1-사울이 다메섹으로 가는 길에서 만난

창1:5-4-1-낮의 하늘에 계시는 예수님을-행9:1-22-다메섹에 사는 유대교 유대인들에 그리스도라 증명하여 다메섹에 사는 유대교 유대인들을

굴복시킨 사울에 새 이름-사도 바울 이름이 있는 것을 계산으로 정리한 것이며

계11장에 -계시는 성경 복음서와 짝을 이루고 있으며 -또-계7장에 계시는 성경 창세기와 짝을 이루고 있는 것이다.

[계11:1-13-십 분의 일이 무너지고 남은 거룩한 성의 십 분의 구] 곱하기 [계14:17-20-일천육백 스다디온의 퍼진 포도주] = 아라비아 수로 계산하면

[9/10]*[1,600]=14,400+[계11:1-13-십 분의 일이 무너지고 남은 거룩한 성의 십 분의 구는 129,600=[계14:1-십사만사천]

[계21:2-9-10-15-17-그 성곽을 척량하매 144규빗이니 이는 천사의 척량이며, 그리고 사람의 척량은

[계21:2-9-10-15-16-그 성은 네모가 반듯하여 장과 광과 고의 길이가 일만이천으로 같더라=[12기초석]*[12,000]=144,000스다디온으로

사람의 척량은=144,000 스다디온=천사의 척량은 144규빗으로 = 천사와 사람이 사용하는 수 개념이 다르기 때문이다 이같이 사람과 사람들

사이에도 수 개념이 다르며 십만 원의 돈을 세어보고 한 장이라 하는 사람과 열 장이라 하는 사람과 백 장이라 하는 사람이 있는 것과 같이 보고 본 것이다.

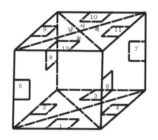
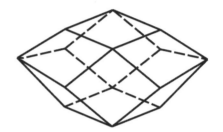

계1	계4	계8	계12	계16	계20
계2	계5	계9	계13	계17	계21
계3	계6	계10	계14	계18	계22
	계7	계11	계15	계19	

계1	계4	계8	계12	계16	계20
계2	계5	계9	계13	계17	계21
계3	계6	계10	계14	계18	계22
구약과 복음서	계7	계11	계15	계19	사도행전 사도서신

[계11:1-13-십 분의 일이 무너진 거룩한 성의 십 분의 일이 다시 회복되는 계시의 영상의 그 계시의 영상을 -계산으로 정리하면

[계11:1-13]*[계14:17-20]+[계11:13]=[계14:1]

[계11:1-13]*[계14:17-20]= 이 계산은 = = = = = = = 계6:5-6-셋째 인 떼실 때-계산하지 말라는-감람유와 포도주를 계산하는 것이며

[계11:1-13]*[계14:17-20]=이 계산에서 나오는 수는== 계6:9-11-다섯째 인 떼실 때-기다리시는 수가 깨워지는 수이며

[계14:1-어린양이 -한 때와 두 때에- 셋째와 일곱째 인을 -계4:5-계14:3-보좌 가운데 셋째 생물의 인을 떼신 것이며

또

[계11:1-2+마10:1-7]-(마26:69-75/마27:5)=(계11:13)+(요21:15-23/행9:1-22)=[계4:1-계2:1-17]

[계4:1-계2:1-17]-흰 돌은 -계11:1-2-거룩한 성의-12-번기초석 위에 -마10:1-7-열두 번째 제자 가롯 유다에 이름이 있던

-12-번-기초석을 대신하여 흰 돌이 흰 기초석으로 리모델링되어 있으며

-12-번 -흰 기초석 위에는

-행9:1-사울이 다메섹으로 가는 길에서 만난

창1:5-4-1-낮의 하늘에 계시는 예수님을 -행9:1-22-다메섹에 사는 유대교 유대인들에 그리스도라 증명하여 다메섹에 사는 유대교 유대인들을
굴복시킨 사울에 새 이름-사도 바울 이름이 있는 것을 계산으로 정리한 것이며

계11장에 -계시는 성경 복음서와 짝을 이루고 있으며 -또- 계7장에 계시는 성경 창세기와 짝을 이루고 있는 것이다.

[계11:1-13-십 분의 일이 무너지고 남은 거룩한 성의 십 분의 구] 곱하기 [계14:17-20-일천육백 스다디온의 퍼진 포도주] = 아라비아 수로 계산하면

[9/10]*[1,600]=14,400 + [계11:1-13-십 분의 일이 무너지고 남은 거룩한 성의 십 분의 구는 129,600]=[계14:1-십사만사천]

[계21:2-9-10-15-17-그 성곽을 척량하매 144규빗이니 이는 천사의 척량이며 그리고 사람의 척량은

[계21:2-9-10-15-16-그 성은 네모가 반듯하여 장과 광과 고의 길이가 일만이천으로 같더라 =[12기초석]*[12,000]=144,000스다디온으로

사람의 척량은=144,000스다디온=천사의 척량은 144규빗으로 = 천사와 사람이 사용하는 수 개념이 다르기 때문이다 이같이 사람과 사람들
사이에도 수 개념이 다르며 십만 원의 돈을 세어보고 한 장이라 하는 사람과 열 장이라 하는 사람과 백 장이라 하는 사람이 있는 것과 같이 보고 본 것이며

[계11:1-4-두 감람나무와 두 촛대 중에서- 하나의 촛대와 감람나무는

창1:5-4-2-아침이 되는-계4:2-8-밤이라 칭하신-창1:2-4/신4:10-15/요1:5-17-여호와의 율법을 따르는 유대교 유대인들에게

창1:5-4-2-아침이 되는-계4:2-8-밤이라 칭하신-창1:2-4-벧전2:9-어두움에 불러내서서

창1:5-4-1-저녁이 되는-계4:1-8-낮이라 칭하신-마10:1-7-벧전2:9-천국의 거룩한 나라와 왕 같은 제사장으로 삼으신 천국에 복을 전하라
보내신 첫째 사도 베드로와 예루살렘 교회로 보며 -또-

창1:5-4-2-과-단7:2-4-5-6-7-25-한 때에 넷째 열 뿔 짐승이라 하는 열 왕의 왕국 로마 제국에-<=계1:1-4-5-죽은 자 가운데서 다시
살아나셔서 땅의 임금들의 머리가 되신 만왕의 왕이시며 만주의 주 하나님이신 예수님의 나라 천국에 복음을
전파하라 보내심을 받은 사도 바울과 로마 교회로 보고 보며 볼 때

[계11:1-13-거룩한 성의 십 분의 일이 무너질 때-그림으로 보는-거룩한 성의-12-번 기초석이 무너져 내리며 -12-5-6-1-번- 기초석이
함께 흔들리면서-12-5-6-1-번 기초석에 있는 -12-5-6-1-번의 성문이 함께 무너져 내리며 -무너지는 네 문에 있는 네 천사들도
함께 무너져 내리는 것을 -계12:1-4-용의 꼬리가 하늘의 별 삼 분의 일을 끌어다가 땅에 던지는 것이라 하는 것을 보이시나라.

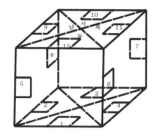 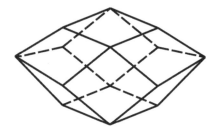

계1	계4	계8	계12	계16	계20
계2	계5	계9	계13	계17	계21
계3	계6	계10	계14	계18	계22
	계7	계11	계15	계19	

계1	계4	계8	계12	계16	계20
계2	계5	계9	계13	계17	계21
계3	계6	계10	계14	계18	계22
구약과 복음서	계7	계11	계15	계19	사도행전 사도서신

창1:5-4-1-저녁이 되는-계4:1-8-낮의 하늘에서- 계12:1-큰 이적이 보이고 있으며 큰 이적에서 보는 해를 입은 여자가

눅4:1-14-성령의 권능을 입으신 예수님으로 보이며

--계12:1---여자 발아래 달이 있는 곳에

마4:15-16-흑암에 앉은 백성이 있고 사망의 땅이 있고 밤이라 칭하신 어두움에 그늘진 곳으로 보며

--계12:1-큰 이적에 해를 입은 여자 머리 면류관에 열두 별은

마4:1-17-예수께서 전파하는 천국이 들어 있는 거룩한 성의 열두 문에 있는 열두 천사로 보며

--계12:1 - - 여자가 해산하게 되매 아파서 부르짖는 모습이

눅22:39-감람산에서-십자가를 앞에 두고 기도하시는 예수님의 모습으로 보며

창1:5-4-2-아침이 되는-계4:2-8-밤하늘에서 <-계12:1-3-또 다른 이적이-아침이 되는 어두움에 밤하늘에서 용이 보이며

= = =계12:1-4-용의 꼬리가 - - 아침이 되는-마27:1-새벽에

-저녁이 되는 -낮의 빛이신-마27:1-예수님을 죽이려고 함께 의논하고 결박하여 끌고 가는

유대교-마27:1-대제사장들과 유대교 장로들로 이렇게 보이며

= = =계12:1-4-용의 꼬리가 -해산하는 아이를 삼키고자 하는 것은 예수님의 무덤을 인봉하여 지키는 것으로 보며

= = =계12:1-5-여자가 낳은 사내아이라 하는 사나이 중의 사나이라 하는 사내아이는

창1:5-4-2-아침이 되는-계4:2-8-밤이라 칭하신 -창1:2-4/신4:10-15/요1:5-17/엡2:15-16-여호와의 계명과 율법을 육체로 폐하시고 십자가로 소멸하시고

창1:5-4-2-아침이 되는-계4:2-8-밤이라 칭하신 -창1:2-4/신4:10-15/요1:5-17/고전15:56-여호와의 율법의 사망을 이겨서 폐하시고 = =>-다시 살아나신

창1:5-4-1-저녁이 되는 -계4:1-8- 낮이라 칭하신 -요1:1-18/계1:1-4-7/행1:1-12-예수께서 감람원에 승천하시는 모습으로 이렇게 보고 보며 볼 때-

창1:5-4-1-저녁이 되는 -계4:1-8-낮의 하늘에서-계12:1-큰 이적에서 해를 입은 여자가 보이며

창1:5-4-2-아침이 되는 -계4:2-8-밤의 하늘에서-계12:1-3-다른 이적에서 용이 보이며

또

-계12:1-6-여자는-

창1:5-4-1-저녁이 되는-계4:1-2-5-8-낮의 하늘에 승천하신 예수님의 - 행1:4-8-과-행2:1-성령 강림으로 탄생한 예수님의 몸 된 예루살렘 교회가

-계12:1-6-여자라 하는 성령 강림으로 탄생한 예수님의 몸 된 예루살렘 교회로 보이며

-계12:1-6-여자라 하는 성령 강림으로 탄생한 예수님의 몸 된 예루살렘 교회가

창1:5-4-1-과-행4:24-천지의 대 주재이시며 지극히 높으신 하나님 - 엘 엘룐 -이름을 불러서 기도하매

-행4:14-31-성령이 충만하여 담대히 담대하게 -낮의 하늘의 하나님의 말씀을 = = = = = = =>-

창1:5-4-2-아침이 되는-계4:2-8-밤이라 칭하신-창1:2-4/신4:10-15/요1:5-17-여호와의 율법을 따르는-행4:23-제사장들과 장로들에게-<=== 전하니라

또

-계12:1-6-여자라 하는 성령 강림으로 탄생한 예수님의 몸 된 예루살렘 교회가 광야로 도망하는 모습은

창1:5-4-2-아침이 되는-계4:2-8-밤이라 칭하신-요1:5-17-여호와의 율법을 따르는 유대교 제사장들과 장로들에게-행8:1-예루살렘 교회가 핍박을 받아서

-계12:1-6-여자라 하는-행8:1-예루살렘 교회가 ==>-유대와 사마리아와 모든 땅이라 하는

-계12:1-6-여자라 하는-행8:1 예루살렘 교회가-단2:31-38-38-40-금 은 놋 철나라 땅으로 흩어져서

-계12:1-6-14-한 때에-단7:2-4-5-6-7-25-넷째 열 뿔 짐승이라 하는 로마로 도망하는 것을 이렇게

창1:5-4-1-저녁이 되는-계4:1-2-5-8-낮의 하늘에서 성령에 감동하여 보고 보며 본 것이라 이렇게 그 리얼 스토리에 이야기를 이렇게 하고 하며 하는 것이다.

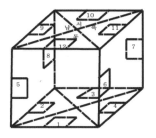
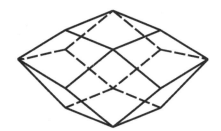

계1	계4	계8	계12	계16	계20
계2	계5	계9	계13	계17	계21
계3	계6	계10	계14	계18	계22
	계7	계11	계15	계19	

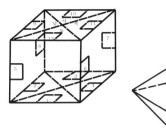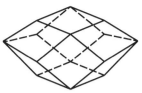

계12:1-3-7-하늘에 전쟁은 -창1:5-저녁이 되며 아침이 되는 -낮의 하늘과 어두움에 밤하늘이 전쟁을 하는 것이며

이와 함께

창1:5-4-2-과-사14:12-너 아침이 되는 어두움에 아비 陰父와 陰自의 집 宙 라 하며 계명성이라 하는 큰 성 바빌론이 가장 높이 있는 구름의 흑암에
올라가 -계4:2-3-보좌를 베풀고 앉아서 지극히 높으신 자가 계시는

창1:5-4-1-천부와 천자의 집 宇 라 하는-계4:1-열린 문이 있는 거룩한 성의-첫째와 여섯째와-넷째 기초석과 -<-비기고 비기려 전쟁을 하고
있는 계시의 영상을 -위에-두 그림으로 그려서 놓은 -우*주-의-전쟁이며

창1:5-4-1-천부와 천자의 집 宇 에-계4:1-열린 문이 있는-첫째와 여섯째와 넷째 기초석은-계21:2-20-벽옥이요 홍보석이요 녹보석이요
-반면에-

창1:5-4-2-陰父와 陰自에-계4:2-3-보좌가 있는 집 宙라 하는 계명성이라 하는 큰 성 바빌론의-기초석은-벽옥 같고 홍보석 같고 녹보석 같더라.

창1:5-4-1- - - - - ->-계4:2-3-보좌에 둘린 무지개는 흑암에 구름에 -<- - - - - - 낮의 하늘에 빛이 비쳐서 생기는 것을 보는 것이며

계12:1-5-7-하늘에 전쟁에서-미가엘은-창1:5-4-1-천지의 대 주재이시며 지극히 높으신 엘엘룐 엘올람 엘샤다이 하나님의 천사장이며

계12:1-5-7-하늘에 전쟁에서-용의 사자들은-창1:5-4-2-아침이 되는-계4:2-8-밤이라 칭하신 -계4:2-7-네 생물들이며

계12:1-3-8-하늘에 전쟁에서-창1:5-4-2-흑암에 구름이라 하는 밤하늘에 -계4:2-3-보좌를 베풀어 있던 陰父의 陰子라 하는 네 생물이
-창1:5-4-1-천이라 하는 -계4:1-2-5-8-낮의 셋째 하늘에 다시 또 있을 곳을 얻지 못하고

계12:1-3-9-큰 용이 쫓겨서--창1:5-4-2-혼돈하고 공허한 어두움의 땅으로 내어 쫓기니 용 옛 뱀 마귀 사탄이라고도 하며 온 천하를 꾀는 자라.
그가 땅으로 내어 쫓기니 그의 사자들도 함께 내어 쫓기니라.

계12:1-3-5-13-용이 자기가 땅으로 내어 쫓긴 것을 보고

계12:1-3-5-13-남자를 낳은 여자를 핍박하는지라. 그 여자가 큰 독수리의 날개를 받아 과야 자가 곳으로 날아가 거기서 그 뱀의 낯을 피하여-

계12:1-3-5-14-여자가 -한 때와 두 때와 반 때에 -양육을 받아서 주 하나님 전능하신-인 떼시는 어린양의 신부가 되는 것이며

계12:1-3-5-17-용이-여자에게 분노하여 돌아가 그 여자의 남은 자손들과 싸우려고 바다가 모래 위에 서 있더라.

계13:1-바다는-창1:5-4-2-깊음이라 하는-창1:6-8-물의 흑암 속에 있으라 하시고 하늘이라 칭하신 궁창 위로 나누어진 물이 있는 바다이며
-창1:5-4-2-과-단7:3-4-5-6-7-25-한 때와 두 때에-계13:1-2-바다에서-첫째가 다섯째로/둘째가 여섯째로/셋째가 일곱째로
넷째가 여덟째 짐승으로 나온 것이며

계13:11-땅은 -창1:5-4-2-혼돈하고 공허한 어두움의 땅이며

계13:11-18-땅에서 -둘째가 여섯째로 /셋째가 일곱째로/넷째가 여덟째 짐승의 이름의 수 -(육백)(육십)(육)이 나오는 것을 이렇게 보이시니라.

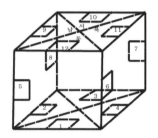

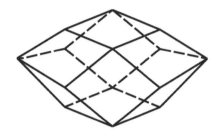

계1	계4	계8	계12	계16	계20
계2	계5	계9	계13	계17	계21
계3	계6	계10	계14	계18	계22
	계7	계11	계15	계19	

계1	계4	계8	계12	계16	계20
계2	계5	계9	계13	계17	계21
계3	계6	계10	계14	계18	계22
구약과 복음서	계7	계11	계15	계19	사도행전 사도서신

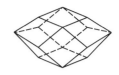

창1:5-4-2-과-단7:4-5-6-7-25-한 때와 두 때에-계13:1-2-첫째이며 다섯째- 사자같이 짐승이 나오고

　　　　　　　　　　-계13:1-2-둘째이며 여섯째 -곰과 같은 짐승이 나오고

　　　　　　　　　　-계13:1-2-셋째이며 일곱째 -표범과 비슷한 짐승이 나오고

　　　　　　　　　　-계13:2-1-넷째 열 뿔 짐승이- 때와 법을 변개하여서-

창1:5-4-2-과-단7:4-5-6-7-25-한 때와 두 때에 -계17:1-3-넷째 열 뿔 짐승이-한 때와 두 때에-첫째며 다섯째 왕을 -등의 태우고 함께 왕 노릇을 하다가

　　　　　　　　　　-계17:1-3-5-10-11-함께 망하고 다시 여덟째 왕으로 나올 것을

창1:5-4-1-천이라 하는-계4:1-2-5-8-낮의 하늘에 -일곱 영이라 하는-

창1:5-4-1-천이라 하는-계4:1-2-5-계17:1-일곱 대접을 가진 일곱 천사 중의 하나가 요한을-성령으로 데리고-계17:1-3-광야로 가서-한 때와 두 때와 반에 -

　　　　　　　　　　-계17:1-3-5-10-11-18-비밀을 모두 다 보여 주며 설명을 하여 준 것이며 여덟 왕이라 하는 여덟 짐승 중에서 다섯은

　　　　　　　　　　　망하였고 하나는 있고 아직 이르지 아니한 -셋째며 일곱째 왕을-무저갱에서-셋째 헬라 제국의 음으로 아볼루온이라 하며

　　　　　　　　　　　-넷째며 여덟째 왕을 -무저갱에서 히브리 음으로 아바돈이라 하는 것이며

　　　　　　　　　　　여덟 왕이라 하는 여덟 짐승 중에서 다섯은 망하고 남은

　　　　　　　　　　　-여섯째와 일곱째와 여덟째 짐승의 이름의 수를

　　　　　　　　　　　　　　　또

창1:5-4-2-과-단7:4-5-6-7-25-한 때와 두 때에 -계13:11-18-(육백)(육십)(육)이라 하는 것이며 -또-

　　(계5:11-천사의 수 천천)/(계8:1-13-남은 화의 수 셋을)=(2,000)/(3)=(666)=계13:11-18-(육백)(육십)(육)= 이 계산을 거꾸로 하면

　　(666)*(3)=1998+(계17:1-11-다섯은 망하고 하나는 있고 아직 이르지 아니하여 무저갱에 있는 두 임금 아볼루온과 아바돈을 더하여 주면

　　(666)*(3)=1998+(2)=계5:11-천사의 수 천천이 되는 것이며

　　　　　　　　　　　　　　　또

　　(계5:11-천사의 수 만만)/(계14:8-계18:2-계16:1-19-큰 성 바빌론이라는 -창1:2-陰父와 陰自에 집 宙가 세 갈래로 갈라진 수 셋)

　　(20,000)/(3)=6,666=(육천)(육백)(육십)(육)=(계13:1-2)에서 정리되는 계시의 영상이며

　　(육천)(육백)(육십)(육)=네-수에 들어 있는-육육육육-은-한 때와 두 때에-계13:1-2-네 짐승에게-<-- 용이 준 용의 능력을 가리키는 수이고

　　(육천)(육백)(육십)(육)=네-수에 들어 있는 네 자릿수는- -한 때와 두 때에-계13:1-2-네 짐승에게-<-- 용이 준 용의 보좌를 가리키는 수이고

　　(육천)(육백)(육십)(육)=네-수는-한 때와 두 때에-단7:4-7/계13:1-2-네 짐승에게 <-용이 준 용의 능력과 보좌와 큰 권세를 가리키는 수이고

　　(육천)(육백)(육십)(육)=네-수에 들어 있는-육육육육-은-창1:5-4-2-아침이 되는-계4:2-8-밤이라 칭하신-계4:7-네 생물의 날개 수이다

　　(육천)(육백)(육십)(육)=네-수에 들어 있는 네 자릿수는-창1:5-4-2-아침이 되는 -계4:2-8-밤이라 칭하신 -계4:7-네 생물 날개의 가득한

　　　　　　　　　　　눈들이라 하는 천사들의 수를 가리며-이는-

　　　　　　　　　　　　　　　또

창1:5-4-2-아침이 되는 -계4:2-8- 밤이라 칭하시신-계4:7-어두움에-

창1:5-4-2-흑암과 -혼돈한 땅과 -깊음에 있는 궁창과 -수면이 있던 땅에 -있는-계2-4-5-6-네 보좌를 가리키는 것으로

창1:5-4-1-저녁이 되는-계4:1-2-5-8-낮의 하늘에서 성령에 감동하여 이렇게 보고 보며 본 것이라 이렇게 그 이야기를 하고 하며 하는 것이며

　　　　　　　　　　　　　　　또

창1:5-4-2-과-창2:8-14-(계9:14-16-마병대 수 이만만을)/(창1:1-태초기와 창세기와 말세기에 = 삼세기로 나누면)

　　　　　　　　　　(2,000,000,000)/(3)=계17:1-11-66,666,666-(육천)(육백)(육십)(육만)(육천)(육백)(육십)(육)

창1:5-4-1-태초기와 창세기와 말세기에 -동일하게 -여덟 짐승과 - 여덟 짐승의 우상과 -여덟 짐승의 이름의 수가 나오는 계시의 영상이 천부경에 문자로 있으며

노스트라다무스의 그림책에 여덟 칸의 원형의 그림으로 있으며 -원형 문화의 여덟 뿔과 여덟 방울과 스님들 손에 염주로 표현하며 팔궤라 하는 것이다.

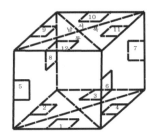 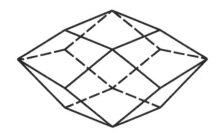

계1	계4	계8	계12	계16	계20
계2	계5	계9	계13	계17	계21
계3	계6	계10	계14	계18	계22
	계7	계11	계15	계19	

계1	계4	계8	계12	계16	계20
계2	계5	계9	계13	계17	계21
계3	계6	계10	계14	계18	계22
	계7	계11	계15	계19	

창1:5-4-1-저녁이 되는 천이라 하는 -계4:1-2-5-8-낮의 하늘에서 === 성령에 감동하여 공간과 시간 여행을 하면서 보고 보며 본 것은

창1:5-4-2-흑암에 구름 위에 베풀어진 -계4:2-3-보좌 가운데서 -계6:1-2- 첫째 인 떼어진 -계4:2-7-첫째 생물이 -흰 용이고
창1:5-4-2-혼돈하고 공허한 땅에 베풀어진 -계4:2-4-보좌 가운데서 -계6:3-4- 둘째 인 떼어진 -계4:4-7-둘째 생물이 -붉은 용이고
창1:5-4-2-깊음에 물속 궁창에 베풀어진 -계4:2-5-보좌 가운데서 -계6:5-7- 셋째 인 떼어진 -계4:5-7-셋째 생물이 -검은 용이고
창1:5-4-2-수면에 물이 모인 뭍에 베풀어진 -계4:2-6-보좌 가운데서 -계6:7-8- 넷째 인 떼어진 -계4:6-7-넷째 생물이 -황 용이다.
또
창1:5-4-2-과-계4:2-3-보좌 가운데서 -루시엘 -이름에서 -성씨 -엘에 -인이 떼어진 -계4:2-7-첫째 생물을 -루시퍼라 하는 것이고
창1:5-4-2-과-계4:2-4-보좌 가운데서 -야아엘 -이름에서- 성씨 -엘에 -인이 떼어진 -계4:4-7-둘째 생물을 -야아훼라 하는 것이고
창1:5-4-2-과-계4:2-5-보좌 가운데서 -라아엘 -이름에서 -성씨 -엘에 -인이 떼어진 -계4:5-7-셋째 생물을 -라아알라 신이라 하고
창1:5-4-2-과-계4:2-6-보좌 가운데서 -마아엘 -이름에서 -성씨 -엘에 -인이 떼어진 -계4:6-7-넷째 생물을 -마르둑 신이라 하더라.
반면에
창1:5-4-1-천지의 - 대주재이시며 지극히 높으신 자-곧- 만왕의 왕이며 만 주의 주 하나님 이름을 – – – 아람어 방언으로 -엘엘론이시며
창1:5-4-1-천지를 - 창조하신 낮이라 칭하신 빛과 생명과 말씀으로 영생하시는 하나님 이름을 – – – – 아람어 방언으로 -엘올람이시며
창1:5-4-1-천지를 - 낮이라 칭하신 빛과 생명과 말씀으로 창조하신 전지전능하신 하나님 이름을 – – – – 아람어 방언으로 -엘샤다이시며
창1:5-4-1-천이라 하는 -계4:1-8-낮의 하늘에 하나님 이름의 있는 성씨는 – – – – – – – – – – – 아람어 음으로 -엘-이며
창1:5-4-1-천이라 하는 -계4:1-8-낮의 하늘의 하나님 천사장을-미가엘과 가브리엘은- 이름에- 엘이라 하는-성씨를 가지고 있는 것이며
또
창1:5-4-1-과-창31:13-야곱이 벧엘의 하나님이 부르시는 부름을 받아서 밧단아람에서 몸을 정결케 하고 의복을 바꾸어 입고 벧엘로 올라가
벧엘의 하나님 제사장이며 살렘 왕 멜기세덱의 반차를 따라서 십일조를 드리고 제단을 쌓고 야곱이 벧엘의 하나님
엘벧엘 이름을 불러서 기도하매
창1:5-4-1-과-창31:13-벧엘에 하나님이 야곱을 양자로 삼아서 -성씨-엘을 야곱에게 주셔서 이스라엘이라 칭하여 -아브라함과 이삭에게
주셨던 복을 이스라엘에게 주시며 생육하고 번성하여 충만하라 하셔서
아브라함과 이삭과 이스라엘 하나님 이름을 -엘 엘론 -엘롤람 -엘샤다이 라 하는 것이며
반면에
모세는 창세기-한 때와 두 때에-첫째며 다섯째 금나라 이집트 제국에 제사장의 반차를 따르며 그 문화에서 사십 년을 살다가 정치 망명을 하여서
한 때와 두 때에-둘째며 여섯째 은나라 미디안의 제사장 이드로의 집에서 미디안 제사장의 반차를 따르고 모세가 유대교를
만들 때 미디안의 제사장 이도로의 반차를 따라서 만들고 이드로가 사용하는 성경을 가지고 유대교를 만들어서 유대교와
기독교에서 사용하는 성경이 된 것이며
창1:5-4-1-창세기-한 때와 두 때에-셋째며 일곱째-놋나라 앗수르 제국이 있었고-이때-벧엘 성전과 성이 있는 북이스라엘이 멸망하였고
창1:5-4-1-창세기-한 때와 두 때에-넷째며 여덟째-철나라 바빌론 제국이 있으며 그리고 -창세기에 -넷째며 여덟째가
창1:5-4-1-말세기-한 때와 두 때에-첫째며 다섯째가 되는 때와 법을 변개하여 있는 것을 성령에 감동하여 본 것을 이렇게 이야기하는 것이다.

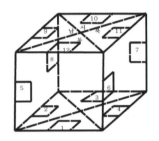

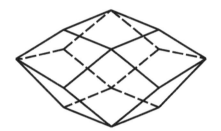

계1	계4	계8	계12	계16	계20
계2	계5	계9	계13	계17	계21
계3	계6	계10	계14	계18	계22
	계7	계11	계15	계19	

계1	계4	계8	계12	계16	계20
계2	계5	계9	계13	계17	계21
계3	계6	계10	계14	계18	계22
	계7	계11	계15	계19	

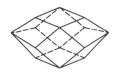

창1:5-4-1-태초기와 창세기와 말세기

창1:5-4-2-과-계12:1-14-한 때와 두 때에 -계17:1-3-5-10-넷째와 다섯째 열 뿔 짐승과 그의 우상과 그의 이름의 권세 기간은 -

-계9:15-年-에 속하여 있는 -계13:5-마흔두 달이라 하는 삼 년 반이며

-계4:2-3-보좌의 권세 기간이며

창1:5-4-1-태초기와 창세기와 말세기

창1:5-4-2-과-계12:1-14-한 때와 두 때에 -계17:1-3-10-다섯은 망하였고 하나는 있고에 -둘째며 여섯째-

-단8:1-4-과-계13:11-18-새끼 양 같은 짐승과 그의 우상과 그의 이름의 권세 기간은

-계9:15- 月 -에 속하여 있는-계9:5-10-두 다섯 달이며

-계4:2-4-보좌에 권세 기간이며

창1:5-4-1-태초기와 창세기와 말세기

창1:5-4-2-과-계12:1-14-한 때와 두 때에 -계17:1-3-10-아직 이르지 아니한-

-단8:5-21-셋째며 일곱째 -숫염소 같은 짐승의 큰 뿔의 권세 기간은

-계9:15-日-에 속하여 있는 -계2:10-십 일이며

-단8:5-21-셋째며 일곱째 숫염소 같은 짐승의 네 뿔 권세 기간은

-계9:15-時-에 속하여 있는 -계17:1-12-한 시간이며

-계4:2-5-보좌에 권세 기간이고

창1:5-4-1 태초기와 창세기와 말세기

창1:5-4-2-과-계12:1-14-한 때와 두 때에 -때와 법을 변개하여 -계17:1-3-넷째가 다섯째 왕을 등에 태우고 함께 왕 노릇 하다가

-계17:5-10-다섯째와 함께 망하고- 남은 -반의 권세를 가지고 다시-

-반 때에-계17:11-여덟째 왕으로 나오는 열 뿔 짐승과 그의 우상과 그의 이름에 권세 기간은

-계11:2-계13:5-마흔두 달이라 하는 일천이백육십이며

-계4:2-6-보좌에 권세 기간이며

창1:5-4-2-아침이 되는-계4:2-8-밤이라 칭하신-창1:4-어두움에 날이

-계9:15- 年月日時에 一始無始一 析三極無進本 一終無終一로

창1:5-4-1-저녁이 되는-계4:1-2-5-8-낮의 셋째와 둘째와 첫째 하늘에서 없어져 땅으로 쫓겨 내려가는 계시의 영상을 정리한 것이라.

-천자문과 천부경과 주역에 능통하며-마고력과 -절기를 사용하는 천세력에-시곗바늘을 보고 있는 사람이라면-

여기서 정리한-

-년 월 일 시에- 시곗바늘이-마고력과 -에디오피아 나라에서 사용하는 달력에 시곗바늘이 계시록에 있는

시곗바늘과 가장 가깝게 맞아서 돌아가고 있는 것을 보고 있을 것입니다.

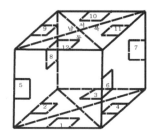

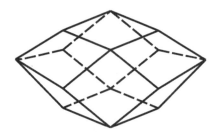

계1	계4	계8	계12	계16	계20
계2	계5	계9	계13	계17	계21
계3	계6	계10	계14	계18	계22
	계7	계11	계15	계19	

계1	계4	계8	계12	계16	계20
계2	계5	계9	계13	계17	계21
계3	계6	계10	계14	계18	계22
	계7	계11	계15	계19	

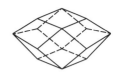

창1:5-4-2-과-계12:1-14-한 때와 두 때에-계17:1-4-5-10-넷째와 다섯째 열 뿔 짐승과 그의 우상과 그의 이름의 권세 기간은-

-계9:15-年-에 속하여 있는 -계13:5-마흔두 달이라 하는 삼 년 반이며

(계13:5-마흔두 달에 들어 있는 날짜의 수)/(한 이레에 들어 있는 날짜의 수)=

계산을 아라비아 수로 계산하면 = (1260)/(7)=180-이레이며

창1:5-4-2-과-계4:2-3-보좌 가운데 한 때와 두 때에 있는-첫째 생물의-권세 기간이-180-이레이며

창1:5-4-2-과-계4:2-6-보좌가 있는-이 세상에서 한 때와 두 때에-넷째와 첫째이던 다섯째 제국에-권세 기간이-1,800년이며

이때

창1:5-4-2-과-단2:31-38-한 때에-첫째 바빌론 제국의 때와 같이-여호와의 율법을 따르는 유대인들의 유대교 성전이 무너지고-

유대교 유대인들의 나라가 무너지며 유대교 유대인들은 사로잡혀서 타국으로 끌려가 종살이를 하였던

첫째 바빌론 제국에 때에 있었던 일들이 유대교 유대인들에게 재현되는 두 번째 때의 기간이-1,800년

동안 재현되어 있었던 것이라 유럽의 열 뿔 국가들이 있는 것이다.

그리고

창1:5-4-2-과-계12:1-14-한 때와 두 때에-계17:1-3-10-다섯은 망하였고 하나는 있고에 -둘째며 여섯째-

-단8:1-4-과-계13:11-18-새끼 양 같은 짐승과 그의 우상과 그의 이름의 권세 기간은

-계9:15- 月 -에 속하여 있는-계9:5-10-두 다섯 달이며

-(한 다섯 달에 들어 있는 날짜의 수)/(한 이레 들어 있는 날짜의 수)=계산을

아라비아 수로 계산하면=(150)/(7)=21.3이레로 -이는-

창1:5-4-2-과-계4:2-4-보좌 가운데 -한 때와 두 때에-둘째 생물의 권세 기간이 --- 21.3이레이며

창1:5-4-2-과-계4:2-6-보좌가 있는 이 세상에서-한 때와 두 때에- 둘째이며 여섯째-제국의 권세 기간이---213년이며

두 다섯 달을 한 다섯 달로 계산한 이유는-계13:11-18-새끼 양 같은 짐승의 두 뿔이 함께 나아와서

연합 제국을 이루고 있기 때문에 한 다섯 달로 계산하였으며 -이때-

-한 때에-둘째-메데와 바사 연합제국의 때와 같이-대하 36:23-바사의 고레스 왕이 조서를 내려 무너진 유다 예루살렘 성전이

다시 세워지고 유대교 유대인들이 바빌론 제국에 종살이에서 해방시키고 잃어버린 고국의 땅을 다시 찾아주었던 것과

같이 무너진 유대교 유대인들의 나라를 다시 세워지고 무너진 유대교 성전이 다시 세워져 이미 재현되어 있으며

-이때-

계17:1-3-5-10-다섯은 망하고 하나는 있고 아직 이르지 아니하고

창1:5-4-2-과-계9:1-11-무저갱에 있던 아볼루온이-알렉산더 왕이 죽고 -계20:1-7-천 년이 차매 무저갱에 옥에서 놓여 나아와서-

계20:1-8-창10:2-야벳의 아들들의 나라들- 고멜과 마곡과 마대와 야완과 두발과 메삭과 디라스의 나라들을 미혹하고

모아서 -계13:11-18-새끼 양 같은 짐승이라 하는 여섯째 제국이 ===>-유대교 유대인들에 찾아주고 세워 준 유대교

성전과 유대인들의 나라에 땅을 두고-<---싸움을 붙이므로 세상 사람들이 그곳을 바라보면서 중동에 화약고라 하는

이야기하는 것을 보고 듣고 보는 것이다.

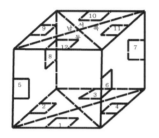

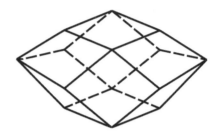

계1	계4	계8	계12	계16	계20
계2	계5	계9	계13	계17	계21
계3	계6	계10	계14	계18	계22
	계7	계11	계15	계19	

계1	계4	계8	계12	계16	계20
계2	계5	계9	계13	계17	계21
계3	계6	계10	계14	계18	계22
	계7	계11	계15	계19	

창1:5-4-2-과-계12:1-14-한 때와 두 때에 -계17:1-3-10-아직 이르지 아니하였다는 -

-단8:5-21-셋째며 일곱째 --숫염소 같은 짐승의 큰 뿔 권세 기간은

계9:15-日-에 속하여 있는 -계2:10- 십 일이며

-단8:5-21-셋째며 일곱째-- 숫염소 같은 짐승의 네 뿔 권세 기간은

-계9:15-時-에 속하여 있는 -계17:1-12- 한 시간이며

(계2:10-십 일은-계12:1-6-광야에 기간으로 정리하여-십 년이며

-광야에 기간으로 보이는 것은 아시아에 교회들이-계12:1-6-광야로 도망 나온 그 여자이며

-계12:1-6-17-그 여자의 남은 자손들이기 때문이다.

(계17:12-한 시간은 -계17:1-3-성령의 시간으로 정리하여 -

[100년]/[하루 안에 들어 있는 시간 24]=41.6년이며

창1:5-4-2-과-계4:2-5-보좌 가운데-한 때와 두 때에-셋째 생물에-권세 기간이 - - - - - - - - - - 10년+41.6년이며

창1:5-4-2-과-계4:2-6-보좌가 있는 세상에서-한 때와 두 때에-셋째며 일곱째 제국의 권세 기간도- - - - - -10년+41.6년이며

창1:5-4-2-과-계4:2-5-보좌 가운데-한 때와 두 때에 -셋째 생물에 -계8:1-일곱째 인 떼실 때 - - - - - -半 時 間 동안에-

창1:5-4-1-과-마10:1-7- 천국 복음 전파에 -처음과 나중이- 행8:1-예루살렘에서 만나며

창1:5-4-1-과-마4:1-17- 천국 복음 전파에 -시작과 끝이 - -마4:18-갈릴리에서 만나서

-예루살렘과 갈릴리에-계11:1-4-두 감람나무와 두 촛대가 -처음과 나중에 세워지고

이때

-유대교 유대인들의 눈과 귀와 마음과 생각을 덮어 가리고 있던-사6:1-스랍들의 권세 기간이-월에 종료되어

-유대교 유대인들의 눈과 귀와 마음과 생각이 열려서-초대교회 사도들과 성도들처럼-

창1:5-4-2-과-계4:2-4-보좌 가운데서 -한 때와 두 때에 - 둘째와 여섯째-인 떼어져서

창1:5-4-2-과-계4:6-7-보좌 주위에 있는 둘째 생물이 여호라 하는 것과 용이라 하는 것을 보게 되어서 회개하는 유대교 유대인들이

예루살렘과 갈릴리에 있는 두 교회로 구름 떼같이 몰려와 재림하실 예수님 맞을 준비를 하게 될 것이며

又

창1:5-4-2-과-2-5-보좌 가운데 일곱째 인 떼시고-계8:1-반 시후에-한 때에-셋째-헬라 제국의 군대가 예루살렘에 -<=== 들어가

요2:19-성전에 있는 여호와의 신상을 철거하고 그 자리에 제우스 신상을 세웠던 것과 같이 -창10:1-2-야벳의 아들들의

나라들의 군대가 예루살렘에 들어가

창1:5-4 -2-과-요2:19-성전을 접수하여-계4:2-5-보좌 가운데서-일곱째 인 떼어져-

계4:6-7-보좌 주위에 셋째 생물에게 봉헌하게 될 것이며-

이때-

창1:5-4-1-천이라 하는-계4:2-4-5-8-낮의-셋째와 둘째와 첫째 하늘에서

창1:5-4-2-아침이 되는-계4:2-4-5-8-밤이라 칭하신 어두움의 날이 ―始無始― 析三極 無進本 ―終無終―로 없어져 땅으로 쫓겨내려

가는 것이다.

계3-1-2

61

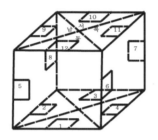

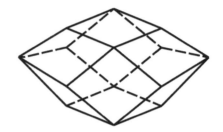

계1	계4	계8	계12	계16	계20
계2	계5	계9	계13	계17	계21
계3	계6	계10	계14	계18	계22
	계7	계11	계15	계19	

계1	계4	계8	계12	계16	계20
계2	계5	계9	계13	계17	계21
계3	계6	계10	계14	계18	계22
	계7	계11	계15	계19	

-이때-

창1:5-4-1-천이라 하는-계4:2-4-5-8-낮의-셋째와 둘째와 첫째 하늘에서

창1:5-4-2-아침이 되는-계4:2-4-5-8-밤이라 칭하신 어두움의 날이 一始無始一 析三極 無進本 一終無終一로 없어져 땅으로

쫓겨 내려가는 것이다.

창1:5-4-2-과-계4:6-7-보좌 가운데 넷째 생물이-능력과 보좌와 큰 권세를-계9:1-11-아바돈 임금에게 주어서 왕이 될 것이며

-계4:6-7-보좌 주위- 첫째와 둘째와 셋째 생물이라는

-계16:12-16-더러운 세 영이-금은 놋 철나라에 왕들과 장군들과 제상들을 아바돈 왕이 있는 아마겟돈 성으로 모아서

창1:5-4-1-과-계21:2-10-재림 심판하시는 전쟁을 대항하여

창1:5-4-2-과-계7:1-사방의 신 바람 소리를 하는 거문고 향연의 할렐루야 무리를

-요2:19-성전이 있는-아마겟돈 성으로 모을 것이며

-요2:9-성전으로-<==신4:10-15-여호와가 있는 화염에 불꽃이 충천한 불이 내려가 추수하는 타작 마당에 모닥불과

같이 있어 가라지들이라 하는 어두움의 율법을 따르는 陰父와 陰自의 陰夫들과 할렐루야 무리들이 던져질 것이며

반면에

창1:5-4-1-과-계11:1-4-두 감람나무와 두 촛대가-예루살렘과 갈릴리에서 재림하시는 예수님 맞을 준비를 하는 사람들은 복이 있으며

창1:5-4-1-과-마10:1-7-천국을 전파하는 예수님의-일곱 번째 제자 사도 도마가 우리나라에까지 천국 복음을 전하여 주어서 그 기념비가

영주 강동리에 도마 바위가 있어 우리나라에 성지로 도마 바위가 있습니다.

-계9:15- 년 월 일 시-에-1800년->213년->-10년+41,6년에-시곗바늘과

-행8:27-에데오피아 나라에서 사용하는 달력에 시곗바늘이 가장 가깝게 맞추어서 돌아가고 있으니

-천자문과 주역과 성경으로 볼 수 있는 사람은 예수님을 절대로 외면할 수 없을 것입니다.

행1:4-8-과-행2:1-4-성령 세례를 받은 분들은 여기서 이야기하는 내용을 알아들을 수 있으나 성령 세례를 받지 않은 분들에게는

미스터리가 될 수밖에 없을 것입니다. 나머지 공백은 독자들이 스스로 채우시기 바랍니다.

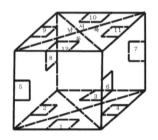

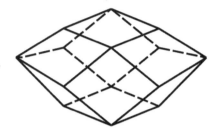

계1	계4	계8	계12	계16	계20
계2	계5	계9	계13	계17	계21
계3	계6	계10	계14	계18	계22
	계7	계11	계15	계19	

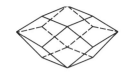

그리고

창1:5-4-1-저녁이 되는 -계4:1-2-5-8-낮의 셋째 하늘에 계시는 예수님과 아버지 하나님 천부의 이름은-

창1:5-4-1-천부와 천자에- 첫 번째 이름은 -창1:1-천지의 대주재이시며 지극히 높으신 하나님 - - - - - - 아람어 음으로 -엘엘론

창1:5-4-1-천부와 천자에- 두 번째 이름은-창1:1-천지를 창조하신 빛과 생명과 말씀으로 영생하시는 하나님 -- 아람어 음으로- 엘올람

창1:5-4-1-천부와 천자에- 세 번째 이름은-창1:1-천지를 빛과 생명과 말씀으로 창조하신 전지전능하신 하나님- 아람어 음으로-엘샤다이

창1:5-4-1-천부와 천자에 - 이름에 있는 -성씨는-엘-이며 천부와 천자의 집을 -엘 家라 하는 것이며

창1:5-4-1-저녁이 되는- --계4:1-8- 낮이라 칭하신 -요1:1-17-18-빛이신 예수께서-

창1:5-4-1-천부를 -요1:1-18-독생자 예수께서-마11:25- 엘엘론 이름을 불러서 기도하셨고

창1:5-4-1-천부를 -마27:46-엘리 엘리-나의 하나님 나의 하나님을 십자가 위에서 부르셨고

또

창1:5-4-1-천부와 천자를 -행4:24-31-초대 예루살렘 교회가-엘엘룐-이름을 불러서 기도하매 성령이 충만하여 초대 예루살렘 교회가

창1:5-4-1-천부와 천자이신 하나님의 말씀을 ==>--

창1:5-4-2-아침이 되는-계4:2-8-밤이라 칭하신 -창1:2-4/요1:5-17-어두움에 계명과 율법을 따르는 -유대교 유대인들과 장로들과

제사장들에게-<=== 행4:23-31-담대히 전하니라.

그리고

창1:1-천부께서-창1:2-5-밤이라 칭하신-창1:2-4/요1:5-17-어두움의 율법을 따르는 유대교 유대인들이 사용하는 히브리어-방언에는

창1:1-천부께서-창1:1-5-낮이라 칭하신-창1:1-4/요1:1-18-독생자의 하나님 아버지 이름이 계시지 아니하시므로

창1:1-천부 하나님 아버지와 독생자의 이름을 아는 것이-요17:3-영생이라 말씀을 전하여 주신 것이며

창1:1-천부 하나님 아버지와 독생자의 이름도 모르고 성씨도 모르고 있는 ->유대교 유대인들을 가리켜서 -탕자라 말씀하신 것이다.

지금도 초대 예루살렘 교회와 같이

창1:1-천이라 하는-계4:1-2-5-8-낮의 하늘에 계신 예수님과 아버지 하나님 -엘엘룐 엘올람 엘샤다이-이름을 불러서 기도하면 누구나

계4:1-2- - - - 성령 충만함을 입을 수 있으며 -그러나- 아무리 성령 충만함을 받았다 하더라도 -반면에-

창1:2-흑암이라는 -계4:2-8-밤하늘에 있는-시18:11-신4:10-15-여호와의 이름을 불러서 기도하면- 성령이 모두 소멸하는 이유는

창1:1-천이라 하는-계4:1-8-낮의 하늘에 계시는 예수님과 원수가 되어 -창1:1-4-나누어진-어두움이기 때문이더라.

-개혁은-

- 행4:24-31- 초대 예루살렘 교회와 성도들과 같이 -내가 먼저-

창1:5-저녁이 되는-계4:1-8-낮이라 칭하신-요1:1-17/롬8:2/빌3:1-9-예수님 안에 있는 생명의 성령의 법에서 난 의를 믿음으로 받아서

창1:5-아침이 되는-계4:2-8-밤이라 칭하신-요1:5-17/롬8:2/빌3:9-8-어두움에 죄와 망의 율법에서 난 의를 배설물과 같이 버려 버리고

창1:1-천이라 하는-계4:1-2-5-8-낮의 하늘에 계신-예수님과-성령과-일곱 영이 =====>-계1:4-교회들에게 하시는 말씀을 들으며

창1:1-천이라 하는-계4:1-2-5-8-낮의 하늘에 계신-예수께서 - - - - 빌3:1-9-14-부르시는 부름을 받아-생명의 성령의 법을 따라

-마4:17-마10:1-7 벧전2:9-천국의 나라와 왕 같은 제사장 노릇 하면서

창1:5-아침이 되는-계4:2-4-5-6-8-밤이라 칭하신 보좌의 어두움의 율법이 사망으로 쏘는 죄를-<====이기고 다스리는 왕 노릇 하며

창1:1-천이라 하는-계4:1-2-5-8-낮의 첫째와 둘째와 셋째 하늘에 열린 천국 문으로 올라가-계4:1-예수님-계3:21-아버지 보좌에

앉히심을 받은 -초대 예루살렘 교회 성도들을 따라가는 일이-개혁이요 회개가 되는 것이다.

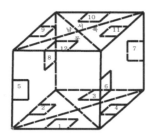 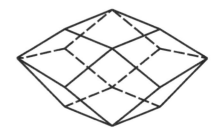

계1	계4	계8	계12	계16	계20
계2	계5	계9	계13	계17	계21
계3	계6	계10	계14	계18	계22
	계7	계11	계15	계19	

계1	계4	계8	계12	계16	계20
계2	계5	계9	계13	계17	계21
계3	계6	계10	계14	계18	계22
	계7	계11	계15	계19	

창1:5-4-1-저녁이 되는-계4:1-8-낮이라 칭하신-창1:1-4/요1:1-17/롬8:1-2-빛이신 예수님 안에 있는 생명의 성령의 법이
창1:5-4-2-아침이 되는-계4:2-8-밤이라 칭하신-창1:2-4/요1:5-17/롬8:1-2-어두움인 여호와의 죄와 사망의 율법에서 인류를 해방하신

창1:5-4-1-저녁이 되는-계4:1-8-낮이라 칭하신-창1:1-4/요1:1-17/롬8:1-2-예수님 안에 있는 생명의 성령의 법을 따라서
창1:5-4-1-저녁이 되는-계4:1-8-낮이라 칭하신-창1:1-4/요1:1-17/엡2:15-16-빛이신 예수께서 원수 된
창1:5-4-2-아침이 되는-계4:2-8-밤이라 칭하신-창1:2-4/요1:5-17/엡2:15-16-어두움에 계명과 율법을 육체로 폐하시고 십자가로 소멸하여
　　　　　　　　　　　　　　　　롬6:1-11-죽으신 예수님의 죽으심과 합하여 물로 세례를 받아서
창1:5-4-2-아침이 되는-계4:2-8-밤이라 칭하신-창1:2-4/신4:10-15/요1:5-17-여호와의 대하여 율법에 대하여-롬6:1-11-죽어 장사되고
　　　　　　　　　　　　　　　　　　　　　　죽은 자들 가운데서
창1:5-4-2-아침이 되는-계4:2-8-밤이라 칭하신-창1:2-4/신4:10-15/고전15:56-여호와의 율법의 사망을 이겨서 폐하시고 <=*=>살아나신
　　　　　　　　　　　　　　　　　예수님을 나의 주 하나님으로 믿어서
창1:5-4-1-저녁이 되는-계4:1-8-낮이라 칭하신-요1:1-18-예수께서 산상수훈에 나타내신 의로 의롭다 하심을 깨달음과 믿음 확신으로 얻어서
창1:5-4-2-아침이 되는-계4:2-8-밤이라 칭하신-신4:10-15/고전15:56-여호와의 율법이 사망으로 쏘는 --롬6:1-14-죄가 주관하지 못하는
창1:5-4-1-저녁이 되는-계4:1-8-낮이라 칭하신-창1:1-4/요1:1-17/롬6:1-14-빛이신 예수님 은혜 아래서
창1:5-4-1-저녁이 되는-계4:1-8-낮이라 칭하신-창1:1-4/요1:1-17/고후9:8-빛이신 예수님이 능히 모든 은혜를 나에게 넘치게 하셔서 나로
　　　　　　　　　　　　　　모든 일에 항상 모든 것이 넉넉하여 모든 착한 일을 넘치도록
　　　　　　　　　　　　　　하게 하시는 전능하신 예수님 은혜로 살아가는
창1:5-4-1-저녁이 되는-계4:1-8-낮이라 칭하신-창1:1-4/창14:17-20/요1:1-17/롬8:1-2-예수님 안에 있는 생명의 성령의 법이라 하는
　　　　　　　　　　　　　　살렘 왕이며 대제사장 멜기세덱의 반차를 따르는 사람들에게 -<===
창1:5-4-2-아침이 되는-계4:2-8-밤이라 칭하신-창1:2-4/신4:10-15/요1:5-17 고전15:56-여호와의 죄와 사망의 율법을 따르는 자들이
　　　　　　　　　　　　영지주의자라 하는 이단에 프레임을 씌우는 것을 나는 45년 동안 보고 보며 보아 오면서
　　　　　　　　　　성경이
창1:5-4-2-아침이 되는-계4:2-8-밤이라 칭하신-창1:2-4/신4:10-15/롬8:2/빌3:2-9-여호와의 죄와 사망의 율법에서 난 의를 가지고 있는
　　　　　　　　　　사람들을-빌3:2-9-개들이라 하는 것을 이렇게 보고 듣고 보고 보며 보면서
　　　　　　　　　　또
창1:5-4-1-천이라 하는-계4:1-2-5-8-낮의 하늘에 계신-천부의 천자이신 예수님 안에 있는 생명의 성령과 일곱 영의 법이
창1:5-4-2-아침이 되는-계4:2-8- 밤이라 칭하신-창1:2-4/신4:10-15/롬8:2-여호와의 죄와 사망의 율법에서 ==>-우리 인류를 해방하시고
창1:5-4-2-아침이 되는-계4:2-8- 밤이라 칭하신-창1:2-4/신4:10-15/갈3:13-여호와의 율법에 자주에서 = = =>-우리 인류를 속량하시고
창1:5-4-2-아침이 되는-계4:2-8- 밤이라 칭하신-창1:2-4/신4:10-15/계1:5-여호와의 율법의 죄에서 = = ===>-우리 인류를 해방하시고
창1:5-4-2-아침이 되는-계4:2-8- 밤이라 칭하신-창1:2-4/벧전2:9-어두움에서 = = = = = == = == >-우리 인류를 불러내셔서
창1:5-4-1-천이라 하는-계4:1-8-낮의 하늘나라-마10:1-7/벧전2:9-거룩한 천국의 나라와 왕 같은 제사장으로 삼으시고 ===>-승천하셔서
창1:5-4-1-천이라 하는-계4:1-2-5-8-낮의 하늘에 빛으로 계시는 예수님을 보지 못하는 사람을 장님이요 귀머거리요 삯꾼 목자요 가라지들이
　　　　　　　　　　하며 불교 성경에서는 아사리들이라 이야기하는 것이며
창1:5-4-2-아침이 되는-계4:2-8-밤이라 칭하신-창1:2-4/신4:10-15/고전15:56-롬8:2-여호와의 죄와 사망의 율법에서 난 의를 가진 사람은
창1:5-4-2-과-시18:11-신4:10-15-신5:1-22-흑암이라 하는 밤하늘 안에 여호와가 있는 화염에 불꽃이 충천한 불못에 있어
창1:5-4-2-흑암이라 하는 밤하늘을 -<--지옥으로 보고 보며 본 것이라 이렇게 그림으로 그리고 도표를 만들어 이야기하고 하며 하는 것이니
　　　　　　　　　　보고 들을 수 있는 사람을 보고 들으시라.

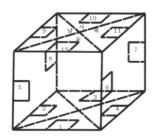
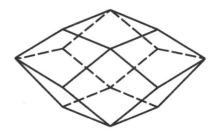

계1	계4	계8	계12	계16	계20
계2	계5	계9	계13	계17	계21
계3	계6	계10	계14	계18	계22
	계7	계11	계15	계19	

계1	계4	계8	계12	계16	계20
계2	계5	계9	계13	계17	계21
계3	계6	계10	계14	계18	계22
	계7	계11	계15	계19	

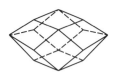

창1:5-4-1-저녁이 되는-계4:1-2-5-8-낮의-첫째와 둘째와 셋째 하늘에 - - - - - - --성령에 감동하여 올라가서 보고 보며 볼 때

창1:5-4-1-저녁이 되는-계4:1-2-5-8-낮의 하늘에서-<- - - - - - - - - - - - -- ---계12:1-큰 이적이 보이고 있으며

창1:5-4-2-아침이 되는-계4:2-4-5-6-8-밤하늘에서 -<- - - - - - - - - - - - - 계12:3-또 다른 이적이 보이는 것이며

창1:5-4-1-저녁이 되는-계4:1-2-5-8-낮의-계15:1-하늘에 이적을 보매 일곱 영이라는 일곱 천사가 일곱 재앙을 가졌으니 곧 마지막 재앙이라-계4:1-2-5-8-낮의 하늘의 하나님의 진노가 이것으로 마치리로다.

창1:5-4-2-과-계15:2-또 보니 불이 섞인 유리 바다에서 짐승과 그의 우상과 그의 이름의 수를 이기고 벗어난 자들이 유리 바다가 모래 위에 서서

창1:5-4-1-과-계4:1-8-낮이라 칭하신-요1:1-17-29-과-계1:1-4-5-7-8-주 하나님 전능하신 어린양의 노래를 부르는 자들은

창1:5-4-1-저녁이 되는 -계4:1-8-낮이라 칭하신-창1:1-4/요1:1-17/롬8:1-2- 그리스도 예수 안에 있는 생명의 성령의 법을 따라

창1:5-4-2-아침이 되는 -계4:2-8-밤이라 칭하신-요1:5-17/고전15:56-여호와의 율법이 사망으로 쏘는 죄를-<==계2:7- 이기고 계15:2-이기고 벗어난--계12:1-6-17-그 여자의 남은 자손들이 바다가 모래 위에 서서 있는 것이며

창1:5-4-1-낮이라 칭하신-창1:1-4/요1:1-17/롬8:1-2/빌3:1-9-예수 안에 있는 생명의 성령의 법에서 난 의를 믿음으로 받아 가지고

창1:5-4-2-밤이라 칭하신-창1:2-4/요1:5-17/롬8:1-2/빌3:8-9-여호와의 율법에서 난 의를 먹어서 배설물에 똥과 같이 버려 버리고

창1:5-4-1-낮이라 칭하신-창1:1-4/요1:1-17-29/계1:1-4-5-6-8/계15:3-빛으로 계신 주 하나님 전능하신 어린양의 노래를 하는

계7:4-8/계9:4-/계14:1-5-살아 계신-계4:1-2-5-8-낮의 하늘에 계시는 하나님의 인을 맞은 144,000 외에는 능하게 배워서 능하게 부를 수 있는 사람이 없으며

-반면에-

계14:8-11/계15:2-짐승과 그의 우상과 그의 이름의 표를 받은 사람은

창1:5-4-2-밤이라 칭하신-창1:2-4/요1:5-17/고전15:56-여호와의 율법이 사망으로 쏘는 죄가 주관하여서 밤낮 쉼을 얻지 못하고

창1:5-4-2-밤이라 칭하신-창1:2-4/신4:10-15-여호와의 율법을 따라서

창1:5-4-2-밤이라 칭하신-신4:10-15/요1:4-17-여호와의 율법의 법궤가 있는-요2:19-선전 제단 불 위애 어린양을 올려놓고서

-계5:9-12-14- 거문고 향연의-계15:3-모세의 노랫소리 하는 성전 제단 불에서 어린양이 다시 살아나면 그 거문고 향연의 제사가 성립될 수 없기 때문에

-계1:1-4-5-6-7-8-부활이 담긴 주 하나님 전능하신 어린양의 노랫소리를 능하게 배워서 부를 수 없더라.

-계1:1-4-5-6-7-8-부활이 담긴

창1:5-4-1-낮이라 칭하신-요1:1-18-29-과-계1:1-4-5-6-7-8-아멘 아멘 하는 주 하나님 전능하신 어린양의 노랫소리를 능하게 배워서 능하게 부르는 성도들이 되시기를 바랍니다. 그리고 거문고 향연에 노랫소리는 배설물같이 버리세요.

계5:9-12-죽임을 당하사 죽임을 당하신 어린양이라 믿는 사람들은-계:4-6-첫째 부활에 참여하지 못하는 반면에

창1:5-4-1-낮이라 칭하신 -요1:1-17-18-29-어린양이신 예수께서 -엡2:15-16-원수 된

창1:5-4-2-밤이라 칭하신 -신4:10-14/엡2:15-16-여호와의 계명과 율법을 육체로 폐하시고 십자가로 소멸하시고 죽은 자들 가운데서

창1:5-4-2-밤이라 칭하신 -신4:10-15/고전15:56-여호와의 율법의 사망을 이겨서 폐하시고 다시 살아나셨다 믿는 사람들은

창1:5-4-1-낮의 -첫째와 둘째 하늘나라- 계20:4-6-과-계21:2-8-첫째와 둘째 부활에 참여하는 것을 보고 보며 본 것이라 이렇게 그 이야기를 하는 것이다.

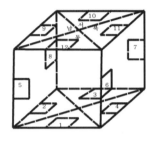 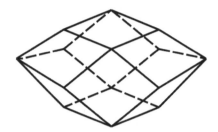

계1	계4	계8	계12	계16	계20
계2	계5	계9	계13	계17	계21
계3	계6	계10	계14	계18	계22
	계7	계11	계15	계19	

계1	계4	계8	계12	계16	계20
계2	계5	계9	계13	계17	계21
계3	계6	계10	계14	계18	계22
	계7	계11	계15	계19	

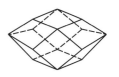

창1:5-4-1-천이라 하는-계4:1-8-낮의 하늘에서 -계12:1-큰 이적이 보이는 -반면에-

창1:5-4-2-흑암이라는 -계4:2-8-밤의 하늘에서 -계12:1-3-또 다른 큰 이적에서 - - 일곱 머리 열 뿔을 가진 용이 보이고 있으며

창1:5-4-1-천이라 하는-계4:1-8-낮의 하늘에서 -계12:1-5-보이는 큰 이적에서 여자가 낳은 사내아이가 - - - 올라가는 것은

창1:5-4-1-저녁이 되는-계4:1-8-낮이라 칭하신 -요1:1-18-빛이신 예수께서-행1:1-8-12-감람원에서 승천하시는 예수님을

창1:5-4-1-천이라 하는-계4:1-8-낮의 하늘에서 -계12:1-5-보이는 큰 이적에서 여자가 낳은 사내아이라 하는 천부의 천자로 보며

-계12:1-6-그 여자가 광야로 도망하는 것은

-행1:8-행2:1-6-성령 강림으로 탄생한 승천하신 예수님의 몸 된 예루살렘 교회가

창1:5-4-2-아침이 되는-계4:2-8-밤이라 칭하신 -요1:5-17-어두움의 율법을 따르는 유대교 제사장들과 장로들에게 핍박을 받아서

-계12:1-6-그 여자라 하는-행8:1-예수님의 몸 된 예루살렘 교회가 유대와

사마리아와 모든 땅으로 흩어지면서

창1:5-4-2-과-단7:2-4-5-6-7-25-한 때에 -계17:1-3-4-넷째 열 뿔 짐승을 탄-<== = = 계12:1-6-14-그 여자가 -<==

창1:5-4-1-과-계12:1-6-14-한 때에-계13:1-넷째 일곱 머리 열 뿔 짐승을 탄 -<====그 여자가 로마에 있는 예수님 몸 된 교회로

볼 때

창1:5-4-2-과-계17:1-2-3-4-그 여자라 하는 로마 교회 사자 중에서-겔27:18-다메섹이라 하는 사자가 헬본의 포도주라 하는

순교피와 어린양의 흰 털을 가지고 로마 제국의 제사장들과 무역을 하여서 로마 천주교회를 만들고

교황이 된 모양이 -단7:2-25-한 때 -넷째 열 뿔 짐승을 탄 여자가 음녀들의 어미라 하는 음부가 되어서

-계12:1-6-14-한 때에-넷째 열 뿔 짐승을 탄 다섯째 왕이 된 모양을 이렇게 보고 보며

볼 때

창1:5-4-2-아침이 되는-계4:2-8-밤이라 칭하신-요1:5-17-어두움의 율법을 따르는 천주교 교황을 이렇게 보고 보며 천주교회에서

-계5:1-9-12-14-거문고 향연의 노랫소리로-만전 만송 하신 만세 반석이신 어린양을-만전 만폐 하신 만세 폐석으로

-계18:1-2-22-세공을 하는 세공업자들의 이빨 까는 할렐루야에 맷돌 소리를-<======봉고 들으며

볼 때

창1:5-4-1-천이라 하는-계4:1-8-계18:1-4-낮의 셋째 하늘로부터 예수님 음성이-계4:1-열린 문으로 나와서 이르시되 내 백성아

거기서 나아와 그의 죄에 참여하지 말고 그가 받을 재앙들을 받지 말라 = = = = = =

계18:4-21-이에 한 힘센 천사가 큰 맷돌 같은 돌을 들어 바다에 던져 이르되 큰 성 바빌론이

비참하게 던져져 결코 다시 보이지 아니하리로다

계18:4-22-또 거문고 향연의 -세공업자들에 -맷돌 소리가 결코 다시 네 안에서 들리지 아니하고

계18:4-23-일곱 등불 빛이 결코 다시 네 안에 비치지 아니하고 신랑과 신부의 음성이 결코 다시

네 안에서 들리지 아니하리로다. = = = = 네 복술로 말미암아 만국이 미혹되었도다.

계18:4-24-선지자들과 성도들과 및 땅 위에서 죽임을 당하여 순교한 모든 자의 순교의 피가 <==

창1:5-4-2-밤이라 칭하신- 어두움에-계5:1-6-보좌 -거문고 향연의 노랫소리를 하는 성전 제단이 있는 그 성 가운데서 있는 것을

창1:5-4-1-낮의 하늘에서 성령에 감동하여 공간과 시간 여행을 하면서 이렇게 보고 보며 본 것이라 이렇게 그 이야기를 하며 하는 것이다.

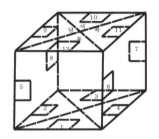

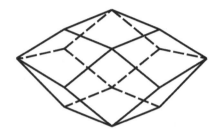

계1	계4	계8	계12	계16	계20
계2	계5	계9	계13	계17	계21
계3	계6	계10	계14	계18	계22
	계7	계11	계15	계19	

계1	계4	계8	계12	계16	계20
계2	계5	계9	계13	계17	계21
계3	계6	계10	계14	계18	계22
	계7	계11	계15	계19	

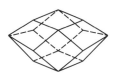

창1:5-4-1-천이라 하는-계4:1-8-낮의 하늘에서 -계12:1-큰 이적이 보이는 -반면에-

창1:5-4-2-흑암이라는 -계4:2-8-밤의 하늘에서 -계12:1-3-보이는 또 다른 큰 이적에서 일곱 머리 열 뿔을 가진 용이 보이고 있으며

창1:5-4-1-천이라 하는-계4:1-8-낮의 하늘에서 -계12:1-5-보이는 큰 이적에서 여자가 낳은 사내아이가 - - - 올라가는 것은

창1:5-4-1-저녁이 되는-계4:1-8-낮이라 칭하신 -요1:1-18-빛이신 예수께서-행1:1-8-12-감람원에서 승천하시는 예수님을.

창1:5-4-1-천이라 하는-계4:1-8-낮의 하늘에서 -계12:1-5-보이는 큰 이적에서 여자가 낳은 사내아이라 하는 천부의 천자로 보며

-계12:1-6-그 여자가 광야로 도망하는 것은

-행1:8-행2:1-6-성령 강림으로 탄생한 승천하신 예수님의 몸 된 예루살렘 교회가

창1:5-4-2-아침이 되는-계4:2-8-밤이라 칭하신 -요1:5-17-어두움의 율법을 따르는 유대교 제사장들과 장로들에게 핍박을 받아서

-계12:1-6-그 여자라 하는-행8:1-예수님의 몸 된 예루살렘 교회가 유대와

사마리아와 모든 땅으로 흩어지면서

창1:5-4-1-과-계12:1-6-14--한 때에-계17:1-3-5-넷째 열 뿔 짐승을 탄 그 여자를 로마에 있는 예수님 몸 된 로마 교회로 보며

창1:5-4-2-과-단7:2-4-7-25-한 때와 두 때에-계17:1-3-4-5-로마 교회가 성령의 양육을 받아서 어린양의 신부가 되는 일에서

타락하여 넷째 짐승을 탄-다섯째 왕이라는 천주교 교황이 된 것을 보며

창1:5-4-2-과-단7:2-4-5-25-한 때와 두 때에-둘째며 여섯째-계13:2-곰 같은 짐승과 -계13:11-18-새끼 양 같은 두 뿔 짐승이라는

-둘째며 여섯째-단2:31-39-은나라 -미영 연합제국 때에-

창1:5-4-1-과-계12:1-6-14-한 때와 두 때에-그 여자라 하며 예수님의 몸 된 교회라 하는 여자가 기문고 향연과 할렐루야 무리 가운데서

회개하고서

창1:5-4-2-과-계1:1-4-5-6-7-8-9-아멘 아멘 하는-계15:3-주 하나님 전능하신 어린양의 노래를 능하게 배우고 능하게 불러서

창1:5-4-1-과-계4:1-2-5-8-낮의 하늘에 계시는 -계15:3- 주 하나님 전능하신 어린양의 신부라 하는-天子의 天夫가 되는 것을

창1:5-4-1-천이라 하는 낮의 하늘에서 성령에 감동하여 공간과 시간 여행을 하면서 이렇게 본 것이라 이렇게 그 이야기를 하는 것이다.

창1:5-4-1-천이라 하는-계4:1-8/계18:1-4-낮의 셋째 하늘로부터 예수님 음성이 열린 문으로 나아와서 이르시되 내 백성아 거기서

나와 그의 죄에 참여하지 말고 그가 받을 재앙들을 받지 말라. = = = = = = = = =

창1:5-4-1-과-계4:1-2-5-과-계18:4-21- 이에 한 힘센 천사가 큰 맷돌 같은 돌을 들어 바다에 던져 이르되 큰 성 바빌론이 비참하게

던져져 결코 다시 보이지 아니하리로다.

창1:5-4-1-과-계4:1-2-5-과-계18:4-22- 또-거문고 향연의 -세공업자들에 -맷돌 소리가-결코 다시 네 안에서 들리지 아니하고

창1:5-4-1-과-계4:1-2-5-과-계18:4-23- 일곱 등불 빛이 결코 다시 네 안에 비치지 아니하고-계5:1-6-어린양이신 신랑과 신부의

음성이 결코 다시 -계5:6-14-네 안에서 들리지 아니하리로다. 네 복술로 말미암아

만국이 미혹되었도다.

창1:5-4-1-과-계4:1-2-5-과-계18:4-24- 선지자들과 성도들과 및 땅 위에서 죽임을 당하여 순교한 모든 자의 순교의 피가-<==

거문고 향연의 옛 노래와 새 노래를 하는 성전과 제단이 있는 그 성 가운데 있는 것을

창1:5-4-1-과-계4:1-2-5-8-낮의 하늘에서 농부가 본 것과 사도 요한이 본 것이 이렇게 동일하다는 것을 이렇게 이야기하는 것이다.

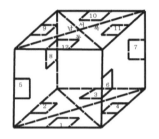
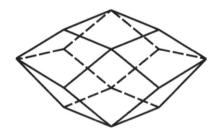

계1	계4	계8	계12	계16	계20
계2	계5	계9	계13	계17	계21
계3	계6	계10	계14	계18	계22
	계7	계11	계15	계19	

계1	계4	계8	계12	계16	계20
계2	계5	계9	계13	계17	계21
계3	계6	계10	계14	계18	계22
	계7	계11	계15	계19	

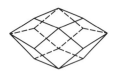

창1:5-4-1-천이라 하는-계4:1-8-낮의 하늘에서 -계12:1-큰 이적이 보이는

-반면에-

창1:5-4-2-흑암이라는 -계4:2-8-밤의 하늘에서 -계12:1-3-보이는 또 다른 큰 이적에서 일곱 머리 열 뿔을 가진 용이 보이고 있으며

창1:5-4-1-천이라 하는-계4:1-8-낮의 하늘에서 -계12:1-5-보이는 큰 이적에서 여자가 낳은 사내아이가 - - - 올라가는 것은

창1:5-4-1-저녁이 되는-계4:1-8-낮이라 칭하신 -요1:1-18-빛이신 예수께서-행1:1-8-12-감람원에서 승천하시는 예수님을

창1:5-4-1-천이라 하는-계4:1-8-낮의 하늘에서 -계12:1-5-보이는 큰 이적에서 여자가 낳은 사내아이라 하는 천부의 천자로 보며

-계12:1-6-그 여자가 광야로 도망하는 것은

-행1:8-행2:1-6-성령 강림으로 탄생한 승천하신 예수님의 몸 된 예루살렘 교회가

창1:5-4-2-아침이 되는-계4:2-8-밤이라 칭하신 -요1:5-17-어두움의 율법을 따르는 유대교 제사장들과 장로들에게 핍박을 받아서

-계12:1-6-그 여자라 하는-행8:1-예수님의 몸 된 예루살렘 교회가 유대와

사마리아와 모든 땅으로 흩어지면서

창1:5-4-1-과-계12:1-6-14--한 때에-계17:1-3-5-넷째 열 뿔 짐승을 탄 그 여자를 로마에 있는 예수님 몸 된 로마 교회로 보며

창1:5-4-2-과-단7:2-4-7-25-한 때와 두 때에-계17:1-3-4-5-로마교회가 성령의 양육을 받아 어린양의 신부가 되는 과정에서

거문고 향연의 미혹 되어 로마 교회가 陰夫가 되어 천주교회 만들어 교황이 된 것을 보며

창1:5-4-2-과-단7:2-4-5-25-한 때와 두 때에-둘째며 여섯째-계13:2-곰 같은 짐승과-계13:11-18-새끼 양 짐승이라 하는

-둘째며 여섯째-단2:31-39-은나라 -미영 연합제국-때에-

창1:5-4-1-과-계12:1-6-14-한 때와 두 때에-그 여자라는 예수님의 몸 된 교회라 하는 여자가 거문고 향연과 할렐루야 무리 가운데서

창1:5-4-2-과-계1:1-4-5-6-7-8-9-아멘 아멘 하는-주 하나님 전능하신 어린양의 노랫소리를 능하게 배우고 능하게 불러서-

창1:5-4-1-과-계4:1-2-5-8-낮의 하늘에 계시는- 주 하나님 전능하신 어린양의 신부가 되는 것을 보고 보며

창1:5-4-2-과-계1-4-5-6-7-8-9-아멘 아멘 하는-주 하나님 전능하신 어린양의 신부가 되는 노랫소리가==> 천국에 복음으로

창1:5-4-2-과-계1:1-4-그 보좌와-요2:19-성전과 성이 있는-예루살렘에서 ===>로마와 유럽과 === >아메리카로 전파되어서

창1:5-4-1-과-계4:1-8-낮의 하늘에 계신-계1:4-5-6-7-8-9-주 하나님 전능하신 어린양의 노랫소리를 능하게 배우고 불러서

창1:5-4-1-과-계4:1-8-낮의 하늘나라 -마4:17-마10:1-7-천국으로 올라가는 성도들이 있는

반면에

창1:5-4-2-과-계4:2-8-밤이라 칭하신- 계5:1-9-12-14-네 생물이 아멘 하고 이십사 장로가 엎드려 경배하는 거문고 향연의 노래

소리에 할렐루야를 능하게 배우고 능하게 부르고 불러서

창1:5-4-2-과-계4:2-8-밤의 하늘로 올라가 밤하늘이라 하는

창1:5-4-2-과-신4:10-15-과-신5:1-22-흑암에 구름 속에 여호와가 있는 화염에 불꽃이 충천한 불못으로-<===== 던지는 것을

창1:5-4-1-과-계4:1-2-5-8-낮의 하늘에 본 계시의 영상이 - 계19장에 문자로 소개되어 있는 것이다.

계4-4-4-4-4-4-4

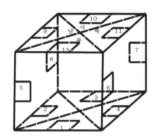
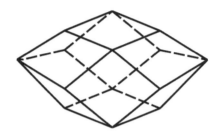

계1	계4	계8	계12	계16	계20
계2	계5	계9	계13	계17	계21
계3	계6	계10	계14	계18	계22
	계7	계11	계15	계19	

계1	계4	계8	계12	계16	계20
계2	계5	계9	계13	계17	계21
계3	계6	계10	계14	계18	계22
	계7	계11	계15	계19	

창1:5-4-1-천이라 하는-계4:1-2-5-8-낮의 하늘에 계신 -예수님과 성령과 일곱 영의 빛이 ==>-육지에 -계1:4-교회들이 있으며

창1:5-4-1-천이라 하는-낮의 셋째 하늘에-계4:1-예수님의-계3:21--보좌에- 天父와 天子의 天夫들이라 하는 빛의 자녀들이 있으며

창1:5-4-1-천이라 하는-낮의 둘째 하늘에-계4:2-성령님의-계20:11- 보좌에-天父와 天子의 天夫들이라 하는 빛의 자녀들이 있으며

창1:5-4-1-천이라 하는-낮의 첫째 하늘에-계4:6-일곱 영의-계20:4-보좌들에- 天父와 天子의 天夫들이라 하는 빛의 자녀들이 있으며

창1:5-4-1-지면에 있는-낮이라 칭하신 -요1:1-29-계22:1-어린양의 보좌에 -天父와 天子의 夫夫들이라 하는 빛의 자녀들이 있으며

반면에

창1:5-4-2-흑암에 구름 위에 베풀어진-계4:2-3-보좌에-향연의-계19:1-할렐루야 무리에-어두움에- 陰父와 陰自의 陰夫들이 있으며

창1:5-4-2-혼돈 공허한 땅에 베풀어진-계4:2-4-보좌에-향연의-계19:3-할렐루야 무리에-어두움에- 陰父와 陰自의 陰夫들이 있으며

창1:5-4-2-깊음에 궁창 위에 베풀어진-계4:2-5-보좌에-향연의-계19:4-할렐루야 무리에-어두움에- 陰父와 陰自의 陰夫들이 있으며

창1:5-4-2-수면이 있던 땅에 베풀어진-계4:2-6-보좌에-향연의-계19:6-할렐루야 무리에-어두움에- 陰父와 陰自의 陰夫들이 있으며

그리고

창1:5-4-1-천이라 하는-계4:1-2-5-8-낮의 하늘에 문이-계19:11-열린 하늘로 예수님의 백마 탄 군대가 손에 철장을 들고 나아와=>

창1:5-4-2-흑암에 구름을 -=== 타고서 백마 탄 낮의 하늘의 하나님이신 예수님의 군대가

창1:5-4-2-흑암에 구름에 베풀어진 보좌와 향연의 할렐루야 무리를-<== = = = = 손에 철장으로 개 패듯이 패서 백마 탄 군대가 타고 있는

창1:5-4-2-흑암에 구름 속에-<==-신4:10-15-여호와가 있는 화염에 불꽃이 충천한 불못에-<==== 산 채로 던져 넣는 심판을 하고서

창1:5-4-2-흑암에 구름이라 하는 밤하늘을 -<=== 타고서 백마 탄 예수님의 군대가 내려가===>-

창1:5-4-2-혼돈 공허한 땅에 베풀어진 보좌와 향연의 할렐루야 무리를 -<= 손에 철장으로 개 패듯이 패서 심판하여 타고 있는 흑암에 구름
　　　　　속에 있는 여호와가 있는 불못에 던져 넣고서 흑암에 구름을 타고서 백마 탄 예수님의 군대가 내려가===>-

창1:5-4-2-깊음에 있는 궁창에 베풀어진 보좌와 향연의 할렐루야 무리들을 <== 손에 철장으로 개 패듯이 심판하여 타고 있는 흑암에
　　　　　구름 속에-신4:10-15-여호와가 있는 화염에 불꽃이 충천한 불못에 던져 넣고 할렐루야 무리 외에-계19:1-21- 그 나머지 자들은
　　　　　은 백마 탄 자들의 입으로부터 나오는 검에 죽으매 모든 새가 그 고기로 배불리우더라 하는 일들을

창1:5-4-1-천이라 하는 낮에 하늘에서 성령에 감동하여 예수님 재림 심판하시는 리얼 스토리에 이야기를 이렇게 하고 하게 되는 것은
　　　　　농부와 사도 요한이 성령에 감동하여 본 것이 이렇게 리얼하게 동일하다는 것을 증거하여 증명을 하는 것은

이와 같이

창1:5-4-2-수면이 있는 물을 -계4:1-8-낮의 하늘에 계시는 예수님이-창1:9-10-모이라 하시고 땅과 바다라 칭하신 그 땅과 바다에

창1:5-4-2-과-계1:4-9-아시아와 밧모섬이 있는 이 세상에 예수님 재림 심판이 동일하게 있을 것이라 하는 그 이야기를 하려는 것이며

재림에 마지막 심판 때에는 예수님 백마 탄 군대가 타고 있는 흑암에 구름 속에 -신4:10-15-여호와가 있는 화염에 불꽃이 충천한 불못이
마치 타작 마당에 모닥불과 있어-<=== 마13:24-30-가라지들이라 하는 거문고 향연의 노래를 하는 할렐루야 무리들이 던져질 것이라 하는
그 이야기를 하려는 것이다.

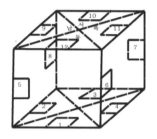 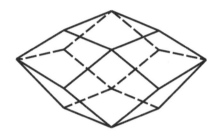

계1	계4	계8	계12	계16	계20
계2	계5	계9	계13	계17	계21
계3	계6	계10	계14	계18	계22
	계7	계11	계15	계19	

창1:5-4-1-저녁이 되는 -계4:1-8-낮이라 칭하신 주 예수의 성령에 감동하여 낮의 하늘에-계4:1-열린 문으로 올라가 보며 볼 때
창1:5-4-1-천이라 하는 -낮의 하늘에-행1:1-9-예수님과 -마10:1-7-제자들과-행4:24-31-초대 예루살렘 교회 성도들이 있어
창1:5-4-1-천이라 하는 -낮의 하늘나라를 -마4:17-마10:1-7-천국으로 보고 보는

-반면에-

창1:5-4-2-흑암이라 하는-밤하늘에-시18:11-신4:10-15-신5:1-22-빽빽한 구름의 흑암 속에 있는 화염이 충천한 불꽃 가운데서
　　　　　十계명을 두 돌 판에서 써서 모세에게 전하여 주었던 여호와와 모세와 -행4:23-유대교 제사장들과 장로들이 있어
창1:5-4-2-흑암이라 하는-밤하늘 안에-여호와가 있는 화염에 불꽃이 충천한 불못이 있어 밤하늘을-벧3:19-지옥으로 보고 보며
불 때
창1:5-4-1-저녁이 되는-여섯째-낮에-창1:27-29-창조하신 빛의 자녀들이 있는-창1:1-천부의 집을- 천자문에서-집 宇라 하고
창1:5-4-2-아침이 되는-여섯째-밤에-창1:26-만든 어두움에 자녀들이 있는 어두움에 아비 음부의 집을-천자문에서 집 宙라 하며
창1:5-4-1-저녁이 되는 낮이라 칭하신 -창1:4-나누어진 빛이 있는- - -창1:1-천지를-<--- 천자문에서-하늘 天 땅 地라 하고
창1:5-4-2-아침이 되는 밤이라 칭하신 -창1:4-나누어진 어두움이 있는 -창1:2-흑암과 땅을-<천자문에서 - 玄黃이라 하고
창1:5-4-1-저녁이 되는 낮을 -<--- 천자문에서-기울 仄이라 하고
창1:5-4-2-아침이 되는 밤을 -<--- 천자문에서-찰 盈이라 하여 -성경과 천자문이-이렇게- 짝을 이루고 있는 것을 보고 보며
창1:5-4-2-아침이 되는 밤이라 칭하신- 어두움에 날을 -<--- 천부경에서-> 一始無始 一析三極 無進本 一終無終一이라 하고

창1:5-4-1-저녁이 되는-계4:1-8-낮이라 칭하신-창1:1-4/요1:1-17/엡2:15-16-빛이신 예수께서 원수가 되어서 나누어진
창1:5-4-2-아침이 되는-계4:2-8-밤이라 칭하신-창1:2-4/엡2:15-16-어두움에 계명과 율법을 육체로 폐하시고 십자가로 소멸한
창1:5-4-2-아침이 되는-계4:2-8-밤이라 칭하신-창1:2-4/고전15:56/롬8:2-어두움에 죄와 사망의 율법을-<-- 道可道 非常道
　　　　　名常名 非常名 이라 하고-空不異色 色不異空이라 하며
창1:5-4-2-아침이 되는-계4:2-8-밤이라 칭하신-창1:2-4/고전15:56/롬8:2-어두움에 죄와 사망의 율법에서 우리 인류를 해방하신
창1:5-4-1-저녁이 되는-계4:1-8-낮이라 칭하신-요1:1-17/롬8:2-빛이신 예수님 안에 있는 생명의 성령의 법을-<- 苦輯滅道라
　　　　　하며 -道可道 有常道 名可名 有常名이라 하고 -色卽是空 空卽是色이라 하며

창1:5-4-1-낮이라 칭하신-창1:1-4/요1:1-17/롬8:2/빌3:1-9-예수님 안에 있는 생명의 성령의 법에서 난 의를 믿음으로 받아서
창1:5-4-2-밤이라 칭하신-창1:2-4/요1:5-17/롬8:2/빌3:2:9-8-어두움에 죄와 사망의 율법에서 난 의를 배설물과 같이 버려 버리고
창1:5-4-2-아침이 되는 밤이라 칭하신-요1:5-17/고전15:56-어두움의 율법이 사망으로 쏘는 -롬6:1-14-죄가 주관하지 못하는
창1:5-4-1-저녁이 되는 낮이라 칭하신-창1:1-4/요1:1-17/롬6:1-14-예수님 은혜 아래-히4:1-10-안식에 들어가는 사람들을
　　　　　불경에서-깨달아 얻어 해탈한 사람이라 하며-성경에서 물과 성령으로 거듭난 자들이라 하는 것이며

창1:5-4-1-천이라 하는-계4:1-2-5-8-낮의 하늘에 계신 예수님과 성령과 일곱 영이 =>-계1:4-교회들에게 하시는 말씀을 듣고서
창1:5-4-1-천이라 하는-계4:1-2-5-8-낮의 하늘에 계시는 예수님을-빌3:9-14-부르심의 부름을 받아 생명의 성령의 법을 따라서
창1:5-4-2-아침이 되는-계4:2-4-5-6-8-밤이라 칭하신 보좌에 있는 어두움의 율법이 사망으로 쏘는 죄를-<- --이기고 이겨서
창1:5-4-1-천이라 하는-계4:1-2-5-8-낮의 첫째와 둘째와 셋째 하늘로--->-열린 천국 문으로 세세토록 올라오는 빛의 자녀들을
창1:5-4-1-천부경에서 天二三 地二三 人二三-에- 삼천지인이라 하고---아뇩 다라 삼먁 삼보리들이라 하며
창1:5-4-2-아침이 되는 밤이라 칭하신 -창1:2-4/요1:5-17/롬8:2/빌3:2-9-어두움에 죄와 사망의 율법에서 난 의를 가지고
창1:5-4-2-흑암이라 하는-계4:2-4-5-6-8-밤하늘로 올라가-시18:11-신4:10-15-여호와가 있는 불못에 들어가는 陰父와 陰自의
　　　　　陰夫들을 二天地人이라 하며-아사리들이라 하며 -계22:15/ 빌3:9-2-개들이라 하는 것을
창1:5-4-1-천이라 하는-계4:1-2-5-8-낮의 하늘에서 이렇게 보고 보며 본 것이라 이렇게 그 이야기를 하고 하며 하는 것이다.

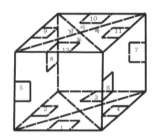

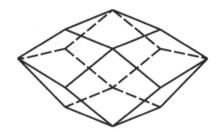

계1	계4	계8	계12	계16	계20
계2	계5	계9	계13	계17	계21
계3	계6	계10	계14	계18	계22
	계7	계11	계15	계19	

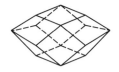

또

창1:5-4-1-저녁이 되는 낮이라 칭하신 -창1:1-4/요1:1-17/엡2:15-16-빛이신 예수께서 원수 되어서 나누어진

창1:5-4-2-아침이 되는 밤이라 칭하신 -창1:2-4/요1:5-17/엡2:15-16-어두움에 십계명과 율법을 육체로 폐하시고 십자가로 소멸하시고

죽은 자들이 있는-벧전3:19- 옥에 가서서

창1:5-4-2-아침이 되는 밤이라 칭하신 -창1:2-4/요1:5-17/고전15:56-율법의 사망을 이겨서 폐하시고 다시 살아나신 예수님을 믿어서

창1:5-4-1-저녁이 되는 낮이라 칭하신-창1:1-4/요1:1-17/엡2:15-16-예수께서 원수 된

창1:5-4-2-아침이 되는 밤이라 칭하신-창1:2-4/요1:5-17/엡2:15-16-어두움에 계명과 율법을 육체로 폐하시고 십자가로 소멸하신 예수님의

죽으심과 합하여-롬6:1-14/고2:12- 물로 세례를 받아서

창1:5-4-2-아침이 되는 밤이라 칭하신-창1:2-4/요1:5-17-어두움에 대하여-율법에 대하여-여호와에 대하여-<--나는 죽어 장사되었고

죽은 자들 가운데서 율법의 사망을 이기고 다시 살아나신 예수님을 나의 주 하나님으로 믿어서

창1:5-4-1-저녁이 되는 낮이라 칭하신-창1:1-4/요1:1-18/롬8:2/빌3:1-9-예수님 안에 있는 생명의 성령의 법에서 난 의를 믿음으로 받은

창1:5-4-1-저녁이 되는 낮이라 칭하신-창1:1-4-빛의 자녀들이 있는-창1:1-천부의 집을 -천자문에서- 집 字 하고

창1:5-4-1-저녁이 되는 낮이라 칭하신-창1:1-4-빛의 자녀들이 있는-창1:1-천부의 집을-성경에서-벧엘리엄과 벧엘과 베들레헴이라 하며

-벧엘의 하나님 대제사장이며 살렘왕 멜기세덱이 있는 새 예루살렘 거룩한 성이라 하고

창1:5-4-1-저녁이 되는 낮이라 칭하신 빛의 자녀들이 있는-창1:1-천부의 집을 -환단고기에서 - 마고성 이라 하며 -부도지 部都誌라 하고

창1:5-4-1-저녁이 되는 낮이라 칭하신 빛의 자녀들이 있는-창1:1-천부의 집을- 불경에서 -옴 마 니 벧 메 홈이라 하며

옴 마 니 벧 메 홈 -에-

-옴-은-창1:5-낮이라 칭하신 빛과 생명과 말씀으로-창1:1-천지를 창조하신 천부의 독생자 광명진언에 말씀이신 예수님을 -옴-이라 하고

-마-는-창1:5-낮이라 칭하신 빛의 자녀들이 있는 --창1:1-천부의 집이라는 성의 -열두 기초석의 열두 보석을 가리켜서 - 마 -라 하고

-니-는-창1:5-낮이라 칭하신 빛의 자녀들이 있는 --창1:1-천부의 집이라는 성의-열린 열두 진주 문을 가리켜서- - - - -니-라 하고

-벧-은-창1:5-낮이라 칭하신 빛의 자녀들이 있는 --창1:1-천부의 집이라 하는 거룩한 성이 있는 성전을 가리켜서- - - - 벧-이라 하고

-메-는-창1:5-낮이라 칭하신 빛의 자녀들이 있는 --창1:1-천부의 집이라 하는 거룩한 성이 내려와 있는 산을 가리켜서- - 메-라 하고

-홈-은-창1:5-낮이라 칭하신 빛의 자녀들이 있는 --창1:1-천부의 짐이라 하는 성과 성전이 있는 산성을 가리켜서- - - - 홈-이라 하고

-창1:5-낮이라 칭하신 빛의 자녀들이 있는 --창1:1-천부의 집이라 하는 거룩한 산성과 성전을

-환단고기에서 -마고성이라 하며 부도지라 하고

-성경에서-거룩한 성 새 예루살렘이라 하고

-불경에서-옴 마 니 벧 메 홈-이라 하는 것을 -<===

창1:5-4-1-천이라 하는 낮의 하늘에서 - 성령에 감동하여 올라가서 지면에 있는 빛의 자녀들이 있는 천부의 집을 이렇게 보고 보며 볼 때

창1:5-4-1-저녁이 되는 낮이라 칭하신-창1:1-4/요1:1-17/롬8:2/빌3:1-9-예수님 안에 있는 생명의 성령의 법에서 난 의를 믿음으로 받아

창1:5-4-2-아침이 되는 밤이라 칭하신-창1:2-4/요1:5-17/롬8:2/빌3:9-8-어두움에 죄와 사망의 율법에서 난 의를 배설물 같이 버리고서

창1:5-4-1-천이라 하는-계4:1-2-5-8-낮의 하늘에 계신 예수님과 성령과 일곱 영이 ====>-계1:4-교회들에게 하시는 말씀을 듣고서

창1:1-4-1-천이라 하는-계4:1-2-5-낮의 하늘에- 계4:1-열린 문으로 예수님께서- - - - ->-빌3:1-9-14-부르시는 부름을 받아서

창1:5-4-2-아침이 되는-계4:2-4-5-6-8-밤이라 칭하신 보좌에 있는 어두움의 율법이 사망으로 쏘는 쇠를 -<- 이기고 이겨서 승리하여

창1:5-4-1-천이라 하는-계4:1-2-5-8-낮의 첫째와 둘째와 셋째 하늘에-계4:1-열린 천국 문으로-세세토록-올라오는 빛의 자녀들을-

창1:5-4-1-천이라 하는-계4:1-2-5-8-낮의 하늘에서 성령에 감동하여 이렇게 보고 보며 본 것이라 이렇게 그 이야기를 하며 하는 것이다.

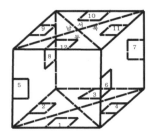

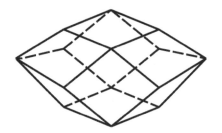

계1	계4	계8	계12	계16	계20
계2	계5	계9	계13	계17	계21
계3	계6	계10	계14	계18	계22
	계7	계11	계15	계19	

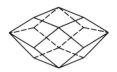

창1:5-4-1-저녁이 되는-계4:1-2-5-8-낮에 하늘에- 예수님과 -성령과 -일곱 영이 = = =>-계1:1-4-교회들에게 하시는 말씀을 <==
성령에 감동하여 보며 볼 때

창1:5-4-2-아침이 되는-계4:2-8-밤이라 칭하신-창1:2-4/요1:5-17/갈5:4-어두움의 율법 안에서 의롭다 함을 얻으려 하는 너희는-<==

창1:5-4-1-저녁이 되는 -계4:1-8-낮이라 칭하신-창1:1-4/요1:1-17/갈5:4- 빛이신 예수 그리스도에게서 끊어지고 -<=========

창1:5-4-2-아침이 되는-계4:2-8-밤이라 칭하신-창1:2-4/고전15:56-어두움의 율법이 사망으로 쏘는 -롬6:1-14-죄가 주관하지 못하는

창1:5-4-1-저녁이 되는-계4:2-8-낮이라 칭하신 -창1:1-4/요1:1-17/롬6:1-14/갈5:4- 예수님 은혜에서 떨어져-<===========

창1:5-4-1-저녁이 되는-계4:1-8-낮의 하늘에서-계4:1-예수님이-계3:1-네가 살았다 하는 나의 이름은 가지고 있으니 죽은 자로다. -<=

-계3:1-2-내 하나님 앞에 네 행위에 온전한 것을 찾지 못하였으니-<=

-계3:1-3-그러므로 어떻게 받았고 들었는지 생각하고 회개하라 -<==

창1:5-4-2-아침이 되는-계4:2-8-밤이라 칭하신-창1:4-어두움울-계3:1-5-이기는 자는 흰옷을 입고 그 이름을 생명책에서 지우지 않고
그 이름을 천부 앞과 천사들 앞에서 시인하리라. -<=====

창1:5-4-1-저녁이 되는-계4:1-8-낮의 하늘에서-계4:1-예수님이-계3:1-6-귀 있는 자는 성령이 교회들에게 하시는 말씀을 들을지어다.

창1:5-4-1-저녁이 되는-계4:1-2-5-8-낮의 하늘에- 예수님과-성령과-일곱 영이-계1:1-4-교회들에게 하시는 말씀을 성령에 감동하여
이렇게 보고 들었으며

또

창1:5-4-1-과-계4:1-2-5-8-낮의 하늘에-계4:1-예수께서->계1:1-4-과-계:2:1-에베소 교회 사자에게 편지로-<===

-계2:1-2-네 행위와 수고와 네 인내를 알고 또 악한 자들을 용납하지 아니한
것과 자칭 사도라 하되 아닌 자들을 시험하여 그의 거짓된 것을
네가 드러낸 것과 또 네가 참고 내 이름을 위하여 견디고
게으르지 아니한 것을 아노라.

-계2:1-4-그러나 너를 책망할 것이 있나니 너의 처음 사랑을 버렸느니라.

-계2:1-5-그러므로 어디서 떨어졌는지를 생각하고 회개하여-
계1:1-4-5-6-처음 행위를 가지라.

-계2:1-6-오직 네게 이것이 있으니 네가-행6:5-유대교에 입교한 니골라당의
행위를 미워하도다. 나도 미워하노라.

-계2:1-7-귀 있는 자는 성령이 교회들에게 하시는 말씀을 들을지어다.

창1:5-4-2-어두움에-고전15:56-율법이 사망으로 쏘는 죄를-<==계2:1-7-이기는 그에게 내가 = = = == == == == =>-

창1:5-4-1-지면에 하나님 낙원에 있는 -계22:1-생명나무의 열매를 주어서 먹게 하리라 하시는 예수님과 성령과 일곱 영을- 성령에 감동하여

창1:5-4-1-저녁이 되는-계4:1-2-5-8-낮의 하늘에서 보고 보며 본 것이라 이렇게 리얼 스토리에 이야기들을 이렇게 하고 하며 하는 것이며

또

창1:5-4-1-天父의 天子이며-요1:1-17-빛이신 예수님은 은혜와 진리에 주인이시며-반면에-

창1:5-4-2-陰父의 陰子라는-요1:5-17-어두움인 여호와는 계명과 율법의 주인으로- 예수님과 여호와가 -빛과 어두움으로 원수가 되어서
나누어져 있는 것을

창1:5-4-1-저녁이 되는 낮의 하늘에서 -성령에 감동하여 이렇게 보고 보며 본 것이라 이렇게 증거하여 증명을 하고 하며 하게 되는 것이니라.

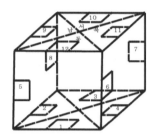

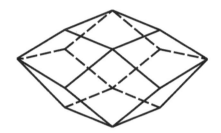

계1	계4	계8	계12	계16	계20
계2	계5	계9	계13	계17	계21
계3	계6	계10	계14	계18	계22
	계7	계11	계15	계19	

농부는 1978년 구정 셋째 날 영시에 금식 기도원 기도굴에서 성령에 감동하여 공중으로 들려 올라가며-기도굴에 있는 나를 내가 내려다보며 다시
고개를 들어서 올려다볼 때

창1:5-4-2-저녁이 되는 낮이라 칭하신 빛이 있는 낮의 하늘과 ==>*<==창1:5-4-2- 아침이 되는 어두움에 밤하늘이 전쟁하는 것을 보면서
창1:5-4-1-저녁이 되는 낮의 첫째와 둘째와 셋째 하늘로 올라가는 내려오는 공간과 시간 여행을 하면서 보고 보며 본 것은-

창1:5-4-1-천부께서-창1:2-어두움에 -창1:3-빛이 있으라 하시매 빛이 있었고, 그 빛이 천부께서 보시기에 좋았더라 빛과 어두움을 나누사
창1:5-4-2-아침이 되는 밤이라 칭하신-창1:2-4-나누신 어두움의 날을 一始無始一 析三極 無進本 一終無終一이라 하며
창1:5-4-1-저녁이 되는 낮이라 칭하신-창1:1-4-나누신 빛의 날을 -日始有始日 析三極 有進本 日常有常日-이라 하며

창1:5-4-1-저녁이 되는-계4:1-8-낮이라 칭하신-창1:1-4/요1:1-18/엡2:15-16-빛이신 독생자 예수께서 원수 된
창1:5-4-2-아침이 되는-계4:2-8-밤이라 칭하신-창1:2-4/요1:5-17/엡2:15-16-어두움에 계명과 율법을 육체로 폐하시고 십자가로 소멸하신
창1:5-4-2-아침이 되는-계4:2-8-밤이라 칭하신-창1:2-4/신4:10-15/요1:5-17/롬8:2-어두움에 죄와 사망의 율법을 -<==
- 道可道 非常道 名常名 非常名-이라 하며 -空不異色 色不異空-이라 하는-
반면에
창1:5-4-1-저녁이 되는-계4:1-8-낮이라 칭하신-창1:1-4/창14:17-20/요1:1-18/롬8:1-2- 예수님 안에 있는 생명의 성령의 법을-苦集滅道라
하며 -道可道 有常道 名常名 有常名-이라 하고 -色卽是空 空卽是色-이라 하는
창1:5-4-1-저녁이 되는-계4:1-8-낮이라 칭하신-창1:1-4/창14:17-20/요1:1-17/롬8:1-2-예수님 안에 있는 생명의 성령의 법을 따라서
창1:5-4-1-아침이 되는-계4:2-8-밤이라 칭하신-창1:2-4/고전15:56-여호와의 율법이 사망으로 쏘는 --- 롬6:1-14-죄가 주관하지 못하는
창1:5-4-1-저녁이 되는-계4:1-8-낮이라 칭하신-창1:1-4/요1:1-17/롬6:1-14-예수님 은혜 아래 있는 - - -히4:1-10-안식에 들어가고
창1:5-4-1-저녁이 되는-계4:1-8-낮이라 칭하신-창1:1-4/요1:1-17/롬8:2/빌3:1-9-예수님 안에 있는 생명의 성령의 법에서 난 의를 가지고
창1:5-4-1-아침이 되는-계4:2-8-밤이라 칭하신-창1:2-4/요1:5-17/롬8:1-2/빌3:9-8-어두움에 죄와 사망의 율법에서 난 의를 배설물에
똥과 같이 버려 버리고
창1:5-4-1-천이라 하는-계4:1-2-5-8-낮의 하늘에서 -예수님과 -성령과 -일곱 영이 = = =>-계1:1-4-교회들에게 하시는 말씀을 듣고
창1:5-5-2-아침이 되는-계4:2-8-밤이라 칭하신 어두움의 율법이 사망으로 쏘는 죄를-<== = = 이기는 -계3:1-21-그에게 내가 -곧-
창1:5-4-1-천이라 하는-계4:1-8-낮의 하늘에-계4:1- 예수께서 내 보좌에 앉게 하여 주기를 내가 어두움을 이기고 아버지 보좌에 함께 앉은
것과 같이 하리라 말씀하시는 예수님을 이렇게 본 것이라 이렇게 그 이야기를 하는 것이며
반면에
창1:5-4-2-아침이 되는-계4:2-8-밤이라 칭하신-창1:2-4/요1:5-17-여호와의 율법을 따르는- - - 행6:5-유대교에 입교한 니골라당 사람은
창1:5-4-2-아침이 되는-계4:2-8-밤이라 칭하신-창1:2-4/신4:10-15/요1:5-17/롬8:2/빌3:2-9-여호와의 죄와 사망의 율법에서 난 의를 받아
창15-4-:2-아침이 되는-밤하늘로 올라가
창1:5-4-2-시18:11-신4:10-15-신5:1-22-흑암에 구름이라 하는 밤하늘 안에 여호와가 있는 화염에 불꽃이 충천한 불못에 던져지고 들어가는
-유대교 교인들과 장로들과 제사장들과-유대교에 입교한 니골라당의 교훈을 따르는 니골라당들을
창1:5-4-1-저녁이 되는- 계4:1-2-5-8-낮의 하늘에서 이렇게 보고 보며 볼 때
창1:5-4-2-흑암이라 하는 어두움에 밤하늘을 -유1:6-범죄하여 타락한 천사들을 큰 날 심판까지 가두어 둔 감옥이라 하는 지옥으로 본 것이니라.
또
창1:5-4-2-陰父의 陰自라 하는-여호와 안에 있는 죄와 사망의 율법을 따르는-陰夫라 하는-유대교인들과 니골라당들이 ====>
창1:5-4-1-天父의 天子라 하는-예수님 안에 있는 생명의 성령의 법을 따르는-天夫라 하는-빛의 자녀들에게 -<=== 영지주의자라 하는 이단에
-프레임을 씌워서 핍박을 하던 陰夫들이
창1:5-4-2-흑암 속에 여호와가 있는 화염에 불꽃이 충천한 불못에-<===던져지는 리얼 스토리에 이야기를 이렇게 하고 하며 하게 되는 것이니라.

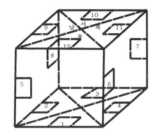
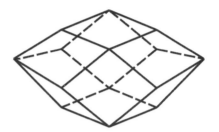

계1	계4	계8	계12	계16	계20
계2	계5	계9	계13	계17	계21
계3	계6	계10	계14	계18	계22
	계7	계11	계15	계19	

농부는 1978년 구정 셋째 날 영시에 금식 기도원 기도굴에서 -성령에 감동하여 공중으로 들려 올라가며-기도굴에 있는 나를 내려다보며 다시
고개를 들어서 눈이 열려 올려다볼 때

창1:5-4-2-저녁이 되는 낮이라 칭하신 빛이 있는 낮의 하늘과 = =>*<= =창1:5- 아침이 되는 어두움에 밤하늘이 전쟁하는 것을 보면서
창1:5-4-1-천이라 하는 낮의 첫째와 둘째와 셋째 하늘로 올라가는 공간과 시간 여행을 하면서 보고 보며 본 것은 -

창1:5-4-1-천부께서-창1:2-어두움에 -창1:3-빛이 있으라 하시매 빛이 있었고 그 빛이 천부께서 보시기에 좋았더라 빛과 어두움을 나누사
창1:5-4-2-천부께서-아침이 되는 밤이라 칭하신-창1:2-4-나누신 어두움에 날을 一始無始一 析三極 無進本 一終無終一이라 칭하시고
창1:5-4-1-천부께서-저녁이 되는 낮이라 칭하신-창1:1-4-나누신 빛의 날을 -日始有始日 析三極 有進本 日常有常日-이라 칭하시고

창1:5-4-1-천부께서-계4:1-8-낮이라 칭하신-창1:1-4/요1:1-18/엡2:15-16-빛이신 독생자 예수께서 원수 된
창1:5-4-2-천부께서-계4:2-8-밤이라 칭하신-창1:2-4/요1:5-17/엡2:15-16-어두움에 계명과 율법을 육체로 폐하시고 십자가로 소멸한
창1:5-4-2-천부께서-계4:2-8-밤이라 칭하신-창1:2-4/신4:10-15/요1:5-17/롬8:2-어두움에 죄와 사망의 율법을 -<==
-道可道 非常道 名常名 非常名-이라 하며 -空不異色 色不異空-이라 하는-
반면에
창1:5-4-1-천부께서-계4:1-8-낮이라 칭하신-창1:1-4/요1:1-18/롬8:1-2- 예수님 안에 있는 생명의 성령의 법을 -苦集滅道라 하며
-道可道 有常道 名常名 有常名-이라 하고 -色卽是空 空卽是色-이라 하며
창1:5-4-1-천부께서-계4:2-8-밤이라 칭하신-창1:2-4/고전15:56-어두움의 율법이 사망으로 쏘는 -롬6:1-14-죄가 주관하지 못하는
창1:5-4-1-천부께서-계4:1-8-낮이라 칭하신-창1:1-4/요1:1-17/롬6:1-14-예수님 은혜 아래 있는 -히4:1-10-안식에 들어가는
창1:5-4-1-천부께서-계4:1-8-낮이라 칭하신-창1:1-4/요1:1-17/롬8:2/빌3:1-9-예수님 안에 있는 생명의 성령의 법에서 난 의를 가지고
창1:5-4-2-천부께서-계4:2-8-밤이라 칭하신-창1:2-4/요1:5-17/롬8:1-2/빌3:9-8-어두움에 죄와 사망의 율법에서 난 의를 배설물에
똥과 같이 버려 버리고
창1:5-4-1-천이라 하는-계4:1-2-5-8-낮의 하늘에서 예수님과 성령과 일곱 영이 = = = = ==>-계1:4-교회들에게 하시는 말씀을 듣고
창1:5-5-2-아침이 되는-계4:2-4-5-6-8-밤이라 칭하신 보좌에 있는 어두움의 율법이 사망으로 쏘는 죄를 -< = = = = 이기고 승리하여
창1:5-4-1-천이라 하는-계4:1-2-5-8-낮의 첫째와 둘째와 셋째 하늘에 열린 천국 문으로 세세토록 올라오는-<==계1:4-교회의 성도들을
창1:5-4-1-천이라 하는-계4:1-2-5-8- 낮의 하늘에서 보고 보는

반면에
창1:5-4-2-아침이 되는-계4:2-8-밤이라 칭하신-창1:2-4/요1:5-17-여호와에 율법을 따르는--행6:5-유대교에 입교한 니골라당 사람은
창1:5-4-1-저녁이 되는-계4:1-8-낮의 하늘에서 예수님과 성령과 일곱 영이 == = = =>-계1:4-교회들에게 하시는 말씀을 듣지 아니하고
창1:5-4-2-아침이 되는-계4:2-8-밤이라 칭하신-창1:2-4/신4:10-15/요1:5-17/롬8:2/빌3:2-9- 여호와의 율법에서 난 의를 가지고
창15-4-:2-아침이 되는-계4:2-4-5-6-8-밤하늘로-세세토록-<= = = = = = = = =계1:1-4-교회들 가운데서 올라가
창1:5-4-2-시18:11-신4:10-15-신5:1-22-흑암에 구름이라 하는 밤하늘 안에 여호와가 있는 화염에 불꽃이 충천한 불못에 <==던져지는
-유대교인들과 유대교에 입교한 니골라당의 교훈을 따르는 니골라당을
창1:5-4-1-천이라 하는-계4:1-2-5-8-낮의 하늘에서 보고 보며 볼 = = =>-
창1:5-4-1-천이라 하는-계4:1-8-낮의 하늘에-계3:21-아버지 보좌에 앉으신-계4:1-예수님을 참 하늘에 참 하나님이시라 증거하면서
창1:5-4-2-흑암이라는 -계4:2-8-밤의 하늘에-계4:2-3-보좌를 베풀고 보좌 가운데와 주위에 있는-계4:2-7-네 생물을 밤하늘의
하나님이라 하는 여호와로 -갈4:1-8-본질상 하나님이 아닌 용 마귀 사탄으로 보았다 하는 이야기를 하였는데
내가 성령을 받아서 방언으로 기도하고 이야기하는 것이 아니라 악령을 받아서 방언으로 기도하는 것이라 하는 소문이 강상과 석장과 금평교회를
돌고 돌아서 일 년 후에 내 귀에 들어오는 소문에 적반하장 소리를 들으며 1979년 농사일을 마무리하고서 조용하게 고향을 떠나서 나올 수밖에
없었으며 노년에 고향으로 돌아와 이렇게 남은 그 이야기들을 하고 하며 하는 것이다.

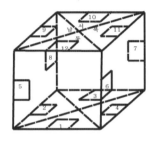
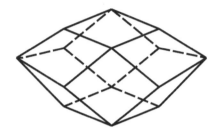

계1	계4	계8	계12	계16	계20
계2	계5	계9	계13	계17	계21
계3	계6	계10	계14	계18	계22
	계7	계11	계15	계19	

계1	계4	계8	계12	계16	계20
계2	계5	계9	계13	계17	계21
계3	계6	계10	계14	계18	계22
성 경	계7	계11	계15	계19	

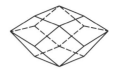

창1:5-4-1-저녁이 되는 -계4:1-2-5-8-낮의 하늘에-예수님과-성령과-일곱 영이= = = = = ===>-계1:1-4-교회들에게 하시는 말씀을
-사도들이-받아서 교회들에게 편지하는 내용을 편집하여 소개합니다.

창1:5-4-1-천부께서

창1:5-4-2-아침이 되는 -계4:2-8-밤이라 칭하신-창1:2-4/요1:5-17/갈5:4-여호와의 율법 안에서 의롭다 함을 얻으려 하는 너희는-<===

창1:5-4-1-저녁이 되는 -계4:1-8-낮이라 칭하신-창1:1-4/요1:1-17/갈5:4-그리스도에게서 끊어지고 -<====

창1:5-4-2-아침이 되는 -계4:2-8-밤이라 칭하신-요1:5-17/고전15:56-어두움의 율법이 사망으로-롬6:1-14-쏘는 죄가 주관하지 못하는

창1:5-4-1-저녁이 되는 -계4:1-8-낮이라 칭하신-요1:1-17/롬6:1-14/계22:1-21/갈5:4- 주 예수 그리스도 은혜에서 떨어져-<===

창1:5-4-1-천이라 하는 -계4:1-2-5-8-낮의 하늘에 계신-예수께서 ===>-계3:1-일곱 영과 일곱 별을 가지고 이르시되 네 행위를 아노니

창1:5-4-1-천이라 하는 -계4:1-2-5-8-낮에 하늘에 계신-예수께서 ===>-계3:1-네가 살았다 하는 나의 이름은 가졌으나 죽은 자로다.

창1:5-4-1-천이라 하는 -계4:1-2-5-8-낮의 하늘에 계신-예수께서 ===>-계3:1-3-회개하라 하시며

창1:5-4-1-천이라 하는 -계4:1-2-5-8-낮의 하늘에 계신-예수께서 ==>-계3:1-7-성령이 교회들에게 하시는 말씀을 들을지어다.

창1:5-4-1-천부께서-

창1:5-4-1-저녁이 되는 -계4:1-8-낮이라 칭하신-요1:1-18/롬8:2-그리스도 예수 안에 있는 생명의 성령의 법을 따라서

창1:5-4-1-저녁이 되는 -계4:1-8-낮이라 칭하신-요1:1-18/계1:1-4-5-6-7-8-9-천부와 천자이신 예수의 나라와 제사장 노릇을 하면서

창1:5-4-2-아침이 되는 -계4:2-8-밤이라 칭하신-요1:5-17/고전15:56-어두움의 율법이 사망으로 쏘는 죄를-<=== 계3:1-5-이기는 자는
-계4:1-2-성령님-계20:11-12-보좌 앞에 있는 생명의 책에서-<=== 계3:1-5-그의 이름을 결코 지우지 아니하고

창1:5-4-1-천부 내 아버지 앞과 -<= 계19:11==그의- 계 3:1-5-천사들 앞에서 그 이름을 시인하리라. -

창1:5-4-1-천이라 하는- 계4:1-2-5-8-낮의 하늘에-예수님과-성령과-일곱 영이 = = = = = = = >- 계1:1-4-일곱 교회들에게 하시는
말씀을 성령에 감동하여 이렇게 보고 듣고 보며 본 것이라 이렇게 그 이야기를 하는 것은

창1:5-4-1-천부께서

창1:5-4-1-저녁이 되는-계4:1-8-낮이라 칭하신-요1:1-17/엡2:15-16-예수께서 원수 된

창1:5-4-2-아침이 되는-계4:2-8-밤이라 칭하신-요1:5-17/엡2:15-16-여호와의 계명과 율법을 육체로 폐하시고 십자가로 소멸하여 죽으신

창1:5-4-1-저녁이 되는-계4:1-8-낮이라 칭하신-요1:1-17/엡2:15-16/엡2:15-16/롬6:1-11-예수님의 죽으심과 합하여 물로 세례를 받아

창1:5-4-2-아침이 되는-계4:2-8-밤이라 칭하신-요1:5-17-아두움과 율법과 죄와 여호와에 대하여-<==죽어 장사되었고 죽은 자 가운데서

창1:5-4-2-아침이 되는-계4:2-8-밤이라 칭하신-요1:5-17-여호와의 율법의 사망을 -<== 이겨서 폐하시고 다시 살아나신 예수님을 믿어서

창1:5-4-1-저녁이 되는-계4:1-8-낮이라 칭하신-요1:1-17-예수께서 산상수훈에서 드러내신 의로 의롭다 하심을 믿음으로 얻은 의인이 되어

창1:5-4-2-아침이 되는-계4:2-8-밤이라 칭하신-요1:5-17/빌3:9-8-여호와의 율법에서 난 의를 먹어서 버리는 배설물과 같이 버려 버리고

창1:5-4-1-저녁이 되는-계4:1-8-낮이라 칭하신-요1:1-17/롬8:2-예수님 안에 있는 생명의 성령의 법에서 난 의를 믿음과 깨달음과 확신으로
받아서 나는 예수님의 죽으심과 합하여 물로 세례를 받아서

창1:5-4-2-아침이 되는 -계4:2-8-밤이라 칭하신-여호와에 대하여 죽어 장사되어서

창1:5-4-2-아침이 되는-계4:2-8-밤이라 칭하신 -요1:5-17/고전15:56-여호와의 율법이 사망으로 쏘는 -롬6:1-14-죄가 주관하지 못하는

창1:5-4-1-저녁이 되는-계4:1-8-낮이라 칭하신-요1:1-17/롬6:1-14/히4:1-10- 예수님 은혜 아래 있는 안식에 누리며

창1:5-4-1-저녁이 되는-계4:1-8-낮이라 칭하신-요1:1-17/고후9:8-예수께서 전능하신 은혜로 능히 모든 일에 항상 모든 것이 넉넉하여 모든
착한 일을 넘치도록 하게 하시는 예수님의 전능하신 은혜와 진리로 살아 있다는 이야기를 하는 것이다.

계6

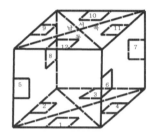 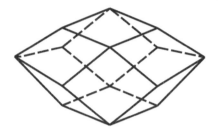

계1	계4	계8	계12	계16	계20
계2	계5	계9	계13	계17	계21
계3	계6	계10	계14	계18	계22
	계7	계11	계15	계19	

계1	계4	계8	계12	계16	계20
계2	계5	계9	계13	계17	계21
계3	계6	계10	계14	계18	계22
성 경	계7	계11	계15	계19	

창1:5-4-1-저녁이 되는-계4:1-2-5-8-낮의 하늘에-예수님과 -성령과-일곱 영이 = = = = = = = = = >-계1:4-교회들에게 하시는 말씀을
-선지자들과 -사도들이 받아서 교회들에게 편지하는 내용을 편집하여 소개합니다.

창1:5-4-1-천부께서

창1:5-4-1-저녁이 되는-계4:1-8-낮이라 칭하신-창1:1-4/요1:1-17/롬8:2/빌3:1-9-예수님 안에 있는 생명의 성령에 법에서 난 의를 가지고

창1:5-4-2-아침이 되는-계4:2-8-밤이라 칭하신-창1:2-4/요1:5-17/롬8:2/빌3:9-8-여호와에 죄와 사망의 율법에서 난 의를 먹어서 버리는
배설물같이 버려 버리고

창1:5-4-1-저녁이 되는-계4:1-8-낮이라 칭하신-창1:2-4/요1:1-17/롬8:2-예수님 안에 있는 생명의 성령의 법을 주야로 묵상하는 사람은

창1:5-4-1-저녁이 되는-계4:1-8-낮이라 칭하신 -요1:1-18-빛과 생명과 말씀이-창1:1-천지와 만물을 창조하심과 같이

창1:5-4-1-저녁이 되는-계4:1-8-낮이라 칭하신 -요1:1-18-빛과 생명과 말씀이 주시는-깨달음과 믿음과 확신을 받아서 입으로 선포하면
창조적으로 인격과 생활과 삶이 변화되는 전능하신 예수님 은혜를 체험하기 시작합니다.

예수님 산상수훈에서 드러내신 하나님 뜻대로 살게 하여 달라고 이 년 동안 기도를 하면서 더욱더 마음이 강팍하여져서
내 마음과 생각과 몸으로 짓는 죄가 너무 크고 무거워 그 죄에 눌려서 숨을 쉬기가 힘이 들어 금식기도로 회개하면서
죽어 천국에 가리라 하는 결정을 하고서 금식기도를 시작하여서 성령에 감동하여 보고 알 수 있었던 것은

창1:5-4-1-저녁이 되는-계4:1-8-낮이라 칭하신-창1:1-4/요1:1-17/엡2:15-16-빛이신 예수께서 원수 된

창1:5-4-2-아침이 되는-계4:2-8-밤이라 칭하신-창1:2-4/요1:5-17/엡2:15-16-어두움인 여호와의 계명과 율법을 육체로 폐하시고 십자가로
소멸하여 죽으신 예수님의 죽으심과 합하여 물로 세례를 받아서

창1:5-4-2-아침이 되는-계4:2-8-밤이라 칭하신-요1:5-17-어두움과 율법과 여호와에 대하여 죽어 장사되었고 죽은 자 가운데서

창1:5-4-2-아침이 되는-계4:2-8-밤이라 칭하신-요1:5-17/고전15:56-여호와 율법의 사망을 이겨서 폐하시고 다시 살아나신 예수님을 믿어서

창1:5-4-1-저녁이 되는-계4:1-8-낮이라 칭하신-요1:1-18-예수께서 산상수훈에 드러내신 의로 의롭다 하심을 얻은 의인이 되었다는 믿음과
깨달음과 확신을 얻고서 또 예수님의 죽으심과 합하여 물로 세례를 받아서

창1:5-4-2-아침이 되는-계4:2-8-밤이라 칭하신-요1:5-17/고전15:56-여호와의 율법이 사망으로 쏘는-- 롬6:1-14-죄가 주관하지 못하는

창1:5-4-1-저녁이 되는-계4:1-8-낮이라 칭하신-요1:1-17/롬6:1-14-예수님 은혜 아래 있다는 깨달음과 믿음과 확신을 얻고

창1:5-4-1-저녁이 되는-계4:1-8-낮이라 칭하신-요1:1-17/고후9:8-예수께서 능히 모든 은혜를 나에게 넘치게 하셔서 나로 모든 일에 항상
모든 것이 넉넉하여 모든 착한 일을 넘치도록 하게 하시는 믿음과 깨달음과 확신을 얻고부터 말씀이 나에게 깨달음과
믿음과 확신을 주시는 믿음과 깨달음과 확신을 입으로 이야기하면서 전능하신 예수님의 은혜로 살아가는 복을 받았습니다.

창1:5-4-1-천부께서

창1:5-4-2-아침이 되는-계4:2-8-밤이라 칭하신-계4:2-7-네 생물에 율법이 사망으로 쏘는 죄로 사람이 살아 있을 동안만 주관하는 권세를
가지고 있는데-나는-예수님의 죽으심과 합하여 물로 세례를 받아서 죽음을 맞보지 아니하고 죽은 자가 받는 복을 받았으니 이는

창1:5-4-2-아침이 되는-계4:2-8-밤이라 칭하신-요1:5-17/고전15:56- 여호와의 율법이 사망으로 쏘는 -롬6:1-14- 죄가 주관하지 못하는

창1:5-4-1-저녁이 되는-계4:1-8-낮이라 칭하신-요1:1-17/롬6:1-14/계22:1-21-주 예수의 은혜의 복을 받았습니다. -아멘-아멘-아멘-

창1:5-4-1-저녁이 되는-계4:1-8-낮이라 칭하신-요1:1-17/고후9:8-예수께서 능히 모든 일에 항상 모든 것이 넉넉하여 모든 착한 일을 넘치도록
하게 하시는 예수님의 전능하신 은혜와 진리로 내가 살아서 이렇게 그 이야기를 합니다.

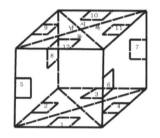
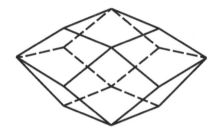

계1	계4	계8	계12	계16	계20
계2	계5	계9	계13	계17	계21
계3	계6	계10	계14	계18	계22
	계7	계11	계15	계19	

계1	계4	계8	계12	계16	계20
계2	계5	계9	계13	계17	계21
계3	계6	계10	계14	계18	계22
성 경	계7	계11	계15	계19	

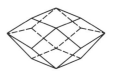

창1:5-4-1-천이라 하는 -계4:1-2-5-8-낮의 하늘에-예수님과 -성령과-일곱 영이 = = = = = = = = >-계1:1-4-교회들에게 하시는 말씀을
-선지자들과 -사도들이 받아서 교회들에게 편지하는 내용을 편집하여 소개합니다.

창1:5-4-1-천부께서---창1:2-어두움에-창1:3-빛이 있으라 하시매 빛이 있었고 그 빛이 보시기에 좋았더라. 천부께서 빛과 어두움을 나누사

창1:5-4-2-아침이 되는 -계4:2-8-밤이라 칭하신-창1:2-4-어두움에 날을-천부경에서->一始無始一 析三極 無進本 一終無終一-이라 하는
반면에

창1:5-4-1-저녁이 되는 -계4:1-8-낮이라 칭하신-창1:1-4-빛의 날을-<-천부경에서->-日始有始日 析三極 有進本 日常有常日-이라 하며

창1:5-4-1-저녁이 되는 -계4:2-8-낮이라 칭하신-창1:1-4/요1:1-18/엡2:15-16-빛이신 예수께서 원수가 되어서 나누어진

창1:5-4-2-아침이 되는 -계4:2-8-밤이라 칭하신-창1:2-4/신4:10-15/신5:1-22/엡2:15-16-여호와의 계명과 율법을 육체로 폐하시고
십자가로 소멸하시고 죽은 자들 가운데서

창1:5-4-2-아침이 되는 -창1:5-밤이라 칭하신-창1:2-4/신4:10-15/고전15:56-어두움에 계명과 율법의 사망을 이겨서 폐하시고 살아나서서

창1:5-4-2-아침이 되는 -창1:5-밤이라 칭하신-창1:2-4/신4:10-15/고전15:56/롬8:2-어두움에 죄와 사망에 율법에서=> 우리를 해방하시고

창1:5-4-2-아침이 되는 -창1:5-밤이라 칭하신-창1:2-4/신4:10-15/고전15:56/갈3:13-어두움의 율법에 저주에서 ===>우리를 속량하시고

창1:5-4-2-아침이 되는 -창1:5-밤이라 칭하신-창1:2-4/요1:5-17/벧전2:9-어두움에서 = = = = = = = = >-우리를 불러내서서

창1:5-4-1-천이라 하는 -계4:1-8-낮의 하나님 아버지와-계1:4-5-6-7-8-9- 예수의 나라와 제사장으로 삼으시고 ------}- 승천하신

창1:5-4-1-천이라 하는 -계4:1-2-5-8-낮의 하늘에 계신 예수님 안에 있는 -롬8:2-생명의 성령의 법이

창1:5-4-2-아침이 되는 -계4:2-4-5-6-8-밤하늘에 있는 여호와 안에 있는 -롬8:2-죄와 사망의 율법에서====}-우리와 인류를 해방하신

창1:5-4-1-천이라 하는 -계4:1-2-5-8-낮의 하늘에 계시는 예수님 안에 있는 생명의 성령의 법을 -苦集滅道라 하며 -道可道 有常道 名常名
有常名-이라 하고-色卽是空 空卽是色이라 하며

창1:5-4-2-흑암이라는 -창1:5-밤하늘에 어두움에 죄와 사망의 율법을-道可道 非常道 名可名 非常名-이라 하며-空不異色 色不異空이라 하며

창1:5-4-2-흑암이라는 -계4:2-8-밤하늘에 -계4:2-7-네 생물 날개의 신바람 소리에 - 죄와 사망의 율법을 -===육바라밀라 하는 것이며

창1:5-4-1-천이라 하는 -계4:1-8-낮의 하늘에 계신-요1:1-18-29-만세 반석이신 어린양이 나팔 소리 같은 = = = 천둥 소리로 ====>-

창1:5-4-2-흑암이라는 -계4:2-8-밤의 하늘에-계4:2-3-보좌를 베풀고 앉은-계4:2-7-네 생물에 인을 -<==== 한 때와 두 때에 떼시고

창1:5-4-1-천이라 하는 -계4:1-8-낮의 하늘에 -계4:1-2-성령께서 나팔 소리 같은 = = = 벽락 치는 소리로-한 때와 두 때에 = = =>-

창1:5-4-2-흑암이라는 -계4:2-8-밤하늘을 -< = = 쳐서 흑암이라는 밤하늘과 음부의 집이-한 때와 두 때에-세 갈래로 갈라져 무너뜨리는

창1:5-4-1-천이라 하는 -계4:1-8-낮의 하늘에 열린 문으로 나오는 ===> 천둥 치는 소리와 벽락 치는 소리를 ===>-금강경이라 하는 것이며

창1:5-4-2-아침이 되는 -계4:2-8-밤이라 칭하신-창1:2-4/요1:5-17/고전15:56-어두움과 계명과 율법과 사망을<=폐하시고 부활 승천하신

창1:5-4-1-천이라 하는 -계4:1-8-낮의 하늘에 계시는-만전 만승하신 만세 반석이신-요1:1-18-29- 어린양 안에 있는-생명의 성령의 법을
금강경이라 하며-만전 만승하신 만세 반석이신 어린양을 -금강경에서 금강석이라 하는 것을 이렇게 보고 보며 볼 때

창1:5-4-2-흑암이라는 -계4:2-8-밤하늘과 밤하늘에-계4:2-7-보좌를 베풀고 앉은 음부의 집이-<=== 세 갈래로 갈라져서 무너지면서

창1:5-4-2-흑암이라는 -계4:2-8-밤하늘 안에 있는 ---계4:2-5-뇌성에 불과 - 우레 소리 음성의 불과 - 번갯불을-<====

창1:5-4-1-천이라 하는 -계4:1-8-낮의 하늘에 있는--만세 반석이시며 금강석이신 어린양의 일곱 눈이라 하는 일곱 천사가 일곱 대접에 담아서
=한 때와 두 때에=>-

창1:5-4-2-아침이 되는 -계4:2-8-밤이라 칭하신 - 어두움- 보좌가 있는 곳으로-< = = 쏟아 버리는 것을 이렇게

창1:5-4-1-천이라 하는 -창1:5-낮의 셋째 하늘에 보고 보며 본 것이라 이렇게 그림으로 그리고 도표를 만들어서 이야기로 설명하는 것이니라.

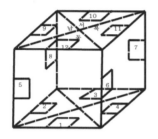
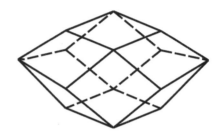

계1	계4	계8	계12	계16	계20
계2	계5	계9	계13	계17	계21
계3	계6	계10	계14	계18	계22
	계7	계11	계15	계19	

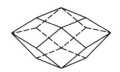

창1:5-4-1-천이라 하는-계4:1-2-5-8-낮의 하늘-예수님과 -성령과-일곱 영이 ＝ ＝ ＝＝ ＝ ＝ ＝ ＝ ＞-계1:1-4-교회들에게 하시는 말씀을
-선지자들과 -사도들이 받아서 교회들에게 편지하는 내용을 편집하여 소개합니다.

창1:5-4-1-천이라 하는-계4:1-2-5-8-낮의 셋째 하늘에 계시는 천부 하나님 아버지와 독생자 예수님은 -성령과- 일곱 영의 -하나님이시며
창1:5-4-1-천부 하나님 아버지와 독생자 예수 그리스도의 이름은 - ?
창1:5-4-1- 천지의 대주재이시요 지극히 높으신 하나님- 천부와 천자이신 독생자에 이름을 -아람어 음으로 - - - - - - - - - - -엘 엘룐
창1:5-4-1-천지를 창조하신 -요1:1-18--빛과 생명과 말씀으로 영생하시는 하나님을-아람어 음으로- - - - - - - - - - - -엘 올람
창1:5-4-1-천지를 -낮이라 칭하신 -요1:1-18-낮이라 칭하신 빛과 생명과 말씀으로 창조하신 전능한 하나님을 -아람어 음으로- - - 엘샤다이
창1:5-4-1-엘엘룐 엘올람 엘샤다이 하나님은 - 창2:1-12-벧엘리엄과-창31:13- 벧엘의 하나님이시며 -
-벧엘리엄과 -벧엘의 하나님 제사장이며 살렘 왕 멜기세덱의 반차를 따라서-
아브라함과 이삭과 이스라엘이-창13:13-벧엘의 하나님 성전 제단에서 벧엘의 하나님 제사장이며 살렘 왕 멜기세덱의 반차를 따라서
창1:5-4-1-천이라 하는 낮의 하늘에-벧엘의 하나님 제단에-<= 십일조를 드려서 제단을 쌓고 벧엘의 하나님 엘벧엘의 이름을 불러 기도를 하였고
반면에

창1:5-4-2-과-시18:11-신4:10-15-신5:1-22-구름의 흑암이라 하는 밤하늘 안에 있는 화염에 불꽃이 충천한 불꽃 가운데서 모세에게 율법을
전해 준 여호와에 율법을 따르는 모세는 미디안의 제사장 이드로의 반차를 따라서 모세는 거문고 향연의 할렐루야 제사를 하는 것이며

창1:5-4-1-천부의 천자이신 독생자 예수께서 -유1:6-자기 지위를 지키지 아니하고 자기 처소를 떠난 천사들을 큰 날 심판까지 영원한 결박으로
창1:5-4-2-과- 신4:10-15/신5:1-22-구름에 이라 하는-창1:5-밤하늘 안에 있는 화염이 충천한 불꽃 가운데 -유1:6- 가두어 두신 것을
창1:5-4-1-천이라 하는- 낮의 하늘에서 성령에 감동하여 이렇게 보고 보며 본 것이라 이렇게 그 이야기를 하는 것이며

또

창1:5-4-2-과-시18:1-11/신4:10-15-모세와 다윗이-구름에 흑암 속에 있는 화염이 충천한 불꽃 가운데 있는 여호와를 본 것과 같이-
창1:5-4-2-과-시18:1-11/신4:10-15-겔1:3-4-5-에스겔도 큰 구름에 흑암 속에 있는 불 가운데서 나온-<==네 생물의 사면 얼굴을 보면서
-겔1:5-28-네 생물의 사면 얼굴의 광채에 모양은 비 오는 날 구름에 있는 무지개 같으니 이는 여호와의
영광의 형상의 모양이라 하여 네 생물을 여호와라 하는 것이며 -이와 같이-
창1:5-4-2-아침이 되는 -계4:2-8- 밤이라 칭하신-계4:2-7-네 생물을-여호와로-<== 보고 보며 본 것이라 이렇게 그 이야기를 하는 것이며

또

창1:5-4-2-아침이 되는 -계4:2-8-밤이라 칭하신-계4:2-7-네 생물이 -계4:2-5-보좌가 베풀어져 있는
창1:5-4-2-깊음이라는--창1:6-8-물의 흑암 속에 있으라 하시고 하늘이라 칭하신-궁창에서-네 생물이 운행하는 것을-<==에스겔이 보면서
창1:5-4-2-과-겔10:1-20-그것을 내가-겔1:3-28-그빌강 가에서 본 이스라엘 하나님 아래 있던 생물이라 그들이 그룹들인 줄을 내가 아니라.

또

창1:5-4-1-저녁이 되는-계4:1-8-낮이라 칭하신-창1:1-4/요1:1-18-빛이신 예수께서 헐라고 하신 ==>-요2:19-성전에
창1:5-4-2-아침이 되는-계4:2-8-밤이라 칭하신-창1:2-4/요1:5-17-어두움인 여호와의 계명과 율법에 법궤가-요2:19-성전 지성소에 있고
창1:5-4-2-과-요2:19-성전 안 벽면에 - 여호와라 하며 = 네 생물이라 하는 = 네 그룹 중에 하나의 그룹의 형상과 모양이 금으로 만들어져 있고
-요2:19-성전 성소 휘장에- - - - - - - - 하나의 그룹의 형상과 모양이-청색과 자색과 홍색에 고운 베실로 수놓아져 있고
창1:5-4-2-과-요2:19-성전 지성소에서-- 여호와라 하며 네 생물이라 하는 네 그룹 중에-두 그룹이 날개로 여호와의 율법의 법궤를 덮고 있다가
창1:5-4-2-과-요2:19-예수께서-엡2:15-16-원수 된 여호와의 계명과 율법을 육체로 폐하시고 십자가로 소멸하실 때에-마27:51-성소 휘장이
위에서 아래로 찢어져서 여호와의 율법과 함께 성소에 휘장이 폐하여진 것을 이렇게 성경으로 볼 수 있고
창1:5-4-2-과-요2:19-성전을-단7:2-7-25-한 때에-계17:1-3-넷째 열 뿔 짐승이라 하는 로마 제국에 군대가 예루살렘에 들어가 불사를 때
창1:5-4-2-과-창1:5-밤이라 칭하신-창1:2-4/요1:5-17-여호와에 계명과 율법을 따르는 유대교 유대인들이 살육과 도륙을 당하여 그 피가
예루살렘에서 시냇물과 같이 흐르고 도륙과 살육을 당한 그들의 시체가 예루살렘 거리에 거름 더미처럼 쌓였던 것이다.

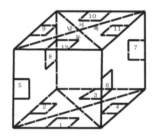 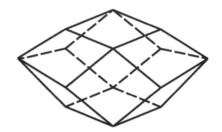

계1	계4	계8	계12	계16	계20
계2	계5	계9	계13	계17	계21
계3	계6	계10	계14	계18	계22
	계7	계11	계15	계19	

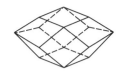

창1:5-4-1-천이라 하는-계4:1-2-5-8-낮의 하늘에 -예수님과- 성령과-일곱 영이= = = = = = = =>계1:1-4-교회들에게 하시는 말씀을
                                    -선지자들과 -사도들이 받아서 교회들에게 편지하는 내용을 편집하여 소개합니다.

창1:5-4-2-아침이 되는 -계4:2-8-밤이라 칭하신 -계4:2-7-네 생물이 -계4:2-3-보좌가 베풀어져 있는
창1:5-4-2-과-시18:11-겔1:1-4-큰 구름에 흑암이라는 밤하늘 안에 있는 불 가운데서 네 생물의 형상과 모양이 나타난 -네 생물 사면 얼굴에
                -넷의 전면은 사람의 얼굴이요/넷의 우면은 사자의 얼굴이요/넷의 좌면은 소의 얼굴이요/ 넷의 후면은 독수리에 얼굴이며
                -네 생물이 각기 두 날개로 몸을 가리고 있으며
                    -네 생물이 각기 두 날개를 들어 펴서 마치 네 명의 사람이 사방에 서서 양팔을 들어 펴서 양손을 맞잡은 것과 같이 연결하고
창1:5-4-2-과-시18:11-겔1:1-14-네 생물이 각기 두 날개로 합동하여 운행하는데 그 속도가 번개같이 빠르며
창1:5-4-2-과-시18:11-겔1:1-15-네 생물이 각기 두 날개로 합동하여 운행하는 날개 모양이-네 생물의 네 얼굴을 따라서 하나씩 있는 돌아가는
                바퀴 모양으로 있어서 이 모양은-경비행기가 운행할 때에-앞에서 돌아가는 프로펠러 날개가 돌아가는 모양으로 있어
                번개같이 빠르게 운행하는 네 생물의 날개바람이 -계1:1-4-폭풍을 일으키고 있는 것을 보며
창1:5-4-2-과-겔1:4-28-네 생물 사면 얼굴 광채의 모양은 비 오는 날 구름에 있는 무지개 같으니 이는 여호와의 영광의 형상의 모양이라 하여서
창1:5-4-2-아침이 되는 -계4:2-8-밤이라 칭하신-계4:2-7-네 생물이-흑암에 구름이라는 밤하늘과 운행하는 것을 -선지자 에스겔이 보면서
창1:5-4-2-아침이 되는 -계4:2-8-밤이라 칭하신-계4:2-7-네 생물을-창3:24-에덴동산에 있는 여호와라 하는 것을 농부도 성령에 감동하여
창1:5-4-1-천이라 하는 -계4:1-2-5-8-낮의 하늘에서 동일하게 본 것이며
창1:5-4-2-아침이 되는-계4:2-8- 밤이라 칭하신 -계4:2-7/시18:1-11/겔1:4-15-네 생물이 각기 두 날개로 합동하여 운행하는 경비행기가
                운행하는 것과 같은 모양을-창세기-한 때와 두 때에-첫째며 다섯째 금나라 제국 이집트 아비도스 신전에서 볼 수 있으며
                                    또
창1:5-4-2-아침이 되는 -계4:2-8-밤이라 칭하신 -계4:2-7-네 생물이-계4:2-4-보좌가 베풀어진
창1:5-4-2-혼돈하고 공허한 땅에서-사6:1-2-각기 두 날개로 얼굴을 가리고-각기 두 날개로는 발을 가리고-각기 두 날개를 들어 펴서 곧 에스겔이
                볼 때 몸을 가리고 있던 날개를 들어 펴서 이륙하는 그 요란한 소리에
창1:5-4-2-과-계4:2-4-보좌가 있는 집에 화염에 연기가 충만하여 집에 문지방의 터가 요동을 치면서 이륙을 하여 사방에서 네 생물이 운행하는
                모양을 보고 보니 이는 -코브라 헬기와-아파치 헬기와 - 헬리콥터 비행기와 같은 모양으로 운행하는 날개바람이
창1:5-4-2-땅이 혼돈하고 공허한 것을 보며 -또-창3:24-에덴동산 동편에서 생명나무 낙원으로 가는 생명나무의 길을 세세토록 막아서 지키고
                있는 화염검이라 하며 스랍들이라 하는-밤이라 칭하신 네 생물을 -<====
창1:5-4-1-천이라 하는 -계4:1-2-5-8-낮의 하늘에서 본 것이며 -또-이집트 아비도스 신전에서 화염검이라 하는 스랍의 모양을 볼 수 있으며
                                    또
창1:5-4-2-아침이 되는 -계4:2-8-밤이라 칭하신 -계4:2-7-네 생물이-계4:2-5-보좌가 베풀어진
창1:5-4-2-깊음이라는--창1:6-8-물의 흑암 속에 있는 궁창에서 운행하는 모양은 네 생물이 각기 두 날개로 얼굴을 가리고 각기 두 날개로 몸을
                가리고 각기 두 날개로 잠수함과 같이 운행하는 그 모양을- 이집트 아비도스 신전에서 볼 수가 있으며
창1:5-4-2-아침이 되는-계4:2-8-밤이라 칭하신 -계4:2-7-네 생물이-계4:2-6-보좌가 베풀어진
창1:5-4-2-수면에 -창1:9-10-물을 모이라 하시고 땅이라 칭하신 뭍에 있는 -창1:24-에덴동산에서 -겔28:13-19-범죄하여 성소를 더럽힌
                죄악을 에스겔 본 것과 같이 농부도 성령에 감동하여-불 때 - -- --- 접시 비행기같이 운행하는 모양을
                아비도스 신전과 예수님 성화 그림에서 볼 수 있는 것을
창1:5-4-1-저녁이 되는 -계4:1-2-5-8- 낮의 하늘에서 성령에 감동하여 보고 보며 본 것이라 이렇게 그 이야기를 하고 하며 하게 되는 것이다.

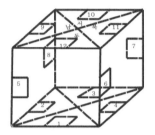
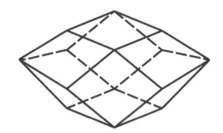

계1	계4	계8	계12	계16	계20
계2	계5	계9	계13	계17	계21
계3	계6	계10	계14	계18	계22
	계7	계11	계15	계19	

계1	계4	계8	계12	계16	계20
계2	계5	계9	계13	계17	계21
계3	계6	계10	계14	계18	계22
성 경	계7	계11	계15	계19	

창1:5-4-1-천이라 하는-계4:1-2-5-8-낮의 하늘에-예수님과-성령과 -일곱 영이 = = = = = = = =〉-계1:1-4-교회들에게 하시는 말씀을
-선지자들과 -사도들이 받아서 교회들에게 편지하는 내용을 편집하여 소개합니다.

창1:5-4-1-천부께서-

창1:5-4-2-저녁이 되는 -계4:1-8-낮이라 칭하신-창1:1-4/요1:1-18-빛이신 천부의 독생자 예수 그리스도께서-요2:19-헐라고 하신 성전에

창1:5-4-2-아침이 되는 -계4:2-8-밤이라 칭하신-창1:2-4/요1:5-17- 어두움인 여호와의 율법에 범궤가 ----- 요2:19- 성전에 있으며

창1:5-4-2-땅 위에 있는 -요2:19-여호와의 성전 안 벽면에-〈-여호와라 하며 네 생물이라는 네 그룹 중 -하나에-그룹의 형상과 모양이 금으로
만들어져 있고

-요2:19-여호와의 성전 성소 휘장에-〈-하나에 그룹의 형상과 모양이 청색과 자색과 홍색에 고운 베실로 수놓아져 있고

-요2:19-여호와의 성전 안에 있는 지성소에서 -〈------ 두 그룹이 날개로 여호와의 율법의 법궤를 덮고 있었다가

-요2:19-예수께서 - - - 엡2:15-16-원수 된-여호와의 십계명과 율법을 육체로 폐하시고 십자가로 소멸하실 때에

-요2:19-여호와의 성전 성소의 -〈 - - - - 마27:51-휘장이 위에서 아래로 찢어져서 율법과 함께 폐하여진 것이며

-요2:19-여호와의 성전을- 단7:2-25-한 때에-계17:1-3-넷째 열 뿔 짐승이라는 로마 제국의 군대가 예루살렘에 들어가

-요2:19-여호와의 성전을 -〈== 로마 군대가 불사를 때-

창15-4-2-아침이 되는-계4:2-8-밤이라 칭하신-창1:2-4/신4:10-15/신5:1-22-여호와의 계명과 율법을 따르는 유대교 유대인들이 도륙과
살육을 당하여 그 피가 예루살렘의 시냇물과 같이 흐르고 그 시체가 예루살렘 거리에 거름더미처럼 쌓여 있었으며

-요2:19-마24:1-15-여호와의 성전에 -예수님과 다니엘이 멸망의 가증한 것이

-요2:19-성전에 있는 것을 보는 자들은 예루살렘에서 도망하라 하였던 것이며-

또

창1:5-4-1-저녁이 되는 -계4:1-8-낮이라 칭하신 -요1:1-17/요2:19-예수께서-엡2:15-16- 원수 된 여호와의 십계명과 율법을 육체로
폐하시고 십자가로 소멸하시고 죽은 자 가운데서

창1:5-4-2-아침이 되는 -계4:2-8-밤이라 칭하신 -요1:5-17/고전15:56-/롬8:2-여호와의 율법의 사망을 이겨서 폐하고 다시 살아나셔서

-계4:2-8-밤이라 칭하신 -창1:2-4/요1:5-17/롬8:2-여호와의 죄와 사망의 율법에서== =〉-우리 인류를 해방하시고

-계4:2-8-밤이라 칭하신 -창1:2-4/요1:5-17/갈3:12-여호와의 율법의 저주에서 =====〉-우리 인류를 속량하시고

-계4:2-8-밤이라 칭하신 -창1:2-4/요1:5-17/벧전2:9-어두움에서= = = = = = ===〉-우리 인류를 불러내어서

반면에

창1:5-4-1-천이라 하는 -계4:1-8-낮의 하늘의 하나님 아버지와-계1:4-5-6-7-8-9-예수의 나라와 제사장으로 삼으시고 -〈 = = 승천하신

창1:5-4-1-천이라 하는 -계4:1-8-낮의 하늘나라-마4:17-마10:1-7- 천국에 복음을 ===〉-

창1:5-4-2-아침이 되는 -계4:2-8-밤이라 칭하신-요1:5-17-여호와의 십계명과 율법을 따르는 유대교 유대인들에게-〈==== 전하여 주면서
계4:2-8-밤이라 칭하신 -여호와의 율법을 따르는 유대교 제사장들과 장로들에게 율법대로 돌에 맞아서 스데반 집사가
죽임을 받아 순교하면서 초대 예루살렘 교회가-유대교 유대인들에게 핍박을 받아서-

창1:5-4-1-저녁이 되는 -계4:1-8-낮이라 칭하신- 예수님의 몸 된 -행8:1-예루살렘과 = = = = 〉-유대와 사마리아와 모든 땅으로 흩어진 후에

창1:5-4-2-아침이 되는 -계4:2-8-밤이라 칭하신- 신4:10-15/신5:1-22- 여호와의 십계명과 율법을 따르는 유대교 유대인들이 예루살렘에서

창1:5-4-2-밤이라 칭하신 어두움에-요2:19-성전이-마24:1-15- 예수님 말씀처럼 무너질 때 유대교 유대인들이 처참하게-로마 제국 군대의
군병들에게 도륙과 살육을 당하여 그 피가 예루살렘에서 시냇물과 같이 흘렸고 그 시체가 예루살렘 거리에 거름더미같이 쌓인 것이다.

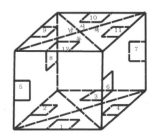
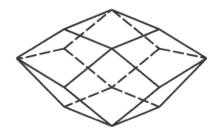

계1	계4	계8	계12	계16	계20
계2	계5	계9	계13	계17	계21
계3	계6	계10	계14	계18	계22
	계7	계11	계15	계19	

계1	계4	계8	계12	계16	계20
계2	계5	계9	계13	계17	계21
계3	계6	계10	계14	계18	계22
성 경	계7	계11	계15	계19	

창1:5-4-1-천이라 하는-계4:1-2-5-8-낮의 하늘에-예수님과 성령과 일곱 영이= = = = = = =>-계1:1-4-교회들에게 하시는 말씀을
　　　　　　　　　　-선지자들과 -사도들이 받아서 교회들에게 편지하는 내용을 편집하여 소개합니다.

창1:5-4-2-흑암이라 하는 -계4:2-8- 밤하늘에 베풀어진 -계4:2-3-보좌 가운데서 -한 때와 두 때에-첫째와 다섯- 인 떼어져서
창1:5-4-2-수면에 물이 모이고 드러난 - 땅 위에 베풀어진 -계4:6-7-보좌 주위에 있는 -첫째 생물이 = = = =>-
창1:5-4-2-과 -단7:4-5-6-7-25-한 때 두 때에-계13:1-2-첫째며 다섯째-사자 같은 짐승에게-<= = = 능력과 보좌와 큰 권세를 주어서
창1:5-4-2-과 -단7:4-5-6-7-25-한 때에-계17:1-3-5-넷째 열 뿔 짐승을 탄-<==> 첫째며 다섯째-왕이라 되어 있는 것이며
　　　　　　　　　　　　　　　첫째며 다섯째-왕의 이름의 수가-(육천)-이며
창1:5-4-2-과 -단7:4-5-6-7-25-한 때에-계17:1-3-넷째 열 뿔 짐승의 이름의 수가 -(육만)-이며

또

창1:5-4-2-혼돈하고 공허한 땅에- 베풀어진 -계4:2-4-보좌 가운데서 -한 때와 두 때에- 둘째와 여섯째 -인 떼어져서
창1:5-4-2-수면이 있던 -- 땅에- 베풀어진 -계4:6-7-보좌 주위에서 -한 때와 두 때에-둘째 생물이====>-
창1:5-4-2-과 -단7:4-5-6-7-25-한 때와 두 때에-계13:1-2-둘째며 여섯째-곰과 같은 짐승에게 -<= = = 능력과 보좌와 큰 권세를 주어서
　　　-단8:1-4-과-계13:11-18-둘째며 여섯째 왕이라 하는 새끼 양 두 뿔 짐승이 올라온 것이며
　　　　　　　　　　　둘째며 여섯째 짐승의 이름의 수가 -(육백)이며

또

창1:5-4-2-깊음에 있는 궁창에 베풀어진-계4:2-5-보좌 가운데서-한 때와 두 때에-셋째와 일곱 -인 떼어져서
창1:5-4-2-수면이 있던-땅에-베풀어진-계4:6-7-보좌 주위에서-한 때와 두 때에-셋째 생물이 = = = >-
창1:5-4-2-과 -단7:2-4-5-6-7-25-한 때와 두 때에-계13:1-2-셋째며 일곱째-표범 같은 짐승에게-<===능력과 보좌와 큰 권세를 주어서
　　　　　단8:5-21-셋째며 일곱째-왕이라 하는 숫염소 같은 짐승이 올라올 것이며
　　　　　　　　　　셋째와 일곱째-왕의 이름의 수가 -(육십)- 이며

또

창1:5-4-2-수면이 있던 땅에 베풀어진-계4:2-6-보좌 가운데서 -한 때에-넷째 인 떼어진 -넷째 생물이= = >-
창1:5-4-2-과 -단7:4-5-6-7-25-한 때와 두 때에-계13:1-넷째며 여덟째-열 뿔 짐승에게 -<=== 능력과 보좌와 큰 권세를 주어서
창1:5-4-2-과 -단7:4-5-6-7-25-한 때에-계17:1-3-넷째 왕이 되어서 떼와 법을 변개하여 한 때와 두 때에-첫째며 다섯째 왕을 등이 태우고
　　　　함께 왕 노릇 하면서-두 때에 받은 권세의 반을 다섯째 왕과 함께 하고 남은 반의 권세를 가지고 -반 때에-
　　　　여덟째 왕으로 나오기 때문에 그때를 -반 때라 하는 것을 이렇게
창1:5-4-1-천이라 하는-계4:1-2-5-8- 낮의 하늘에-예수님과 함께 있는-
　　　　　　　-계4:1-2-5-일곱 영이라 하는 -계17:1-일곱 천사 중에 한 천사가 -계17:1-3-성령으로 사도 요한을 데리고 ==>-
창1:5-4-2-땅에 있는 광야로 데리고 가서 -계12:1-14-한 때와 두 때와 반 때에-계17:1-3-5-10-11-여덟째 왕이라 하는 짐승까지 보여 주며
　　　　설명한 것이며- 넷째며 여덟째 왕이라 하는 짐승의 이름의 수가-(육만)과-(육)이라 하는 이야기를 하는 것은 - 성령에 감동하여
창1:5-4-1-저녁이 되는 낮에 하늘에서 성령에 감동하여 사도 요한과 같이 보고 보며 본 것이라 이렇게 그 이야기를 하고 하며 하게 되는 것이다.

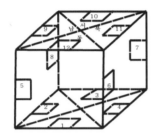

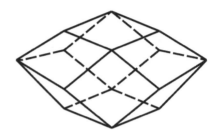

계1	계4	계8	계12	계16	계20
계2	계5	계9	계13	계17	계21
계3	계6	계10	계14	계18	계22
	계7	계11	계15	계19	

계1	계4	계8	계12	계16	계20
계2	계5	계9	계13	계17	계21
계3	계6	계10	계14	계18	계22
성 경	계7	계11	계15	계19	

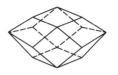

창1:5-4-1-천이라 하는-계4:1-2-5-8-낮의 하늘에-예수님과-성령과-일곱 영이= = = = = = =>-계1:1-4-교회들에게 하시는 말씀을
-선지자들과 -사도들이 받아서 교회들에게 편지하는 내용을 편집하여 소개합니다.

창1:5-4-1-천이라 하는 -계4:1-2-5-8-낮의 하늘에-예수님과-성령과-일곱 영의 -빛이 비추는 = = = =>-
창1:5-4-1-지면에 있는 생명나무 낙원에-낮이라 칭하신 --- 계22:1-어린양 보좌에-<== 天父와 天子의 天夫라 하는-빛의 자녀들이 있으며
창1:5-4-1-천이라 하는-낮의 첫째 하늘에-계4:5-일곱 영의 -계20:4-6-보좌들 위에-<== 天父와 天子의 天夫라 하는-빛의 저녀들이 있으며
창1:5-4-1-천이라 하는-낮의 둘째 하늘에-계4:2-성령님의 -계20:11-12-보좌 위에-<== 天父와 天子의 天夫라 하는-빛의 자녀들이 있으며
창1:5-4-1-천이라 하는-낮의 셋째 하늘에-계4:1-예수님의 -계3:1-21-보좌에-<= = = =天夫와 天子의 天夫라 하는-빛의 자녀들이 있으며
창1:5-4-1-天父와 天子의 陰夫의 집이 -어두움과-나누어진 -것이며

반면에

창1:5-4-2-흑암이라는 밤하늘에 베풀어진-계4:2-3-보좌에-陰父와 陰自의 陰夫라 하는-나누어진-어두움에 자녀들이 있으며
창1:5-4-2-혼돈하고 공허한 땅에 베풀어진-계4:2-4-보좌에-陰父와 陰自의 陰夫라 하는-나누어진-어두움에 자녀들이 있으며
창1:5-4-2-깊음이라 하는 궁창에 베풀어진-계4:2-5-보좌에-陰父와 陰自의 陰夫라 하는-나누어진-어두움에 자녀들이 있으며
창1:5-4-2-수면에 물이 모인 뭍에 베풀어진-계4:2-6-보좌에-陰父와 陰自의 陰夫라 하는-나주어진-어두움에 자녀들이 있어서
창1:5-4-2-陰父와 陰自와 陰夫의 집이-창1:4-빛과-나누어진 것이며

그리고

창1:5-4-1-天父와 天子의 天夫에 집을-천자문 성경에서-집 宇라 하는 것이고
창1:5-4-2-陰父와 陰自의 陰夫에 집을-천자문 성경에서-집 宙라 하는 것이며

또

창1:5-4-1-天父와 天子의 天夫에 집을-성경에서-살렘 왕이 있는 살렘 성이라 하며 벧엘이라 집과 성전이라 하는 것이고
창1:4-4-2-陰父와 陰自의 陰夫에 집을 -성경에서-계명성이라 하는 큰 성 바빌론이라 하는가이며

또

창1:5-4-1-天父와 天子의 天夫에 집을-환단고기 성경에서 -마고성과 부도지라 하고
-불교 성경에서 -옴마니벧메홈-이라 하는 것이며

-옴마니벧메홈-에-

-옴-은-창1:5-4-1-천지를 창조하신-요1:1-18-빛과 생명과 말씀에 光明眞글 진리이신 천부의 천자이신 독생자를 가리켜서- -옴-이라 하고
-마-는-창1:5-4-1-天父와 天子의 天夫에 집 宇라 하는-계21:2-10-20-거룩한 성 새 예루살렘의 열두 보석의 기초석을- --마-라 하고
-니-는-창1:5-4-1-天父와 天子의 天夫에 집 宇라 하는-계21:2-10-21-거룩한 성 새 예루살렘의 열두 진주 문을 - - - - --니-라 하고
-벧-은-창1:5-4-1-天父와 天子의 天夫에 집 宇라 하는-계21:2-10-22-거룩한 성 새 예루살렘의 성전을 가리켜서 - - - - - 벧-이라 하고
-메-는-창1:5-4-1-天父와 天子의 天夫에 집 宇라 하는-개21:2-10-23-거룩한 성 새 예루살렘이 내려온 크고 높은 시온산을- -메-라 하고
-홈-은-창1:5-4-1-天父와 天子의 天夫에 집을 -홈-이라 하더라.

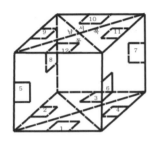
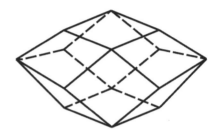

계1	계4	계8	계12	계16	계20
계2	계5	계9	계13	계17	계21
계3	계6	계10	계14	계18	계22
	계7	계11	계15	계19	

기도원에서 하산하여 매일 저녁이면 교회에 가서 방언 기도를 하는 중에-- 기도원에서 성령에 감동하여 공간과 시간 여행을 하면서

창1:5-4-2-밤이라 칭하신-창1:4-어두움이-창1:2-흑암이라 하는 밤하늘에서 운행하는 것을 본 그 계시의 영상을 또 보고 보며 보는 과정에서

창1:5-4-2-과-시18:1-11-신4:10-15-겔1:1-4-큰 구름의 흑암이라는 밤하늘 안에 있는 화염에 불꽃이 충천한 불 가운데서-

창1:5-4-2-과-겔1:5-네 생물의 형상과 모양이 나오는 것을 -모세와- 다윗과- 선지자 에스겔이 보며-

창1:5-4-2-과-겔1:5-10-28-네 생물 사면 얼굴에 광채의 모양은 비 오는 날 구름에 있는 무지개 같으니 이는 여호와의 영광의 형상의 모양이라

창1:5-4-2-밤이라 칭하신-창1:4-어두움이라 하는-겔1:5-28- 네 생물을 -창4:24- 에덴동산에 있었던 여호와라 하는 것을-

-모세와 다윗과 에스겔이 본 것과 내가 성령에 감동하여 입으로는 방언 기도를 하면서 생각으로는 성경으로 계시의 영상을
보고 보면서 -방언 기도를 마치고 나면 잠깐 기도한 것 같은데 몇 시간이 지나 거의 자정이 되어 있어

-입으로는 방언 기도를 하면서 생각으로 기도원에서 성령에 감동하여 공간과 시간 여행을 하면서 보고 보며 본 계시의 영상을 다시 또

-성경과 천자문과 천부경과 도덕경과 주역과 불교 경전으로 보고 보며

-성경과 천자문과 천부경과 노자 도덕경과 주역과 불교 경전에 공부를 다시 또 복습 공부를 하는 체험을 하면서 기도를 마치고 교회당을
나오는데

-자매분께서-우리 교회에 신학대학원 다니시는 강도사님이 처음으로 우리 교회 담임 교육자로 오셨다는 소개를 받고 인사를 나누고서
교회에 달린 작은 방에서 음료를 나누며 담소를 나누는 과정에서 기도원에 가서서 은혜를 받아 방언으로 기도하시면
그 은혜를 나누는 것이 예라 하시며 그 체험담을 듣고 싶다는 부탁을 받고서 - 구정날 제사 문제로 아버지와 다툼이 있어 그 다툼을
피하여 기도원에 가서 단식기도를 시작하여 예수님 산상수훈에 드러난 마음과 생각과 몸으로 지은 죄를 회개하면서 산상수훈 말씀대로
이 세상을 살아갈 수 있는 지혜와 능력을 달라고 기도하는 셋째 날이 되는 영시에 성령에 감동하여 내가 내 몸을 나와서 기도굴에서
기도하고 있는 나를 내가 보는 또 하나에 내가 공중으로 들려 올라가면서

-창1:5-저녁이 되는 낮의 하늘과 ->*<-창1:5- 아침이 되는 어두움에 밤하늘이 전쟁하는 것을 보면서 올라가고 올라가서

창1:5-4-1-천이라 하는 낮의 하늘에 계시는 예수님을 천국에 계시는 참 하늘에 참 하나님으로 보고 보며 보는

반면에

창1:5-4-2-흑암이라는 밤하늘에서 모세에게 십계명을 두 돌판에서 써서 율법을 전하여 줄 때와 동일하게 있어 흑암이라는 밤하늘을 지옥으로 보며

창1:5-4-2-흑암이라는 밤하늘에 있는 여호와를 밤하늘에 하나님이라 하며 용이라 하며 마귀라 하는 사단으로 보고 보았다는 이야기를 하는데-
강도사께서 오늘은 시간이 자정이 넘었으니 나머지 이야기는 다음에 듣기로 하자며 자리를 정리하는 것을 보면서 참으로 예의가 없는
사람이라 하는 생각을 하면서 그 자리를 피하여 나오고 주일학교에서

창1:5-4-1-천이라 하는-낮의 하늘나라를 천국이라 하는 성경 이야기를 하면서

창1:5-4-2-흑암이라는- 밤의 하늘에 -신4:10-15/신5:1-22-십계명을 두 돌판에 써서 율법을 모세에게 전하여 줄 때와 동일하게 있어

창1:5-4-2과 시18:11-11-신4:10-15/신5:1-22-흑암이라 하는 밤하늘 안에 여호와가 있는 화염에 불꽃이 충천한 불못이 있어

창1:5-4-2-흑암이라는- 밤하늘을 지옥이라 하는 성경 이야기를 주일학교에서 이야기하기 시작하여 그다음 해에-

어느 날 예배를 마치고 교회를 나오는데 집안에 할머니 되시는 분이 조금 있다가 우리 집에 오라 하셔서 할머니 댁을 방문하니
할머니께서 -강상과 석장과 금평교회에 소문이 돌고 돌아서 내 귀에 들어오는 소리가 네가 성령을 받아서 방언으로 기도하는 것이 아니라 악령을
받아서 방언으로 기도하고 이야기하는 것이라 하는 소리가 내 귀에 들리고 또 네가 교회를 지을 때 일군들의 노임을 장로님께 받아서 반만 주고 반을
네가 착복하여서 장로님이 일군들에게 망신을 당했다는 소문이 도는데 이게 어떻게 된 일이냐며 다그치시며 야단을 치시므로 멍하니 있는데
할아버지께서 들어오셔서 이게 무슨 소리냐 하시며 내가 그 자리에 있었고 그 자리에서 노임을 받아서 그 자리에서 넘겨 주는 것을 내가 보았다 하시며
할머니를 향하여 그 말이 사실이라면 우리 집에서 교회 손님들을 대접하는 일을 앞으로 다시 생각하여 보라시며 나도 그 사람들 이제는 다시 보아야
할 것 같다시며 말도 안 되는 소리 당장 집어치우시라며 이러려고 교회 다니는 것이냐 하시며 사람이 말을 가려서 듣고 가려서 해야 그리고 자초지종을
하나하나 물어보고 화는 나중에 내어도 될 일이 아니냐 하시며 손주 녀석에게 얼마나 더 큰 망신을 당해야 정신을 차릴 것이야 하시며 나가시며
문을 닫으시는 할아버지를 보며 할머니께는 내가 조용하게 고향을 떠날 것이니 그리 아시고 앞으로 시간이 지나고 세월이 가면 세월이 나를 이야기하여
줄 때까지 기다리렵니다 말 같잖은 이야기에 나오는 격이 맞지 않아서 대꾸하지 않으렵니다 그리고 할머니 저 바빠서 가서 해야 할 일이 있어
가야겠다는 말씀을 드리고 할머니 안녕히 계세요 인사를 드리고 나올 수밖에 없었다.

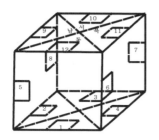

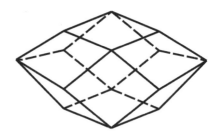

계1	계4	계8	계12	계16	계20
계2	계5	계9	계13	계17	계21
계3	계6	계10	계14	계18	계22
	계7	계11	계15	계19	

1979년 10월경에-대전 유성 온천 부근 동산토건에서 가장동에 신축하는 오 층짜리 아파트 공사 현장에서 미장일을 할 때 주인집 아주머니께서 우리가 세 들어 있는 반대편 별채에 세 들어 사는 신혼부부를 전도하여 아기 엄마와 모녀 사이처럼 정이 많이 들었는데 아기를 낳고 여호와 증인들이 찾아와서 육아를 도와주며 성경공부를 하여서 그 사람들을 따라서 교회를 옮겨야겠다고 하여 섭섭하지만 어쩔 수 없어 알아서 하라 하였는데 이제는 엄마 엄마 하면서 나와 같이 교회를 옮기자며 응석을 부리는 것을 보면서 스트레스를 받아서 이제는 먹어도 소화도 안 되고 잠을 자다가도 깨어서 일어나 동네를 몇 바퀴 돌고 돌고서 잠자리에 들다 보니 가계 일을 보는 일도 리듬이 깨져서 요즘은 매우 힘들다는 말씀을 하시기에 여호와 증인들과 아기 엄마와 내가 이야기할 수 있는 자리를 만들어 놓으시며 내가 여호와의 증인들을 왜 이단이라 하는지 그 이유를 성경으로 증명할 것이니 자리를 만들어 놓으시라 말씀드리니 그 자리를 만드는 것은 어렵지 않다며 여기 교회 목사님들이 그것을 하지 못해서 이곳이 여호와의 증인들이 판을 치고 다니는데 그것이 가능하겠냐는 반문을 하시기에 자리를 만들어 놓으시고 내가 어떻게 여호와의 증인들 앞에서-

이 성경책을 가지고 여호와의 증인들을 왜 이단이라 하는지 그 이유를 성경으로 증명하는 것을 구경만 하시라 말씀드리니 내일 당장 자리를 만들 것이니 준비를 단단히 하라 하시기에 -이런 문제는 우리 교회 유년부 학생들도 쉽게 증명할 수 있으니 내일 자리를 만들어 놓으시고 구경만 하시라 안심을 시켜드리니

다음날 퇴근을 하니 자리가 마련되어 있으니 성경을 가지고 오라 하셔서 성경을 가지고 새댁네 거실로 가니 두 자매 좌측에는 아기 엄마가 우측에 주인 아주머니가 앉아 계시니 전면에 방석이 준비되어 있어 인사를 하고 앉아서 어제저녁에 주인집 어르신 말씀을 듣고 의문이 생겨서 그러는데 성경공부를 어떻게 하면 예수님을 믿는 예수님의 증인에서 여호와의 증인이 될 수 있는지 그것이 매우 알고 싶다는 생각과 의문이 있으니 성경공부를 어떻게 하여서 여호와의 증인 되었는지 시원하게 그 이야기를 하여 줄 수 있겠냐는 제안을 하니 나이가 조금 많아 보이는 자매가 이야기를 시작하고 옆에 있는 자매가 성경을 찾아 가면서 읽어 주면서 성경은 서로 짝을 이루고 있는 말씀을 찾아서 읽어 주면서 성경 이야기를 이어 나가는 것을 보고 들으며 나도 이와 같이 성경을 보고 있다는 대답를 하니 주인집 아주머니 얼굴빛이 어두워지는 것을 보며 그들의 이야기를 들으면서 -아- 성경을 이렇게 보면 과연- 여호와의 증인이 될 수 있겠다 하는 생각을 하면서-동의를 하고 메모지와 성경을 내려놓고서 여유롭게 이야기를 듣고 있으니 자기가 하는 이야기를 어떻게 생각하느냐 하는 질문을 하기에- 지금까지-계시록에 있는 하늘에 전쟁에 대하여 반복하여서 하는 이야기를 들으며 내가 성경으로 보는 하늘에 전쟁과 여호와의 증인들이 성경으로 보는 하늘에 전쟁을 보는 시각에 차이가 조금은 다르다는 것을 알게 되었다 하는 이야기를 하면서 나와 같은 예수님의 증인들이 성경으로 보는 하늘에 전쟁은

창1:5-4-1-천이라 하는 저녁이 되는 낮의 하늘과

창1:5-4-2-흑암이라 하는 아침이 되는 어두움에 밤하늘이 전쟁하는 것으로 보고 있다는 이야기를 하면서

창1:5-4-1-천이라 하는 저녁이 되는 낮의 하늘나라를 예수님이 계시는 -마4:17-마10:1-7-천국으로 보는 -반대로-

창1:5-4-2-흑암이라 하는 아침이 되는 어두움에 밤하늘을 지옥으로 보는 이유는 -신4:10-15/신5:1-22-흑암에 구름이라 하는 밤하늘 안에

여호와가 화염이 충천한 불꽃 가운데서 십계명을 두 돌판에 써서 모세에게 율법을 전하여 줄 때와 같이 동일하게

창1:5-4-2-흑암이라 하는 어두움에 밤하늘에 여호와가 있는 화염에 불꽃이 충천한 불못이 있어

창1:5-4-2-흑암이라 하는 밤하늘이 지옥이라 하는 이야기를 하면서 여호와의 증인들은 여호와가 있는 지옥으로 가는 반면에 예수님의 증인들은

창1:5-4-1-천이라 하는 낮의 하늘나라 천국으로 가는 것이라 나와 같은 예수님의 증인들이 여호와의 증인들을 이단이라 하는 그 이유를 말하면서

창1:5-4-1-낮이라 칭하신-창1:1-4/요1:1-18/엡2:15-16-빛으로 영생하시는 예수께서 원수 된

창1:5-4-2-밤이라 칭하신-창1:2-4/신4:10-15/신5:1-22/엡2:15-16-여호와의 십계명과 율법을 육체로 폐하시고 십자가로 소멸하신

예수님을 믿는 나와 같은 예수님의 증인들은

창1:5-4-1-천이라 하는 낮의 하늘나라 천국으로 올라가는 것이며 -반대로- 여호와의 증인들은

창1:5-4-2-흑암이라 하는 어두움에 밤의 하늘나라 지옥으로 가는 것이라 이야기를 하니-여호와의 증인 자매의 얼굴이 파랗게 질리고 주인집 아주머니는 싱글벙글 웃고 계시며 아기 엄마는 열린 입을 두 손으로 가리는 것을 보면서 나머지 이야기는 다음에 하기로 하고 이 자리는 기도로 마치자는 제안을 하여 같이 기도를 하려고 하는데 나이가 많아 보이는 자매가 성경을 가방에 던지듯이 넣고서 가방끈을 들어서 그 가방으로 거실 바닥을 치고서 가방을 들고서 나아 가는 그 자매를 쫓아서 주인아주머니가 나가 파란 철 대문을 열고 나가려는 그 자매의 등짝을 움켜잡고서 낚아채니 그 자매가 안마당에 쓰러지는 것을 본 나이가 어려 보이는 자매가 쫓아가 일으켜 세우는 그 둘에게 주인 아주머니가 다가가서서 너희 나와 약속한 것과 다르다며 사람은 고쳐서 쓰는 것이 아니라시며 이 시간 이후로 이 마을 나타나면 머리를 바리깡으로 밀어서 옷을 벗겨서 쫓아낼 것이라 하시며 어마어마한 겁을 주어서 쫓아내시고 우리 교회 목사님이 한번 보고 싶다 하셔서 다음 주에 인사시키겠다 말씀드렸다 하셔서 가장동 그리스도의 교회 주일 예배드리고 김 목사님께 인사를 드리고 식사 대접을 받았습니다.

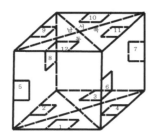
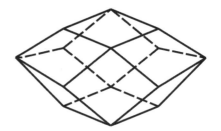

계1	계4	계8	계12	계16	계20
계2	계5	계9	계13	계17	계21
계3	계6	계10	계14	계18	계22
	계7	계11	계15	계19	

내가 너무 세차게 돌직구를 던져서 저들이 멘탈이 나가서 더 이상 대화를 할 수 없겠다는 생각을 하면서 잠시 저들의 시선을 돌려서 잡아 확 잡으려고 - 성경 육십육 권이 부분적으로 짝을 이루고 있는 것을 보면서 성경공부를 하듯이 나는 -이전에- 성경과 천자문이 짝을 이루고 있는 부분을 보면서 -성경과 천자문 공부를 잠시하였던 내용을 한번 소개하여 볼 것이니 판단은 개인이 알아서 하시기 바랍니다.

창1:5-4-1-저녁이 되는 낮을 -< == = 천자문에서-기울 仄이라 하는 것이고
창1:5-4-2-아침이 되는 밤을 -< =천자문에서- 찰 盈이라 하는 것이며
창1:5-4-2-밤이라 칭하신-창1:4-나누어진 어두움이 있는-흑암과 혼돈하고 공허한 땅을 -<= = ==천자문에서-검을 玄 누를 黃이라 하고
창1:5-4-1-낮이라 칭하신-창1:4-나누어진 빛이 있는 - - - - - - - 창1:1-천지를-<= = ==천자문에서-하늘 天 땅 地 라 하고
창1:5-4-1-낮이라 칭하신-창1:4-빛의 자녀들이 있는 - - - - - - - - 창1:1-천부의 집을 -<===천자문에서-집 宇라 하는 것이고
창1:5-4-2-밤이라 칭하신-창1:4-어두움에 자녀들이 있는 어두움에 아비-창1:2- 음부의 집을 -<===천자문에서-집 宙라 하는 것이라 하며
-성경과 천자문이 이렇게 짝을 이루고 있다는 이야기를 하면서-이렇게-성경과 천자문 공부를 하였다는 이야기를 하며
또
창1:5-4-1-낮이라 칭하신-창1:1-4/요1:1-18/엡2:15-16-빛이신 천부의 독생자 예수께서 원수가 되어서 나누어진
창1:5-4-2-밤이라 칭하신-창1:2-4/신4:10-15/엡1:15-16-어두움에 계명과 율법을 육체로 폐하시고 십자가로 소멸하시고 죽은 자들 가운데서
창1:5-4-2-밤이라 칭하신-창1:2-4/요1:5-17/고전15:56- 어두움의 율법에 죄와 사망을 -< = == 이겨서 폐하시고 다시 살아나신 예수께서
창1:5-4-2-밤이라 칭하신-창1:2-4/요1:5-17/갈3:12-어두움에 죄와 사망의 율법의 저주에서=== 예수님이 = = ===>-우리를 속량하시고
창1:5-4-2-밤이라 칭하신-창1:2-4/요1:5-17/벧전2:9-어두움에서 예수님이= = = = = == 예수님이=== == ==>-우리를 불러내시고
창1:5-4-1-낮이라 칭하신-요1:1-17/롬8:2-예수님 안에 있는 생명의 성령의 법이 여호와의 죄와 사망의 율법에서 = ==>- 우리를 해방하셔서
창1:5-4-1-낮이라 칭하신-요1:1-18/마10:1-7/벧전2:9-천국에 나라와 제사장으로 삼아 주신 - - 천국에 복음을 전하여 주면서
창1:5-4-1-낮이라 칭하신-창1:1-4/요1:1-18/롬8:1-2-빛으로 영생하시는 예수 그리스도 안에 있는 생명의 성령의 법을 -
불교 성경에서- 苦集滅道-라 하고 -色卽是空 空卽是色-이라 하며
노자 역경에서- 道可道 有常道 名常名 有常名이라 하는 것이라 하는 이야기를 하면서
반면에
창1:5-4-1- 낮이라 칭하신-창1:1-4/요1:1-18/엡2:15-16- 빛이신 예수께서 원수 된 계명과 율법을 육체로 폐하시고 십자가로 소멸하신
창1:5-4-2- 밤이라 칭하신-창1:2-4/신4:10-15/신5:1-22/고전15:56-/롬8:2-여호와의 죄와 사망의 율법을
노자 역경에서- 道可道 非常可道 名常名 非常名-이라 하며
불교 성경에서- 空不異色 色不異空-이라 하는 것이라 이야기를 하면서
창1:5-4-2- 밤이라 칭하신 어두움에 날을 -<-천부경에서 一始無始一 析參極 無進本 一終無終一이라 하는 것이라 이야기를 하면서
증산교 교인들과 유교 유생들과 불교 신자들과 - 성경공부를-함께 할 수 있는 공통점이 있다는 이야기를 하면서
창1:5-4-1-저녁이 되는 낮이라 칭하신 -요1:1-17-빛이신 예수님의 날을 -日始有始日 析三極 有進本 日始有常日이라 하며
창1:5-4-2-아침이 되는 밤이라 칭하신-암5:18- 여호와의 날을 -<== 一始無始一 析三極 無進本 一終無終一이라 하는 이야기를 가지고
천부경을 가지고 증산교 교인들과 여호와의 증인들과 이렇게 이야기할 수 있는 공통점이 있다는 이야기를 하면서 이 모든 이야기를
창1:1-과-2-안에서 있는 일이라 이야기하면서
창1:5-4-2-아침이 되는 밤이라 칭하신 -창1:2-4/요1:5-17/롬8:1-2-어두움에 죄와 사망의 율법에서= = = =>- 우리를 해방하신
창1:5-4-1-저녁이 되는 낮이라 칭하신 -창1:1-4/요1:1-18/롬8:1-2-예수님 안에 있는 생명의 성령의 법을 깨달음과 믿음과 확신으로 받아서
예수님 안에 있는 생명의 성령의 법에서 난
창1:5-4-1-저녁이 되는 낮이라 칭하신 -창1:1-4/요1:1-17/롬8:1-2/빙3:1-9-빛이신 예수님의 의를 깨달음과 믿음과 확신으로 받아서
창1:5-4-2-아침이 되는 밤이라 칭하신 -창1:2-4/요1:5-17/롬8:2/빌3:9-8-어두움에 죄와 사망에 율법에서 난 의를 배설물같이 버려 버리고서
창1:5-4-2-아치이 되는 밤이라 칭하신 -창1:2-4/요1:5-17/고전15:56-어두움의 율법이 사망으로 쏘는 -롬6:1-14-죄가 주관하지 못하는
창1:5-4-1-저녁이 되는 낮이라 칭하신 -창1:1-4/요1:1-17/롬6:1-14-예수님 은혜 아래 있는-히4:1-10-안식에 들어간 성도들을 구원을
자라 하며 - 물과 성령으로 거듭난 사람이라 하는 이야기하면서
창1:5-4-1-저녁이 되는 낮이라 칭하신 -창1:1-4/요1:1-17/롬8:1-2-빛으로 영생하시는 예수님 안에 있는 생명의 성령의 법을 모르는 사람을
소경과 귀머거리와 삯꾼 목자라 하는 이야기에 만세 반석이신 예수님의 돌직구를 그들에게 날려 준 것이다.

계7-1-2

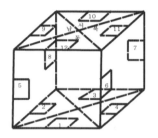 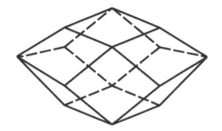

계1	계4	계8	계12	계16	계20
계2	계5	계9	계13	계17	계21
계3	계6	계10	계14	계18	계22
	계7	계11	계15	계19	

1984년 5월경에 대우건설을 통해서 싱가포르 아파트 현장에 나가서 있을 때 한 달 정도 되었을 때 - 새벽기도를 마치고 교회를 나오려 하는데 교회를 관리하시는 분이 그동안 설교를 하시던 장로님이 사정이 생겨서 그러니 군대 있을 때 군종 사병으로 있을 때와 같이 잠시 교회 강단을 맞아서 설교하여 달라는 부탁을 받고서 내가 성경을 가지고 예수님이 복음을 전하는 일에 교리를 가지고 태클을 걸지 않겠다는 약속을 할 수 있겠습니까?
반문을 하니까 자기도 나와 같은 순복음 교회 교인이라 하는 이야기와 함께 대답을 받고서

창1:5-4-1-천부 하나님 아버지께서-

창1:5-4-1-낮이라 칭하신 -창1:1-4/요1:1-8/엡2:15-16-빛이신 예수 그리스도께서 원수가 되어서 나누어진

창1:5-4-2-밤이라 칭하신 -창1:2-4/신4:10-15/신5:1-22/엡2:15-16- 어두움이라 하는 여호와의 십계명과 율법을 육체로 폐하시고 십자가로
소멸하시고 죽은 자들 가운데서

창1:5-4-2-밤이라 칭하신 -창1:2-4/요1:5-17/고전15:56-어두움의 율법의 사망을 이겨서 폐하시고 다시 살아나셔서 부활하신 예수님께서

창1:5-4-2-밤이라 칭하신 -창1:2-4/요1:5-17/갈3:12-어두움의 율법의 저주에서 - 예수님이 = = = = = =>-우리를 속량하시고

창1:5-4-2-밤이라 칭하신 -창1:2-4/요1:5-17/벧전2:9-어두움에서- 예수님이 = = = = = = = == =>- 우리를 불러내시고

창1:5-4-2-밤이라 칭하신 -창1:2-4/요1:5-17/고전15:56/롬8:2-어두움에 죄와 사망의 율법에서 -예수님이==>- 우리를 해방하셔서

창1:5-4-1-낮이라 칭하신 -창1:1-4/요1:1-18/ 롬8:1-2-예수님 안에 있는 생명의 성령의 법을 따라서

창1:5-4-1-낮이라 칭하신 -창1:1-4/요ㅣ1-18/마4:17/마10:1-7-천국의 나라와 제사장을 삼아 주신 천국에 복음을 전하기로 결심하고서

창1:5-4-1-낮이라 칭하신 -창1:1-4/요1:1-17/엡2:15-16/골2:12-/롬6:1-4-예수님의 죽으심과 합하여 물로 세례를 받아서

창1:5-4-2-밤이라 칭하신 -창1:2-4/신4:10-15/요1:5-17-어두움과 율법과 여호와에 대하여 -<== ==롬6:1-4- 우리가 죽어 장사되어서

창1:5-4-2-밤이라 칭하신 -창1:2-4/요1:5-17/고전15:56-어두움의 율법의 사망을 이겨서 폐하시고 살아나신 예수님을 믿어서

창1:5-4-1-낮이라 칭하신 -요1:1-17-빛이신 예수께서 산상수훈에 나타내신 의로 의롭다 하심을 얻는 복음을 전하며

창1:5-4-2-밤이라 칭하신 -창1:2-4/요1:5-17/고전15:56-어두움의 율법이 사망으로 쏘는 - - - - - 롬6:1-14-죄가 주관하지 못하는

창1:5-4-1-낮이라 칭하신 -창1:1-4/요1:1-7/롬8:1-14/히4:1-10-빛이신 예수님 은혜 아래 있는 안식이 들어가며

창1:5-4-1-낮이라 칭하신 -창1:1-4/요1:1-7/롬8:1-2-빛이신 예수님 안에 있는 생명의 성령의 법을 전하여 주겠다는 목표를 잡고서

창1:5-4-1-낮이라 칭하신 -창1:1-4/요1:1-17롬8:1-2-빛이신 예수님 안에 있는 생명의 성령의 법에서 난-예수님 수훈의 의를 믿음으로 받아

창1:5-4-2-밤이라 칭하신 -창1:2-4/요1:5-17/롬8:2/빌3:9-8-어두움에 율법에서 난 의를 배설물에 똥과 같이 버려 버리고 ->-

창1:5-4-2-낮이라 칭하신 -창1:1-4/요1:1-17/고후9:8-빛이신 예수님 능히 모든 은혜를 우리에게 넘치게 하셔서 우리로 모든 일에 항상
모든 것이 넉넉하여 모든 착한 일을 넘치게 하시는 예수님의 전능하신 은혜로 살아가는

사람들이 되게 하겠다는 목표를 삼고서- 전능하신 예수님이 전능하신 은혜로 나와 내 가족을 지켜 주십니다 하는 이야기를 입과 마음과 생각으로 주야로 묵상하라는 하라는 격려를 하면서 반복하여서 마음과 생각에 평안과 믿음과 확신이 넘칠 때까지 마음과 생각과 입으로 주야로 기도하는 것이 여러분이 해야 할 의무이며 나머지는 -예수님이 전능하신 은혜로 하실 일이라 하면서 예수님이 열심히 나를 위하여 일하시게 하는 사람이 되라는 격려를 하는데 예배 인원이 매주 늘어나 예배당을 옮기서 예배드리는데 거기서도 120명이 넘게 모여서 200명 이상 모일 수 있는 예배 장소를 마련하여 달라는 기안을 올려서 본부장님의 결재가 떨어져서 준비하는 과정에 하루는 현장에서 일과를 마치는데 장로님이 찾아오셔서 주보에서-
예배 인원과 헌금 인원과 헌금 액수를 공개하지 않는 이유를 물어보시기에

처음 설교 부탁받았을 때 교회 관리 집사님이 저녁마다 과일과 음료수와 빵과 과자를 내부반으로 가져오시기에 -내가 국내 있을 때 전국을 다니며 일을 하면서 보니 개척교회 하시는 분들 중에 끼니 걱정하시는 분들을 보았는데- 여기서 나오는 헌금 국내로 보내서 개척교회를 하시는 분들께 도움이 될 수 있도록 송금하시고 회사에 올리는 보고서에는 내가 설교하는 내용과 그 취지와 헌금 인원과 예배 인원을 자세하게 오해의 소지가 없도록 올리시는 반면에 교회에 나오시는 분들이 헌금 액수와 명단을 주보에 공개하는 부분에 오해와 부담을 가지고 있다는 좋지 않은 여론이 있으니 우리는 그런 거 여기서는 공개하지 말고 빼라는 지시를 했으며 보고서와 함께 몇 주 전부터 정확히 오십 명이 모이던 주부터 계속해서 200명 정도 예배드릴 수 있는 장소를 만들어 달라고 기안을 작성하여 함께 계속하며 올렸는데 이번 기안에 본부장님께서 결재를 하신 것이라 이야기를 하면서 퇴근 버스에 올라서는데 의자에 앉아 있던 분이 일어서며 나를 그 의자에 밀어 앉혀서 그 의자를 장로님께 양보하려고 하니까 집사님 오늘 저녁예배 설교하시려면 피곤할 테니 잠시나마 앉아서 가라며 스크럼을 짜서 의자를 양보하지 못하게 하는 것을 본 친구가 이 사람 우리 마을 교회에 주일학교 교사이지 집사가 아니라 이야기를 하니 우리도 알아요 그런데 이분이 군대서 이등병 때부터 중대 군종으로 일하였으니 중대 군종이면 군대서 전도사님이라 부르는 것 모르는 것 같다 군대 안 다녀 왔느냐 질문을 하며 그러면 전도사님이라 부르라며 설교 한 번도 못 들어 본 사람은 있어도 설교를 한 번만 들어 본 사람은 없을 거라는 이야기를 하면서 퇴근을 하였다.

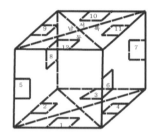
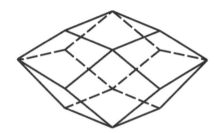

계1	계4	계8	계12	계16	계20
계2	계5	계9	계13	계17	계21
계3	계6	계10	계14	계18	계22
	계7	계11	계15	계19	

그리고

장로님이 교회에 집사들을 모아서 제직회를 만들고 집사도 아닌 사람이 교회 강단에서 설교하는 교회 법이 없다는 말로 교회를 관리하시는 집사님과
논쟁을 일으키니 교회 관리하시는 분이 메인 캠프에서 사이드 캠프로 좌천하여 파견을 나가고 장로님이 강단을 빼앗아 설교하면서
예수께서 육체로 폐하시고 십자가로 소멸하신 -여호와와의 십계명과 율법을 주야로 묵상하는 사람이 복이 있는 사람이라 하는 설교를 하면서
예수님의 전능하신 은혜로 모든 일에 항상 모든 것이 넉넉하여 모든 착한 일을 넘치게 하시는 예수님의 은혜를 믿는 믿음에 신앙을 기복신앙이라 하는
비방과 조롱하는 설교를 하는 소리를 보고 들으면서
예수님의 십자가의 원수로 행하는 이야기를 설교라고 하는 것을 보고 있으니 많은 사람들이 혼란스러워하는 과정에서 150명 정도 모이던 예배 인원
이십 분의 일도 모이지 않고 또 노동법과 여호와의 십계명과 율법을 가지고 회사를 비판하고 비방하는 소리를 강단에서 하는 소리를 듣고 보면서
그 장로님을 위하여 기도하는 것을 그치고 한인교회로 출석하게 되었고
크리스마스이브 예배를 드리고 캠프에 오니 소요 사태가 일어나 있어서- 조용히 기도하려고 교회에 가니 교회 문이 박살 나서 막혀 있는 것을 보면서
예수님의 십자가에 원수로 행하는 설교를 하는 장로님이 예수님의 몸 된 교회를 이렇게 무너트린 것을 내 눈으로 이렇게 보게 되는구나 하는 생각을
하면서 교회에 분쟁이 있을 때 내가 단호하게 그 장로를 교회에서 쫓아내지 않고 그동안 나에 설교를 듣고서 변화되었을 것이라 하는 생각에 미온적인
태도를 취하고 있었던 것을 크게 후회하게 되었고, 예전에 대전에서 주인집 아주머니가 사람은 고쳐서 쓰는 것이 아니라 하신 그 말씀이 맞다는
것을 이렇게 늦게서야 알 수 있었다.
연장 근로를 하려던 계획을 취소하고 귀국하여 집을 옮기고 현장을 잡고 퇴근하여 집에 들어서려는데 싱가포르에서 함께 있던 집사 두 분이 찾아와서
지난주에 귀국하였다며 내가 집을 사서 이사하고 현장을 잡았다는 이야기를 귀국하기 전에 거기서 들었다며 장로님을 댁을 찾아가서 장로님도 만나
보고 여기까지 왔다는 이야기를 하기에 -무심코-그 장로님 머리 둘 곳이 없이 남의 집 셋방살이나 하고 있을 것 같은데 하면서 말꼬리를 흐리니까
어떻게 알았냐며 혹시 장로님 댁에 찾아가 보았냐는 질문을 하기에
그 장로님 교회 강단을 빼앗아서 처음 설교할 때에 -예수께서 육체로 폐하시고 십자가로 소멸하여 버리신-신4:10-15/신5:1-22-여호와의 십계명과
율법과 노동법을 가지고 설교하면서 내가 그동안 열심히 전하여 준 예수님이 능히 모든 은혜를 우리에게 넘치게 하셔서 우리로 모든 일에 항상 모든
것이 넉넉하여 모든 착한 일을 넘치게 하게 하시는 예수님의 은혜를 믿는 믿음을 기복신앙이라 비방하고 조롱하는 소리를 듣고 있을 때-
이 장로 여호와의 율법에 자주 가운데서 살다가 율법의 저주 가운데서 죽어 여호와가 있는-신4:10-15-화염이 충천한 불 가운데 들어갈 사람이라는
것을 알게 되었고-갈5:4-율법 안에서 의롭다 함을 얻으려 하는 너희는 예수 그리스도에게서 끊어지고 은혜에서 떨어져 여호와가 있는 지옥 불구덩이에
들어갈 사람이라는 판단이 서서 더 이상 그 장로를 위하여 기도하지 않게 되었고, 그 장로는 예수님이 육체로 폐하시고 십자가로 소멸하여 버리신
예수님과 원수 된 여호와의 십계명과 율법의 저주를 가지고 스스로 자기 인생과 운명과 팔자와 영혼을 망가뜨리고 조져버린 사람이라 나도 이 사람을
버려 벼려야 할 사람으로 판단하여-조용하게 한인 교회로 출석하게 되었는데 아직도 그 장로에 대한 좋지 않은 생각이 남아 있어서 나도 모르게
그 장로 이야기를 들으니까 그때 그 일들이 마음에 있다가 입을 통해서 무심결에 이렇게 튀어나올 줄을 나도 몰랐다 하는 이야기를 하니
자리가 어색하게 되었으나 내 속에 있던 응어리가 튀어 나가니 내 속은 시원하나 두 집사는 내가 던진 돌직구에 맞아서 멘탈이 나간 사람같이 보여서
그 장로님이 -시1:1-2-여호와의 율법을 주야로 묵상하는 사람이 복이 있다는 말도 시편으로 보면 맞으나-
반면에
창1:5-4-1-낮이라 칭하신-창1:1-4/요1:1-18/엡2:15-16-빛이신 예수께서 원수 된
창1:5-4-2-밤이라 칭하신-창1:2-4/요1:5-17/엡2:15-16-여호와의 십계명과 율법을 육체로 폐하시고 십자가로 소멸하시고 죽은 자들 가운데서
창1:5-4-2-밤이라 칭하신-창1:2-4/요1:5-17/고전15:56-여호와의 율법의 사망을-<==== 이겨서 폐하시고 다시 살아나 부활하신 예수님이
창1:5-4-2-밤이라 칭하신-창1:2-4/요1:5-17/갈3:12-어둠의 율법에 저주에서 - - - - - - - - - 예수님이 ==>-우리를 속량하시고
창1:5-4-2-밤이라 칭하신 -창1:2-4/요1:5-17/벧전2:9-어둠에서 - - - - - - - - - - - - -예수님이 ==>-우리를 불러내시고
창1:5-4-2-밤이라 칭하신 -창1:2-4/요1:5-17/고전15:56/롬8:2-어두움에 죄와 사망의 율법에서 - - - - 예수님이 ==>-우리를 해방하셔서
창1:5-4-1-천이라 하는 낮의 하늘나라-마4:17/마10:1-7/벧전2:9- 천국에 나라와 제사장으로 삼아 주신 천국에 복음을 나는 믿는다는 이야기를
하면서
창1:5-4-1-밤이라 칭하신-창1:2-4/요1:5-17/롬8:2/빌3:2-9-어두움에 죄와 사망의 율법에서 난 의를 가지고 있는 사람들은
창1:5-4-2-흑암이라 하는 밤하늘로 올라가
창1:5-4-2-과 -시18:1-11/신4:10-15/신5:1-22-흑암이라 하는 밤하늘 안에 여호와가 있는 화염이 충천한 불못으로 들어가는 것이라 믿으니
판단과 선택은 스스로 알아서 하는 것이니 나는 더 이상 할 말이 없다는 이야기를 남기게 되었다.

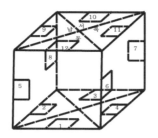 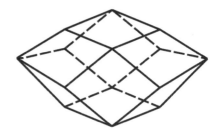

계1	계4	계8	계12	계16	계20
계2	계5	계9	계13	계17	계21
계3	계6	계10	계14	계18	계22
	계7	계11	계15	계19	

창1:5-4-1-저녁이 되는-계4:1-2-5-8-낮의 하늘에 계시는-예수님과- 성령과 -일곱 영이 = = ====>-계1:1-4-교회들에게 하시는 말씀을
-창1:1-2-과-계4장-안에서 소개합니다.

창1:5-4-2-밤이라 칭하신 -창1:2-4/신4:10-15/신5:1-22/요1:5-17/갈5:4-어두움의 율법 안에서 의롭다 함을 얻으려 하는 너희는-<===
창1:5-4-1-낮이라 칭하신 -창1:1-4/요1:1-17/갈5:4-빛이신 예수 그리스도에게서 = = = = = = = = => 끊어지고
창1:5-4-2-밤이라 칭하신 -창1:2-4/요1:5-17/고전15:56-어두움의 율법이 사망으로 쏘는 - 롬6:1-14-죄가 주관하지 못하는
창1:5-4-1-낮이라 칭하신 -창1:1-4/요1:1-7/롬6:1-14/갈5:4-빛이신 그리스도의 은혜에서 = = = = = = = = = = => 떨어져서
또
창1:5-4-1-천이라 하는-계4:1-2-5-8-낮의 하늘에 계신 예수께서->계3:1-네가 살았다 하는 나의 이름은 가졌으니 죽은 자라 하십니다.
창1:5-4-1-천이라 하는-계4:1-2-5-8-낮의 하늘에 계신 예수께서->계3:7-빌라델비아 교회 사자에게 편지하노니 거룩하고 진실하신 다윗의
열쇠를 가지신 이가 이르시되
-계3:8-볼지어다 네 앞에 열린 문을 능히 닫을 사람이 없으리라.
-계3:9-보라 사탄의 곧
창1:5-4-2-아침이 되는-창1:2-4/신4:10-15-어두움의 율법을 따르는-계3:9-유대인들의 유대교를 사탄의 회라 -<== 말씀하시며
창1:5-4-1-저녁이 되는-계4:1-2-5-8-낮의 하늘에 계시는 예수께서-계3:10-네가 나의 인내의 말씀을 지킨즉 내게 너를 지켜 시험의 때를
면하게 하리니 이는 장차 온 세상에 임하여 땅에 거하는 자
-계3:11-들 시험할 때에 내가 속히 오리니 네가 가진 것을 굳게 잡아
아무도 네 면류관을 빼앗지 못하게 하라.
창1:5-4-2-어두움에-고전15:56-여호와의 율법이 사망으로 쏘는 죄를- 계3:12-이기는 자는 내 하나님 성전 기둥이 되게 하리니 그가 결코 다시
나가지 아니하리라. 내가 하나님의 이름과 하나님의 성 곧 낮의
하늘에서 내 하나님께로 내려오는 새 예루살렘의 이름과 나의
새 이름을 그이 위에 기록하리라.
창1:5-4-1-저녁이 되는-계4:1-2-5-8-낮의 하늘에 계신 예수님께서-계3:13-성령이 교회들에게 하시는 말씀을 들을지어다 -계4:2-성령-
-계3:14-라오디게아 교회 사자에게-아멘이시요 충성 되고 참된 증인이
창조의 근본이 이르시되 내가 네 행위를 아노니 네가 차지도
-계3:15-뜨겁지도 아니하도다 차든지 뜨겁든지 하기를 원하노라.
-계3:16-네가 이같이 미지근하여--내 입에서 너를 토하여 버리리라.
-계3:17-네가 말하기를 나는 부자라 부요하여 부족한 것이 없다 하니
네 곤고한 것과 가난한 것과 눈먼 것과 벌거벗은 것을 알지
못하도다. 내가 너를 권하노니 내게서 불로 연단한 금을 사서
-계3:18-부요하게 하고 흰옷을 사서 입어 벌거벗은 수치를 보이지 않게 하고
안약을 사서 눈에 발라 보게 하라.
-계3:19-무릇 내가 사랑하는 자를 책망하여 징계하노니 그러므로 네가
열심을 내라 회개하라. 볼지어다 내가 문밖에 서서 두드리노니
누구든지 내 음성을 듣고 문을 열면 내게 그에게 들어가 그와
더불어 먹고 그는 나와 더불어 먹으리라.
창1:5-4-2-어두움에-고전15:56-여호와의 율법이 사망으로 쏘는 죄를 - 계3:21-이기는 그에게 내가 보좌에 함께 앉게 하여 주기를 내가 이기고
창1:5-4-1-天父 아버지 보좌에 앉은 것과 같이 하리라.
창1:5-4-2-저녁이 되는-계4:1-2-5-8-낮의 하늘에 계시는 예수께서-계3:22-성령이-계1:1-4-교회들에게 하시는 말씀을 들을지어다.
이렇게
창1:5-4-1-저녁이 되는 -계4:1-2-5-8-낮이라 칭하신 빛과-짝을 맞추고
창1:5-4-2-아침이 되는 -계4:2-4-5-6-8-밤이라 칭하신 어두움을 짝을 맞추어서 보아야-계1:4-교회들에게-예수님과 성령에 하시는 말씀을
들을 수 있습니다.

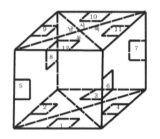
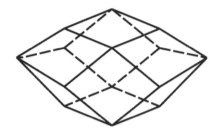

계1	계4	계8	계12	계16	계20
계2	계5	계9	계13	계17	계21
계3	계6	계10	계14	계18	계22
	계7	계11	계15	계19	

창1:5-4-1-천이라 칭하신-계4:1-2-5-8-낮의 하늘에 빛으로 영생하시는 예수님과 -성령과 -일곱 영이=> 계1:4-교회들에게 하시는 말씀을 소개합니다.

창1:5-4-1-낮이라 칭하신-창1:1-4/창14:17-20/요1:1-17/엡2:15-16-빛으로 영생하시는 예수님께서 원수 된

창1:5-4-2-밤이라 칭하신-창1:2-4/신4:10-15/요1:5-17-/엡2:15-16-여호와에 계명과 율법을 육체로 폐하시고 십자가로 소멸하여 죽으신

창1:5-4-1-낮이라 칭하신-창1:1-4/창14:17-20//요1:1-17/롬6:1-11- 예수님의 죽으심과 합하여 물로 세례를 받아서

창1:5-4-2-밤이라 칭하신-창1:2-4/신4:10-15/고전15:56-/롬7:1-4--여호와에 대하여 죄에 대하여 율법에 대하여 죽어 장사되었고 -또-

창1:5-4-2-밤이라 칭하신-창1:2-4/신4:10-15/고전15:56-/골2:1-12- 여호와에 율법의 죄와 사망을 이겨서 폐하시고 다시 살아나신 예수님을 믿어서

창1:5-4-1-낮이라 칭하신-창1:1-4/창14:17-20/요1:1-18/갈3:23-27-예수님 첫째 부활에 동참하여 예수 그리스도로 옷 입었느니라.

그리고

창1:5-4-1-천이라 하는-계4:1-2-5-8-낮의 하늘에 계신 예수님을-계3:14-아멘이시요 충성되고 참되신 증인이시요 하나님의 창조의 근본이신 예수께서

창1:5-4-2-어두움에 --고전15:56-율법이 사망으로 쏘는 죄를 =>-계3:21-이기는 그에게

창1:5-4-1-天父 -계3:21-보좌에 앉게 하여 주기를 내가 어두움을 이기고

창1:5-4-1-天父 -계3:21-보좌에 함께 앉은 것과 같이 하리라.

창1:5-4-1-천이라 하는-계4:1-2-5-8-낮의 하늘에 계신 예수께서-계3:22-계1:1-4-교회들에게-<--계4:1-2- 성령이 하시는 말씀을 들을지어다.

또

창1:5-4-1-천이라 하는-계4:1-2-5-8-낮의 하늘에 빛으로 계신 예수께서-계2:1-오른손에 -계4:5-일곱 영이라 하는 일곱 별을 붙잡고-
-계1:4-일곱 교회라 하는 일곱 금 촛대 사이에 거니시며 -= = = = =이르시되
-계4:2-성령이 교회들에게 하시는 말씀을 듣고서

창1:5-4-2-어두움에-고전15:56-여호와의 율법이 사망으로 쏘는 죄를==>-계2:1-7-이기는 그에게

창1:5-4-1-지면에 있는-<-계2:1-7-낙원에-계22:1-생명나무에 열매를 주어-계2:1-7-먹게 하리라-아멘-성령에 감동하여 이렇게 보고 들었습니다.

또

창1:5-4-1-과-계4:1-2-5-8-낮의 하늘에 빛으로 계신 예수님이-계1:10-16/계2:14-좌우에 날선 성령의 검을 가지시고 버가모 교회 사자에게 이르시되
-계1:10-16/계2:17-성령이 교회들에게 하시는 말씀을 듣고서

창1:5-4-2-어두움에-고전15:56-여호와의 율법이 사망으로 쏘는 죄를==>-계1:10-16/계2:17-이기는 그에게 감추인 만나라 하시는

창1:5-4-1-빛이신-- 요1:1-17/ 요6:6:53-58 /마26:26-29/ 고전10:16-17-주 예수의 몸인 성찬 참여하여 은혜와 진리로 생육하고 번성하여서

창1:5-4-1-빛이 있는-낮의 셋째 하늘나라에서

창1:5-4-2-어두움에-하늘과 땅과 바다를-<= = 정복하고 점령하여 충만하라 -창1:27-29-창조하신 빛의 자녀들에게 말씀하신 그대로

창1:5-4-2-어두움에-계21:1-처음 하늘과 처음 땅이 바다를 -<=== 빛의 자녀들이 정복하고 점령하여

창1:5-4-2-어두움에-계21:1-처음 하늘과 처음 땅과 바다가 -<=== 빛의 자녀들에게 정복과 점령을 당하여 빛의 자녀들이 정복하고 점령하여
-계21:1-새 하늘과 새 땅과 새 바다가 -<==== 되기 시작하는 것을

창1:5-4-1-빛이 있는-낮의 셋째 하늘에서- 성령에 감동하여-이렇게-보고 보며 볼 때-

창1:5-4-2-어두움에-날도-일시무시일-석삼극-무진본-일종 무종일-로 없어지기-시작하는 것을-보고 보며 본 것이라 그 이야기를 하고 있는 것이며

또

창1:5-4-1-천이라 하는-계4:1-2-5-8-낮의 하늘에 빛으로 계신 예수님이->계1:10-18/계2:8-죽었다가 살아나셔서 - 서머나 교회 사자에게 이르시되

창1:5-4-2-어두움에 -신4:10-15 -고전15:56- 죄와 사망의 율법을 따르는 -계1:10-18/계2:9-유대인의 유대교를 사탄의 회라 하시며

창1:5-4-2-어두움에 -신4:10-15 고전15:56- 율법이 사망으로 쏘는 죄 -계1:10-18/계2:11-이기는 자는-

창1:5-4-2-어두움에 -계21:2-8-계2:11-둘째 사망의 해를 받지 아니하리라

또

창1:5-4-1-과-계4:1-2-5-8-낮의 하늘에 빛으로 계신 예수께서-계1:10-16/계31:1-오른손에 일곱 영과 일곱 별을 들고 사데 교회 사자에게 이르시되

창1:5-4-2-어두움에-신4:10-15/고전15:56-율법이 사망으로 쏘는 죄를 ==>-계3:5-이기는 자는-

창1:5-4-1-낮의 둘째 하늘에-계4:2-성령님-계20:11-12-보좌 앞 생명 책에서-계3:5-그 이름을 지우지 아니하고 그 이름을

창1:5-4-1-천부 아버지와- 계3:5-와-계19:11-천사들 앞에서 시인하리라.

또

창1:5-4-1-낮이라 칭하신-빛이신-요1:1-17/엡2:15-16-롬/6:1-11-갈2:13-예수님의 죽으심과 합하여 물로 세례를 받아서 예수님 첫째 부활에 참예하여

창1:5-4-1-낮의 -첫째 하늘에-계4:5-일곱 영의-계20:4-6-보좌들 위에 -엡2:5-6-앉히시는 예수님의 전능하신 은혜를 - 성령에 감동하여 이렇게 보고
보며 본 것이라. 그 이야기를 성경으로-창1:1-과-2-안에서 -이렇게- 하고 하며 하게 되는 것이다.

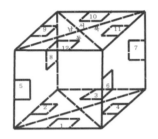 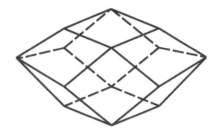

계1	계4	계8	계12	계16	계20
계2	계5	계9	계13	계17	계21
계3	계6	계10	계14	계18	계22
	계7	계11	계15	계19	

그리고

창1:5-4-1-낮의 셋째 하늘에-<== = = = 계4:1-예수님에-계3:21-보좌가 있는-- 빛의 자녀들이=>창1:2-4-어두움을 정복하고 있으며

창1:5-4-1-낮의 둘째 하늘에-<== = = = 계4:2-성령님에-계20:11-보좌에 있는- 빛의 자녀들이 =>창1:2-4-어두움을 정복하고 있으며

창1:5-4-1-낮의 첫째 하늘에-<== = = 계4:5-일곱 영에-계20:4-보좌들에 있는-빛의 자녀들이 =>창1:2-4-어두움을 정복하고 있으며

창1:5-4-1-지면에 있는 낮이라 칭하신-<==계22:1-어린양의 보좌와 생명나무 낙원에 빛의 자녀들이=> 창1:2-4-어두움을 정복하고 있으며

반면에

창1:5-4-2-흑암이라는 밤하늘에 베풀어진-계4:2-3-보좌에-<=계4:2-7-어두움과 그의 자녀들이라 하는-계19:1-할렐루야 무리가 있으며

창1:5-4-2-혼돈하고 공허한 땅에 베풀어진-계4:2-4-보좌에-<=계4:2-7-어두움과 그의 자녀들이라 하는-계19:3-할렐루야 무리가 있으며

창1:5-4-2-깊음에 있는 궁창에- 베풀어진-계4:2-5-보좌에-<=계4:2-7-어두움과 그의 자녀들이라 하는-계19:4-할렐루야 무리가 있으며

창1:5-4-2-수면이 있던 에덴에- 베풀어진-계4:2-6-보좌에-<=계4:2-7-어두움과 그의 자녀들이라 하는-계19:6-할렐루야 무리가 있으며

그리고

창1:5-4-2-과-계4:2-3-보좌 가운데서-계4:2-7-첫째 생물이-한 때와 두 때에-첫째이며 다섯째 인 떼어지고

계4:5-4-2-과-계4:2-4-보좌 가운데서-계4:4-7-둘째 생물이-한 때와 두 때에-둘째이며 여섯째 인 떼어지고

창1:5-4-2-과-계4:2-5-보좌 가운데서-계4:5-7-셋째 생물은-한 때와 두 때에-셋째이며 일곱째 인 떼어지고

창1:5-4-2-과-계4:2-6-보좌 가운데에-계4:6-7-넷째 생물이 있고 보좌 주위에-첫째 둘째 셋째 생물이 있어

창1:5-4-2-과=계4:2-6-보좌 가운데서-계4:6-7-넷째 생물이-<-- 예수님 초림과 ==== 재림에 마지막 심판을 받았고-또-받을 것이다.

그리고

창1:5-4-2-과-단7:4-5-6-7-25-한 때와 두 때에-첫째며 다섯째-계13:1-2-사자 같은 짐승이 <==용에게 능력과 보좌와 큰 권세를 받아서
-단2:2-31-38-과-계17:1-3-5-첫째며 다섯째-왕이-계17:1-3-5-10-있었고

또

창1:5-4-2-과-단7:4-5-6-7-25-한 때와 두 때에-둘째며 여섯째-계13:1-2- 곰과 같은 짐승이-<=용에게 능력과 보좌와 큰 권세를 받아서
단2:31-38-과-단8:1-4-둘째며 여섯째-계13:11-18- 양 같은 짐승의 이름의 수가-(육백)-이며

또

창1:5-4-2-과-단7:4-5-6-7-25-한 때와 두 때에-셋째며 일곱째-계13:1-2-표범 같은 짐승이-<==용에게 능력과 보좌와 큰 권세 받아서
-단2:31-37-/단8:5-21-셋째며 일곱째-왕은-계17:1-3-5-10-다섯은 망하고 하나는 있고 아직 이르지 아니하여
-셋째며 일곱째-왕의 이름의 수가- 계13:2-18-(육십)-이라 하는 것이며

또

창1:5-4-2-과-단7:4-5-6-7-25-한 때와 두 때에-넷째며 여덟째-계13:2-1-열 뿔 짐승이 -<==용에게 능력과 보좌와 큰 권세를 받아서

창1:5-4-2-과-단7:4-5-6-7-21-한 때와 두 때에-넷째가 -때와 법을 변개하여

계17:1-3-5-넷째 열 뿔 짐승이 첫째며 다섯째 왕을 등에 태우고 함께 왕 노릇 하다가

계17:1-3-5-10-다섯째 왕과 함께 망하여 남은 반의 권세를 가지고

계17-1-3-5-10-11-전에 있었다가 시방 없어진 넷째 열 뿔 짐승이 다시 여덟째 왕으로 나올 이름의 수를-계13:1-18-(육)이라
하는 것을

창1:5-4-1-낮의 하늘에-계4:1-2-5-일곱 영이라 하는-계17:1-일곱 대접을 가진 일곱 천사 중에 하나가 요한에게 와서 - - - -

창1:5-4-1-낮의 하늘에- 계 4:1-2-5-예수님의-계17:1-3-성령과 일곱 영이 요한을 데리고 ===>-

창1:5-4-2-어두움에 땅- 계12:1-14-과-계17:1-3-광야로 -<=== 가서-어두움의-한 때와 두 때와 반 때에

창1:5-4-2-어두움에--- 계12:1-14-과-계17:1-3-5-10-11-여덟 짐승과-여덟 짐승의 우상과-여덟 짐승의 이름의 수를 보여 설명한 것은

창1:5-4-2-아침이 되는- 계4:2-4-5-6-8-밤이라 칭하신-

창1:5-4-2-어두움이라는-계:2-4-5-6-7-네 생물이 = = =>-

-단7:4-5-6-7-25-한 때와 두 때에-계13:1-2-네 짐승에게-능력과 보좌와 큰 권세를 준 용으로 보여주면서

-(육천)(육백)(육십)(육만)(육천)(육백)(육십)(육)에-계4:2-4-5-6-8-밤이라 칭하신 네 생물 날개 수가 들어 있고

-(육천)(육백)(육십)(육만)(육천)(육백)(육십)(육)에-계4:2-4-5-6-7-네 생물에 보좌가 자릿수로 들어 있는 것을

창1:5-4-1-낮의 하늘에- 낮이라 칭하신 빛으로 영생하시는-계4:1-2-5-예수님의-성령과 일곱 영이-사도 요한을 데리고 ===>-

창1:5-4-2-네 장소들에-계4:2-4-5-6-8-밤이라 칭하신-계4:2-4-5-6-7-네 생물에 보좌가 있는 것을 이렇게 보여 주며 설명한 것이라. -

-이렇게-그 리얼 스토리에 이야기를-창1:1-과-2-안에서-이렇게-설명을 하고 하며 하게 되는 것이라 하는 이야기를 하는 것이다.

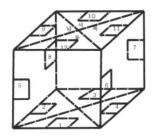

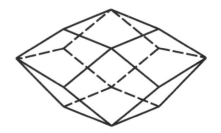

계1	계4	계8	계12	계16	계20
계2	계5	계9	계13	계17	계21
계3	계6	계10	계14	계18	계22
	계7	계11	계15	계19	

창1:5-4-1-천이라 하는 낮의 셋째 하늘에-<=계4:1-예수님에-계3:21-보좌가 있는 빛의 자녀들이===>-창1:4- 어두움을 정복하고 있으며
창1:5-4-1-천이라 하는 낮의 둘째 하늘에-<=계4:2-성령님에-계20:11-보좌에 있는 빛의 자녀들이 ==>-창1:4-어두움을 정복하고 있으며
창1:5-4-1-천이라 하는 낮의 첫째 하늘에-<=계4:5-일곱 영에-계20:4-보좌들에 있는 빛의 자녀이 있으며==>-창1:4-어두움을 정복하고 있으며
창1:5-4-1-지면에 있는 낮이라 칭하신-<==계22:1-어린양의 보좌와 생명나무 낙원에 빛의 자녀들이==>-창1:4-어두움을 정복하고 있으며

반면에

창1:5-4-2-흑암이라는 밤하늘에 베풀어진-계4:2-3-보좌에-<=계4:2-7-어두움과 그의 자녀들이라 하는-계19:1-할렐루야 무리가 있으며
창1:5-4-2-혼돈하고 공허한 땅에 베풀어진-계4:2-4-보좌에-<=계4:2-7-어두움과 그의 자녀들이라 하는-계19:3-할렐루야 무리가 있으며
창1:5-4-2-깊음에 있는 궁창에- 베풀어진-계4:2-5-보좌에-<=계4:2-7-어두움과 그의 자녀들이라 하는-계19:4-할렐루야 무리가 있으며
창1:5-4-2-수면이 있던 에덴에- 베풀어진-계4:2-6-보좌에-<=계4:2-7-어두움과 그의 자녀들이라 하는-계19:6-할렐루야 무리가 있으며

그리고

-계4:2-3-보좌 가운데서-계4:2-7-첫째 생물이-한 때와 두 때에-첫째와 다섯째 인 떼어진 자이며
-계4:2-4-보좌 가운데서-계4:4-7-둘째 생물이-한 때와 두 때에-둘째와 여섯째 인 떼어진 자이며
-계4:2-5-보좌 가운데서-계4:5-7-셋째 생물이-한 때와 두 때에-셋째와 일곱째 인 떼어진 자이며
-계4:2-6-보좌 주위에--계4:6-7-첫째와 둘째와 셋째 생물이-한 때와 두 때에- 있고
-계4:2-6-보좌 가운데서-계4:6-7-넷째 생물이-한 때에-두 때에-

창1:5-4-1-낮의 하늘에 계신-계4:1-2-5-예수님과 성령과 일곱 영의-초림에 심판을 받았고-또-재림에 마지막 심판을 받을 것이다.

또

창1:5-4-2-과-단7:4-5-6-7-25-한 때와 두 때에 -계17:1-3-5-10-11-넷째며 여덟째 일곱 머리 열 뿔 짐승의 우상으로 넷째 생물이 있고
창1:5-4-2-과-단7:4-5-6-7-25-한 때와 두 때에 -계13:1-넷째 열 뿔 짐승이-한 때에-단2:31-40-넷째 철나라 로마 제국으로 있었으며
창1:5-4-2-과-단7:4-5-6-7-25-한 때와 두 때에 -계13:2-첫째며 다섯째 사자 같은 짐승에게 -<-첫째 생물이 능력과 보좌와 큰 권세를
주어서 -계17:1-3-5-넷째 짐승을 탄 다섯째 왕으로 있으며 그 이마에 -한 때에-첫째 큰 바빌론에
이름을 기록하고 다섯째 왕으로 넷째 로마 제국을 타고 있다가
-계17:1-3-5-10-다섯은 망하고-넷째는 여덟째 왕으로 나올 것을 설명하여 준 것이며

또

창1:5-4-2-과-단7:2-5-25-한 때와 두 때에-둘째며 여섯째-계13:1-2-곰 같은 짐승이-용이라는-둘째 생물에 능력과 보좌 큰 권세를 받아서
단8:1-4-20-한 때와 두 때에-계13:11-18-둘째며 여섯째 양 같은 두 뿔 짐승이라 하는-메데 바사 연합 제국과 영미 연합
제국으로 있었고 있는 것을 보는 것이며 이는-계17:1-3-10-다섯은 망하였고 하나는 있고에 여섯째이며- 아직 이르지 아니한-
셋째이던 일곱째는 무저갱에서 한 때에 셋째 헬라 제국의 음으로 아볼루온이라 하는 것이며

또

창1:5-4-2-과-단7:2-6-25-한 때와 두 때에-셋째며 일곱째-계13:1-2-표범 비슷한 짐승에게-셋째 생물이-능력과 보좌와 큰 권세를 받아서
-계9:1-11-아볼루온이-계9:14-15-일시-에-권세 기간을 받아서
-계9:1-11-아볼루온이-헬라의 알렉산더 왕이 죽고-계20:1-7-천 년이 차재 무저갱에서 나아와
-계20:1-8-창10:1-2-야벳의 아들들의 나라들을 -고멜과 마곡과 마대와 야완과 두발과 메삭과
디라스의 나라들을 미혹하고 모아서 ==>-
- 단8:1-4과-계13:11-18-둘째며 여섯째 제국이-유대교 유대인들에게 찾아주고 세워 준 유대교 신전과 유대인들 나라의 땅을
두고서<==싸움을 붙이므로 세상 사람들이 그곳을 바라보며 중동의 화약고라 이야기를 하는 것이다.

또

창1:5-4-2-과-단7:2-7-25-한 때와 두 때에-넷째며 여덟째-계13:2-1-열 뿔 짐승이-용이라는 넷째 생물에 능력과 보좌와 큰 권세를 받아서
-계9:1-11-아바돈 임금이 여덟째 왕으로-계9:11-15-년의 권세 기간을 받아서 나올 것이며
-계4:6-7-보좌 주위에 첫째 둘째 셋째 생물이라는-계16:12-16-더러운 세 영-금 은 놋 철나라
임금들과 제사장들과 제상들과 군대를
-계4:6-7-보좌와 신전과 계9:1-11-아바돈 왕이 있는 아마겟돈 성으로 모아서
창1:5-4-1-낮의 하늘에-계4:1-2-5-예수님과 성령과 일곱 영의 재림 심판에 마지막을 ==>-대적하여서 싸울 것이며

또

창1:5-4-2-과-계7:1-사방의 바람에 신바람 소리로 지금도 싸우는 것을-보고 듣고 보는 사방에 신바람 소리가 거문고 향연에 할렐루야 소리로
창1:5-4-1-천이라 하는 낮의 하늘에서-성령에 감동하여-세세토록-싸우고 있는 것을 이렇게 보고 듣고 본 것이라 그 이야기를 하는 것입니다.

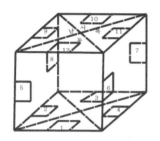

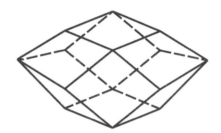

계1	계4	계8	계12	계16	계20
계2	계5	계9	계13	계17	계21
계3	계6	계10	계14	계18	계22
	계7	계11	계15	계19	

그리고

창1:5-4-1-저녁이 되는-낮이라 칭하신 -天父와 天子의 天夫라 하는-여섯째-계4:1-8-낮에-창1:27-29-창조하신-빛의-자녀들과 후손들과 자손들은
창1:5-4-1-저녁이 되는-계4:1-8-낮이라 칭하신-창1:1-4/창14:17-20/요1:1-17/엡2:15-16-빛으로 영생하시는 천부의 천자이신 예수께서 원수 된
창1:5-4-2-아침이 되는-계4:2-8-밤이라 칭하신-창1:2-4/신4:10-15/요1:5-17/엡2:15-16-여호와의 계명과 율법을 육체로 폐하시고 십자가에
            못 박히셔서 피 흘려 소멸하시고 또 죽은 자들 가운데서
창1:5-4-2-아침이 되는-계4:2-8-밤이라 칭하신-창1:2-4/신4:10-15/요1:5-17/고전13:56-어두움의 율법의 죄와 사망을 폐하시고 다시 살아나셔서
창1:5-4-2-아침이 되는-계4:2-8-밤이라 칭하신-창1:2-4/신4:10-15/요1:5-17/갈3:13-여호와의 율법에 저주에서 = = = =>- 우리를 속량하시고
창1:5-4-2-아침이 되는-계4:2-8-밤이라 칭하신-창1:2-4/신4:10-15/고전15:56/계1:4-5-여호와의 율법의 사망과 죄에서==>- 우리를 해방하시고
창1:5-4-2-아침이 되는-계4:2-8-밤이라 칭하신-창1:2-4/벧전2:9-어두움에서 = = = = = = = = = =>-우리를 불러내셔서
창1:5-4-1-저녁이 되는-계4:1-8-낮이라 칭하신-창1:1-4/창14:17-20-빛이신-살렘 왕이며 벧엘의 하나님 대제사상 멜기세덱의 반차라 하는
창1:5-4-1-저녁이 되는-계4:1-2-5-8-낮의 하늘에 빛으로 계신-롬8:1-2-예수님 안에 있는 생명의 성령의 법을 따라서
창1:5-4-1-천이라 하는-계4:1-2-5-8-낮의 하늘나라-마4:17-마10:1-7-벧전2:9-천국에 거룩한 나라와 왕 같은 제사장으로 삼으시고 --승천하신
창1:5-4-1-저녁이 되는-계4:1-2-5-8-낮의 하늘에 빛으로 계시는 -롬8:1-2-예수님 안에 있는 생명의 성령의 법이-
창1:5-4-2-아침이 되는-계4:2-4-5-6-8-밤이라 칭하신 어두움에-롬8:1-2-죄와 사망의 율법에서= =>- - - - - - - - - 우리를 해방하신
창1:5-4-1-저녁이 되는-계4:1-2-5-8- 낮의 하늘에 빛으로 계시는-롬8:1-2-예수님 안에 있는 생명의 성령의 법을 따라서
창1:5-4-1-저녁이 되는-계4:1-2-5-8-낮이라 칭하신 -창1:1-4/요1:1-17/엡2:15-15/롬6:1-11-예수님의 죽으심과 합하여 물로 세례를 받아서
창1:5-4-2-아침이 되는-계4:2-4-5-6-8-밤이라 칭하신-고전15:56/롬6:1-11-여호와에 대하여 죄에 대하여 율법에 대하여--죽어 장사되고
            -고전15:56/롬6:1-11/골2:12/갈3:23-27-29-그리스도로 옷 입어서 아브라함의 자손으로
창1:5-4-1-저녁이 되는-계4:1-2-5-8-낮의 하늘나라 -마4:17-마10:1-7-갈3:23-27-29-천국을 약속대로 유업으로 이을 자가 되어서

창1:5-4-2-아침이 되는-계4:2-4-5-6-8-밤이라 칭하신-창1:2-4/롬8:1-2/빌3:9-8-여호와의 죄와 사망의 율법에서 난 의를 배설물같이 버리고
창1:5-4-1-저녁이 되는-계4:1-2-5-8-낮이라 칭하신-- 창1:1-4/롬8:1-2/빌3:1-9-빛이신 예수님 안에 있는 생명의 성령의 법에서 난
창1:5-4-1-저녁이 되는-계4:1-2-5-8-낮이라 칭하신-요1:1-18-빛이신 천부의 천자이신 예수께서-마5-6-7-장-산상수훈에서 나타내신 의로써
            의롭다 하심을 믿음과 깨달음과 확신으로 얻어서 천국에 나라와 왕 같은 제사장 노릇을 하면서

창1:5-4-1-낮이라 칭하신-계4:1-2-5-8-낮의 하늘에 빛으로 영생하시는-예수님 안에 있는 생명의 성령과 일곱 영의 법을 따라서 = = = =>-
창1:5-4-1-낮이라 칭하신-계4:1-2-5-8-낮의 하늘에서-계4:1-예수께서 부르시는 - - - - - - - - - - - -빌3:1-9-14-부르심을 받아서
창1:5-4-2-밤이라 칭하신-계4:2-4-5-6-보좌에 앉은 어두움의 율법이 사망으로 쏘는 죄를-<= = = = = =계3:1-5-12-21-이기고 승리하여
창1:5-4-1-낮이라 칭하신-계4:1-2-5-8-낮의 첫째와 둘째와 셋째 하늘에-계4:1-열린 문으로-세세토록-올라오고 올라와서
창1:5-4-1-天父와 天子-계4:1-예수님-계3:21-아버지 보좌에 앉히시는 -빌3:1-9-14-상급을 받는 -빛의 자녀들을
창1:5-4-1-天父와 天子의 天夫人이라 하고-환국의 시민과 삼천지인이라 하고 -아 녹 다 라 삼 먁 삼 보리라 하고 하며 하는
                        반면에
창1:5-4-2-아침이 되는-계4:2-4-5-6-8-밤이라 칭하신-신4:10-13/고전15:56/롬8:2/빌3:2-9-어두움에 죄와 사망의 율법에서 난 의를 가지고
창1:5-4-2-흑암이라는 -계4:2-4-5-6-8-밤의 하늘로 올라가
창1:5-4-2-과-신4:10-15/신5:1-22/사18:11-흑암에 구름이라 하는 밤하늘 안에 여호와가 있는 화염에 불꽃이 충천한 불못에 -<= = = = = =던져지는
창1:5-4-2-陰父와 陰自의 陰夫人과-神夫人들을-아사리들이라 하며-빌3:2-9/계22:2-15-개들과 술객들과 행음자들과 살인자들과 우상 숭배자들과
            거짓말을 지어서 만들어 내는 거짓말쟁이라 하는 것을 성령에 감동하여 공간과 시간 여행을 하면서 볼 때
창1:5-4-2-흑암이라 하는 밤하늘을 -유1:6-타락한 천사들을 가두어 둔 감옥이라 하는 옥과 지옥으로
창1:5-4-1-낮이라 칭하신 -계4:1-2-5-8- 하늘에서 이렇게 보고 보며 본 것이라 그 리얼 스토리에 이야기들을 이렇게 설명을 하고 하며 하게 되는 것이다.
                        또
창1:5-4-1-저녁이 되는 낮이라 칭하신-창1:1-4/요1:1-17/롬8:1-2/빌3:1-9-예수님 안에 있는 생명의 법에서 난 의를 개달음과 믿으므로 받은
창1:5-4-1-天父와 天子의 天夫人을 삼천지인이라 하며 아녹 다라 삼먁 삼보리라 하고 하며 빛의 자녀들이
창1:5-4-2-아친이 되는-계4:2-8-밤이라 칭하신-신4:10-15/요1:5-17/고전15:56-어두움의 율법이 사망으로 쏘는-롬6:1-14-죄가 주관하지 못하는
창1:5-4-1-天父의 天子이신 -요1:1-18/롬6:1-14/계22:1-21- 주 예수의 은혜와 진리 안에서-히4:1-10- 안식을-창1:1-천지에서-누리고 누리는
                        반면에
창1:5-4-2-아침이 되는 밤이라 칭하신 창1:2-4/신4:10-15/요1:5-17/롬8:1-2/빌3:2-9-여호와의 죄와 사망의 율법에서 난 의를 받은 어두움에 자녀를
창1:5-4-2-陰父와 陰自의 陰夫人과 神夫人들이라 하며 이천지인들이라 하며 아사리들이라 하며-빌3:2-9/계22:2-15-개들과 술객들과 행음자들과
    우상숭배자들과 거짓말쟁이들을-<==신4:10-15/고전15:56-여호와의 율법이 사망으로 쏘는 죄가 주관하여-계14:8-11-밤낮 쉼을 얻지 못하더라.

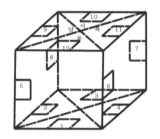

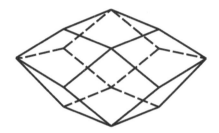

계1	계4	계8	계12	계16	계20
계2	계5	계9	계13	계17	계21
계3	계6	계10	계14	계18	계22
	계7	계11	계15	계19	

그리고

창1:5-4-1-天父와 天子와 天夫人의-집을- 집 宇라 하고-/마고성과 부도지라 하며/ -옴마니 벧메홈이라 하며/-살렘 성과 벧엘이라 하고 하며
창1:5-4-2-陰父와 陰自와 陰夫人의-집을 -집 宙라 하며 -계명성과 큰 성 바빌론이라 하는 것이며

창1:5-4-1-낮이라 창하신 -창1:1-4/요1:1-17/엡2:15-16-빛이신 예수께서 원수가 되어서 나누어진
창1:5-4-2-밤이라 칭하신 -창1:2-4/요1:5-17/엡2:15-16-어두움에 계명과 율법을 육체로 폐하시고 십자가로 소멸하여 버려 버리신 나누어진
창1:5-4-2-밤이라 칭하신 -창1:2-4/요1:5-17/고전15:56-롬8:1-2-어두움에 죄와 사망의 율법을 <=道可道 非常道 名可名 非常名이라 하며
　　空不異色 色不異空이라 이야기를 하는

반면에

창1:5-4-2-밤이라 칭하신 -창1:2-4/요1:5-17/엡2:15-16-어두움에 계명과 율법을 육체로 폐하시고 십자가로 소멸하여 버려 버리신 나누어진
창1:5-4-1-낮이라 칭하신 -창1:1-4/요1:1-17/롬8:1-2-예수님 안에 있는 생명의 성령의 법을 <=苦集滅道라 하며 色卽是共 共卽是色=이라
　　　　　　　　　　　　　　　　　　　　　　　　　　　　　하며- 道可道 有常道 名常名 有常名이라 하고
창1:5-4-2-아침이 되는-밤이라 칭하신 -창1:2-4-나누어진 어두움의 날을 -<= 천부경에서 一始無始一 析三極 無進本 一終無終一이라 하며
창1:5-4-1-저녁이 되는-낮이라 칭하신 -창1:1-4-나누어진 빛이신 예수님의 날을 -日是有是日 析三極 有進本 日常有常日-이라 하는 것이며

또

창1:5-4-2-아침이 되는-계4:2-4-5-6-8-밤이라 칭하신-계4:2-4-5-6-7-네 생물을
창1:5-4-2-신이라 하는-계4:2-4-5-6-7-네 생물 날개의 신 바람 소리를-六-바람이라 이라 하며 어두움에 죄와 사망의 율법이라 하며
창1:5-4-2-陰父와 陰自를 -神이라 하며 어두움이라 하며 밤하늘에 하나님이라 하며 -갈4:1-8-본질상 하나님이 아닌 자들이라 하고 하며 하는

반면에

창1:5-4-1-저녁이 되는-계4:1-2-5-8-낮이라 칭하신 - 성령과 일곱 영의 날개의 영 바람 소리를 예수님 안에 있는 생명의 성령의 법이라 하며
창1:5-4-1-天父와 天子는- 영이시며 낮의 하늘에 하나님이시며-요17:3-/요1서5:20-참 하나님을 아는 것이 영생이라 말씀하셨습니다.

또

창1:5-4-2-밤이라 칭하신-창1:2-4/신4:10-15/요1:5-17/고전15:56-어두움의 율법이 사망으로 쏘는 죄가-롬6:1-14- 주관하지 못하는
창1:5-4-1-낮이라 칭하신-창1:1-4/창14:17-20/요1:1-17/롬6:1-14/계22:1-21-빛으로 영생하시는 주 예수님의 은혜와 진리를-
　　　　　　　　　　성경에서- 살렘 왕이며 벧엘의 하나님 대제사장 멜기세덱의 반차라 하는 것이며
　　　　　　　　　환단고기에서- 마고성과 부도지라 하며
　　　　　　　　　천자문에서- 집 宇라 하며
　　　　　　　　　불경에서- 옴 마 니 벧 메 홈-이라 하며

그리고

-옴-은-창1:5-4-1-천지를 창조하신-요1:1-18-빛과 생명과 말씀으로 영생하시는-光明眞言-에-진리이신 천부와 천자를 - - 옴-이라 하고
-마-는-창1:5-4-1-천부와 천자의 집 宇라 하는-계21:2-10-20-거룩한 성 새 예루살렘의-열두 보석의 기초석을 가리켜서---마-라 하며
-니-는-창1:5-4-1-천부와 천자의 집 宇라 하는-계21:2-10-21-거룩한 성 새 예루살렘의-열두 진주 문을 가리켜서 - - - - 니-라 하며
-벧-는-창1:5-4-1-천부와 천자의 집 宇라 하는-계21:2-10-22-거룩한 성 새 예루살렘의-안에 있는 성전 벧엘을 - - - - - 벧-이라 하고
-메-는-창1:5-4-1-천부와 천자의 집 宇라 하는-계21:2-10-거룩한 성 새 예루살렘이 내려온 크고 높은 시온산을 가리켜서--- 메-라 하며
-홈-은-창1:5-4-1-천부의-요1:1-17-18-천자이신 예수님의 은혜와 진리를 -홈-이라 하며

그리고

게안다 옴 가데 가데 파라 가데 파라 상가데 보디 스와하

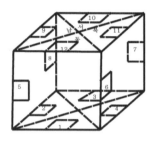

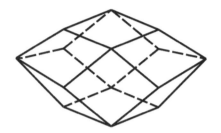

계1	계4	계8	계12	계16	계20
계2	계5	계9	계13	계17	계21
계3	계6	계10	계14	계18	계22
	계7	계11	계15	계19	

그리고

창1:5-4-1-천이라 하는 낮의 셋째 하늘에-<=계4:1-예수님에-계3:21-보좌가 있는 빛의 자녀들이===>-창1:4- 어두움을 정복하고 있으며

창1:5-4-1-천이라 하는 낮의 둘째 하늘에-<=계4:2-성령님에-계20:11-보좌에 있는 빛의 자녀들이 ==>-창1:4-어두움을 정복하고 있으며

창1:5-4-1-천이라 하는 낮의 첫째 하늘에-<=계4:5-일곱 영에-계20:4-보좌들에 있는 빛의 자녀들이==>-창1:4-어두움을 정복하고 있으며

창1:5-4-1-지면에 있는 낮이라 칭하신-<==계22:1-어린양의 보좌와 생명나무 낙원에 빛의 자녀들이==>-창1:4-어두움을 정복하고 있으며

반면에

창1:5-4-2-흑암이라는 밤하늘에 베풀어진-계4:2-3-보좌에-<=계4:2-7-어두움과 그의 자녀들이라 하는-계19:1-할렐루야 무리가 있으며

창1:5-4-2-혼돈하고 공허한 땅에 베풀어진-계4:2-4-보좌에-<=계4:2-7-어두움과 그의 자녀들이라 하는-계19:3-할렐루야 무리가 있으며

창1:5-4-2-깊음에 있는 궁창에- 베풀어진-계4:2-5-보좌에-<=계4:2-7-어두움과 그의 자녀들이라 하는-계19:4-할렐루야 무리가 있으며

창1:5-4-2-수면이 있던 에덴에- 베풀어진-계4:2-6-보좌에-<=계4:2-7-어두움과 그의 자녀들이라 하는-계19:6-할렐루야 무리가 있으며

또

-계4:2-3-보좌 가운데-첫째 생물이-한 때와 두 때에-첫째와 다섯째 인 떼어진 자이며

-계4:2-6-보좌 가운데-둘째 생물이-한 때와 두 때에-둘째와 여섯째 인 떼어진 자이며

-계4:2-6-보좌 가운데-셋째 생물이-한 때와 두 때에-셋째와 일곱째 인 떼어진 자이며

-계4:2-6-보좌 가운데-넷째 생물이-한 때와 두 때에-

창1:5-4-1-낮이라 칭하신-계4:1-2-5-8-낮의 하늘에 계신 예수님의 초림에 마지막 심판을 받았고 또 재림 심판에 마지막 심판을 받을 것이며

창1:5-4-2-아침이 되는-계4:2-4-5-6-8-밤이라 칭하신

창1:5-4-2-수면에 물이고 뭍에--계4:6-7-보좌 가운데와 주위에 -첫째 둘째 셋째 생물이-한 때와 두 때에 있으며

또

창1:5-4-2-과-단7:4-7-25-한 때와 두 때에-넷째며 여덟째-계13:2-1-열 뿔 짐승이-<===넷째 생물에게 능력과 보좌와 큰 권세를 받아서

창1:5-4-2-과-단7:4-7-25-한 때와 두 때에-때와 법을 변개하여-계17:1-2-3-5-첫째이던 다섯째 왕을 등에 태우고 함께 왕 노릇 하다가

-계17:1-3-5-10-11-함께 망하고 넷째가 다시 남은 반의 권세를 가지고

여덟째 왕으로 나올 것이라 그때를-반 때라 하더라.

또

창1:5-4-2-과-단7:4-7-25-한 때와 두 때에-첫째며 다섯째-계13:2-사자 같은 짐승이-<===첫째 생물에게 능력과 보좌와 큰 권세를 받아서

-계17:1-3-5-넷째 열 뿔 짐승을 탄 다섯째 왕으로 있으며 이마에-한 때에-첫째-큰 바빌론

이름을 기록하고 있는 것이며

또

창1:5-4-2-과-단7:2-4-25-한 때와 두 때에-둘째며 여섯째-계13:1-곰과 같은 짐승이-<===둘째 생물에게 능력과 보좌와 큰 권세를 받아서

단8:1-4/20-둘째가 여섯째-계13:11-18-두 뿔 가진 양 같은 짐승이라 하는-

단8:1-4/20-메데 바사 연합제국과 -또-계13:11-18-영미 연합제국이 있는 것을 세계사에 보는 것이다.

또

창1:5-4-2-과-단7:2-6-25-한 때와 두 때에-셋째며 일곱째-계13:2-표범 같은 짐승이-<===셋째 생물에게 능력과 보좌와 큰 권세를 받아서

계9:1-11-할라 음으로 아볼루온이 헬라의 알렉산더 왕과 함께-단8:5-21 헬라 제국을 건설하고 함께 무저갱에

있다가 헬라의 알렉산더 왕이 죽고서 - 계20:1-7-천 년이 차매 무저갱에서 놓여 나아와서-

창2:8-14-창1:1-2/계20:8-야벳의 아들들의 나라들-고멜과 마곡과 마대와 야완과 두발과 메삭과 디라스에

나라들을 미혹하고 모아서 = = =>-한 때와 두 때와==>-

대하36:23-바사 왕 고레스가 조서를 내려서-유대교 유대인들에게 찾아주고 세워 준 나라에 땅과 유대교 신전을

두고서 -<== 싸움을 붙이므로 세상 사람들이 그곳을 바라보며 =중동의 화약고라 하는 이야기를 하더라.

또

창1:5-4-2-과-간7:2-7-25-한 때와 두 때와 반 때에-계9:1-11-아바돈에게-<==

창1:5-4-2-과계4:6-7-보좌 가운데 넷 생물이 보좌와 능력과 보좌와 큰 권세를-줄 것이며 -

창1:5-4-2-과-계4:6-7-보좌 주위에 -첫째와 둘째와 셋째 생물이라 하는-계16:12-16-더러운 세 영이-

창1:5-4-2-과-계7:1-사방 바람에-신 바람 소리가 있는- 금 은 놋 철나라에가서-임금들과 장군들과 제사장들과 장로들과 제상들을

창1:5-4-2-과-계4:6-보좌와- 아바돈 왕의 아마겟돈 성으로 모아서

창1:5-4-1-천부의 천자이신 독생자 예수님 재림에 마지막 심판 전쟁을 ==>-대적할 것이다.

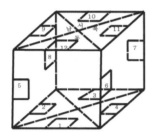
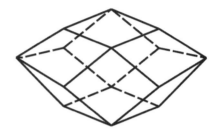

계1	계4	계8	계12	계16	계20
계2	계5	계9	계13	계17	계21
계3	계6	계10	계14	계18	계22
	계7	계11	계15	계19	

그리고

창1:5-4-2-흑암이라는 밤하늘에 베풀어진-계4:2-3-보좌에-<=계4:2-7-어두움과 그의 자녀들이라 하는-계19:1-할렐루야 무리가 있으며

창1:5-4-2-혼돈하고 공허한 땅에 베풀어진-계4:2-4-보좌에-<=계4:2-7-어두움과 그의 자녀들이라 하는-계19:3-할렐루야 무리가 있으며

창1:5-4-2-깊음에 있는 궁창에- 베풀어진-계4:2-5-보좌에-<=계4:2-7-어두움과 그의 자녀들이라 하는-계19:4-할렐루야 무리가 있으며

창1:5-4-2-수면이 있던 에덴에- 베풀어진-계4:2-6-보좌에-<=계4:2-7-어두움과 그의 자녀들이라 하는-계19:6-할렐루야 무리가 있으며

또

-계4:2-3-보좌 가운데-첫째 생물이-한 때와 두 때에-첫째와 다섯째 인 떼어진 자이며

-계4:2-6-보좌 가운데-둘째 생물이-한 때와 두 때에-둘째와 여섯째 인 떼어진 자이며

-계4:2-6-보좌 가운데-셋째 생물이-한 때와 두 때에-셋째와 일곱째 인 떼어진 자이며

-계4:2-6-보좌 가운데-넷째 생물이-한 때와 두 때에-<==

창1:5-4-1-천이라 하는-계4:1-2-5-8-낮의 하늘에 계신 예수님의 초림에 마지막 심판을 받았고-또-재림 심판에 마지막 심판을 받을 것이며

창1:5-4-2-아침이 되는-계4:2-4-5-6-8-밤이라 칭하신-계4:2-7-네 생물에-음부의 보좌가-

창1:5-4-2-수면에 있던 -에덴에 베풀어진-계4:6-7-보좌 가운데와 주위에 -첫째 둘째 셋째 생물이-한 때와 두 때에- 있으며-

또

태초기-두 때와-한 때에-

창1:5-4-2-과-단7:2-3-4-25-두 때와 한 때에-다섯째며 첫째-계13:2-사자 같은 짐승이 <===첫째 생물에게 능력과 보좌와 큰 권세를 받아

창1:5-4-2-과-계7:1-사방 바람에-첫째가-창2:8-11-비손의 나라와 함께-첫째 강의 금화 문명의 무역풍과-첫째 생물의 신 바람과 전쟁 바람을 일으켜서 비손의 금나라 제국을 건설하였던--붙잡힌 사방 바람에 첫째며

창1:5-4-2-과-계7:2-8-살아 계신 하나님의 인 치시기까지 -계4:6-7-보좌 주위에서 두 번째 때를 도사리며 기다리는 === 첫째 생물의 날개에

창1:5-4-2-과-계7:1-사방 바람에 첫째가-창2:8-14-에덴에서 발원하는 넷째 강-계9:14-16-유브라데 결박한 네 천사와 마병대 수 이만만에
사 분의 일로-계6:1-2-흰 말 탄 자와 마병대가 있으며

또

창1:5-4-2-과-단7:2-3-5-25-두 때와 한 때에-여섯째와 둘째-계13:2-곰과 같은 짐승이<===둘째 생물에게 능력과 보좌와 큰 권세를 받아

창1:5-4-2-과-계7:1-사방 바람에 둘째가-창2:8-13-기혼의 나라와 함께하여-둘째 강 은화 문명의 무역풍과 둘째 생물의 신바람과 전쟁 바람을 일으켜서 기혼과 구스의 은나라 제국을 건설하였던--붙잡힌 사방 바람에 둘째며

창1:5-4-2-과-계7:2-8-살아 계신 하나님의 인 치시기까지 -계4:6-7-보좌 주위에서 두 번째 때를 도사리며 기다리는 ===둘째 생물의 날개에

창1:5-4-2-과-계7:1-사방 바람에-셋째가-창2:8-13-에덴에서 발원하는-넷째 강-계9:14-16-유브러데에 결박한-마병대 수 이만만에
사 분의 일로-계6:3-4-붉은 말 탄 자와 마병대가 있으며

또

창1:5-4-2-과-단7:2-3-6-25-두 때와 한 때에-일곱째며 셋째-계13:2-표범 같은 짐승이 <===셋째 생물에게 능력과 보좌와 큰 권세를 받아

창1:5-4-2-과-계7:1-사방 바람에 셋째가-창2:8-14-힛데겔에 나라와 함께하여서-셋째 강에-청동기 문명의 무역풍과 셋째 생물의 신바람과 전쟁 바람을 일으켜 셋째 힛데겔의 놋나라 제국을 건설하였던 -붙잡힌 사방 바람에 셋째며

창1:5-4-2-과-계7:2-8-살아 계신 하나님의 인을 치기까지 -계4:6-7-보좌 주위에서 두 번째 때를 도사리며 기다리는 ===셋째 생물의 날개에

창1:5-4-2-과-계7:1-사방 바람에-셋째가-창2:8-14-에덴에서 발원하는-넷째 강-계9:14-16-유브라데에 결박한 네 천사와 마병대의 수
이만만에 -사 분의 일로-계6:5-6-검은 말 탄 자와 마병대가 있으며

또

창1:5-4-2-과-단7:2-3-7-25-두 때와 한 때에-여덟째며 넷째-계13:2-1-열 뿔 짐승이-<===넷째 생물에게 능력과 보좌와 큰 권세를 받아

창1:5-4-2-과-계7:1- 사방 바람에 셋째가-창2:8-14-에덴에서 발원하는 넷째 강이 흐르는 땅에 -창4:22-두발 가인이 있는 메소 나라와 함께
하여 메소포타미아 철나라 제국을 건설하였던 -붙잡힌 사방 바람에 넷째며

창1:5-4-2-과-계7:2-8- 살아 계신 하나님의 인을 치시기까지 -계4:6-7-보좌 가운데에 넷째 생물의 날개에

창1:5-4-2-과-계7:1-사방 바람에 넷째가-창2:8-14-에덴에서 발원하는-넷째 강 -계9:14-16-유브라데에 결박한 네 천사와 마병대의 수=
이만만의 사 분의 일로-계6:7-8-청황색 말 탄 자와 마병대가 있었을 때-

이때

창1:5-4-1-천부의 천자이신 예수께서 집 宇라 하는 거룩한 성 새 예루살렘과 함께-창2:4-12-벧엘리엄에 하나님으로 오셔서

창1:5-4-2-과-계4:16-17-에녹 성에-창5:21-에녹과 삼백 년을 동행하시며-말세기-한 때와-동일하게-빛의 자녀들을 생산하시고 승천하신

창1:5-4-1-천부의 천자이신 -예수님을 따라서 예수님 안에 있는 생명의 성령의 법을 따라서-마4:17-천국의 나라와 왕 같은 제사장 노릇 하면서

창1:5-4-2-아침이 되는-계4:2-4-5-6-8-밤이라 칭하신 보좌에 어두움의 율법이 사망의 쏘는 죄를 -<= = = 이기고 승리하여

창1:5-4-1-천이라 하는-계4:1-2-5-8-낮의 첫째와 둘째와 셋째 하늘에-계4:1-천국 문으로 올라온 십이 환국에 십이 단군의 진주 이름으로

창1:5-4-1-天父의 天子와 天夫의 집 宇에-계4:1-열린 열두 문을 열두 진주로 -태초기에-천부의 천자이신 예수께서 단장을 하셨습니다.

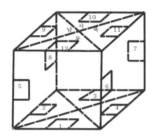
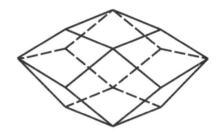

계1	계4	계8	계12	계16	계20
계2	계5	계9	계13	계17	계21
계3	계6	계10	계14	계18	계22
	계7	계11	계15	계19	

그리고

창1:5-4-2-흑암이라는 밤하늘에 베풀어진-계4:2-3-보좌 가운데-첫째 생물이-한 때와 두 때에-첫째와 다섯째 인 떼어진 자이며
창1:5-4-2-혼돈하고 공허한 땅에 베풀어진-계4:2-4-보좌 가운데-둘째 생물이-한 때와 두 때에-둘째와 여섯째 인 떼어진 자이며
창1:5-4-2-깊음에 있는 궁창에 - 베풀어진-계4:2-5-보좌 가운데-셋째 생물이-한 때와 두 때에-셋째와 일곱째 인 떼어진 자이며
창1:5-4-2-수면이 있던 에덴에 - 베풀어진-계4:2-6-보좌 가운데-넷째 생물이-한 때와 두 때에-<==
창1:5-4-1-저녁이 되는-계4:1-2-5-8-낮의 하늘에 계신 예수님의 초림에 마지막 심판을 받았고-또-재림 심판에 마지막 심판을 받을 것이며
창1:5-4-2-아침이 되는-계4:2-4-5-6-8-밤이라 칭하신
창1:5-4-2-수면이 있던 에덴에- 베풀어진-계4:6-7-보좌 가운데와 주위에 -첫째 둘째 셋째 생물이-한 때와 두 때에-있으며-
창세기-두 때와-한 때에-

창1:5-4-2-과-단7:2-3-4-25-두 때와 한 때에-다섯째며 첫째-계13:2-사자 같은 짐승이 <===첫째 생물에게 능력과 보좌와 큰 권세를 받아
창1:5-4-2-과-계7:1-사방 바람에-첫째가-창2:8-11-하윌라가 있는 우르의 나라와 함께- 첫째 강의 금화 문명의 무역풍과-첫째 생물의
　　　　　　　신 바람과 전쟁 바람을 일으켜-우르의 금나라 제국을 건설하였던- 붙잡힌 사방 바람에 첫째이며
창1:5-4-2-과-계7:2-8-살아 계신 하나님의 인 치시기까지-계4:6-7-보좌 주위에서 도사리며 두 번째 때를 기다리는 ==== 첫째 생물 날개의
창1:5-4-2-과-계7:1-사방 바람에 첫째가-창2:8-14-에덴에서 발원하는 넷째 강-계9:14-16-유브라데 결박한 네 천사와 마병대 수 이만만에
　　　　　　　　　　　　　　　사 분의 일로-계6:1-2-흰 말 탄 자와 마병대가 있었고
또

창1:5-4-2-과-단7:2-3-5-25-두 때와 한 때에-여섯째와 둘째-계13:2-곰과 같은 짐승이<===둘째 생물에게 능력과 보좌와 큰 권세를 받아
창1:5-4-2-과-계7:1-사방 바람에 둘째가-창2:8-13-소돔과 고모라의 나라와 함께하여-둘째 강의 은화 문명의 무역풍과 둘째 생물의 신바람과
　　　　　　　전쟁 바람을 일으켜서 은나라 소돔과 연합 제국을 건설하였던- 붙잡힌 사방 바람에 둘째이며
창1:5-4-2-과-계7:2-8-살아 계신 하나님의 인 치시기까지-계4:6-7-보좌 주위에서 두 번째 때를 도사리며 기다리는=== 둘째 생물의 날개에
창1:5-4-2-과-계7:1-사방 바람에-둘째가-창2:8-13-에덴에서 발원하는-넷째 강-계9:14-16-유브라데에 결박한-마병대의 수 이만만에
　　　　　　　　　　　　　　　사 분의 일로-계6:3-4-붉은 말 탄 자와 마병대가 있었고
또

창1:5-4-2-과-단7:2-3-6-25-두 때와 한 때에-일곱째며 셋째-계13:2-표범 같은 짐승이 <===셋째 생물에게 능력과 보좌와 큰 권세를 받아
창1:5-4-2-과-계7:1-사방 바람에 셋째가-창2:8-14/창10:22-앗수르가 있는 아람의 나라와 함께하여 -셋째 강에- 청동기 문명의 무역풍과
　　　　　　　셋째 생물의 신 바람과 전쟁 바람을 일으켜 셋째 아람의 놋나라 제국을 건설하였던- 붙잡힌 사방 바람에 셋째이며
창1:5-4-2-과-계7:2-8-살아 계신 하나님의 인을 치기까지-계4:6-7-보좌 주위에서 두 번째 때를 도사리며 기다리는 = = = 셋째 생물 날개의
창1:5-4-2-과-계7:1-사방 바람에-셋째가-창2:8-14-에덴에서 발원하는-넷째 강-계9:14-16-유브라데에 결박한 네 천사와 마병대 수==
　　　　　　　　　　　　　이만만에 -사 분의 일로-계6:5-6-검은 말 탄 자와 마병대가 있었고
또

창1:5-4-2-과-단7:2-3-7-25-두 때와 한 때에-여덟째며 넷째-계13:2-1-열 뿔 짐승이-<===넷째 생물에게 능력과 보좌와 큰 권세를 받아
창1:5-4-2-과-계7:1- 사방 바람에 셋째가-창2:8-14-에덴에서 발원하는 넷째 강이 흐르는-창10:8-12-시날 땅에서 나라를 이루어 살아가는
　　　　　　　니므롯의 나라와 철기 문명의 무역풍과-넷째 생물의 신 바람을 바벨 신전에서 일으키며 전쟁 바람을-에렉과 악갓과
　　　　　　　갈레에서 일으키기 시작하여 나아가 아람의 니느성을 점령하여 니느웨와 갈레사이에 레센이라는 무역센터 테크노파크와
　　　　　　　바벨 신전과 니므롯의 큰 성을 건설한 -붙잡힌 사방 바람의 넷째이며
창1:5-4-2-과-계7:2-8- 살아 계신 하나님의 인을 치시기까지-계4:6-7-보좌 가운데에 넷째 생물 날개의
창1:5-4-2-과-계7:1-사방 바람에 넷째가-창2:8-14-에덴에서 발원하는-넷째 강 -계9:14-16-유브라데에 결박한 네 천사와 마병대의 수=
　　　　　　　　　　　　이만만의 사 분의 일로-계6:7-8-청황색 말 탄 자와 마병대가 있었을 때-
창1:5-4-1-창세기-두 때며 한 때에-
창1:5-4-1-천부의 천자이신 예수께서 집 宇라 하는 거룩한 성 새 예루살렘과 함께-창2:1-12-/창31:13-벧엘에 하나님으로 오셔서
창1:5-4-1-사방 바람에-첫째-금나라 갈대아 우르에 있는 아브람을 - - - - - - -벧엘로 불러서 일하시고
창1:5-4-1-사방 바람에-둘째-은나라 소돔과 고모라에 있는 이삭을 - - - - - - - -벧엘로 불러서 일하시고
창1:5-4-2-과-계7:1-사방 바람에-셋째-놋나라 밧단아람에 있는 야곱을 -창31:13/창35:1-13-벧엘로 불러서 일하시고 승천하신
창1:5-4-1-천부의 천자이신-예수님 안에 있는 생명의 성령의 법과- 살렘 왕 멜기세의 반차를 따라서-천국의 나라와 왕 같은 제사장 노릇 하면서
창1:5-4-2-아침이 되는-계4:2-4-5-6-8-밤이라 칭하신 보좌에 어두움의 율법이 사망의 쏘는 죄를 -<= = = 이기고 승리하여서
창1:5-4-1-천이라 하는-계4:1-2-5-8-낮의 첫째와 둘째와 셋째 하늘에-- 열린 문으로 올라온-계7:4-8-이스라엘 자손 열두 지파 이름으로
창1:5-4-1-天父의 天子와 天夫의 집 宇에-계4:1-열린 열두 문을 -창세기-때에-천부의 천자이신 예수께서 단장하셨습니다.
창1:5-4-1-저녁이 되는-여섯째 낮의-창1:27-29-창조하신 빛의 자녀들이-동일하게-창조기에-올라온-빛의 자녀들의 열두 보석의 이름으로
창1:5-4-1-天父의 天子와 天夫의 집 宇에-열두 보석의 기초석을-창조기-때에- 천부의 천자이신-계4:1-예수께서 친히 단장하셨습니다.

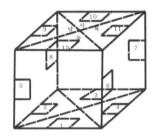
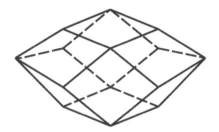

계1	계4	계8	계12	계16	계20
계2	계5	계9	계13	계17	계21
계3	계6	계10	계14	계18	계22
	계7	계11	계15	계19	

그리고

창1:5-4-1-천이라 하는-계4:1-2-5-8-낮의 하늘에-天父와 天子이신 예수님 -성령에 감동하여-저녁이 되는 낮의 하늘에서-볼 때--

창1:5-4-2-흑암이라는 -계4:2-8-과-단7:2-밤하늘에서 네 생물 날개에 - 네 바람이 ====>-

창1:5-4-2-어두움에 <= 단7:2-3-바다에 몰려 불어서

창1:5-4-2-바다에서<= 단7:4-5-6-7-25-한 때와 두 때에-첫째며 다섯째-계13:1-2-짐승이 나아와서 용에게 능력과 보좌와 큰 권세를 받아서

창1:5-4-2-땅에서-<= 단2:2-38-39-40- 한 때와 두 때에-첫째며 다섯째-단2:31-38- 금나라 제국이 나와 = = = = = 때와 법을 변개하여
한 때와 두 때에-넷째며 여덟째-계13:2-1-열 뿔 짐승을 타고서 = = 때와 법을 변개하여 있는 것을

창1:5-4-1-낮의 하늘에-계4:1-2-예수님의 성령이 요한에게 보이니

창1:5-4-1-낮의 하늘에-계4:1-2-5-일곱 영이라는-계17:1-일곱 천사 중에 일곱째 대접을 가진 천사가-계4:2/계17:3-성령으로 요한을 데리고

창1:5-4-2-땅에 광야로-계17:1-3-가서-

-계17:1-2-3-5-넷째며 여덟째-열 뿔 짐승을 타고 있는 -첫째며 다섯째 왕을 보여 주면서 -또-

-계17:1-3-5-10-다섯은 망하였고-둘째며 여섯째는-있으며 -셋째 일곱째는-아직 이르지 아니하고 무저갱에 있으며

-계17:1-3-10-11-전에 있었다가 시방 다섯째 왕과 함께 없어진 넷째 열 뿔 짐승이 다섯째와 사용하고 남은- 반의 권세를
가지고 다시 또 여덟째 왕으로-태초기와 창세기에-나왔었고 또 말세기에 나올 것을

창1:5-4-1-낮의 하늘에-계4:1-2-5-예수님의- 성령과- 일곱 영이-이렇게-창1:1-2-안에서 데리고 다니며 공간과 시간 여행을 하면서 보여 준
것이라 이러한 성령 체험이 있으신 분들은 선지자들과 사도들에게 보여 주셨던 일들을 보여 주시는 체험이 있는 것이다.

창1:5-4-1-태초기-때에-

창1:5-4-2-과-단7:2-3-25-한 때와 두 때에-넷째 철나라와-첫째며 다섯째 -금나라 제국의 문명을 -메소포타미아와 수메르 문명이라 하는 것이며
-넷째며 여덟째-메소포타미아 문명의 나라가 있었던 것이며

창1:5-4-1-창세기-때에-

창1:5-4-2-과-단7:2-3-25-한 때와 두 때에-넷째 철나라를-첫째며 다섯째-금나라 제국이라 하는 이집트라 하는 에굽이 타고 있었으며 -이때-
모세가 출생하여 이집트 왕의 공주에게 입양되어 40년을 성장하여 정치적으로 망명하여서

창세기-때에-둘째며 여섯째-제국이 되는-미디안 나라에 제사장 이드로 집으로 모세가 장치 망명을 하여서
-미디안 나라에 제사장 이드로의 반차를 따르며 모세는 40년 망명 생활을 하였고 미디안 제국의 도움으로
-살렘 왕이며 벧엘의 하나님 제사장 멜기세덱의 반차를 따르는 이스라엘 민족을 출애굽하는 과정에서
-모세는-신4:10-15/신5:1-22-호렙산에서 받은 십계명에 두 돌판을
-미디안의 제사장 이드로의 반차를 따라서 성막을 지어서 지성소에 두고
-미디안의 제사장 이드로가 사용하는 성경을 가지고 유대교를 만들어서 가지고 있었다가

창1:5-4-1-태초기와 창세기와 말세기 -한 때에-넷째 짐승과 그의 우상과 그의 이름의 때에-동일하게 -창1:1-천부의 천자이신 독생자께서

창1:5-4-1-과-계4:1-8-낮이라 칭하신-창1:1-4/창14:17-20/요1:1-17 -엡2:15-16-빛이신 예수님이 세상에 내려오셔서 원수 된

창1:5-4-2-과-계4:2-8-밤이라 칭하신-창1:2-4/신4:10-15/요1:5-17/엡2:15-16-어두움에 계명과 율법을 육체로 폐하시고 십자가로
소멸하시고 죽은 자들 가운데서

창1:5-4-2-과-계4:2-8-밤이라 칭하신-창1:2-4/신4:10-15/요1:5-17/고전15:56-어두움의 율법의 사망을 이겨서 폐하시고=>다시 살아나셔서

창1:5-4-2-과-계4:2-8-밤이라 칭하신-창1:2-4/신4:10-15/요1:5-17/갈3:13-어두움의 율법의 저주에서 = = = =>-우리 인류를 속량하시고

창1:5-4-2-과-계4:2-8-밤이라 칭하신-창1:2-4/신4:10-15/고전15:56/계1:1-5-어두움의 율법의 죄에서 = = =>-우리 인류를 해방하시고

창1:5-4-2-과-계4:2-8-밤이라 칭하신-창1:2-4/벧전2:9-어두움에서 = = = = = = = =>우리 인류를 불러내어서

창1:5-4-1-과-계4:1-8-낮이라 칭하신-창1:1-4/창14:17-20/요1:1-18/마10:1-7/벧전2:9-거룩한 천국의 나라와 왕 같은 제사장으로 삼으시고
승천하셔서

창1:5-4-1-과-계4:1-2-5-8-낮의 하늘에 계시는- 예수님 안에 있는 생명의 성령의 일곱 영의 법에서 난 의를 믿음과 깨달음과 확신으로 받아서

창1:5-4-2-과-계4:2-4-5-6-8-밤이라 칭하신 -창1:2-4-롬8:1-2-빌3:9-8-죄와 사망의 율법에서 난 의를 배설물에 똥과 같이 버려 버리고
-창1:1-롬8:1-2-예수님 안에 있는 생명의 성령의 법을 따라 천국에 제사장 노릇을 하여서

창1:5-4-2-과-계4:2-4-5-6-8-밤이라 칭하신 보좌에 있는 어두움의 율법이 사망으로 쏘는 죄를-<====이기고 승리하여

창1:5-4-1-과-계4:1-2-5-8-낮의 첫째와 둘째와 셋째 하늘에 열린 천국 문으로 -세세토록 올라오고 올라오는 것을

창1:5-4-1-과-계4:1-2-5-8-낮의 하늘에-예수님과 성령과 일곱 영이 -이렇게-창1:1-과-2-안에서 보이시니라.

그래서

창1:5-4-2-과-계4:2-8-밤이라 칭하신 -창1:2-4-어두움의 율법이 있는 모세 오경을 예수께서 육체로 폐하시고 십자가로 소멸하신 것으로 보며

창1:5-4-2-어두움에 율법을 따르는 사람들이 외경이라 하는 성경을 보고 듣는 눈과 귀를 가지게 된 것이다 -곧- 왈도파 그리스도인이 된 것이다.

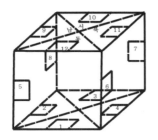 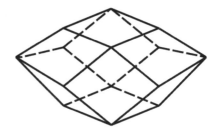

계1	계4	계8	계12	계16	계20
계2	계5	계9	계13	계17	계21
계3	계6	계10	계14	계18	계22
	계7	계11	계15	계19	

그리고

창1:5-4-1-천이라 하는-계4:1-2-5-8-낮의 하늘에-天父와 天子이신 예수님 -성령에 감동하여-저녁이 되는 낮의 하늘에서-볼 때--

창1:5-4-2-어두움에 <- - - - - - -고전15:56- 죄와 사망의 율법을 가르쳐서

창1:5-4-2-흑암이라는 밤하늘 안에-<- 신4:10-15- 여호와가 있는 화염이 불꽃이 충천한 불못에 들어가는 사람들을 만드는 곳을

창1:5-4-2-神 에- - - - - - - - - - 神學敎-로- 보며

창1:5-4-2-神에- - - - - - - - - - 神學敎에서

창1:5-4-1-낮의 빛으로 영생하시는 예수님 안에 있는 생명의 성령의 법이 담겨 있는 성경을 외경이라 칭하여 볼 수 없게 하던 사람들과

창1:5-4-1-낮에 빛으로 영생하시는 예수님 안에 있는 생명의 성령의 법을 따르는 빛의 자녀들에게 영지주의자라는 이단에 프레임을 씌우던 사람들이

창1:5-4-2-흑암이라는 밤하늘 안에-<-신4:10-15-여호와가 있는 화염에 불꽃이 충천한 불못에 있는 것을 보며

창1:5-4-2-神學敎를 가려던 계획이 안개처럼 사라지고 배설물에 똥과 같이 시원하게 버려 버리고

창1:5-4-1-낮에 빛으로 영생하시는 예수님 안에 있는 생명의 성령의 법을 따르는 사람이 되었으며

또

　　　　부흥회 강사분을 통해서 들은 간증이 생각이 나서 어느 분이 천국에 다녀오셔서 하시는 말씀이 천국에 관한 이야기는
　　　　목사님들과 전도사님들이 제일 많이 이야기하시는데 천국에서 목사님들을 한 분도 보지 못하고 돌아오셨다는 간증에 이야기와 같이

창1:5-4-1-천이라 하는-계4:1-2-3-5-8-낮의 하늘나라 천국에서-여호와의 이름을 부르다가 회개한 사람은 있어도 여호와의 이름을 부르며 죽은
　　　　　　　　　　　　　사람은 한 분도 보지 못하였고 여호와의 이름을 부르며 죽은 사람들의 영혼들은 모두 다

창1:5-4-2-흑암이라는 밤하늘 안에-<== 신4:10-15- 여호와가 있는 화염에 불꽃이 충천한 불못에-<== 들어가 있는 보고 보며 볼 때-

창1:5-4-2- 神學敎 신학교를 가려던 계획이 배설물에 똥과 같이 시원하게 버려진 것이며

또

창1:5-4-1-낮의 빛으로 영생하시는 예수님 안에 있는 생명의 성령의 법을 따르면서

창1:5-4-2-신학이라 하는 여호와의 어두움에 죄와 사망의 율법을 가지고 자기의 생명과 영혼을 스스로 죽이고 망가뜨려서 조져 놓는 것을 방치하고
　　　　지켜볼 수만 없어서 안타까움에 이렇게 펜을 대신하여 컴퓨터를 배워서 천국과 지옥에 관한 이야기를 하고 하며 하여서
　　　　모든 사람들의 눈과 귀를 열어 주어서 천국과 지옥은 -창1:1-과-2-안에서 보고 듣게 하려고 이렇게 노력을 하고 하며 하는 것이다.

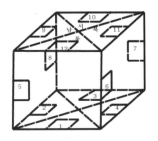

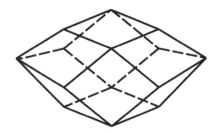

계1	계4	계8	계12	계16	계20
계2	계5	계9	계13	계17	계21
계3	계6	계10	계14	계18	계22
	계7	계11	계15	계19	

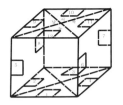 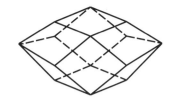

창1:5-4-1-과-계4:1-2-5-8-낮이라 칭하신 빛들의 아버지 하나님 -창1:1-천부와 천자에 집에는-계4:1-열린 문들이 있으며

창1:5-4-2-과-계4:2-4-5-6-8-밤이라 칭하신 어두움들의 아비에 -창1:2-음부와 음자에 집에는-계4:1- 열린 문들이 없으며

창1:5-4-1-天父와 天子의 집을 -천자문에서 집-字라 하는 것이며

창1:5-4-2-陰父와 陰自의 집을 -천자문에서 집-宙라 하는 것이며-성경에서 계명성이라 하는 큰 성 바빌론이라 하는 것이며

창1:5-4-1-천부와 천자의 집을 -집 字를 -성경에서 ----벤엘리엄과 벤엘과 베들레헴이라 하며 거룩한 성 새 예루살렘이라 하는 것이며

창1:5-4-1-천부와 천자의 집을 -집 字를 -환단고기에서--부도지와 마고성이라 하는 갓이며

창1:5-4-1-천부와 천자의 집을 -집 字를 -불교 경전에서 -옴 마 니 벧 메 홈이라 하는 것이다.

계1	계4	계8	계12	계16	계20
계2	계5	계9	계13	계17	계21
계3	계6	계10	계14	계18	계22
구약성경	계7	계11	계15	계19	신약성경

그리고

창1:5-4-1-저녁이 되는-계4:1-2-5-8-낮이라 칭하신 -창1:4-빛과

창1:5-4-2-아침이 되는-계4:2-4-5-6-8-밤이라 칭하신-창1:4-어두움이 나누어져서 전쟁하는 일들이

창1:5-4-1-과-계4:1-8-11-안에서 있는 것을 -전편에서 -보는 일들이 -계4:5-6-7-장-에 있고

창1:5-4-1-과-계4:1-8-11-안에서 있는 것을 -우편에서- 보는 일들이 -계8-9-10-11-장-에 있고

창1:5-4-1-과-계4:1-8-11-안에서 있는 것을 -중앙에서 -보는 일들이 -계12-13-14-15-장-에 있고

창1:5-4-1-과-계4:1-8-11-안에서 있는 것을 -좌편에서 -보는 일들이 -계16-17-18-19-장-에 있으며

창1:5-4-1-과-계4:1-8-11-안에서 있는 것을 -후편에서 -보는 일들이 -계20-21-12-장-에 있으며

창1:5-4-1-과-계4:1-8-11-안에서 있는 것을 -하편에서 -보는 일들이 -계1-2-3-장에 있어서 -이렇게-도표로 정리한 것이며

창1:5-4-1-천이라 하는-계4:1-2-5-8-낮의 -첫째와 둘째 셋째 하늘에 -예수님과-성령과-일곱 영의-창1:4- 빛이 힘있게 비추는 ===>-

창1:5-4-1-지면에-창2:4-9/계22:1-생명나무-계2:1-7- 낙원이 있으며

반면에

창1:5-4-2-아침이 되는- 계4:2-4-5-6-7-8-밤이라 칭하신-창1:4-어두움이 있는

창1:5-4-2-땅에 -창3:24-선악과 나무가 있는 에덴동산이 있고 에덴동산에 생명나무 낙원으로 가는 생명나무 길이 있는 것을 -이렇게-

창1:5-4-1-과-계4:1-2-5-8-낮의 하늘에 계신 예수님의 성령과 일곱 영의 감동하여 이렇게 보고 보며 본 것이라 이렇게 그 이야기를 하며 하는 것이다.

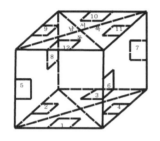 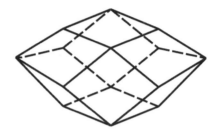

계1	계4	계8	계12	계16	계20
계2	계5	계9	계13	계17	계21
계3	계6	계10	계14	계18	계22
	계7	계11	계15	계19	

계1	계4	계8	계12	계16	계20
계2	계5	계9	계13	계17	계21
계3	계6	계10	계14	계18	계22
성 경	계7	계11	계15	계19	

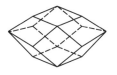

창1:5-4-1-저녁이 되는-여섯째-계4:1-8-낮에-창1:27-29-창조하신 빛의 자녀들이 있는 -창1:1-천부와 천자에 집에 그림과 같이-계4:1-열린 문들이 있으며
창1:5-4-2-아침이 되는-여섯째-계4:2-8-밤에-창1:26-30-만든 어두움에 자녀들이 있는 -창1:2-음부와 음자에 집에 그림과 같이-계4:1-열린 문들이 없으며

창1:5-4-1-天父와 天子의 天夫人이라 하는-창1:4-빛의 자녀들이 있는 빛들의 아버지 하나님- 창1:1-天父의 집을 -천자문에서- 집 宇라 하는 것이며
창1:5-4-2-陰父와 陰自의 陰夫人이라 하는 -창1:4-어두움에 자녀들이 있는 어두움에 아비 - 창1:2-陰父의 집을 -천자문에서- 집 宙라 하는 것이며

창1:5-4-1-저녁이 되는 낮을 -천자문에서-기울 仄이라 하고
창1:5-4-2-아침이 되는 밤을 -천자문에서 -찰 盈이라 하며

창1:5-4-1-아침이 되는 밤이라 칭하신 -창1:4-어두움에 날들을 -年月一과- 날마다 -달마다- 年年이라 하고
창1:5-4-1-저녁이 되는 낮이라 칭하신 -창1:4-빛의 날들을 -해마다- 晝마다 -매일 매일이라 하는 것이며

창1:5-4-2-아침이 되는 밤이라 칭하신-창1:4-어두움에 날을-암5:18-여호와의 날이라 하며---안식날-이라 하는 것이며
창1:5-4-1-저녁이 되는 낮이라 칭하신-창1:4-빛의 날을 - 예수님의 날이라 하며 예수께서 나는- 안식일-의- 주인이라 하십니다.

창1:5-4-1-천부에 천자이신-계4:1-예수께서-유1:6-자기 지위를 지키지 아니하고 자기의 처소를 떠나 범죄한 천사들을 큰 날 심판까지 영원한 결박으로
창1:5-4-2 -과-유1:6-흑암이라 하는 밤하늘에 가두어 두어서
창1:5-4-2-흑암이라 하는 밤하늘 안에-<= = =신4:10-15- 화염에 불꽃이 충천한 불못에-여호와가 있는 것을 보는 것이다.
또
창1:5-4-2-흑암에 구름에 ---- 베풀어진-계4:2-3-보좌에 陰父와 陰自에 陰夫라 하며-창1:4-어두움에 자녀들이라 하는-계19:1-할렐루야 무리가 있으며
창1:5-4-2-혼돈하고 공허한 땅에 베풀어진-계4:2-4-보좌에 陰父와 陰自에 陰夫라 하며-창1:4-어두움에 자녀들이라 하는-계19:3-할렐루야 무리가 있으며
창1:5-4-2-깊음에 있는- 궁창에 베풀어진-계4:2-5-보좌에 陰父와 陰自에 陰夫라 하며-창1:4-어두움에 자녀들이라 하는-계19:4-할렐루야 무리가 있으며
창1:5-4-2-수면이 있던- 에덴에 베풀어진-개2:2-6-보좌에 陰父와 陰子에 陰夫라 하며-창1:4-어두움에 자녀들이라 하는-계19:6-할렐루야 무리가 있으며
반면에
창1:5-4-1-천이라 칭하는-계4:1-2-5-8-낮의 셋째 하늘나라에서-
창1:5-4-1-천부와 천자-계4:1-예수님-계3:21-보좌에 앉은 빛의 자녀들이 =>창1:4-어두움에-계21:1-처음 하늘과 땅과 바다를 정복과 점령을 하고 있으며

창1:5-4-1-천이라 칭하는-계4:2-5-8-낮의 둘째 하늘나라에서-
창1:5-4-1-천부와 천자의-계4:2-성령의-계20:11-보좌에 앉은 빛의 자녀들이=> 창1:4-어두움에-계20:11-15-하늘과 땅과 바다를 정복하고 점령하고 있으며

창1:5-4-1-천이라 하는-계4:5-8-낮의 첫째 하늘에-
창1:5-4-1-천부와 천자에-계4:5-일곱 영에-계20:4-6-보좌들 위에 앉은 빛의 자녀들이=>-창1:4-어두움에-계20:1-3-하늘을 정복하고 점령을 하고 있으며
창1:5-4-1-과-계20:6-9-지면에
창1:5-4-1-천부와 천자-계22:1-어린양의 보좌에 앉은 빛의 자녀들이라 하는 天夫人들이-=> 창1:4-어두움에- 땅과 바다를 정복하고 점령하고 있는 것이다.

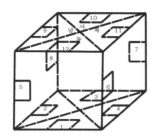
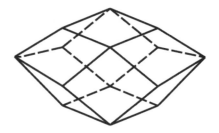

계1	계4	계8	계12	계16	계20
계2	계5	계9	계13	계17	계21
계3	계6	계10	계14	계18	계22
	계7	계11	계15	계19	

계1	계4	계8	계12	계16	계20
계2	계5	계9	계13	계17	계21
계3	계6	계10	계14	계18	계22
	계7	계11	계15	계19	

창1:5-4-1-저녁이 되는-여섯째-계4:1-8-낮에-창1:27-29-창조하신 빛의 자녀들이 있는 -창1:1-천부와 천자에 집에 그림과 같이-계4:1-열린 문들이 있으며

창1:5-4-2-아침이 되는-여섯째-계4:2-8-밤에-창1:26-30-만든 어두움에 자녀들이 있는 -창1:2-음부와 음자에 집에 그림과 같이-계4:1-열린 문들이 없으며

창1:5-4-1-天父와 天子의 天夫人 이라 하는-창1:4-빛의 자녀들이 있는 빛들의 아버지 하나님- 창1:1-天父의 집을 -천자문에서- 집 宇라 하는 것이며

창1:5-4-2-陰父와 陰自의 陰夫人이라 하는 -창1:4-어두움에 자녀들이 있는 어두움에 아비 ---창1:2-陰父의 집을 -천자문에서- 집 宙라 하는 것이며

그리고

창1:5-4-2-아침이 되는-계4:2-4-5-6-8-밤이라 칭하신-계4:2-7-네 생물을-어두움이라 하며- 陰父의 陰自라 하며 -에스겔이- 여호와라 하는 것이며

창1:5-4-2-어두움 陰父-계5:1-6-보좌에 -陰自들과 -陰夫人들이며 神神人들이라는 이십사 장로들이 면류관을 쓰고 이십사 음부의 24 보좌에 앉아 있으며

-계5:1-6-陰父와 陰自들과 陰夫人들이 있는-어두움에-<=창1:3-있으라 하시고

-어두움과 -<=창1:4-어두움과 나누사

창1:5-4-1- 저녁이 되는-<=계4:1-2-5-8-빛이라 칭하신-창1:1-4/-요1:1-18-29-빛이신

-계5:1-6-어린양이-계4:2-성령의 일곱 뿔과-계4:5-일곱 영을 일곱 눈을 가지고

-계5:1-6-陰父의 陰自들과 陰夫人들이라 하며-창1:2- 神夫人들이라는 장로들 사이에 서서 계신 어린양이 걸어 나아오셔서 가운데=>

-계5:1-7-보좌에 앉은 陰父의-오른손에서 일곱 인봉된 두루마리를 -<=**=>-어린양이 빼앗아서

-계5:1-8-어린양이 취하시며-네 생물과 이십사 장로들이 보좌 위에서 거꾸러져 떨어져 떨어져서 서서 계시는

-계5:1-8-어린양의 발 앞에 -<== 엎드려져서- 어린양의 원수들이 어린양의 발등이 되는 것을

창1:5-4-1-저녁이 되는-계4:1-2-5-8-낮의 하늘에서 성령에 감동하여 이렇게 본 것이라 이렇게 그 이야기를-창1:1-2-안에서 하고 하며 하게 되는 것이며

또

창1:5-4-2-음부의 음자 들이-계5:1-9-12-14-아멘 하고- 陰夫人들이라는 장로들이 엎드려 경배하는

계5:1-9-12-죽임을 당하사 죽임을 당하신 어린양이 능력과 부와 지혜와 힘과 존귀와 영광과 찬송을 받으시기에 합당하도다.

-죽임을 당하사 죽임을 당하신 자는 아무것도 할 수 없고 아무것도 받을 수 없다는 것은- 어린이들도 아는 사실이다.

계5:1-6-어린양이 죽임을 당한 것 같더라 하는 것은-어린양이 죽임을 당하사 죽임을 당하서 생명과 목숨을 빼앗긴 것이 아니라

창1:5-4-1-낮이라 칭하신-창1:1-4/요1:1-118-29-빛이신 어린양이-요10:1-15-18 -자기 양들에게 생명을 성찬에 담아서 내어주시고 죽은 자들 가운데서

창1:5-4-2-밤이라 칭하신-창1:2-4/요1:5-17/고전15:56-어두움의 율법의 사망을 이겨서 폐하시고 <*>다시 살아나셔서 어린양이 죽임을 당한 것같이 봅니다.

창1:5-4-1-낮이라 칭하신-요1:1-18-29-과-계1:1-4-5-7-빛이신 어린양의 부활이 담겨 있는 -아멘 아멘 -성도들의 기도들은

창1:5-4-1-천부와 천자가-계8:1-3-일곱인 떼실 때

천부와 천자의 집에-계4:1-열린 문으로 올라가-계3:21-천부와 천자의 보좌 앞-계8:2-3-보좌 앞 금단으로 상달되는

반면에

창1:5-4-2-밤이라 칭하신-계5:1-9-12-14-陰自들이 아멘 하는 거문고 향연을-계8:3-4-성도들의 기도들과 합하여 드리고자 하다가

창1:5-4-1-천부의 집에 --계4:1-열린 문 에 -어린양의 일곱 뿔이라 하는 일곱 천사가 일곱 나팔 소리로 = = =>-거문고 향연의 노랫소리를 심판하고

-계4:1-열린 문에서-어린양의 일곱 눈이라 하는 일곱 천사가 일곱 대접에 거문고 향연의 향로 불을 담아서 ==>-한 때와 두 때에-

창1:5-4-2-어두움에 -- 계4:2-4-5-6-보좌에 -<= = = = 쏟아서 버리는 것이라.

창1:5-4-2-음부와 음자에-계4:2-4-5-6-보좌가 있는 곳에서-계8:3-5-뇌성의 불과 우레 소리의 불과 번갯불이-흑암에 구름이라 하는 밤하늘이 갈라지면서
땅에 쏟아지며 어두움의 땅에서 지진이 나서 화산의 불이 나오는 것을 이렇게 보고 보며 본 것이라 이렇게 그 이야기를 하는 것이다.

계11-1-2

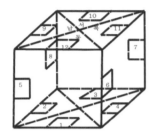 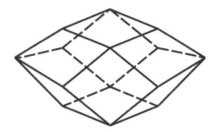

계1	계4	계8	계12	계16	계20
계2	계5	계9	계13	계17	계21
계3	계6	계10	계14	계18	계22
	계7	계11	계15	계19	

계1	계4	계8	계12	계16	계20
계2	계5	계9	계13	계17	계21
계3	계6	계10	계14	계18	계22
	계7	계11	계15	계19	

창1:5-4-1-저녁이 되는-여섯째-계4:1-8-낮에-창1:27-29-창조하신 빛의 자녀들이 있는 -창1:1-천부와 천자에 집에 그림과 같이-계4:1-열린 문들이 있으며
창1:5-4-2-아침이 되는-여섯째-계4:2-8-밤에-창1:26-30-만든 어두움에 자녀들이 있는 -창1:2-음부와 음자에 집에 그림과 같이-계4:1-열린 문들이 없으며

창1:5-4-1-天父와 天子의 天夫人이라 하는-창1:4-빛의 자녀들이 있는 빛들의 아버지 하나님- 창1:1-天父의 집을 -천자문에서- 집 宇라 하는 것이며
창1:5-4-2-陰父와 陰自의 陰夫人이라 하는 -창1:4-어두움에 자녀들이 있는 어두움에 아비 ---창1:2-陰父의 집을 -천자문에서- 집 宙라 하는 것이며

그리고
창1:5-4-1-천이라 하는-계4:1-2-5-8-낮의 셋째 하늘에 -창1:1-4/요1:1-18-29-빛으로 계신 어린양이신
창1:5-4-1-천부의 천자-계4:1-예수께서-계6:1-12-17-한 때와 두 때를- 둘째이며 여섯째 인 떼실 때-
창1:5-4-2-陰父와 陰自-계4:2-3-보좌가 베풀어져 있는 흑암에 구름이라 하는-어두움에-밤의 하늘이
창1:5-4-1-천이라 하는-계4:1-2-5-8-낮의 -셋째 하늘에서-대풍에 휘말려서 두루마리 책에 종이 축이 말리는 것과 같이 떠나가
창1:5-4-2-어두움에 --계4:2-5-보좌가 있는 궁창으로 떠내려가므로
창1:5-4-2-깊음에 있는 궁창에 -해와 달이 총담같이 검어지고 검붉은 피같이 보이며
궁창에 -별들은 밤하늘이 떠내려간 큰 대풍에 흔들려서 설익은 무화과나무 열매처럼
창1:5-4-2-수면이 있던- 어두움에 땅으로 -<= = = = 궁창에 별들이 떨어지며
창1:5-4-2-혼돈하고 공허한 땅과
창1:5-4-2-깊음에 -창1:6-8-물의 흑암 속에 있으라 하시고 하늘이라 칭하신 궁창 위로 나누어진 물이 있는 바다에 큰 지진이 있어 섬이 제자리에서 옮기매
창1:5-4-2-혼돈하고 공한 땅의- 임금들과 왕족들과 장군들과 부자들과 강한 자들과 각 종과 자주자가 굴과 산 바위틈에 숨어서 큰 지진에 무너지는 산들에게 우리들
위로 무너져 달라 하며 큰 지진에 터져서 날아다니는 바위 덩어리들에게 이르되 우리 위로 떨어져서
창1:5-4-1-천이라 하는-계4:1-2-5-8-낮의 하늘에-계3:21-보좌에 앉으신 예수님 얼굴빛 앞에서-계6:1-16-와 그 어린양의 진노에서 우리를 가리우라.
창1:5-4-1-天父와 天子와 天夫人들의-계6:1-17-그들의 진노에 -유1:6-큰 날이 이르렀으니
창1:5-4-2-어두움에서 -계6:1-17-누가 능히 서리요 하는 일을-
창1:5-4-1-저녁이 되는-계4:1-2-5-8- 낮의 하늘에서 -성령에 감동하여 이렇게 본 것이라 이렇게 그 이야기를 하는 것이다.
그리고
계4:1-계7:1-이 일 후에 보는 -사방 바람은 = ?
창1:5-4-2-아침이 되는-계4:2-4-5-6-8-밤이라 칭하신 -계4:2-7- 네 생물에 날개바람이며
창1:5-4-2-陰父의 陰自들 날개바람이며
창1:5-4-1-천부의 천자의 집 -전편-1-5-12-번-문들 위에-계7:4-5-유다와 르우벤과 갓 지파 이름으로-창세기와 말세기-한 때에-예수께서 단장하셨고
-천부와 천자의 집-우편-2-8-9--번-문들 위에-계7:4-6-아셀과 납달리와 므낫세 지파 이름으로 = = = = = = = 천자이신 예수께서 단장하셨고
-찬부와 천자의 집-후편-3-7-10-번-문들 위에- 계7:4-7-시므온과 레위와 잇사갈 지파 이름으로 = = = = = =天자이신 예수께서 단장하셨고
-청부와 천자의 집-좌편-4-6-11-번-문들 위에- 계7:4-8-스불론과 요셉과 베냐민 지파 이름으로-창세기와 말세기 한 때에-예수께서 단장하셔서
창1:5-4-2-과-계7장은-성경 창세기에 세계사와 이렇게 짝을 이루고 있는 것을
창1:5-4-1-저녁이 되는-계4:1-2-5-8-낮의 하늘에서 성령에 감동하여 -천부와 천자의 아버지의 집을-위에-그림과 같이 집 구경을 하는 여행을 하면서 -또-
또
창1:5-4-2-흑암에-신4:10-15-구름 속에 여호와가 있는 화염에 불꽃이 충천한 불못에 -단과-모세와 여호수와와 갈렙과 솔로몬 함께 있으며 여호수와와 갈렙을
창1:5-4-2-음부와 음자의 집을 지키는 개들로 보고 보며 본 것이라 이렇게 그 이야기하는 것은 -여호수와와 갈렙에 이름을 다른 방언으로 여호와의 개라 하더라.

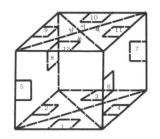 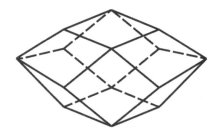

계1	계4	계8	계12	계16	계20
계2	계5	계9	계13	계17	계21
계3	계6	계10	계14	계18	계22
	계7	계11	계15	계19	

제1	계4	계8	계12	계16	계20
제2	계5	계9	계13	계17	계21
제3	계6	계10	계14	계18	계22
	계7	계11	계15	계19	

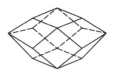

창1:5-4-1-천부의 천자의 집-字를-계11:1-2-거룩한 성이라 하는 것이며

창1:5-4-1-천부와 천자의 집-계11:1-2-거룩한 성에 -<- - - - - - - - - - - 마4:17-마10:1-7- 예수님과 열두 제자들이 전파하는 천국이 들어 있으며

-계11:1-2-거룩한 성의 열두 기초석을- - - -마11:1-7-천국을 전파하는 열두 제자 이름으로 그림과 같이 예수님이 단장하셨으며

-계11:1-2- 거룩한 성의 성전은- - - - - - - - - - - - 요1:1-18-29-빛이신 -요2:19-20 -예수님이 성전이 되시며 또

창1:5-4-1-천이라 하는-- -계4:1-2-5-8- 낮의 셋째 - - - - - - 계21:2-10-22-하늘에서 하나님께로부터 내려온 거룩한 성 새 예루살렘의 성전은-

계21:2-10-22-주 하나님 전능하신 어린양이 그 성전이심이라 - - -하는 것이며

계21:2-10-15-17-거룩한 성을 금 갈대로 척량하고서-계21:23-보지 못하였던

거룩한 성 새 예루살렘 안에 있는 성전을

-계4장-안에서 있는-처음과 나중의 일에서-거룩한 성을-요한과 천사와 성령이 척량하고

-계4장-안에서 있는-처음과 나중의 일 안에-<= 들어 있는-시작과 처음과 전에 일에서

-계4:1-또-거룩한 성 안에 있는 성전을 보이며- 또-요한에게 지팡이 같은 갈대를 주면서 요한에게 일어나서-성전을 척량하라 하는

-계11:1-13-성전 척량이 끝나는 시에-거룩한 성의 십 분 일이 무너질 때 -반면에 -

창1:5-4-2-음부의 음자의 집-요2:19-성전에-마27:51-휘장이 위에서부터 아래로 찍혀서 율법과 함께 폐하여져서 -지성소와 성전에 문이 열려서

-요2:19-성전 지성소에 있는 -계11:14-19-언약궤라 하는 율법의 법궤가 보이며

창1:5-4-2-어두움에 -계4:2-4-5-6-보좌가 있는 곳에서-계11:19-번갯불과 음성의 불과 우레 소리에 불이 흑암에 구름이라 하는 밤하늘이 갈라지며 어두움에

땅과 바다로 떨어지며 땅에서 큰 지진에 불이 나오는 것이다.

그리고 -

창1:5-4-1-천부와 천자의 집 -계11:1-13-성전 척량이 끝나는 시에 십 분의 일이 무너진 거룩한 성이 다시 회복되는 계시의 영상은 두 계산 방법으로 설명합니다.

[계11:1-13]*[계14:17-20]+[계11:13] =[계14:1-]

[계11:1-13]*[계14:17-20]=계산은 -셋째인 떼실 때-음자들이-데나리온의 은으로 계산하지 말라 하는

계6:5-6-감람유와 포도주를 계산하는 것이며

[계11:1-13]*[계14:17-20]=이 계산에서 나오는 수는-다섯째 인 떼실 때- - 쉬며 기다리시는 수가 나온 것을 계산하는 것이며

[계14:1-시온산에 서신 어린양이-한 때와 두 때에-셋째와 일곱째 인을-계4:2-5/계14:3-보좌 가운데 셋째 생물의 인을 떼셨습니다.

[계11:1-13-십 분의 일이 무너지고 남은 거룩한 성의 십 분의 구]*[계14:17-20-일천육백 스다디온의 퍼진 포도주]를 아라비아 수로 계산하면

[9/10]*[1,600]=(14,400+[십 분의 일이 무너지고 남은 거룩한 성의 십 분의 구는=129,600]=[계14:1-십사만사천으로 화복이 되는 것이며

창1:5-4-1-천이라 하는-계4:1-2-5-8-낮의 -계14:1-첫째 하늘에서 -계6:5-6/계14:17-20-수확을 하는 감람유와 포도주는-

-계4:1-2-5-일곱 영의 -계20:4-6- 보좌들 위에 앉히시면 -반면에-

창1:5-4-2-흑암이라는- 계4:2-4-5-8-밤의-계14:3-첫째 하늘에서-계6:5-6/계14:14-16-데나리온의 은으로-한 때와 두 때에- 추수하는 곡식은-

-계4:2-4-5-보좌로부터-뇌성의 불과-번갯불과-우레 소리 음성의 불이 ==>여섯째 인 떼실 때 대풍에 휘말려서 궁창으로 떠내려가

있는 -흑암에 구름을 가르며 나오는-신4:10-15/계20:1-15-궁창이라 하는 무저갱에 불못에 던져지는 것을 이렇게

창1:5-4-1-저녁이 되는-계4:1-2-5-8-낮의 하늘에서 이렇게 보고 보며 본 것이라 이렇게 계산으로 정리하여 이야기하는 것이다.

또

계21:9-10-15-17-천사의 척량으로 -기룩한 성을 -144규빗이라 하는 것이며

계21:9-10-15-17-사도 요한과 농부의 척량은 = [거룩한 성의-12기초석]*[12,000스다디온]=144,000스다디온이며

창5-4-1-과-계4:1-2-5-8-낮의 셋째 하늘에서 내려온 그 성은-성령께- 네모가 반듯하여 -장과-광과-고의 길이가 12,000스다디온으로 같더라.

-그림 참고

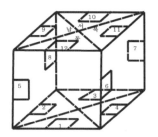
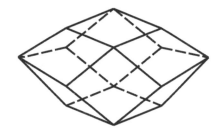

계1	계4	계8	계12	계16	계20
계2	계5	계9	계13	계17	계21
계3	계6	계10	계14	계18	계22
	계7	계11	계15	계19	

146

계1	계4	계8	계12	계16	계20
계2	계5	계9	계13	계17	계21
계3	계6	계10	계14	계18	계22
	계7	계11	계15	계19	

창1:5-4-1-천부의 천자의 집-宇를-계11:1-2-거룩한 성이라 하는 것이며

창1:5-4-1-천부와 천자의 집-계11:1-2-거룩한 성에 -<- - - - - - - - - - 마4:17-마10:1-7- 예수님과 열두 제자들이 전파하는 천국이 들어 있으며

-계11:1-2-거룩한 성의 열두 기초석을- - - 마11:1-7-천국을 전파하는 열두 제자 이름으로 그림과 같이 예수님이 단장하셨으며

-계11:1-2- 거룩한 성의 성전은- - - - - - - - - - 요1:1-18-29-빛이신 -요2:19-20 -예수님이 성전이 되시며 또

창1:5-4-1-천이라 하는 -- -계4:1-2-5-8- 낮의 셋째 - - - - - - 계21:2-10-22-하늘에서 하나님께로부터 내려온 거룩한 성 새 예루살렘의 성전은-

계21:2-10-22-주 하나님 전능하신 어린양이 그 성전이심이라 - - -하는 것이며

계21:2-10-15-17-거룩한 성을 금 갈대로 척량하고서-계21:23-보지 못하였던

거룩한 성 새 예루살렘 안에 있는 성전을

-계4장-안에서 있는-처음과 나중의 일에서-거룩한 성을-요한과 천사와 성령이 척량하고

-계4장-안에서 있는-처음과 나중의 일 안에<= 들어 있는-시작과 처음과 전에 일에서

창1:5-4-1-천부와 천자의 집-계4:1-또-거룩한 성 안에 있는 성전을 보이며- 또-요한에게 지팡이 같은 갈대를 주면서 요한에게 일어나서- 성전을 척량하라 하는

창1:5-4-1-천부와 천자의 집-계11:1-13-성전 척량이 끝나는 시에-거룩한 성의 십 분의 일이 무너질 때

-반면에-

창1:5-4-2-음부의 음자의 집-요2:19-성전에-마27:51-휘장이 위에서부터 아래로 찢어서 율법과 함께 폐하여져서 -지성소와 성전에 문이 열려서

-요2:19-성전 지성소에 있는 -계11:14-19-언약궤라 하는 율법의 법궤가 보이며

창1:5-4-2-어두움에 -계4:2-4-5-6-보좌가 있는 곳에서-계11:19-번갯불과 음성의 불과 우레 소리에 불이 흑암에 구름이라 하는 밤하늘이 갈라지며 어두움에

땅과 바다로 떨어지며 땅에서 큰 지진에 불이 나오는 것이다.

그리고-

창1:5-4-1-천부와 천자의 집 -계11:1-13-성전 척량이 끝나는 시에 십 분의 일이 무너진 거룩한 성이 다시 회복되는 계시의 영상은 두 계산 방법으로 설명합니다.

[계11:1-13]*[계14:17-20]+[계11:13]=[계14:1-]

[계11:1-13]*[계14:17-20]=계산은 -셋째인 떼실 때-음자들이-데나리온의 은으로 계산하지 말라 하는

계6:5-6-감람유와 포도주를 계산하는 것이며

[계11:1-13]*[계14:17-20]=이 계산에서 나오는 수는-다섯째 인 떼실 때--- 쉬며 기다리시는 수가 나온 것을 계산하는 것이며

[계14:1-시온산에 서신 어린양이-한 때와 두 때에-셋째와 일곱째 인을-계4:2-5/계14:3-보좌 가운데 셋째 생물의 인을 떼셨습니다.

창1:5-4-1-과-[계11:1-13-십 분의 일이 무너지고 남은 거룩한 성의 십 분의 구]*[계14:17-20-일천육백 스다디온의 퍼진 포도주]를 아라비아 수로 계산하면

창1:5-4-1-과-[9/10]*[1,600]=(14,400)+[십 분의 일이 무너지고 남은 거룩한 성의 십 분의 구는=129,600]=[계14:1-십사만사천으로 회복되는 것이며

[계11:1-2+마10:1-7]-(마26:69-27:13-5)=(계11:13) +(요21:15-13+행9:1-22)= [계4:1-계2:1-17] =계시의-영상이며

[계4:1-계2:1-17-흰 돌은- 계11:1-2-거룩한 성의-12-번-기초석에-마10:1-7/마27:3-5-가룻 유다에 이름이 있던 기초석을 대신하여-있으며

[계4:1-계2:1-17-흰 돌이라 하는 흰 기초석 위에-행9:1-22-다메섹에 사는 유대교 유대인들에게 -계4:1-8-낮의 하늘에 계시는 예수님을 그리스도라 증명하여

창1:5-4-2-아침이 되는-계4:2-8- 밤이라 칭하신-신4:10-15-여호와의 율법을 따르는-행9:1-22-유대교 유대인들을 굴복시킨 사울의 새 이름이 있는 것이다.

위에 그림으로 보는 계시의 영상에

창1:5-4-1-천부와 천자의 집-계11:1-13-거룩한 성의 십 분의 일이 무너질 때 - - - - -

계11:1-13-열두 번째 기초석에-마10:1-7-열두 번째 제자 -마27:3-5-가룻 유다의 이름이 있는-기초석이 무너져내리면서-아래 있는-첫째 제자-마27:69-75-

베드로의 이름이 있는 첫째 기초석의 일부가 파손될 때-5-6-번의 기초석이 흔들리면서 -12-5-6-1-번에 성문이 무너지며 무너지는 -네 성문에

있는 네 천사들도 함께 무너져 내리는 것을-계4장- 가운데서 보며-계12:1-4-용의 꼬리가 하늘의 별 삼 분의 일을 끌어다가 땅에 던지는 것이라 하더라.

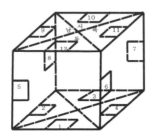

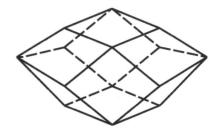

계1	계4	계8	계12	계16	계20
계2	계5	계9	계13	계17	계21
계3	계6	계10	계14	계18	계22
	계7	계11	계15	계19	

계1	계4	계8	계12	계16	계20
계2	계5	계9	계13	계17	계21
계3	계6	계10	계14	계18	계22
	계7	계11	계15	계19	

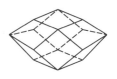

창1:5-4-1-과-계1:1-4-5-6-7-아멘 아멘 하는 성도의 기도 소리는 -계7:4-8/계9:4-계14:1-5-살아 계신 하나님의 인을 맞은 144,000 -천부인들이라 하는
빛의 자녀들 외에는 능하게 배워서 능하게 부르는 있는 사람이 없다고 하는 이유는

창1:5-4-2-과-단7:24-5-6-7-과-계14:8-11-짐승의 그의 우상과 그의 이름의 표를 받은 사람은
창1:5-4-1-밤이라 칭하신-창1:2-4/신4:10-15/고전15:56, 롬7:1-24-어두움의 율법이 사망으로 쏘는 죄가 주관하여 -계4:8-11-밤낮 쉼을 얻지 못하고
창1:5-4-2-어두움의 율법을 따라서 제사하는 -제단 불 위에서- 어린양이 다시 살아나면 -계5:9-12-14/ 계15:2-3-거문고 향연의 모세의 노래를 하는
-어두움의 율법을 따라서 제사하는 거문고 향연의 제사가 성립될 수 없기 때문에
창1:5-4-1-빛이신 -요1:1-18-29-어린양의-계1:1-4-5- 다시 살아나신 부활이 담겨 있는 성도들의 기도 소리를 능하게 배워서 능하게-부를 수 없는 것이다.

창1:5-4-1-천이라 하는-계4:1-2-5-8-낮의 하늘에 계시는
창1:5-4-1-천부와 천자-요1:1-18-29-과-계1:1-4-5-8-과-계15:1-2-3-주 하나님 전능하신 어린양의 노랫소리를 하는 사람들은
창1:5-4-2-음부와 음자-단7:2-25/계13:1-2/계14:8-11-/계15:2-3-짐승과 그의 우상과 그의 이름의 수를 이기고 벗어난
창1:5-4-1-天父와 天子의 -계12:1-6-17-그 여자의 남은 후손이라 하는 -계14:1-십사만사천에 天父人 천부인들은
창1:5-4-2-어두움에-창1:2-4/신4:10-15/요1:5-17/롬8:2/빌3:9-8-죄와 사망의 율법에서 난 의를 배설물의 똥과 같이 버려 버리고
창1:5-4-1-빛이신 -창1:1-4/창14:17-20/요1:1-17/롬8:2/빌3:1-9-예수님 안에 있는 생명의 성령의 법에서 난 의를 가지고
창1:5-4-2-어두움에-창1:2-4/신4:10-15/요1:5-17/고전15:56-율법이 사망으로 쏘는 --롬6:1-14- 죄가 주관하지 못하는
창1:5-4-1-빛이신 -창1:1-4/창14:17-20/요1:1-17/롬6:1-14- 예수님 은혜와 진리 안에서-히4:1-10- 안식을 누리며
창1:5-4-1-빛이신 -요1:1-29-과-계1:1-4-8-과-계15:2-3-주 하나님 전능하신 어린양의 노랫소리를 능하게 배워서 능하게 부르고 있는 것이다.

창1:5-4-1-天父와 天子의 天夫人 이라 하는 빛의 자녀들은
창1:5-4-1-저녁이 되는-계4:1-2-5-8-낮의 하늘에
창1:5-4-1-빛으로 영생하시는 -롬8:1-2/빌3:1-9-예수님 안에 있는 생명의 성령의 법에서 난 의를 깨달음과 믿음과 확신으로 받아서
창1:5-4-2-음부와 음자-어두움에-롬8:2-빌3:9-8-죄와 사망의 율법에서 난 의를 먹어서 버려 비리는 배설물의 똥과 같이 버려 버리고
창1:5-4-1-천이라 하는-계4:1-2-5-8-낮의 하늘에 -계4:1-열린 문으로 예수께서-부르시는- - -빌3:1-9-14-부름을 받아서 생명의 성령의 법을 따라서
창1:5-4-1-천부와 천자의 -창14:17-20-살렘 왕이며 -창31:13-벧엘의 하나님 대제사장 멜기세덱의 반차를 따라서
창1:5-4-1-천부와 천자의 -계4:1-2-5-8-낮의 하늘나라 -마10:1-7-벧전2:9-천국에 나라와 왕 같은 제사장 노릇을 하면서
창1:5-4-2-아침이 되는 -계4:2-4-5-6-8-밤이라 칭하신 보좌에 어두움의 율법이 사망으로 쏘는 죄를 -<= = 이기고 다스리시는 주 하나님 전능하신 어린양의
노랫소리를 능하게 배우고 능하게 부르며
창1:5-4-1-천이라 하는-계4:1-2-5-8-낮의 -첫째와 둘째와 셋째 하늘에 -계4:1-열린 천국 문으로 올라오는
창1:5-4-1-天父와 天子의 天夫人과-어린양의 新夫人이라 하는-빛의 자녀들과

반면에

창1:5-4-2-陰父와 陰自의 陰夫人과-神夫人이라 하는-어두움에 자녀들은
창1:5-4-2-흑암이라 하는 어두움에 밤하늘로 올라가
창1:5-4-1-천이라 하는-낮의 하늘과 -계12:1-5-7-전쟁을 하는 하늘에 전쟁에 휘말려서 -천부의 집의 -계4:1-열린 문에서 심판을 받아서
창1:5-4-2-흑암에-신4:10-15-구름 속에 여호와가 있는 화염에 불꽃이 충천한 불못에-<= = 던져지는 것을- 성령에 감동하여-
창1:5-4-1-저녁이 되는-계4:1-2-5-8-낮의 하늘에서-이렇게-보고 보며 본 것이라 이렇게 그 리얼 스토리에 이야기를 -이렇게- 하고 하며 하게 되는 것이다.

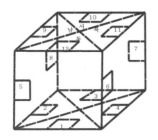 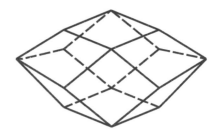

계1	계4	계8	계12	계16	계20
계2	계5	계9	계13	계17	계21
계3	계6	계10	계14	계18	계22
	계7	계11	계15	계19	

계1	계4	계8	계12	계16	계20
계2	계5	계9	계13	계17	계21
계3	계6	계10	계14	계18	계22
	계7	계11	계15	계19	

창1:5-4-1-과-계1:1-4-5-6-7-아멘 아멘 하는 성도의 기도 소리는 -계7:4-8/계9:4-계14:1-5-살아 계신 하나님의 인을 맞은 144,000 -천부인들이라 하는
빛의 자녀들 외에는 능하게 배워서 능하게 부르는 있는 사람이 없다고 하는 것이다.

창1:5-4-1-천이라 하는 --계4:1-2-5-8-낮의 하늘에서 보이는 큰 이적에 -계12:1-5-사내아이라 하는 사내대장부를- 우리 민족은 -
창1:5-4-1-천부의 천자 --계4:1-예수님을- 天下大長軍이라 하는 생명나무 장성을 만들어 섬겨 온 민족이며-사내아이를 낳은 여자라 하는 -계4:2-성령을 -
창1:5-4-1-천부와 천자의 -계4:2-성령님을 -地下女長軍이라 하는 생명나무 장성을 만들어 섬겨 온 민족이며
창1:5-4-1-천부와 천자의- 계4:5-일곱 영을-장독대에 칠성단을 만들어-주위 성찬을 -팥죽을 만들고 곡주를 만들이 먹고 마시며-
창1:5-4-1-천이라 하는 -- 계12:1-5-낮의 하늘로 -승천하신 예수님을 기념하는 -아리랑에 -노랫소리를 하면서
　　　　　　　　　　계12:1-5-승천하신 -천하대장군의 천국에 복음을 생명의 성령의 법이 하는 진리에 말씀을 = = =>-
창1:5-4-1-어두움의 율법을 따르는 제사장 장로들에게 -<===전하여 주면서 -초대 예루살렘 교회와 같이 -전하여 주면서-
　　　　어두움의 율법을 따라서 제사장들과 장로들에게 ==>- 죽임을 받아서 순교의 피를 흘리며 핍박을 받아서 부동산과 동산과 목숨을 빼앗기며-
　　　　　　　　　이 마을에서 저 마을로 이 나라에서 저 나라로 전하여 주면서 땅끝까지 전도 여행을 하면서
　　　- 천국에 복음을 -장부 타령과 각설이 타령의 노래들을 만들어 놀이마당을 펼쳐서 복음을 전하면서 -음식과 의복을 경비를 만들어서 복음을 전하며
　　마을 입구마다 -天下大長軍-과- 地下女長軍-에-생명나무를 세우고 성황당에 돌단을 쌓아서 기도하여

창1:5-4-1-낮의 첫째 하늘에 -계14:1-시온산에서 주 하나님 전능하신 어린양의 혼인 잔치에 아리랑에 노랫소리가 -창조로부터 세세토록 있어
　　　　-아리랑에-아-는-계14:1-시온산을 가리키며
　　　　-아리랑에-리-는-계14:1-시온산에 살아 계신 하나님의 인을 맞은-144,000 -에- 天父와 天子의 天夫人이라 하는 어린양의 新夫人들을 가리키며
　　　　-아리랑에-랑-은-계14:1-시온산에 서신 우리의 신랑이 되신 주 하나님 전능하신 어린양을 가리키는
　　　　　　　　　　　　　　　　　　　반면에
창1:5-4-2-밤의 첫째 하늘에 -계4:2-5-시온좌와- 계14:3-시온성이 있는 시온산을 -북망산이라 하며
창1:5-4-2-어두움에 죄와 사망의 율법을 -북망산을 가는 황천길이라 하는 것이며 -시온성이 있는 북망산이라 하는 시온산을 노스트라다무스의 그림책에서
　　　　시온산 위에 어두움에 죄와 사망의 율법의 법궤에 있는 싹 난 지팡이와 해골과 초승달이 그려져 있어 북망산을 잘 묘사하여 놓은 것을 볼 수가 있었다.
　　　　노스트라다무스의 그림 예언 책에는 계시록의 계시의 영상을 그림으로 그려 놓은 것이라 -계17장이 계시의 영상이 그림으로 있어
　　　계17:1-3-5-10-11-여덟 왕이라 하는 여덟 짐승 중에서 -넷째 열 뿔 짐승이 첫째며 다섯째 왕을 등에 태우고 때와 법을 변개하여 함께 왕 노릇 하다가
　　　　　　넷째 다섯째와 함께 망하고 -남은 세 짐승과 -남은 세 짐승의 우상과 -남은 세 짐승의 이름의 수가 -노스트라다무스의 그림책에
　　　　　　그림으로 있는 것을 볼 수 있습니다.
　　　　　　　　　　　　　　　또
창1:5-4-1-천이라 하는-계4:1-8- 낮의 하늘에 계시는 예수께서 열린 문으로 처음에-
　　　　　　-계4:1-계1:10-나팔 소리 같은 음성으로 말씀하시는
　　　　　　-계4:1-계1:10-16-예수님 얼굴빛이 궁창에 해가 힘있게 비추는 것과 같이
창1:5-4-1-저녁이 되는-계4:1-8-낮의 빛이 힘있게 비추는 예수님 얼굴과 빛이 몇 장에 그림으로 있는 것을 보는 노스트라다무스 그림책에서 볼 수 있습니다.
　　　　　　　　　　　　　　　또
창1:5-3-1-저녁이 되는-계4:1-2-5-8-낮의 셋째 하늘에서-여섯째 인 떼실 때-
창1:5-4-2-흑암에 구름이라 하는 밤하늘이 -대풍에 휘말려서 -두루마리-화장지에 그림과 같이
창1:5-4-1-천이라 하는-계4:1-2-5-8-낮의 -셋째와 둘째와 첫째 하늘에서 떠나가는 계시 영상이 그림으로-노스트라다무스의 그림책에서 볼 수 있습니다.

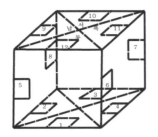
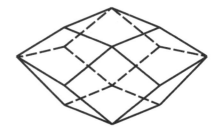

계1	계4	계8	계12	계16	계20
계2	계5	계9	계13	계17	계21
계3	계6	계10	계14	계18	계22
	계7	계11	계15	계19	

계1	계4	계8	계12	계16	계20
계2	계5	계9	계13	계17	계21
계3	계6	계10	계14	계18	계22
	계7	계11	계15	계19	

창1:5-4-2-어두움에 -계4:2-2-음부와 음자에 보좌에-계5:9-12-거문고 향연의 -계19:6- 할렐루야 무리의 -陰夫人들이라 하는 어두움에 자녀들이 있으며

창1:5-4-2-어두움에 -계4:2-4-음부와 음자에 보좌에-계5:9-12-거문고 향연의 -계19:4- 할렐루야 무리의 -陰夫人들이라 하는 어두움에 자녀들이 있으며

창1:5-4-2-어두움에 -계4:2-5-음부와 음자의 보좌에-계5:9-12-거문고 향연의 -계19:3- 할렐루야 무리의 -陰夫人들이라 하는 어두움에 자녀들이 있으며

창1:5-4-2-어두움에-계4:2-6-음부와 음자의 보좌에 -계5:9-12-가문고 향연의- 계19:1-할렐루야 무리의 -陰夫人들이라 하는-어두움에 자녀들이 있으며

반면에

창1:5-4-1-천이라 하는-계4:1-2-5-8-낮의 하늘에 셋째 하늘에 -계4:1-문이-계19:11- 열린 하늘로 -백마 탄 예수님 군대가 손에 철장을 들고 나아와===>

창1:5-4-2-흑암에 구름이라 하는 밤하늘을 -<= = = = = 타고서

창1:5-4-2-어두움에 -계4:2-3-보좌에 할렐루야 무리를 -<===손에 철장으로 개 패듯이 심판하여 타고 있는-신4:10-15- 불못에 산패로 던져 넣고서 또 내려가

창1:5-4-2-어두움에 -계4:2-4-보좌에 할렐루야 무리를 -<===손에 철장으로 개 패듯이 심판하여 타고 있는 -신4:10-15-불못에 산 채로 던져 넣고서 또 내려가

창1:5-4-2-어두움에 -계4:2-5-보좌에 할렐루야 무리를 -<==손에 철장으로 개 패듯이 심판하여 타고 있는-계20:1-15-불못에 산 채로 던져 넣는 것이며

신4:10-15/-계20:1-10-15-불못에 할렐루야 아줌마 아저씨들이

창1:5-4-1-과-계4:1-2-5-일곱 영의-계20:4-6-보좌들 위에 앉은 天夫人들에게 -<=== 간청을 하여 생명책에 있는 생명의 성령의 법이라 하는 천국에 복음을

창1:5-4-2-어두움에-계4:2-6-보좌와-계2:19-신전이 있는 예루살렘과 갈릴리에 있는 자기들의 후손들에게 전하여 주면서 물로 세례를 베풀 때 자기들의 이름으로-고전15:29-세례를 자기들의 후손에게 베풀어 주어서

-고전3:15-신4:10-15/계20:1-15-불 가운데서 얻는 구원을 거지 나사로가 살아 있을 때 음식을 구걸하듯이 간청하는 것을 -이렇게- 보고 보며 본 것이라-이렇게-그 이야기를 하는 것이다.

그리고 그의 후손들을 보면

엡2:15-16-예수님이 원수 된 -신4:10-15/출15:1-22-여호와의 계명과 율법을 육체로 폐하시고 십자가로 소멸해서서

여호와는 예수님 아버지 하나님이 아니고 예수님과 원수 된 마귀 사탄이라 이야기를 전해주면 이단이라 하며 미친 개소리라 하며 듣지 않는 것을 보며 예수님의 나사로 이야기 말씀이 현재 진행형으로 이렇게 있는 것을 이렇게 보고 보며 본 것이라 이렇게 그 이야기를 하는 것이다.

그리고

창1:5-4-1-낮이라 칭하신-창1:1-4/요1:1-17/벧전3:19-빛이신 예수께서 영으로 옥에 있는 영들에게 복음을 전파하셔서

창1:5-4-1-낮의 하늘에 -계4:1-예수께서 처음에-계1:10- 나팔 소리 같은 음성으로 말씀하시는

-계4:1-계1:10-15-예수님 발이 풀무 불에 단련한 빛난 주석과 같이 빛나는 것을 보는 것이다.

-계4:1-계1:10-14-예수님의 불꽃 같은 눈빛이 -->-거문고 향연에 할렐루야 무리를 향하여 있으며

-계4:1-계1:10-16-예수님 얼굴빛은 =>-창1:4-2-어두움에-계21:1-처음 하늘과 땅과 바다를 정복하고 점령하는-天夫人들과

-창1:4-2-어두움에-계20:11-13-하늘과 땅과 바다를 정복하고 점령하는-天夫人들과

-창1:4-2-어두움에-계1:1-7-하늘을 정복하는 天夫人들과

-계4:1-계1:10-16-예수님 얼굴빛은 == >-창1:4-2-어두움을-계2:7-11-17-26/계3:5-12-21-이기는 天夫人들을 비추며

창1:5-4-1-낮의 하늘에 -계4:1-계1:10-18-예수께서 사망과 음부의 열쇠를 가지시고

창1:5-4-2-陰父의-창1:2-4/신4:10-15/요1:5-17/엡2:15-16-원수 된-어두움에 계명과 율법을 육체로 폐하시고 십자가로 소멸하시고 죽은 자들 가운데서

-창1:2-4/신4:10-15/요1:5-17/고전15:56-어두움의 율법의 사망을 이겨서 폐하시고 = = = = = = =>-다시 살아나신 예수께서

창1:5-4-2-음부의 -창1:2-4/신4:10-15/요1:5-17/롬8:1-2-어두움에 죄와 사망의 율법에서 = = = = = = = = =>-우리 인류를 해방하시고

창1:5-4-2-음부의 -창1:2-4/신4:10-15/요1:5-17/갈3:13-어두움에 율법이 저주에서= = = = = = = = = ==>-우리 인류를 속량하시고

창1:5-4-2-음부의-창2:2-4/벧전2:9-어두움에= = = = = = = = = = = = =>-우리 인류를 불러내셔서

창1:5-4-1-天父와 天子의-마10:1-7/벧전2:9-천국의 거룩한 나라와 왕 같은 제사장으로 삼으심을 이렇게 보고 본 것이라 이렇게 그 이야기를 하는 것이다.

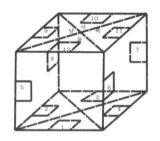 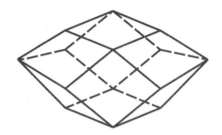

계1	계4	계8	계12	계16	계20
계2	계5	계9	계13	계17	계21
계3	계6	계10	계14	계18	계22
	계7	계11	계15	계19	

계1	계4	계8	계12	계16	계20
계2	계5	계9	계13	계17	계21
계3	계6	계10	계14	계18	계22
	계7	계11	계15	계19	

창1:5-4-2-어두움에 -계4:2-2-음부와 음자에 보좌에-계5:9-12-거문고 향연의 -계19:6- 할렐루야 무리의 -陰夫人들이라 하는 어두움에 자녀들이 있으며

창1:5-4-2-어두움에 -계4:2-4-음부와 음자에 보좌에-계5:9-12-거문고 향연의 -계19:4- 할렐루야 무리의 -陰夫人들이라 하는 어두움에 자녀들이 있으며

창1:5-4-2-어두움에 -계4:2-5-음부와 음자의 보좌에-계5:9-12-거문고 향연의 -계19:3- 할렐루야 무리의 -陰夫人들이라 하는 어두움에 자녀들이 있으며

창1:5-4-2-어두움에-계4:2-6-음부와 음자의 보좌에 -계5:9-12-가문고 향연의- 계19:1-할렐루야 무리의 -陰夫人들이라 하는-어두움에 자녀들이 있으며

반면에

창1:5-4-1-천이라 하는-계4:1-2-5-8-낮의 하늘에 셋째 하늘에 -계4:1-문이-계19:11- 열린 하늘로 -백마 탄 예수님 군대가 손에 철장을 들고 나아와===>

창1:5-4-2-흑암에 구름이라 하는 밤하늘을 -<= = = = = 타고서

창1:5-4-2-어두움에 -계4:2-3-보좌에 할렐루야 무리를-<===손에 철장으로 개 패듯이 심판하여 타고 있는-신4:10-15- 불못에 산패로 던져 넣고서 또 내려가

창1:5-4-2-어두움에 -계4:2-4-보좌에 할렐루야 무리를-<===손에 철장으로 개 패듯이 심판하여 타고 있는 -신4:10-15-불못에 산 채로 던져 넣고서 또 내려가

창1:5-4-2-어두움에 -계4:2-5-보좌에 할렐루야 무리를-<===손에 철장으로 개 패듯이 심판하여 타고 있는-계20:1-15-불못에 산 채로 던져 넣는 것이며

신4:10-15/-계20:1-10-15-불못에 할렐루야 아줌마 아저씨들이

창1:5-4-1-과-계4:1-2-5-일곱 영이-계20:4-6-보좌들 위에 앉은 天夫人들에게 -<=== 간청을 하여 생명책에 있는 생명의 성령의 법이라 하는 천국에 복음을

창1:5-4-2-어두움에-계4:2-6-보좌와-계2:19-신전이 있는 예루살렘과 갈릴리에 있는 자기들의 후손들에게 전하여 주면서 물로 세례를 베풀 때 자기들의 이름으로

-고전15:29-세례를 자기들의 후손에게 베풀어 주어서

-고전3:15-신4:10-15/계20:1-15-불 가운데서 얻는 구원을 거지 나사로가 살아 있을 때 음식을 구걸하듯이 간청하는 것을 -이렇게- 보고 보며 본 것이라-이렇게-그 이야기를 하는 것이다. -

그리고 그의 할렐루야 후손들을 볼 때-간간이-짬짬이-

엡2:15-16-예수님이 원수 된 -신4:10-15/출15:1-22-여호와의 계명과 율법을 육체로 폐하시고 십자가로 소멸하셔서

여호와는 예수님 아버지 하나님이 아니고 예수님과 원수 된 마귀 사탄이라 이야기를 전해주면 이단이라 하며 미친 개소리라 하며 듣지 않는 것을 보며 예수님의 나사로 이야기 말씀이 현재 진행형으로 이렇게 있는 것을 이렇게 보고 보며 본 것이라 이렇게 그 이야기를 하는 것이다.

그리고

창1:5-4-1-낮이라 칭하신-창1:1-4/요1:1-17/벧전3:19-빛이신 예수께서 영으로 옥에 있는 영들에게 복음을 전파하셔서

창1:5-4-1-낮의 하늘에 -계4:1-예수께서 처음에-계1:10- 나팔 소리 같은 음성으로 말씀하시는

-계4:1-계1:10-15-예수님 발이 풀무 불에 단련한 빛난 주석과 같이 빛나는 것을 보는 것이다.

-계4:1-계1:10-14-예수님의 불꽃 같은 눈빛이 -->-거문고 향연에 할렐루야 무리를 향하여 있으며

-계4:1-계1:10-16-예수님 얼굴빛은 ==>-창1:4-2-어두움에-계21:1-처음 하늘과 땅과 바다를 정복하고 점령하는-天夫人들과

-창1:4-2-어두움에-계20:11-13-하늘과 땅과 바다를 정복하고 점령하는-天夫人들과

-창1:4-2-어두움에-계1:1-7-하늘을 정복하는 天夫人들과

-계4:1-계1:10-16-예수님 얼굴빛은 == >-창1:4-2-어두움을-계2:7-11-17-26/계3:5-12-21-이기는 天夫人들을 비추며

창1:5-4-1-낮의 하늘에 -계4:1-계1:10-18-예수께서 사망과 음부의 열쇠를 가지시고

창1:5-4-2-陰父의-창1:2-4/신4:10-15/요1:5-17/엡2:15-16-원수 된-어두움에 계명과 율법을 육체로 폐하시고 십자가로 소멸하시고 죽은 자들 가운데서

-창1:2-4/신4:10-15/요1:5-17/고전15:56-어두움의 율법의 사망을 이겨서 폐하시고 = = = = = = = = = = =>-다시 살아나신 예수께서

창1:5-4-2-음부의 -창1:2-4/신4:10-15/요1:5-17/롬8:1-2-어두움에 죄와 사망의 율법에서 = = = = = = = = =>-우리 인류를 해방하시고

창1:5-4-2-음부의 -창1:2-4/신4:10-15/요1:5-17/갈3:13-어두움에 율법이 저주에서= = = = = = = = = = ==>-우리 인류를 속량하시고

창1:5-4-2-음부의-창2:2-4/벧전2:9-어두움에= = = = = = = = = = = = =>-우리 인류를 불러내셔서

창1:5-4-1-天父와 天子의-마10:1-7/벧전2:9-천국의 거룩한 나라와 왕 같은 제사장으로 삼으심을 이렇게 보고 본 것이라 이렇게 그 이야기를 하는 것이다.

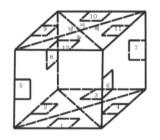
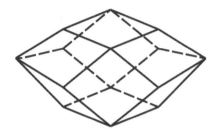

계1	계4	계8	계12	계16	계20
계2	계5	계9	계13	계17	계21
계3	계6	계10	계14	계18	계22
	계7	계11	계15	계19	

계1	계4	계8	계12	계16	계20
계2	계5	계9	계13	계17	계21
계3	계6	계10	계14	계18	계22
구약성경	계7	계11	계15	계19	신약성경

창1:5-4-1-천이라 하는-계4:1-8-낮의 하늘나라-마4:17-마10:1-7-천국이 들이 있는-계21:1-2-10-27-거룩한 성 새 예루살렘을 가리켜서-
- 불교 성경에서 - 옴 마 니 벧 메 홈 -이라 하며 -옴 마 니 벧 메 홈 -에-

-옴-은-창1:5-4-1-천지를 창조하신-요1:1-17-빛과 생명과 말씀으로 영생하시는 -光 明 眞 글-진리이신 천부의 독생자 예수님을 --옴-이라 하며
-마-는-창1:5-4-1-천이라 하는-계4:1-8- 낮의 하늘나라 천국이 들어 있는-계21:2-20-거룩한 성에 -열두 보석의 기초석을 - - - 마 라 하며
-니-는-창1:5-4-1-천이라 하는-계4:1-8- 낮의 하늘나라 천국이 들어 있는-계21:2-21-거룩한 성에- 열린 열두 진주 문을 - - - 니 라 하며
-벧-은-창1:5-4-1-천이라 하는-계4:1-8- 낮의 하늘나라 천국이 들어 있는-계21:2-22-거룩한 성 안에 있는 성전을-벧엘에 - - - 벧 이라 하며
-창31:13-벧엘에-벧-을 가리키며-환단고기에서-부도지라 하고-거룩한 성 새 예루살렘을-마고성이라 하며
마고성 안에 있는 성전이 있는-창1:1-지면을-부도지라 하는 것이며
-창1:5-4-1-천부와 천자이신 독생자 예수님이 계시는 천부의 집 宇를-계21:2-10-거룩한 성 새 예루살렘이라 하고
-메-는-창1:5-4-1-천이라 하는-낮의 하늘나라 천국이 들어 있는-계21:2-10-거룩한 성 새 예루살렘이 내려온 -계14:1-시온산을 - - 메-라 하며
-홈-은-창1:5-4-1-과계4:1-8-낮의 하늘나라 천국에 시민이 있는 -천국 시티홀이라 하는 천국의 시청을 가리켜서 -옴마니벧메홈- 이라 하는 것을
-창1:5-4-1-과계4:1-2-5-8- 낮의 하늘에 계신 예수님의 성령에 감동하여 이렇게 보고 보며 본 것이라 이렇게 그 이야기를 하며 하는 것이며
또

창1:5-4-2-아침이 되는-계4:2-8-밤이라 칭하신-창1:4-나누어진 어두움에 -날을-> 一始無始一 析三極 無進本 一終無終一이라 이야기하는 것이며
창1:5-4-1-저녁이 되는-계4:1-8-낮이라 칭하신-창1:1-4/요1:1-17/엡2:15-16-빛으로 영생하신 예수님께서 원수 된
창1:5-4-2-아침이 되는-계4:2-8-밤이라 칭하신-창1:2-4/요1:5-17/엡2:15-16-어두움에 계명과 율법을 육체로 폐하시고 십자가로 소멸하신
창1:5-4-2-아침이 되는-계4:2-8-밤이라 칭하신-창1:2-4/요1:5-17/롬8:2-어두움에 죄와 사망의 율법을-< 道可道 非常道 名可名 非常名이라 하며
空不異色 色不異空이라 하는 것이며
창1:5-4-2-아침이 되는-계4:2-8-밤이라 칭하신-계4:2-7-네 생물에 각기 여섯 날개에-육 바람 일을 -- 어두움에 죄와 사망의 율법이라 하는 것이며
창1:5-4-2-아침이 되는-계4:2-8-밤이라 칭하신 어두움에 죄와 사망의 율법에서 난 의를 가지고 있는 자들을-불경에서-아사리들이라 하며-성경에서는
창1:5-4-2-아침이 되는-계4:2-8-밤이라 칭하신 어두움에-롬8:2-빌3:2-9-죄와 사망의 율법에서 난 의를 가지고 있는 자들을-계22:15-개들과 술객들과
행음자들과 살인자들과 우상 숭배자들과 거짓말을 지어서 만들어 하는 거짓말쟁이라 하는 것이다. 아사리들을
또

창1:5-4-2-아침이 되는-계4:2-8-밤이라 칭하신-창1:2-4/요1:5-17/롬8:1-2-어두움에 죄와 사망의 율법에서 = = = = =>-우리 인류를 해방하신
창1:5-4-1-저녁이 되는-계4:1-5-낮이라 칭하신-창1:1-4/요1:1-17/롬8:2-빛으로 영생하시는 예수 안에 있는 생명의 성령의 법을-苦 輯滅道라 하며
道可道 有常道 名可名 有常名이라 하며 色卽是空 空卽是空이라 하고
창1:5-4-1-낮의 하늘에 계시는 -요1:1-17/롬8:2/빌3:1-9-예수님 안에 있는 생명의 성령의 법에서 난 의를 - 깨달음과 믿음과 확신으로 받은 사람들을
창1:5-4-1-삼천지인들이라 하고-天父와 天子에 天夫人들을 - 아뇩 다라 삼막 삼보리들이라 하고-물과 성령으로 거듭난 사람들이라 하고 하며 하는
-반면에-
창1:5-4-2-아침이 되는-계4:2-8-밤이라 칭하신-창1:2-4/계4:2-7/롬8:2/빌3:2-9-어두움에 죄와 사망의 율법을 가지고 가르치는 자들을
창1:5-4-2-이천지인들이라 하며-아사리들이라 하며 -빌3:9-2-계22:15-개들과 술객들과 행음자들과 살인자들과 우상 숭배자들과 거짓말쟁이라 하며
아사리들이라 이야기를 하는 것이며
창1:5-4-2-아침이 되는-계4:2-8-밤이라 칭하신-창1:2-4/계4:2-7/고전15:56- 어두움의 율법이 사망으로 쏘는 -롬6:1-14-죄가 주관하지 못하는
창1:5-4-1-저녁이 되는-계4:1-8-낮이라 칭하신-창1:1-4/요1:1-17/롬6:1-14/계22:21-주 예수의 은혜가 모든 사람들에게 있을지어다. 아멘.
하는 것은
창1:5-4-1-저녁이 되는-계4:1-8-낮이라 칭하신-엡:15-16-예수님의 죽으심과 합하여 -롬6:1-14-물로 세례를 받아서
창1:5-4-2-아침이 되는-계4:2-8-밤이라 칭하신-창1:2-4/요1:5-17/고전15:56-어두움의 율법이 사망으로 쏘는 -롬6:1-14-죄가 주관하지 못하는
창1:5-4-1-저녁이 되는-계4:1-8-낮이라 칭하신-창1:1-4/요1:1-17/롬6:1-14-예수님의 은혜와 진리에-히4:1-10-참된 안식에 주의 몸 된 성찬
예식에 참예하여 들어오라 부르고 계시는 예수님이시다.

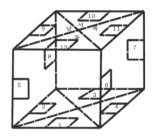
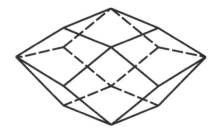

계1	계4	계8	계12	계16	계20
계2	계5	계9	계13	계17	계21
계3	계6	계10	계14	계18	계22
	계7	계11	계15	계19	

계1	계4	계8	계12	계16	계20
계2	계5	계9	계13	계17	계21
계3	계6	계10	계14	계18	계22
구약성경	계7	계11	계15	계19	신약성경

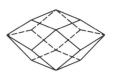

창1:5-4-1-天父의 天子-계22:1-어린양의 보좌가 있는

창1:5-4-1-지면에 있는-계22:1-7-낙원에 -계22:1-생명나무가

창1:5-4-2-아침이 되는-계4:2-8-밤이라 칭하신-창1:2-4/요1:1-17/고전15:56-어두움의 율법이 사망으로 쏘는 죄가 주관하는-

창1:5-4-2- 밤에 달마다

창1:5-4-1-지면에 있는-낙원의 -계22:1-2-생명나무 열두 가지 과실을 맺어서

창1:5-4-1-저녁이 되는-계4:1-2-5-8-낮의 하늘에 -예수님과 -성령과 일곱 영이 = = =>- 교회들에게 하시는 말씀을 듣고서

창1:5-4-2-밤이라 칭한-창1:2-4/신4:10-15/고전15:56-어두움의 율법이 사망으로 쏘는 죄를 <= = = = 계2-7-이기는 그에게 주려고

창1:5-4-1-지면에 있는 낙원의 생명나무 열매- 창조기부터 세세토록 있으며 ---

창1:5-4-1-지면에 있는-낙원의 생명나무 잎사귀들은

창1:5-4-2-아침이 되는-계4:2-8-밤이라 칭하신-고전15:56-어두움에 율법이 사망으로 쏘는 죄에-쏘이고 맞아 죽어 잠자는 영혼들을 깨우기 위하여

창1:5-4-1-지면에 있는-계22:1-2-생명나무 잎사귀가-깨어 일어날 -蘇소라 하는 깨달음에 음과 또

-생명나무 잎사귀들이-술 깰 성이라 하는 깨달음의 흡으로

-계22:2-15-개들과 술객들과 행음자들과 살인자들과 우상 숭배자들과 거짓말하는 자들이 취하여 있는

창1:5-4-2-아침이 되는- 밤이라 칭하신-창1:2-4/고전15:56-죄와 사망의 율법에 술법에서-<==깨우치기 위하여 술 깰 醒이라 하는 믿음의 흡으로

창1:5-4-1-지면에 있는 계22:1-2-생명나무 잎사귀가 -창조로부터 세세토록 있으며

계22:1-2-생명나무 잎사귀가

창1:5-4-2-어두움에 -- 계22:1-2-만국을 소성하는 소성의 -깨달음과 믿음의 -흡을-

창1:5-4-1-저녁이 되는-계4:1-8-낮이라 칭하신-요1:1-18/엡2:15-16-빛이신 천자 예수께서 원수 된

창1:5-4-2-아침이 되는-계4:2-8-밤이라 칭하신-요1:5-17/엡2:15-16-어두움의 율법을 육체로 폐하고 십자가로 소멸하신 --- 십자가의 복음과

창1:5-4-2-아침이 되는-계4:2-8-밤이라 칭하신-요1:5-17/고전15:56-어두움의 율법의 사망을 이겨서 폐하시고 다시 살아나신 --- 부활의 복음을

창1:5-4-1-지면에 있는-생명나무 잎사귀가

창1:5-4-1-어두움에 -- 만국을 소성하는 -蘇醒-에 음으로 보고 듣고 볼 때-

창1:5-4-1-지면에 있는-생명나무 열매는-계4:1-2-5-8-낮의 하늘에 빛으로 계시는 예수님 안에 있는 생명의 성령의 법에서 난 의를 깨달음과 믿음과 확신으로 얻어서

창1:5-4-1-저녁이 되는-계4:1-2-5-8- 낮의 하늘에

창1:5-4-1-빛으로 영생하신 예수님 안에 생명의 성령의 법을 따라서

창1:5-4-2-아침이 되는-계4:2-8- 밤이라 칭하신-고전15:56-어두움의 율법이 사망으로 쏘는-롬6:1-14-죄가 주관하지 못하는

창1:5-4-1-저녁이 되는-계4:1-8- 낮이라 칭하신-요1:1-17/롬6:1-14/계21:1-12-주 예수의 은혜와 진리 안에서 -히4:1-10- 안식을 누리는 반면에

창1:5-4-2-땅에 있는-- 창2:4-9-에덴동산에 있는 선악과 열매를-

창1:5-4-2-아침이 되는-계4:2-8-밤이라 칭하신-창1:2-4/신4:10-15/롬8:2/빌3:9-어두움에 죄와 사망의 율법에서 난 의를-선악과 열매로 이렇게 보고 보며 볼 때-

창1:5-4-2-밤이라 칭하신-창1:2-4/신4:10-15/요1:5-17/갈5:4-여호와의 율법 안에서 의롭다 함을 얻으려 하는 너희는

창1:5-4-2-낮이라 칭하신-창1:1-4/창14:17-20/요1:1-17/갈5:4-예수 그리스도에게서 끊어지고

창1:5-4-2-밤이라 칭하신-창1:2-4/신4:10-15/고전15:56-여호와 율법이 사망으로 쏘는 죄가 -롬6:1-14-주관하지 못하는

창1:5-4-1-낮이라 칭하신-창1:1-4/창14:17-20/요1:1-17/롬6:1-14/갈5:4-예수님 은혜에서 떨어져

창1:5-4-2-밤이라 칭하신-창1:2-4/신4:10-15/요1:5-17/고전15:56/롬7:1-24-여호와의 율법이 사망으로 쏘는 죄가 주관하여-계14:8-11-밤낮 쉼을 얻지 못하는 것을

창1:5-4-1-저녁이 되는 -계4:1-2-5-8-낮의 하늘에서-성령에 감동하여 이렇게 보고 보며 본 것이라 이렇게 그 리얼 스토리에 이야기를 하는 것이니라.

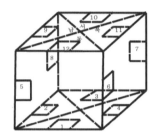

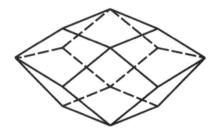

계1	계4	계8	계12	계16	계20
계2	계5	계9	계13	계17	계21
계3	계6	계10	계14	계18	계22
	계7	계11	계15	계19	

계1	계4	계8	계12	계16	계20
계2	계5	계9	계13	계17	계21
계3	계6	계10	계14	계18	계22
구약성경	계7	계11	계15	계19	신약성경

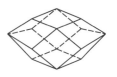

창1:5-4-1-天父와 天子-계22:1-어린양의 보좌에 天夫人들이라 하는 어린양의 新夫人들이= ===>-창1:4-어두움에 땅과 바다를 정복하고 점령하며

창1:5-4-1-天父와 天子-계4:5-일곱 영의-계20:4-6-보좌에 天夫人들이라는-어린양의 新夫들이===>-창4:4-어두움에 하늘을 정복하고 점령하고

창1:5-4-1-天父와 天子-계4:2-성령의-계20:11-보좌에 天夫人들 이라는-어린양의 新夫人들이 ==>-어두움에 하늘과 땅과 바다를 정복하고 점령하며

창1:5-4-1-天父와 天子-계4:1-예수님-계3:21-보좌에 天夫人들이라는-어린양의 新夫들이-계21:1-어두움에 하늘과 땅과 바다를 정복과 점령하여
-창1:4-빛이 있는-계21:1-새 하늘과 새 땅과 새 바다가 되어 있어서

창1:5-4-1-천이라 하는-계4:1-2-5-8-낮의 셋째 하늘나라에서-창1:4-어두움에 날이- 始無始一 一終無一로-한 때와 두 때에 없어지고

창1:5-4-1-천이라 하는 -계4:1-2-5-8-낮의 셋째 하늘나라에서 -계21:2-하나님께로부터 天父와 天子 집이라 하는 거룩한 성 새 예루살렘이 내려와

창1:5-4-2-어두움 있는 -계20:11-15-둘째 하늘나라에서

창1:5-4-1-천이라 하는 -계4:1-2-5-8-낮의-셋째 하늘나라에서 -계21:2-8-재림 심판을 -계20:11-15- 에서 마치시고 하시고

-또-

창1:5-4-1-천이라 하는-계4:1-2-5-8-낮의 셋째 하늘에서-계21:2-9-10-天父의 天子의 거룩한 성 새 예루살렘이 크고 높은 산으로 내려오는 것을
계4:1-2-5-일곱 영이라는-계21:9-일곱 천사 중에서 하나가 요한에게 보이며-계4:2-21:10-성령으로 데리고 크고 높은
계14:1- 시온산에 내려온 거룩한 성 새 예루살렘을-<=== 요한에게 일곱 영 중에서 하나와 성령이 보이니-
계21:2-9-10-11- 그 거룩한 성에-天父-하나님의 영광과 -天子이신 예수님의 낮의 빛이 있는 것을 보여 주는 것으로

이는

창1:5-4-1-저녁이 되는-계1:4-2-5-8-낮의 셋째 하늘나라에서 -한 때와 두 때에-창1:4-빛의 자녀들이==>-

창1:5-4-2-아침이 되는-창1:4-어두움에 <-계21:1-처음 하늘과 처음 땅과 바다를-<= = 정복하고 점령하여-창1:4-빛의 자녀들이 있어서

창1:5-4-1-저녁이 되는-창1:4-빛이 있는 -계21:1- 새 하늘과 새 땅과 새 바다가 되어서

창1:5-4-2-아침이 되는-창1:4-어두움에--계21:1-처음 하늘과 처음 땅과 바다가 다시 있지 않더라 하는 일이 셋째 하늘나라에서 이루어진 것을
이렇게 사도 요한과 농부가 성령에 감동하여 공간과 시간 여행을 하며 본 것이-이렇게-동일하며

또

창1:5-4-1-저녁이 되는-계4:1-2-5-8-낮의 셋째 하늘나라에서-한 때와 두 때에-계21:2-재림하셔서

창1:5-4-2-아침이 되는-창1:4-과-계20:11-15-어두움에-<==한 때와 두 때에-계21:2-8-재림 심판을 - 둘째 하늘나라에서 마치시고 -또-

창1:5-4-1-저녁이 되는-계4:1-2-5-8-낮의 -첫째 하늘에 있는-계14:1-시온산에-계20:2-10-한 때와 두 때에-재림하신 어린양이

창1:5-4-2-아침이 되는-계4:2-4-5-6-7-8-밤이 칭하신 --계14:3-보좌 가운데- 셋째 생물에-셋째와 일곱째 인 떼심에-<=== 심판을 하셔서

창1:5-4-2-어두움에 --계4:6-7-보좌 주위에-셋째로 있으며 --계14:3-보좌 앞 제단 향로 불을 -어린양의 셋째와 일곱째 눈이 대접에 담아서

창1:5-4-2-어두움에 --계4:6-7-보좌에 -<= 쏟아 버리며 --계14:3-보좌 앞 제단 향로로-거문고 향연의 할렐루야 무리를-
계4:2-5-계20:1-15-무저갱에 던지는 -계9:1-14-15-일 시 에- 10년 + 41.6년을 먼저 정리한 것이며
-계14:1-14:17-또 다른 낮의 하늘에서 천사가 수확하는-계6:5-6- 포도주는

창1:5-4-1-과-계4:1-2-5-일곱 영의-계20:4-보좌들 위에 앉으시는- 반면에- 계14:3-계14:14-16-과-계6:5-6-추수하는 곡식들은

창1:5-4-2-과-계4:2-4-5-보좌로부터 뇌성의 불과 번갯불과 우레소리 음성의 불이 나오는 -여섯째 인 떼실 때 ==>-궁창에 떠나려 있는

창1:5-4-2-깊음에 있는 -창1:6-8-궁창이라는-무저갱에-신4:10-15-계20:1-15-여호와가 있는 화염에 불꽃이 충천한 불못에 -<= 던지는 것을-
성령에 감동하여

창1:5-4-1-저녁이 되는-계4:1-2-5-8-낮의 -첫째와 둘째와 셋째 하늘로 올라가서 보고 다시 내려오며 셋째 둘째와 첫째 하늘에서-이렇게 본 것이라
이렇게 그 리얼 스토리에 이야기를-창1:1-과-2-안에서 하고 하며 하여서 사도 요한과 농부가 본 것이 이렇게 동일하다는 것을
이렇게 증거하여 증명하는 것이니 이렇게 보고 이렇게 들으며 올바른 선택을 하는 분들은 天父와 天子의 天夫人이라 하는 어린양의 新夫가 되어서

창1:5-4-1-과-계4:1-2-5-8-낮이라 칭하신 -빛으로 영생하시는 주 하나님 전능하신 어린양을 신랑으로 얻은 新夫부로 영생을 함께 얻는 것입니다.

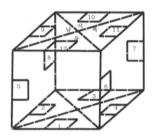
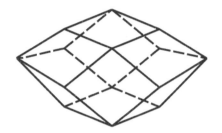

계1	계4	계8	계12	계16	계20
계2	계5	계9	계13	계17	계21
계3	계6	계10	계14	계18	계22
	계7	계11	계15	계19	

계1	계4	계8	계12	계16	계20
계2	계5	계9	계13	계17	계21
계3	계6	계10	계14	계18	계22
구약성경	계7	계11	계15	계19	신약성경

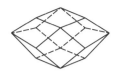

창1:5-4-1-天父와 天子-계22:1-어린양의 보좌에 天夫人들이라 하는 어린양의 新夫人들이= ===>-창1:4-어두움에 땅과 바다를 정복하고 점령하며

창1:5-4-1-天父와 天子-계4:5-일곱 영의-계20:4-6-보좌에 天夫人들이라는-어린양의 新夫들이===>-창4:4-어두움에 하늘을 정복하고 점령하고

창1:5-4-1-天父와 天子-계4:2-성령의-계20:11-보좌에 天夫人들 이라는-어린양의 新夫들이 ==>-어두움에 하늘과 땅과 바다를 정복하고 점령하며

창1:5-4-1-天父와 天子-계4:1-예수님-계3:21-보좌에 天夫人들이라는-어린양의 新夫들이-계21:1-어두움에 하늘과 땅과 바다를 정복과 점령하여
-창1:4- 빛이 있는-계21:1-새 하늘과 새 땅과 새 바다 되어 있어서

창1:5-4-1-천이라 하는 -계4:1-2-5-8-낮의 셋째 하늘나라에서-창1:4-어두움에 날이 -始無始- -終無-로-한 때와 두 때에 없어지고

창1:5-4-1-천이라 하는 -계4:1-2-5-8-낮의 셋째 하늘나라에서 -계21:2-하나님께로부터 天父와 天子 집이라 하는 거룩한 성 새 예루살렘이 내려와

창1:5-4-2-어두움 있는 -계20:11-15-둘째 하늘나라에서

창1:5-4-1-천이라 하는 -계4:1-2-5-8-낮의-셋째 하늘나라에서 -계21:2-8-재림 심판을 -계20:11-15- 에서 마치시고 하시고
-또-

창1:5-4-1-천이라 하는-계4:1-2-5-8-낮의 셋째 하늘에서-계21:2-9-10- 天父의 天子의 거룩한 성 새 예루살렘이 크고 높은 산으로 내려오는 것을
-계4:1-2-5-일곱 영이라는-계21:9-일곱 천사 중에서 하나가 요한에게 보이며-계4:2-계21:10-성령으로 데리고 크고 높은
-계14:1-시온산에 내려온 거룩한 성 새 예루살렘을-<=== 요한에게 일곱 영 중에서 하나와 성령이 보이니-
-계21:2-9-10-11-그 거룩한 성 새 예루살렘을-天父의 영광과 -天子이신 예수님의 낮의 빛이 있는 것을 보여 주는 것으로
-계21:2-9-10-12-그 성의 열두 문에 열두 천사가 있고 열두 문 위에 이스라엘 자손 열두 지파 이름으로 예수께서 단장하신 때는-
-창1:5-4-1-창세기 -한 때에 넷째 짐승과 우상과 이름의 때이며
-계21:2-9-10-13-그 성의-동쪽과-북쪽과-남쪽과-서쪽에-세 문이-위에- 그림과 같이 있으며
-계21:2-9-10-14-그 성의-열두 기초석에-어린양의 십이 사도의 이름으로 예수께서 단장하신 때는 -
-창1:5-4-1-말세기 한 때에 넷째 짐승과 그의 우상과 그의 이름의 때이며
-계21:2-9-10-20-그 성의 열두 기초석을 열두 보석의 이름으로-계4:1-예수께서 단장하신 때는
-창1:5-4-1-창조기 때이며
-계21:2-9-10-21-그 성의 열두 문을 열두 진주 이름으로 -계4:1-예수께서 단장하신 때는

창1:5-4-1-태초기-때이며 -또- 창조기-때에-

창1:5-4-1-저녁이 되는-여섯째-계4:1-8-낮에-창1:27-29-창조하신 빛의 자녀들에게 복을 주시며 이르신 말씀대로 빛의 자녀들이 생육하고 번성하여

창1:5-4-2-아침이 되는-계4:2-4-5-6-8-밤이라 칭하신-보좌에 있는 어두움을 -<= = = 이기고 승리하여

창1:5-4-1-저녁이 되는-계4:1-2-5-8-낮의 -첫째와 둘째와 셋째 하늘에-계4:1-열린 천국 문으로 올라온 -빛의 자녀들의 열두 보석의 이름으로

창1:5-4-1-창조기에 --계4:1-예수께서 단장하셨습니다. 그리고-우리 민족은 자녀들을- 첫째 녀석-둘째 녀석- 셋째 녀석 -넷째 녀석이라 칭하는-

창1:5-4-1-天父와 天子에-가족의 문화를 가지고 있습니다.　　　　　　또

창1:5-4-2-아침이 되는-계4:2-4-5-6-8-밤이라 칭하신 -보좌에 어두움을 -<= = = 이기고 승리하여

창1:5-4-1-저녁이 되는-계4:1-2-5-8-낮의 -첫째 둘째 셋째 하늘에-계4:1-열린 천국 문으로 올라온 십이 환국에 십이 단군의 열두 진주 이름으로

창1:5-4-1-천부와 천자의 집 宇 라 하는-거룩한 성의 열두 문을 열두 진주 이름으로 -계4:1-예수께서 -태초기-때-에-단장하셨습니다.

　　　　　　또

창1:5-4-1-과-계4:1-2-5-8-낮에 셋째 하늘에 예수께서 -계4:1-계1:10-나팔 소리 같은 음성으로 부르시며 이르시되

창1:5-4-2-과-계4:2-4-5-6-8-밤이라 칭하신 보좌에- 어두움을 -<= = = 계2:1-7-11-17-28/계3:5-12-21- 이기는 그에게

창1:5-4-1-과-계4:1-계3:21- 내 보좌에 함께 앉게 하여 주기를 내가 어두움을 이기고 아버지 보좌에 앉은 것과 같이 하리라 하시는 그 말씀을 따라서

창1:5-4-2-아침이 되는-계4:2-4-5-6-8-밤이라 칭하신 보좌에 어두움을 -<===이기고 승리하여

창1:5-4-1-저녁이 되는-계4:1-2-5-8-낮의 첫째 둘째 셋째 하늘에-계4:1-열린 문으로 올라온-마10:1-7/빌3:1-9-14-십이 사도의 이름으로

창1:5-4-1-천부와-계4:1-천자의 집이라는 거룩한 성의 열두 기초석을 단장하시고-말세기-한 때와 두 때에-재림 심판하시는 예수님을 이렇게 보이니라.

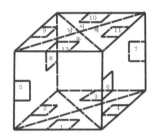 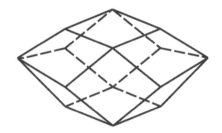

계1	계4	계8	계12	계16	계20
계2	계5	계9	계13	계17	계21
계3	계6	계10	계14	계18	계22
	계7	계11	계15	계19	

계1	계4	계8	계12	계16	계20
계2	계5	계9	계13	계17	계21
계3	계6	계10	계14	계18	계22
구약성경	계7	계11	계15	계19	신약성경

창1:5-4-1-天父와 天子-계22:1-어린양의 보좌에 天夫人들이라 하는 어린양의 新夫人들이= ===>-창1:4-어두움에 땅과 바다를 정복하고 점령하며

창1:5-4-1-天父와 天子-계4:5-일곱 영의-계20:4-6-보좌에 天夫人들이라는-어린양의 新夫들이===>-창3:4-어두움에 하늘을 정복하고 점령하고

창1:5-4-1-天父와 天子-계4:2-성령의-계20:11-보좌에 天夫人들이라는-어린양의 新夫들이 ==>-어두움에 하늘과 땅과 바다를 정복하고 점령하며

창1:5-4-1-天父와 天子-계4:1-예수님-계3:21-보좌에 天夫人들이라는-어린양의 新夫들이-계21:1-어두움에 하늘과 땅과 바다를 정복과 점령하여

-창1:4- 빛이 있는-계21:1-새 하늘과 새 땅과 새 바다가 되어 있어서

창1:5-4-1-천이라 하는 -계4:1-2-5-8-낮의 셋째 하늘나라에서-창1:4-어두움에 날이— 始無始— —終無—로-한 때와 두 때에 없어지고

창1:5-4-1-천이라 하는 -계4:1-2-5-8-낮의 셋째 하늘나라에서 -계21:2-하나님께로부터 天父와 天子 집이라 하는 거룩한 성 새 예루살렘이 내려와

창1:5-4-2-어두움 있는 -계20:11-15-둘째 하늘나라에서

창1:5-4-1-천이라 하는 -계4:1-2-5-8-낮의 셋째 하늘나라에서 -계21:2-8-재림 심판을 -계20:11-15- 에서 마치시고 하시고

-또-

창1:5-4-1-천이라 하는-계4:1-2-5-8-낮의 셋째 하늘에서-계21:2-9-10- 天父의 天子의 거룩한 성 새 예루살렘이 크고 높은 산으로 내려오는 것을

-계4:1-2-5-일곱 영이라는-계21:9-일곱 천사 중에서 하나가 요한에게 보이며-계4:2-계21:10-성령으로 데리고 크고 높은

-계14:1-시온산에 내려온 거룩한 성 새 예루살렘을-<=== 요한에게 일곱 영 중에서 하나와 성령이 보이니-

-계21:2-9-10-11-그 거룩한 성 새 예루살렘에-天父의 영광과 -天子이신 예수님의 낮의 빛이 있는 것을 보여 주는 것으로

-계21:2-9-10-12-그 성의 열두 문에 열두 천사가 있고 열두 문 위에 이스라엘 자손 열두 지파 이름으로 예수께서 단장하신 때는-

-창1:5-4-1-창세기 -한 때에 넷째 짐승과 우상과 이름의 때이며

-계21:2-9-10-13-그 성의-동쪽과-북쪽과-남쪽과-서쪽에-세 문이-위에- 그림과 같이 있으며

-계21:2-9-10-14-그 성의-열두 기초석에-어린양의 십이 사도의 이름으로 예수께서 단장하신 때는-

-창1:5-4-1-말세기 한 때에 넷째 짐승과 그의 우상과 그의 이름의 때이며

-계21:2-9-10-15-그 성을 척량하려고 금 갈대 자를 가졌더라

-계21:2-9-10-16-그 성을 척량하매-성령의 척량은 -네모가 반듯하여 長과 廣과 高의 길이가 12,000스다디온으로 같더라.

-계21:2-9-10-17-그 성을 척량하매-천사의 척량은 -144규빗이며

-계21:2-9-10-17-그 성을 척량하매-사람의 척량은- [12기초석]*[12,000]=144,000스다디온으로 -그림과 동일하며-

-천사의 척량은 -144규빗

-사람의 척량은-144,000스다디온으로 천사와 사람의 수 개념이 다른 것이며

-사람과 사람들 사이에서도 수에 대한 개념이 다른 것을 볼 수가 있으며

-십만 원의 돈을-세어보고서-한 장이라 하는 사람과 열 장이라 하는 사람과 백 장이라 하는 사람이 있는 것과 같이 보고 보며 본 것이다.

-계21:2-9-10-23-그 성에는 해나 달의 비침이 쓸데없으니 이는 하나님의 영광의 빛이 있으며 어린양이

-계4:5-그 등불이 되심이라.

-계21:2-9-10-24-만국이 그 빛 가운데로 다니고 땅의 왕들이 자기의 영광을 가지고 거룩한 성 새 예루살렘으로 들어가리라.

-계21:2-9-10-25-낮에 성문들을 도무지 닫지 아니하리니 거기에는 밤이 없음이라.

-계21:2-9-10-26-사람들이 만국의 영광과 존귀를 가지고 거룩한 성 새 예루살렘으로 들어가겠고.

-계21:2-9-10-27-오직 생명책에 있는 생명의 성령의 법에서 난 의를 가진 자들만 들어가리라.

-계21:2-9-10-27-거룩한 성 새 예루살렘에서-살렘 왕이며 벧엘의 하나님 대제사장 멜기세덱의 반차를 따르는 다니엘과 또 다니엘의 하나님 이름을 경배하고 찬양하여 조서를 내렸던 느부갓네살 왕과 메데의 다리오왕과 요나의 전도를 받아 회개한 니느웨 성 왕과 사람들이 예수님 재림 심판에 동참하여 있으니 이는 -요17:3- 예수님 말씀과 같이 참 하나님의 이름을 알고 그 이름을 불러서 영생을 얻어 재림 심판에 동참한 것을 보이니라.

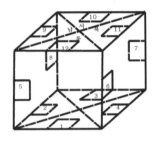
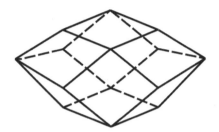

계1	계4	계8	계12	계16	계20
계2	계5	계9	계13	계17	계21
계3	계6	계10	계14	계18	계22
	계7	계11	계15	계19	

계1	계4	계8	계12	계16	계20
계2	계5	계9	계13	계17	계21
계3	계6	계10	계14	계18	계22
구약성경	계7	계11	계15	계19	신약성경

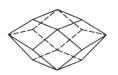

창1:5-4-1-天父께서 -계4:1-2-5-8-낮이라 칭하신-
창1:5-4-1-빛이신-- 계4:1-2-5-예수님 안에 있는 생명의 영의- 법에서 난 의를 가지고
창1:5-4-1-빛이신-- 계4:1-2-5-일곱 영의-계20:4-6-보좌들이 라 하는 낮의 첫째 하늘에 예수님 첫째 부활에 참여하여 올라가 예수님 재림 때까지
창1:5-4-2-어두움에-계4:2-4-5-6-8-밤의 첫째 하늘에 있는 어두움을 다스려서-<= 정복과 점령을 하고 있었으며

또

창1:5-4-1-天父께서- 계4:1-2-5-8-낮이라 칭하신
창1:5-4-1-빛이신-- 계4:1-2-예수님 안에 있는 생명의 성령의 법에서 난 의를 가지고
창1:5-4-1-빛이신-- 계4:1-2-예수님 성령의 -계20:11-크고 흰 보좌라 하는 낮의 둘째 하늘에 올라가 예수님 재림 심판 때까지 ==>-
창1:5-4-2-어두움에-계4:2-4-5-6-8-밤의 둘째 어두움에 하늘과 어두움에 땅과 어두움에 바다를 <===계21:11-13-정복과 점령을 하고 있었으며

또

창1:5-4-1-천부께서- 계4:1-2-5-8-낮이라 칭하신
창1:5-4-1-빛이신-- 창1:1-4/요1:1-17/빌3:1-9-예수님의 은혜와 진리라 하는 생명의 법에서 난 의를 예수님 은혜로 받아서
창1:5-4-2-어두움에-창1:2-4/신4:10-15/요1:5-17/고전15:56/빌3:9-8-죄와 사망의 율법에서 난 의를 배설물의 똥과 같이 버려 버리고
　　　계4:1-2-5-8-낮의 하늘에서-계4:1-계1:10-나팔소리 같은 음성으로 예수님이 부르시는 - - - 빌3:1-9-14-부름을 받아서
　　　계4:2-4-5-6-8-밤이라 칭하신 보좌에 있는 어두움을 -<==계3:1-5-12-21-이기고 승리하여
　　　계4:1-2-5-8-낮의 -첫째와 둘째와 셋째 하늘에-계4:1-열린 천국 문으로 올라와서
창1:5-4-1-천부-계3:21-보좌에 앉은 天夫人이 =>창1:4-어두움과 음부가 있는 -계21:1-처음 하늘과 처음 땅과 바다 <==정복하고 점령하여
　　　　　　　　　　　　　　　　　　　　-창1:4-어두움과 음부가 있는- 계21:1-처음 하늘과 처음 땅과 바다가 다시 있지 아니하고
창1:5-4-1-천부-계3:21-보좌에 앉은 天夫人이라는 -빛의 자녀들이 점령하여 있어-계21:1- 새 하늘과 새 땅과 새 바다가 되어서
창1:5-4-2-아침이 되는-계4:2-4-5-6-8-밤이라 칭하신-나누어진 어두움에---계21:1-처음에 날도들도-
창1:5-4-1-저녁이 되는-계4:1-2-5-8-낮의 셋째 하늘나라에서 一始無始 一로-계21:1- 다시 있지 않더라.

또

창1:5-4-1-저녁이 되는-계4:1-2-5-8-낮의 셋째 하늘에서-계21:1-2-천부 아버지 하나님께로부터 내려오는 거룩한 성 새 예루살렘이
　　　　-계4:1-2-성령의 -계20:11-12-보좌가 있는 둘째 하늘나라에서-계21:2-재림 심판을 하실 때-
　　　　　-계20:12-13-보좌 앞에 있는 생명책에 있는
창1:5-4-1-낮이라 칭하신 -요1:5-17/롬8:2-예수님 안에 있는 생명의 성령의 법을 따라
창1:5-4-2-밤이라 칭하신 -고전15:56-어두움의 율법이 사망으로 쏘는 죄를 <= 계2:11-계3:5-계21:1-7-이기는 자는 이것들을 유업으로 얻으리라.
　　　　　　　　　　　　　　<=나는 어두움의 율법이 사망으로 쏘는 죄를 이기는 자의 하나님이 되고
창1:5-4-2-밤이라 칭하신 -고전15:56-어두움의 율법이 사망으로 쏘는 죄를 <=계2:11-계3:5-계21:1-7- 이기는 자는 내 아들이 되리라.
　　　　　　　　　　　　-계21:2-8-그러나
　　　　　-계4:1-2-성령의 -계20:11-13-크고 흰 보좌 앞에 다른 책에 있는
창1:5-4-2-밤이라 칭하신 -요1:5-17/고전15:56/롬8:2/빌3:2-9-어두움에 죄와 사망의 율법에서 난 의를 가지고 있는-빌3:9-2-개들이라는 자들은
　　　　　　　　　　　-계20:11-15-누구든지-계21:2-8-둘째 사망이라 하는
창1:5-4-2-흑암에 구름에- 신4:10-15-여호와가 있는 화염에 불꽃이 충천한 불못에-<== 세세토록 던져지는 것을-성령에 감동하여-
창1:5-4-1-천이라 하는 -- 계4:1-2-5-8-낮의-둘째 하늘에서 이렇게 보고 보며 본 것이라 이렇게 리얼 스토리에 이야기를 하고 하며 하는 것이니라.
창1:5-4-2-흑암이라 하는- 계4:2-2-4-5-6-8-밤하늘은-유1:6-타락한 천사들을 가두어 둔 곳이라
창1:5-4-2-흑암에 구름에- 신4:10-15-화염에 불꽃이 충천한 불못에 있는 여호와를-곧-타락한 천사를-
창1:5-4-1-천이라 하는-- 계4:1-2-5-8-낮의 셋째 하늘에 계신-계4:1-예수님의 아버지라 하는-계22:15-개들의 개소리라 하는 거짓말하는 자들이
창1:5-4-2-흑암에 - - 신4:10-15-구름 속에 여호와가 있는 화염에 불꽃이 충천한 불못에 <==세세토록 던져지는 것을 보고 보며 본 것이니 회개할 것이
있는 사람들은 회개하시라 하는 농부의 이야기를-이렇게-보고 듣는 눈과 귀와 깨달음의 생각과 믿음의 마음과 확신을 은혜로 얻은 분이 복이 있습니다.

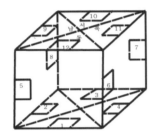 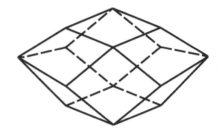

계1	계4	계8	계12	계16	계20
계2	계5	계9	계13	계17	계21
계3	계6	계10	계14	계18	계22
	계7	계11	계15	계19	

계1	계4	계8	계12	계16	계20
계2	계5	계9	계13	계17	계21
계3	계6	계10	계14	계18	계22
구약성경	계7	계11	계15	계19	신약성경

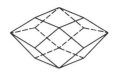

창1:5-4-1-창조기와 태초기와 창세기와 말세기 -계12:1-6-14-한 때-여자가-

창1:5-4-2-어두움에-단7:2-4-5-6-7-25-한 때와 두 때에-넷째며 여덟째-계13:1-2-열 뿔 짐승이-<=== 용에게 능력과 보좌와 큰 권세를 받은

-계17:1-3-열 뿔 짐승이라는 넷째 왕을-- 계12:1-6-14- 여자가 타고 있다가

-단7:2-4-5-6-7-25-한 때와 두 때에-첫째며 다섯째-계13:1-2-사자 같은 짐승이 -<===용에게 능력과 보좌와 큰 권세를 받아서

-계17:1-3-열 뿔 짐승을 탄 여자가 -계17:5-그 이마에-큰 바빌론을 기록하고-

창1:5-4-2-어두움에-陰父와 陰自의 陰夫人 이라 하는-어두움에-창1:2-神夫人이 된 것은-<= = = = =계12:1-6-14-그 여자가 성령의 양육을 받아서

창1:5-4-1-빛이신 -天父의 天子이신- 주 하나님 전능하신 어린양의 新夫人이라 하는 天夫人으로 성령의 양육을 받는 과정에서 타락을 하여서 로마 교회라

하는 -계12:1-6-14-한 때에-넷째 열 뿔 짐승을 탄-계17:1-3-그 여자가-

창1:5-4-2-밤이라 칭하신-창1:2-4/신4:10-15/롬8:2- 어두움에 죄와 사망의 율법을 따르는 로마 천주교회가 되고 천주교 교황이라 하는 다섯째 왕이 된 것을

창1:5-4-1-낮이라 칭하신-계4:1-2-5-일곱 영이라 하는-계17:1-일곱 천사 중에 일곱째 대접을 가진 천사가 요한을-계4:2-계17:3- 성령으로 데리고

창1:5-4-2- 광야로 가서- <= 계17:1-2-3-5- 요한에게 천사와 성령이 보이며 설명하여서

계17:1-3-10-다섯은 망하였고 여섯째는 있고 일곱째는 아직 이르지 아니하고 전에 있었다가 시방 없어진 넷째 열 뿔 짐승을 또

계17:1-3-11-여덟째 왕이라 하여 = 여덟 중에서 = 다섯은 망하고 남은-세 짐승과 -그들의 우상과 -그들의 이름의 수를-

계13:1-11-18-(육백)(육십)(육) 이라 하는-계시의 영상을- 계산하여서 설명하여 모든 사람에게 알려 주라 하는 것이라.

계시의 영상을- 계산으로 정리하여 설명하겠습니다.

첫째 계산

(계5:11-천사의 수 천천)/(계8:1-13-남은 화의 수 셋)====(2,000)/(3)=계13:1-18=(육백)(육십)(육) = 이 계시의 영상을 - 반대로 계산을 하면

(계13:1-18)*(계8:1-13)=1998+(계17:1-11/계9:1-11)=(계5:11-천사의 수 천천에 = 2,000이 되는 것이며)

(666)*(3)=1998+계17:1-11-여덟 왕 중에서 다섯은 망하고 하나 있고 아직 이르지 않은 무저갱에- 계9:11-아볼루온과 아바돈 두 임금)=(계5:11)

둘째 계산

(계5:11-천사의 수 만만)/(계14:8-계18:2-계16:1-19-무너졌도다 무너졌도다 큰 성 바빌론이 세 갈래로 갈라진 수 셋)=을-아라비아 수로 계산하면

(20,000)/(3)=(6,666) = (육천)(육백)(육십)(육) = 陰父와 陰自의 집 宙라 하는 큰 성 바빌론이

창1:5-4-1-천이라 하는 셋째 하늘에서-세 갈래로 갈라져서 무너져 넷으로 나누어져서-한 때와 두 때-

창1:5-4-2-네 장소에 -(육천)(육백)(육십)(육)-으로 <== 무너져 내려간 계시의 영상이며

(육천)(육백)(육십)(육)-네 수에 들어 있는-육육육육은-단7:2-25-한 때와 두 때에-계13:1-2-네 짐승에게-<====용이 준 용의 능력을 가리키는 수이며

(육천)(육백)(육십)(육)-네 수에 들어 있는-네 자릿수는-단7:2-25-한 때와 두 때에-계13:1-2-네 짐승에게-<====용이 준 용의 보좌를 가리키는 수이며

(육천)(육백)(육십)(육)-은- 단7:4-5-6-7-25-한 때와 두 때에-계13:1-2-네 짐승에게-<==== 용이 준 용의 능력과 보좌와 큰 권세를 가리키는 수이며

(육천)(육백)(육십)(육)-네 수에 들어 있는-육육육육은-창1:5-4-2-아침이 되는- - 계4:2-4-5-6-8-밤이라 칭하신-계4:2-7-네 생물의 날개 수이며

(육천)(육백)(육십)(육)-네 수에 들어 있는-네 자릿수는-창1:5-4-2-아침이 되는-계4:2-8-밤이라 칭하신-계4:2-4-5-6-7-네 생물의 보좌를 가리키며

셋째 계산

(창1:5-4-2-과-계9:14-16-마병대의 수 이만만)/(태초기와 창세기와 말세기에 -삼세기로- 나누면)

(200,000,000)/(3)=66,666,666 === (육천)(육백)(육십)(육만)-한 때와 두 때에-(육천)(육백)(육십)(육)-계17:1-11-여덟 짐승의 이름의 수이며

창1:5-4-2-에덴에서 발원하여 흐르는 넷째 강-계9:14-16- 유브라데에 붙잡혀 결박되었던 네 천사와 네 마병대의 수-이만만은-사람의 수로 이어지며

그리고

창1:5-4-2-밤이라 칭하신-창1:2-4/신4:10-15/요1:5-17/갈5:4-여호와의 율법 안에서 의롭다 함을 얻으려 하는 너희는

창1:5-4-1-낮이라 칭하신-창1:1-4/창14:17-20/요1:1-17/갈5:4-빛이신 그리스도에게서 끊어지고

창1:5-4-2-밤이라 칭하신-창1:2-4/신4:10-15/요1:5-17/고전15:56-여호와의 율법이 사망으로 쏘는-롬6:1-14-죄가 주관하지 못하는

창1:5-4-1-낮이라 칭하신-창1:1-4/창14:17-20/요1:1-17/롬6:1-14/갈5:4-빛이신 예수 그리스도의 은혜에서 떨어져

창1:5-4-1-낮의 하늘에서-계4:1-계1:10-나팔 소리 같은 음성으로-계3:1-네가 살았다 하는 나의 이름을 가졌으나 죽은 자로다---회개하라 하시니라.

계13

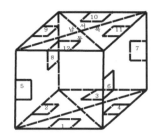 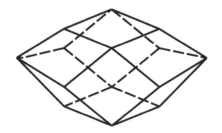

계1	계4	계8	계12	계16	계20
계2	계5	계9	계13	계17	계21
계3	계6	계10	계14	계18	계22
	계7	계11	계15	계19	

계1	계4	계8	계12	계16	계20
계2	계5	계9	계13	계17	계21
계3	계6	계10	계14	계18	계22
구약성경	계7	계11	계15	계19	신약성경

첫째 계산

(계5:11-천사의 수 천천)/(계8:1-13-남은 화의 수 셋)====(2,000)/(3)=계13:1-18=(육백)(육십)(육) = 이 계시의 영상을 - 반대로 계산을 하면
(계13:1-18)*(계8:1-13)=1998+(계17:1-11/계9:1-11)=(계5:11-천사의 수 천천에 = 2,000이 되는 것이며)
(666)*(3)=1998+(계17:1-11-여덟 왕 중에서 다섯은 망하고 하나는 있고 아직 이르지 않은 무저갱에- 계9:11-아볼루온과 아바돈 두 임금) = (계5:11)

둘째 계산

(계5:11-천사의 수 만만)/(계14:8-계18:2-계16:1-19-무너졌도다 무너졌도다 큰 성 바빌론이 세 갈래로 갈라진 수 셋)=을=아라비아 수로 계산하면
(20,000)/(3)=(6,666)=(육천)(육백)(육십)(육)=陰父와 陰自의 집 宙라 하는 큰 성 바빌론이
창1:5-4-1-천이라 하는 셋째 하늘에서-세 갈래로 갈라져서 무너져 넷으로 나누어져서-한 때와 두 때-
창1:5-4-2-네 장소에 -(육천)(육백)(육십)(육)-으로 <== 무너져 내려간 계시의 영상이며
(육천)(육백)(육십)(육)-네 수에 들어 있는-육육육육은-단7:2-25-한 때와 두 때에-계13:1-2-네 짐승에게-<====용이 준 용의 능력을 가리키는 수이며
(육천)(육백)(육십)(육)-네 수에 들어 있는-네 자릿수는-단7:2-25-한 때와 두 때에-계13:1-2-네 짐승에게-<====용이 준 용의 보좌를 가리키는 수이며
(육천)(육백)(육십)(육)-은- 단7:4-5-6-7-25-한 때와 두 때에-계13:1-2-네 짐승에게-<==== 용이 준 용의 능력과 보좌와 큰 권세를 가리키는 수이며
(육천)(육백)(육십)(육)-네 수에 들어 있는-육육육육은-창1:5-4-2-아침이 되는- - -계4:2-4-5-6-8-밤이라 칭하신-계4:2-7-네 생물의 날개 수이며
(육천)(육백)(육십)(육)-네 수에 들어 있는-네 자릿수는-창1:5-4-2-아침이 되는-계4:2-8-밤이라 칭하신-계4:2-4-5-6-7-네 생물의 보좌를 가리키며

그리고

창1:5-4-2-과-계4:2-3-보좌 가운데서-첫째 생물이-한 때와 두 때에 -첫째와 다섯째 인 떼어지고
창1:5-4-2-과-계4:2-3-보좌 가운데서-둘째 생물이-한 때와 두 때에 -둘째와 여섯째 인 떼어지고
창1:5-4-2-과-계4:2-5-보좌 가운데서-셋째 생물이-한 때와 두 때에 -셋째와 일곱째 인 떼어져서
창1:5-4-2-과-계4:2-6-보좌 가운데-넷째 생물과 -보좌 주위에 - 첫째 둘째 셋째 생물을
창1:5-4-2-과-계4:2-8-밤이라 칭하신-계4:2-7-네 생물을 -<== 밤이라 칭하신 어두움이라 하며 陰父의 陰自들이라 하는 것을 이렇게 본 것이며

또

창1:5-4-2-과-단7:4-5-6-7-25-한 때와 두 때에-첫째며 다섯째 -계13:1-2-사자 같은 짐승에게-<= 첫째 생물이 능력과 보좌와 큰 권세를 주었고
창1:5-4-2-과-단7:4-5-6-7-25-한 때와 두 때에-둘째며 여섯째 -계13:1-2-곰과 같은 짐승에게-<= 둘째 생물이 능력과 보좌와 큰 권세를 주었고
창1:5-4-2-과-단7:4-5-6-7-25-한 때와 두 때에-셋째며 일곱째 -계13:1-2-표범 같은 짐승에게-<= 셋째 생물이 능력과 보좌와 큰 권세를 주었고
창1:5-4-2-과-단7:4-5-6-7-25-한 때와 두 때에-넷째며 여덟째 -계13:2-1-열 뿔 짐승에게-<= = 넷째 생물이 능력과 보좌 큰 권세를 주어서
창1:5-4-2-과-계4:2-8-밤이라 칭하신-계4:2-4-5-6-7-네 생물을 짐승의 우상이라 하는-계13:1-2-용이라 하는 것을 이렇게 본 것이며

또

창1:5-4-2-과-단7:2-3-4-첫째 사자 같은 짐승의 이름은-단2:2-31-38-첫째 금나라 바빌론 제국이라는 - - - -큰 바빌론이었으며
창1:5-4-2-과-탄7:2-3-5-둘째 곰과 같은 짐승의 이름은-단2:2-31-39-둘째 은나라-단8:1-4/20- 메데 바사 연합 제국이었으며
창1:5-4-2-과-단7:2-3-6-셋째 표범 같은 짐승의 이름은-단2:2-31-39-셋째 놋나라-단8:5-21- - - - - 헬라 제국이었으며
창1:5-4-2-과-단7:2-3-7-넷째 열 뿔 짐승의 이름은 - --단2:2-31-40-넷째 철나라 - - - - - - - - - 로마 제국이었으며 -이때-

창1:5-4-1-태초기와 창세기와 말세기-한 때에-동일하게-넷째 짐승과 그의 우상과 그의 이름의 때에-
창1:5-4-1-낮이라 칭하신 -창1:1-4/창14:17-20/요1:1-17/엡2:15-16-빛이신 예수님이 세상에 오셔서 원수 된
창1:5-4-2-밤이라 칭하신 -창1:2-4/신4:10-15/요1:5-17/엡2:15-16-어두움인 여호와의 계명와 율법을 육체로 폐하시고 죽은 자들 가운데서
창1:5-4-2-밤이라 칭하신 -창1:2-4/신4:10-15/고전1:56-어두움의 율법의 사망을 이겨서 폐하시고 다시 살아나신 부활하신 예수께서
창1:5-4-2-밤이라 칭하신 -창1:2-4/벧전2:9-어두움에서 <= = = = =>우리 인류를 해방하시고- 속량하시고- 불러내어서
창1:5-4-1-낮의 하늘나라 -마4:17/마10:1-7/벧전2:9-천국에 거룩한 나라와 왕 같은 제사장으로 삼으시고 승천하셨습니다.
창1:5-4-2-과-계17:1-3-5-이마에 큰 바빌론이 -첫째며 다섯째 왕이며
창1:5-4-2-과-단8:1-4-과-계13:1-18-둘째며 여섯째 왕이며 -계17:1-3-10- - - - - - - - -일곱째는 아직 이르지 아니하고 무저갱에 있다가
창1:5-4-2-과-단8:5-21-셋째가 일곱째 제국이라 하는 왕으로-계9:1-11-계20:1-7-무저갱에서 나오는 것올-계9:15-년 월 일 시-로- 본 것이다.

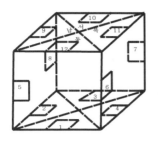 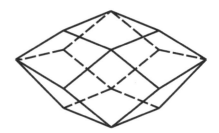

계1	계4	계8	계12	계16	계20
계2	계5	계9	계13	계17	계21
계3	계6	계10	계14	계18	계22
	계7	계11	계15	계19	

계1	계4	계8	계12	계16	계20
계2	계5	계9	계13	계17	계21
계3	계6	계10	계14	계18	계22
구약성경	계7	계11	계15	계19	신약성경

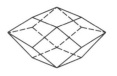

첫째 계산

(계5:11-천사의 수 천천)/(계8:1-13-남은 화의 수 셋)====(2,000)/(3)=계13:1-18=(육백)(육십)(육) = 이 계시의 영상을 - 반대로 계산을 하면

(계13:1-18)*(계8:1-13)=1998+(계17:1-11/계9:1-11)=(계5:11-천사의 수 천천에 = 2,000이 되는 것이며)

(666)*(3)=1998+(계17:1-11-여덟 왕 중에서 다섯은 망하고 하나는 있고 아직 이르지 않은 무저갱- 계9:11-아볼루온과 아바돈 두 임금) = (계5:11)

둘째 계산

(계5:11-천사의 수 만만)/(계14:8-계18:2-계16:1-19-무너졌도다 무너졌도다 큰 성 바빌론이 세 갈래로 갈라진 수 셋)=을-아라비아 수로 계산하면

(20,000)/(3)=(6,666)=(육천)(육백)(육십)(육)==陰父와 陰自의 집 宙라 하는 큰 성 바빌론이

창1:5-4-1-천이라 하는 셋째 하늘에서-세 갈래로 갈라져서 무너져 넷으로 나누어져서-한 때와 두 때-

창1:5-4-2-네 장소에 -(육천)(육백)(육십)(육)-으로 <== 무너져 내려간 계시의 영상이며

(육천)(육백)(육십)(육)-네 수에 들어 있는-육육육육은-단7:2-25-한 때와 두 때에-계13:1-2-네 짐승에게-<==== 용이 준 용의 능력을 가리키는 수이며

(육천)(육백)(육십)(육)-네 수에 들어 있는-네 자릿수는-단7:2-25-한 때와 두 때에-계13:1-2-네 짐승에게-<==== 용이 준 용의 보좌를 가리키는 수이며

(육천)(육백)(육십)(육)-은- 단7:4-5-6-7-25-한 때와 두 때에-계13:1-2-네 짐승에게-<==== 용이 준 용의 능력과 보좌와 큰 권세를 가리키는 수이며

(육천)(육백)(육십)(육)-네 수에 들어 있는-육육육육은-창1:5-4-2-아침이 되는- - -계4:2-4-5-6-8-밤이라 칭하신-계4:2-7-네 생물의 날개 수이며

(육천)(육백)(육십)(육)-네 수에 들어 있는-네 자릿수는-창1:5-4-2-아침이 되는-계4:2-8-밤이라 칭하신-계4:2-4-5-6-7-네 생물의 보좌를 가리키며

셋째 계산

(창1:5-4-2-과-계9:14-16-마병대의 수 이만만)/(태초기와 창세기와 말세기에 -삼세기로- 나누면)

(200,000,000)/(3)=66,666,666=(육천)(육백)(육십)(육만)-한 때와 두 때에-(육천)(육백)(육십)(육)-계17:1-11-여덟 짐승의 이름의 수이며

창1:5-4-2-에덴에서 발원하여 흐르는 넷째 강-계9:14-16- 유브라데에 붙잡혀 결박되었던 네 천사와 네 마병대의 수-이만만은-사람의 수로 이억이며

그리고

창1:5-4-1-과-계12:1-6-14-태초기와 창세기와 말세기-한 때와 두 때와 반 때와

창1:5-4-2-과-단7:2-25-한 때와 두 때와 반 때에-계13:1-2-과-계17:1-3-5-10-11-여덟 짐승과 여덟 짐승의 우상과 여덟 짐승의 이름의 때가

동일하게 있는 계시의 영상은-노스트라다무스 그림책에 -원형의 여덟 칸의 여러 장에 그림들로 있는 것을 볼 수 있으며

-원형 문화의 여덟 방울과 여덟 뿔로 소개되고 있으며

-사궤와 팔궤 그리고 16궤와 24궤들이라 하는 것이며

창1:5-4-2-아침이 되는-계4:2-8- 밤이라 칭하신-계4:2-7- 네 생물의 날개 수-六- 이 천부경에 있으며 육 바람 일이라 하는 것이며

또

창1:5-4-2-과-단7:4-5-6-7-25-한 때와 두 때에-계13:1-2-과-계17:1-3-5-넷째 열 뿔 짐승을 타고서 첫째며 다섯째가-때와 법을 변개하여서

창1:5-4-1-태초기에 -넷째와 다섯째- 철과 금나라-메소포타미아와 수메르 제국의 문명이 있었으며 -넷째 짐승과 그의 우상과 그의 이름의-때에

창1:5-4-1-저녁이 되는-계4:1-8-낮이라 칭하신 예수님이-창2:8-12-벨엘리엄에 하나님으로 오셔서-창4:16-17-에녹성에 있는-창5:21-24-

삼백 년을 일하시고 승천하셨으며

또

창1:5-4-2-과-단7:4-5-6-7-25-한 때와 두 때에-계13:1-2-과-계17:1-3-5-넷째 열 뿔 짐승을 타고서 첫째며 다섯째가 -때와 법을 변개하여서

창1:5-4-1-창세기 -넷째와 다섯째-철과 금나라 -니므롯과 애굽이라 하는 제국이 있으며 -넷째 짐승과 그의 우상과 그의 이름에 때에

창1:5-4-1-저녁이 되는-계4:1-8-낮이라 칭하신 예수님이 벧엘에 하나님으로 오셔서-아브람과 이삭과 야곱을 벧엘로 불러서 일하시고 승천하셨으며

또

창1:5-4-2-과 단7:4-5-6-7-25-한 때와 두 때에-계13:1-2-과-계17:1-3-4-넷째 열 뿔 짐승을 타고서 첫째며 다섯째가 -때와 법을 변개하여서

창1:5-4-1-말세기-넷째와 다섯째 -철과 금나라-로마제국과 로마 천주교 교황들이 다섯째 왕으로 있었으며 -넷째 짐승과 그의 우상과 그의 이름의 때에

창1:5-4-1-낮이라 칭하신-요1:1-17-빛으로 오셔서 삼 년 반 일하시고 승천하신 예수님을 성령에 감동하여 공간과 시간 여행을 하면서 이렇게 본 것이라.

이렇게 그 리얼 스토리에 이야기를 하고 하며 하는 것이다.

계13-1-2

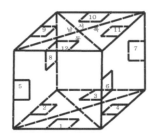

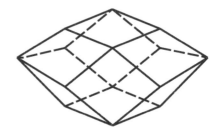

계1	계4	계8	계12	계16	계20
계2	계5	계9	계13	계17	계21
계3	계6	계10	계14	계18	계22
	계7	계11	계15	계19	

계1	계4	계8	계12	계16	계20
계2	계5	계9	계13	계17	계21
계3	계6	계10	계14	계18	계22
구약성경	계7	계11	계15	계19	신약성경

첫째 계산

(계5:11-천사의 수 천천)/(계8:1-13-남은 화의 수 셋)====(2,000)/(3)=(계13:1-18=(육백)(육십)(육) = 이 계시의 영상을 - 반대로 계산을 하면

(계13:1-18)*(계8:1-13)=1998+(계17:1-11/계9:1-11)=(계5:11-천사의 수 천천에 = 2,000이 되는 것이며)

(666)*(3)=1998+계17:1-11-여덟 왕 중에서 다섯은 망하고 하나는 있고 아직 이르지 않은 무저갱에- 계9:11-아볼루온과 아바돈 두 임금) = (계5:11)

둘째 계산

(계5:11-천사의 수 만만)/(계14:8-계18:2-계16:1-19-무너졌도다 무너졌도다 큰 성 바빌론이 세 갈래로 갈라진 수 셋)=을-아라비아 수로 계산하면

(20,000)/(3)=(6,666)=(육천)(육백)(육십)(육)==陰父와 陰自의 집 宙 라 하는 큰 성 바빌론이

창1:5-4-1-천이라 하는 셋째 하늘에서-세 갈래로 갈라져서 무너져 넷으로 나누어져서-한 때와 두 때-

창1:5-4-2-네 장소에 -(육천)(육백)(육십)(육)-으로 <== 무너져 내려간 계시의 영상이며

(육천)(육백)(육십)(육)-네 수에 들어 있는-육육육육은-단7:2-25-한 때와 두 때에-계13:1-2-네 짐승에게-<==== 용이 준 용의 능력을 가리키는 수이며

(육천)(육백)(육십)(육)-네 수에 들어 있는-네 자릿수는-단7:2-25-한 때와 두 때에-계13:1-2-네 짐승에게-<==== 용이 준 용의 보좌를 가리키는 수이며

(육천)(육백)(육십)(육)-은- 단7:4-5-6-7-25-한 때와 두 때에-계13:1-2-네 짐승에게-<==== 용이 준 용의 능력과 보좌와 큰 권세를 가리키는 수이며

(육천)(육백)(육십)(육)-네 수에 들어 있는-육육육육은-창1:5-4-2-아침이 되는- - 계4:2-4-5-6-8-밤이라 칭하신-계4:2-7-네 생물의 날개 수이며

(육천)(육백)(육십)(육)-네 수에 들어 있는-네 자릿수는-창1:5-4-2-아침이 되는-계4:2-8-밤이라 칭하신-계4:2-4-5-6-7-네 생물의 보좌를 가리키며

셋째 계산

(창1:5-4-2-과-계9:14-16-마병대의 수 이만만)/(태초기와 창세기와 말세기에 -삼세기로- 나누면)

(200,000,000)/(3)=66,666,666=(육천)(육백)(육십)(육만)-한 때와 두 때에-(육천)(육백)(육십)(육)=계17:1-11-여덟 짐승의 이름의 수이며

창1:5-4-2-에덴에서 발원하여 흐르는 넷째 강-계9:14-16- 유브라데에 붙잡혀 결박되었던 네 천사와 네 마병대의 수-이만만은-사람의 수로 이어지며

그리고

창1:5-4-2-陰父와 陰自의 집 宙 라 하는 큰 성 바빌론이

창1:5-4-1-천이라 하는 셋째 하늘에서-태초기-한 때와 두 때에- 66,666,666-이-무너져

창1:5-4-2-땅으로 내려가고 -또- - 창세기-한 때와 두 때에- 66,666,666-이-무너져

창1:5-4-2-땅으로 내려가도- 또- - 말세기-한 때에 - - - 66,600,000-이-무너져 내리고 남은

창1:5-4-2-陰父와 陰自의 집 宙 라 하는 큰 성 바빌론에 규모가-계5:1-만만 천천으로 있었다가

창1:5-4-1-말세기-계12:1-6-14-두 때에-

창1:5-4-2-땅으로 무너져 내려서- (육만과 육천)(육백)(육십)(육)=으로 무너져 내려가서

창1:5-4-2-人海의 바다에서 나온-네 짐승에게 -능력과 보좌와 큰 권세를 주어서- 人山이라 하는 왕이 땅에서-(육천)(육백)(육십)(육)이 올라오는 계시의 영상을-계13:1-11-18-세어보라-계산하여 보이라 하여서 계산 방법으로 정리하여 -짐승들의 수와 -짐승의 우상들의 수와 짐승의 이름의 수들을 -이렇게-설명을 하고 하며 하는 것은

창1:5-4-2-아침이 되는-계4:2-4-5-6-8-밤이라 칭하신-

창1:5-4-2-어두움에- -계4:2-7/신4:10-15/고전15:56/롬8:2-죄와 사망의 율법을 -<= 짐승과 그의 우상과 이름의 표라 하는 것을-이렇게 보며

또

창1:5-4-2-아침이 되는-계4:2-4-5-6-8-밤이라 칭하신

창1:5-4-2-어두움에 --계4:2-7/신4:10-15/요1:5-17/갈5:4----율법 안에서 의롭다 함을 얻으려 하는 너희는

창1:5-4-1-저녁이 되는-계4:1-2-5-8-낮이라 칭하신-

창1:5-4-1-빛이신 --- 창1:1-4/ 창14:17-20/요1:1-17/갈5:4---예수 그리스도에게서 끊어지고

창1:5-4-2-어두움에-- 계4:2-7/신4:10-15/요1:1-17/고전15:56- 율법이 사망으로 쏘는 - 롬6:1-14-죄가 주관하지 못하는

창1:5-4-1-빛이신---- 요1:1-17/롬6:1-14/갈5:4-예수 그리스도의 은혜에서 떨어져

창1:5-4-1-저녁이 되는-계4:1-2-5-8-낮의 하늘의 -계4:1-열린 문으로 처음에-

-계4:1-계1:10-나팔 소리 같은 큰 음성으로-계1:11-계3:1-네가 살았다 하는 나의 이름은 가졌으나 죽은 자로다 말씀하시며

-계4:1-계1:10-11-계3:1-3-회개하라 하시는 예수님을 이렇게 보고 본 것이라 이렇게 그 이야기를 하고 하며 하는 것이다.

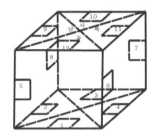 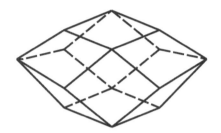

계1	계4	계8	계12	계16	계20
계2	계5	계9	계13	계17	계21
계3	계6	계10	계14	계18	계22
	계7	계11	계15	계19	

계1	계4	계8	계12	계16	계20
계2	계5	계9	계13	계17	계21
계3	계6	계10	계14	계18	계22
구약성경	계7	계11	계15	계19	신약성경

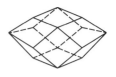

창1:5-4-2-아침이 되는-계4:2-4-5-6-8-밤이라 칭하신

창1:5-4-2-어두움에 --계4:2-7/신4:10-15/요1:5-17/갈5:4----율법 안에서 의롭다 함을 얻으려 하는 너희는

창1:5-4-2-어두움에 --계4:2-7/고전15:56/롬7:1-24-율법이 사망으로 쏘는 죄가 사람이 살아 있는 동안 주관하여 -계14:8-밤낮 쉼을 얻지 못하는

반면에

창1:5-4-1-빛이신 ---요1:1-17/롬8:1-2-예수님 안에 있는 생명의 성령의 법을 따라서-롬6:1-11-예수님의 죽으심과 합하여 물로 세례를 받아서

창1:5-4-2-어두움과 --신4:10-15/고전15:56/롬7:1-25/롬6:1-11-율법과 죄와 사망을-<==== 대하여 죽어 장사 되어서 죽음을 맛보지 아니하고

죽은 자들이 받는 복이라 하는

창1:5-4-2-어두움에-신4:10-15/고전15:56/롬7:1-25-율법이 사람이 살아 있는 동안만 사망으로 쏘는 - - - - 롬6:1-14-죄가 주관하지 못하는

창1:5-4-1-빛이신-요1:1-17/롬6:1-14/계22:1-21-주 예수의 은혜와 진리의-하4:1-10-안식에 들어가는 것을 이렇게 보고 보며 본 것이라 이렇게

그 리얼 스토리에 이야기를 하고 하며 하게 되는 것이다.

창1:5-4-1-빛이라 칭하신-창1:1-4/창14:17-20/요1:1-17/롬8:1-2-빛이신 예수님 안에 있는 생명의 성령의 법을 따라서

창1:5-4-2-밤이라 칭하신-요1:5-17/고전15:45-롬7:1-24-어두움의 율법이 사람 살아 있는 동안만 사방으로 쏘는-롬6:1-14-죄가 주관하지 못하는

창1:5-4-1-낮이라 칭하신-창1:1-4/창14:17-20/요1:1-17/롬6:1-14-예수님 은혜와 진리에-히4:1-14-안식이 있는

창1:5-4-1-天父와 天子의-집에 -계4:1-열린 문으로-위에 - 그림 참고 - 들어가는 것이며

창1:5-4-1-천부와 천자의-집을-<= = 천자문에서-집 字라 하며 -계시록에서-거룩한 성 새 예루살렘이라 하며

창1:5-4-1-천부와 천자의-집을-<= = 구약성경에서- 살렘 왕이 있는 살렘 성과 대제사장 멜기세덱이 있는 벧엘이라 하는 성전이라 하는 집이라 하며

창1:5-4-1-천부와 천자의-집을-<= = 환단고기에 -마고성과 부도지라 하며

창1:5-4-1-천부와 천자의-집을-<= = 팔만대장경에-옴 마 니 벤 메 홈-이라 하며

- 옴 마 니 벤 메 홈 -에-

-옴-은-창1:5-4-1-천지를 창조하신 -요1:1-18-빛과 생명과 말씀으로 영생하시는-光明眞言에 진리이신 천부의 독생자를 가리켜서--- 옴-이라 하며

-마-는-창1:5-4-1-천부와 천자의 집 字라 하는 -계21:2-10-20- 거룩한 성 새 예루살렘의-열두 보석의 기초석을 가리켜서 - - - - - 마라 하며

-니-는-창1:5-4-1-천부와 천자의 집 字라 하는 -계21:2-10-21- 거룩한 성 새 예루살렘의-열두 진주 문을 가리켜서- - - - - - - -니라 하며

-벤-은-창1:5-4-1-천부와 천자의 집 字라 하는 -계21:2-10-22- 거룩한 성 새 예루살렘--안에 있는 집이라 하는 성전을 가리켜서 - - - 벤-이라 하며

-메-는-창1:5-4-1-천부와 천자의 집 字라 하는 -계21:2-10-거룩한 성 새 예루살렘이 내려온 크고 높은 시온 산을 가리켜서- - - - - 메-라 하며

-홈-은-창1:5-4-1-천부와 천자의 집 字라 하는- 요1:1-17-은혜와 진리에 -마4:17-마10:1-7-천국을 가리키는

반면에

창1:5-4-2-어두움과 아비-陰父와 陰自의 집 宙를 -천자문에서-집 宙하며

창1:5-4-2-어두움과 아비-陰父와 陰자의 집 宙를 -북망산 성이라 하며 영웅 호걸들이 죽어서 가는 곳이며

창1:5-4-2-어두움과 아비-음부와 음자의 집 宙를 -시온성이라 하며

창1:5-4-2-어두움과 아비-음부와 음자의 집 宙를- 사14:12-14-계명성이라 하는 큰 성 바빌론이라 하는 것이며

그리고

창1:5-4-1-천부와 천자와 성령의 이름을- 천지의 대주재이시며 지극히 높으신 만왕의 왕 만주의 주 하나님을 - - - - - 아람어 방언으로 -엘 엘룐이시며

창1:5-4-1-천부와 천자와 성령의 이름을 -천지를 창조하신 빛과 생명과 말씀으로 영생하시는 하나님을- - - - - - - 아람어 방언으로 -엘 올람이시며

창1:5-4-1-천부와 천자와 성령의 이름을 -빛과 생명과 말씀으로 천지를 창조하신 전지전능한 하나님을- - - - - --아람어 방언으로 -엘샤다이이시며

엘엘룐 올람 엘샤다이 하나님의 제사장을 -살렘 왕이며 벧엘의 하나님 대제사상 멜기세덱이라 하며 아브라함과 이삭과 이스라엘의 하나님이시며

엘엘룐 엘올람 엘샤다이는- 히9:24-참 하늘에 -요17:3-요1:서 5:20-참 하나님의 이름이며 살아 계신 하나님의-認 인이라 하는 이름이며

반면에

창1:5-4-2-어두움에 -창1:2-4/신4:10-15-율법을 따르는 유대교 유대인들이 사용하는 --히브리어 방언에는-요17:3- 참 하나님의 이름이 계시지 않더라.

창1:5-4-2-아침이 되는-계4:2-8- 밤이라 칭하신-계4:2-7-네 생물이라 하는--陰父의 陰自들을-갈4:1-8- 본질상 하나님이 아닌 자들이라 하는 것이며

창1:5-4-2-아침이 되는-계4:2-8- 밤이라 칭하신-계4:2-4-5-6-7-네 생물의 날들이- 始無始一 析三極 無進本 —終無終一-로 한 때와 두 때에 없으며

창1:5-4-2-아침이 되는 계4:2-8-밤이라 칭하신 -계4:2-4-5-6-보좌에 네 생물들이 -한 때와 두 때와 반 때에-

창1:5-4-2-흑암에-신4:10-15-구름 속에 화염에 불꽃이 충천한-계20:1-15-불못에-<= = 陰父와 陰自들과 陰夫人들이 모두 다 던져지는 것이다.

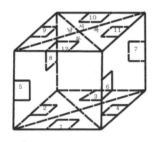 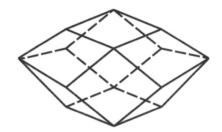

계1	계4	계8	계12	계16	계20
계2	계5	계9	계13	계17	계21
계3	계6	계10	계14	계18	계22
	계7	계11	계15	계19	

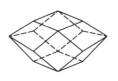

계1	계4	계8	계12	계16	계20
계2	계5	계9	계13	계17	계21
계3	계6	계10	계14	계18	계22
구약성경	계7	계11	계15	계19	신약성경

창1:5-4-1-천이라 하는-계4:1-8-낮의 하늘나라-마4:17-마10:1-7-천국이 들이 있는-계21:1-2-10-27-거룩한 성 새 예루살렘을 가리켜서-
- 불교 성경에서 - 옴 마 니 벧 메 훔 -이라 하며 -옴 마 니 벧 메 훔 -에-
-옴-은-창1:5-4-1-천지를 창조하신-요1:1-17-빛과 생명과 말씀으로 영생하시는 -光 明 眞 클-진리이신 천부의 독생자 예수님을 - 옴 -이라 하며
-마-는-창1:5-4-1-천이라 하는-계4:1-8- 낮의 하늘나라 천국이 들어 있는-계21:2-20-거룩한 성에 -열두 보석의 기초석을 - - - 마라 하며
-니-는-창1:5-4-1-천이라 하는-계4:1-8- 낮의 하늘나라 천국이 들어 있는-계21:2-21-거룩한 성에- 열린 열두 진주 문을 - - - 니라 하며
-벧-은-창1:5-4-1-천이라 하는-계4:1-8- 낮의 하늘나라 천국이 들어 있는-계21:2-22-거룩한 성 안에 있는 성전을-벧엘에 - - - 벧이라 하며
-창31:13-벧엘에-벧-을 가리키며-환단고기에서-부도지라 하고-거룩한 성 새 예루살렘을-마고성이라 하며
마고성 안에 있는 성전이 있는-창1:1-지면을-부도지라 하는 것이며
-창1:5-4-1-천부와 천자이신 독생자 예수님이 계시는 천부의 집 宇를-계21:2-10-거룩한 성 새 예루살렘이라 하고
-메-는-창1:5-4-1-천이라 하는-낮의 하늘나라 천국이 들어 있는-계21:2-10-거룩한 성 새 예루살렘이 내려온 -계14:1-시온산을 - -메라 하며
-훔-은-창1:5-4-1-천이라 하는-과4:1-8-낮의 하늘나라 천국에 시민이 있는 -천국 시티 홀이라 하는 천국의 시청을 가리켜서 -옴마니벧메훔- 이라 하는 것을
-창1:5-4-1-과-계4:1-2-5-8- 낮의 하늘에 계신 예수님의 성령에 감동하여 이렇게 보고 보며 본 것이라 이렇게 그 이야기를 하며 하는 것이며
또
창1:5-4-2-아침이 되는-계4:2-8-밤이라 칭하신-창1:4-나누어진 어두움에 -날을-> ―始無始― 析三極 無進本 ―終無終―이라 이야기하는 것이며
창1:5-4-1-저녁이 되는-계4:1-8-낮이라 칭하신-창1:1-4/요1:1-17/엡2:15-16-빛으로 영생하신 예수님께서 원수 된
창1:5-4-2-아침이 되는-계4:2-8-밤이라 칭하신-창1:2-4/요1:5-17/엡2:15-16-어두움에 계명과 율법을 육체로 폐하시고 십자가로 소멸하신
창1:5-4-2-아침이 되는-계4:2-8-밤이라 칭하신-창1:2-4/요1:5-17/롬8:2-어두움에 죄와 사망의 율법을-< 道可道 非常道 名可名 非常名이라 하며
空不異色 色不異空이라 하는 것이며
창1:5-4-2-아침이 되는-계4:2-8-밤이라 칭하신-계4:2-7-네 생물에 각기 여섯 날개에-육 바람 일을 -- 어두움에 죄와 사망의 율법이라 하는 것이며
창1:5-4-2-아침이 되는-계4:2-8-밤이라 칭하신 어두움에 죄와 사망의 율법에서 난 의를 가지고 있는 자들을-불경에서-아사리들이라 하며-성경에서는
창1:5-4-2-아침이 되는-계4:2-8-밤이라 칭하신 어두움에-롬8:2-빌3:2-9-죄와 사망의 율법에서 난 의를 가지고 있는 자들을-계22:15-개들과 술객들과
행음자들과 살인자들과 우상 숭배자들과 거짓말을 지어서 만들어 내는 거짓말쟁이라 하는 것이며
또
창1:5-4-2-아침이 되는-계4:2-8-밤이라 칭하신-창1:2-4/요1:5-17/롬8:1-2-어두움에 죄와 사망의 율법에서 = = = = =>-우리 인류를 해방하신
창1:5-4-1-저녁이 되는-계4:1-5-낮이라 칭하신-창1:1-4/요1:1-17/롬8:2-빛으로 영생하시는 예수 안에 있는 생명의 성령의 법을-苦 輯滅道라 하며
道可道 有常道 名可名 有常名 이라 하며 色卽是空 空卽是空이라 하고
창1:5-4-1-저녁이 되는-계4:1-2-5-8-낮의 하늘에 계시는-롬8:1-2/빌3:1-9-예수님 안에 있는 생명의 성령의 법에서 난 의를 은혜로 받은 사람들을
창1:5-4-1-天父와 天子에 天夫人과 삼천지인이라 하며 - 아뇩 다라 삼막 삼보리들이라 하고-물과 성령으로 거듭난 사람들이라 하며 하는
-반면에-
창1:5-4-2-아침이 되는-계4:2-8-밤이라 칭하신-창1:2-4/계4:2-7/롬8:2/빌3:2-9-어두움에 죄와 사망의 율법에서 난 의를 가지고 가르치는 자들을
창1:5-4-2-陰父와 陰自의 陰夫人이라 하는 -玄人과 玄自라 하며 -아사리들이라 하며-계22:15-개들과 술객들과 행음자들과 살인자들과 우상 숭배자들과
거짓말을 지어서 만들어 내는 거짓말 장인이라 하는 것이다.
창1:5-4-2-아침이 되는-계4:2-8-밤이라 칭하신-창1:2-4/계4:2-7/고전15:56- 어두움의 율법이 사망으로 쏘는 -롬6:1-14-죄가 주관하지 못하는
창1:5-4-1-저녁이 되는-계4:1-8-낮이라 칭하신-창1:1-4/요1:1-17/롬6:1-14/계22:1-21-주 예수의 은혜가 모든 사람들에게 있을지어다. 아멘.
하는 것은
창1:5-4-1-저녁이 되는-계4:1-8-낮이라 칭하신-엡:15-16-예수님의 죽으심과 합하여 -롬6:1-14-물로 세례를 받아서
창1:5-4-2-아침이 되는-계4:2-8-밤이라 칭하신-창1:2-4/요1:5-17/고전15:56-어두움의 율법이 사망으로 쏘는 -롬6:1-14-죄가 주관하지 못하는
창1:5-4-1-저녁이 되는-계4:1-8-낮이라 칭하신-창1:1-4/요1:1-17/롬6:1-14-예수님의 은혜와 진리에-히4:1-10-참된 안식에 주의 몸 된 성찬
예식에 참예하여 들어오라 부르고 계시는 예수님을 이렇게-창1:1-과-2-안에서 보고 보며 본 것이라 이렇게 그 이야기를 하고 하며 하게 되는 것이다.

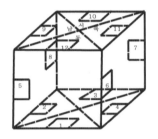
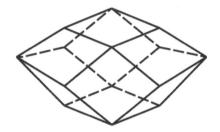

계1	계4	계8	계12	계16	계20
계2	계5	계9	계13	계17	계21
계3	계6	계10	계14	계18	계22
	계7	계11	계15	계19	

계1	계4	계8	계12	계16	계20
계2	계5	계9	계13	계17	계21
계3	계6	계10	계14	계18	계22
구약성경	계7	계11	계15	계19	신약성경

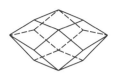

창1:5-4-1-천부께서

창1:5-4-1-저녁이 되는 -계4:1-2-5-8-낮이라 칭하신-예수님과-성령과-일곱 영의-빛이 힘있게 비추는 = = =)-

창1:5-4-1-지면에-<== 창2:4-9-계22:1-생명나무-계2:1-7-낙원이 있으며

창1:5-4-1-지면에-<== 낮이라 칭하신 -요1:1-18-29-계22:1-어린양의 보좌가 있고

창1:5-4-1-천이라 하는 -계4:1-8-낮의 첫째 하늘에-<= 계4:5-일곱 영의 -계20:4-6-보좌들이 있으며

창1:5-4-1-천이라 하는 -계4:1-8-낮의 둘째 하늘에 -<=계5:2-성령의-계20:11-12-크고 흰 보좌가 있으며

창1:5-4-1-천이라 하는 -계4:1-8-낮의 셋째 하늘에 -<=계3:21-천부와 천자이신 예수님의 보좌가 있으며

창1:5-4-1-천이라 하는 -계4:1-8-낮의 셋째 하늘에 -<=계4:1- 열린 문들이-천부와 천자의 집 -위에-그림과 같이 있으며

반면에

창1:5-4-2-아침이 되는-계4:2-8-밤이라 칭하신-계4:2-7-네 생물에 -계4:2-4-5-6-보좌가

창1:5-4-2-흑암에 구름이라 하는 어두움에 밤하늘에 -<= 계4:2-3-보좌가 베풀어져 있고-보좌는-음부에 집 宙에 들어 있으며

창1:5-4-2-혼돈하고 공허한 어두움에 땅에 -<= = = = = 계4:2-4-보좌가 베풀어져 있고-보좌에 있는 네 생물이-음부의 -집에 신전이 되는 것이며

창1:5-4-2-깊음에 있는 하늘이라 칭하신 궁창에 -<= = = = 계4:2-5-보좌가 베풀어져 있고-보좌에 있는 네 생물의 날개들이 24 기초석을 이루고 있고

창1:5-4-2-수면에 있던 에덴동산에 어두움에 -<= = = = 계4:2-6-보좌가 베풀어져 있고-장로들이 음부의 집 宙 에 - 24 기초석을 이루고 있더라.

또

창1:5-4-2-아침이 되는 -계4:2-8-밤이라 칭하신 -계4:2-7-네 생물을-겔1:4-28-여호와라 하는 것이며 여호와가-

창1:5-4-2-수면에 -창1:9-10-물을 모이라 하시고 바다라 칭하시고 땅이라 칭하신 뭍에 있는- 창2:4-9/창3:24-에덴동산에 여호와가 있었던 것이며

창1:5-4-2-아침이 되는 -계4:2-8- 밤이라 칭하신-계4:2-7-네 생물이

창1:5-4-2-깊음이라 하는-창1:6-8-물의 흑암 속에 있으라 하시고 하늘이라 칭하신 궁창에서-겔10:1-20-운행하는 것을 보며-

창1:5-4-2-어두움에-창3:24-에덴동산 동편에서 생명나무 낙원으로 가는 생명나무 길을 덮어서 막아서 지키는 그룹들이라 하는 것이며

창1:5-4-2-아침이 되는 -계4:2-8- 밤이라 칭하신-계4:2-7-네 생물이

창1:5-4-2-혼돈하고 공허한 땅에서 -사6:1-13-운행하는 것을 보며 스랍들이라 하는 이들을

창1:5-4-2-어두움에-창3:24-에덴 동편에서 생명나무 낙원으로 가는 생명나무 길을 막아서 지키는 화염검으로 보며

창1:5-4-2-아침이 되는 -계4:2-8- 밤이라 칭하신 -계4:2-7-네 생물이

창1:5-4-2-과-겔28:1-13-네가 옛적에 에덴동산에서 -범죄하였도다-네 모든 성소를 더럽혔음이며 -네 가운데 불을 던져 불살라서 재가 되었도다.

그리고

창1:5-4-1-저녁이 되는-계4:1-8-낮이라 칭하신-창1:1-4/창14:17-20/요1:1-17-빛이신 예수께서-

창1:5-4-2-아침이 되는-계4:2-8-밤이라 칭하신-계4:2-7/신4:10-15/요1:5-17-어두움에 계명과 율법의 법궤와-계4:2-6-보좌가 있는

창1:5-4-2-어두움에-요2:19-성전 안 벽면에-<= = 여호와라 하며 네 생물이라 하는-네 그룹 중에서-하나의 그룹의 영상과 모양이 금으로 만들어져 있고

창1:5-4-2-어두움에-요2:19-성전 성소 휘장에-<= 여호와라 하며 네 생물이라 하는-네 그룹 중에서-하나의 그룹의 형상과 모양이 청색과 자색과 홍색에

고운 베실로 수놓아 있었고

창1:5-4-2-어두움에-요2:19-성전 지성소에서-<=== 여호와라 하며 네 생물이라 하는-네 그룹 중에서-두 그룹이 날개로 율법의 법궤를 덮고 있었다가

창1:5-4-1-빛이신--요2:19-엡2:15-16-예수께서 원수 된-어두움에 계명과 율법을 육체로 폐하시고 십자가로 소멸하실 때에-

창1:5-4-2-어두움에-요2:19-마27:51-성소의 휘장이 위에서 아래로 찢어져서 법궤에 있는 율법과 함께 폐하여진 것을-이렇게 -성령의 감동하여-

창1:5-4-1-저녁이 되는 -계4:1-2-5-8-낮의 하늘에서 이렇게 보고 보며 -볼 때-

창1:5-4-2-어두움에-요2:19-성전 지성소에서 율법의 법궤를 덮고 있는 두 그룹의 날개를-시온좌라 하며 여호와와의-계1:4-그 보좌로 보고 보며 볼 때

창1:5-4-2-어두움에- 계4:2-4-5-6-보좌를 -계4:2-7-네 생물에 날개들로 보고 보며 본 것이다.

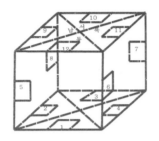
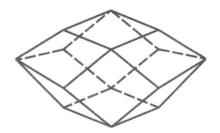

계1	계4	계8	계12	계16	계20
계2	계5	계9	계13	계17	계21
계3	계6	계10	계14	계18	계22
	계7	계11	계15	계19	

계1	계4	계8	계12	계16	계20
계2	계5	계9	계13	계17	계21
계3	계6	계10	계14	계18	계22
구약성경	계7	계11	계15	계19	신약성경

창1:5-4-1-천부께서

창1:5-4-1-저녁이 되는 -계4:1-2-5-8-낮이라 칭하신-예수님과-성령과-일곱 영의-빛이 힘있게 비추는 = = =)-

창1:5-4-1-지면에-<== 창2:4-9-계22:1-생명나무-계2:1-7-낙원이 있으며

창1:5-4-1-지면에-<== 낮이라 칭하신-요1:1-18-29-계22:1-어린양의 보좌가 있고-어린양의 12제자가-천부의 집 字에-12 기초석을 이루고 있고

창1:5-4-1-천이라 하는 -계4:1-8-낮의 첫째 하늘에-<- 계4:5-일곱 영의 -계20:4-6-보좌들이 있으며

창1:5-4-1-천이라 하는 -계4:1-8-낮의 둘째 하늘에 -<=계5:2-성령의-계20:11-12-크고 흰 보좌가 있으며

창1:5-4-1-천이라 하는 -계4:1-8-낮의 셋째 하늘에 -<=계3:21-천부와 천자이신 예수님의 보좌가 있고-보좌에 예수님이 천부의 집 字에 성전이 되시며

창1:5-4-1-천이라 하는 -계4:1-8-낮의 셋째 하늘에 -<=계4:1- 열린 문들이-천부와 천자의 집에 -위에-그림과 같이 있으며

반면에

창1:5-4-2-아침이 되는-계4:2-8-밤이라 칭하신-계4:2-7-네 생물에 -계4:2-4-5-6-보좌가

창1:5-4-2-흑암에 구름이라 하는 어두움에 밤하늘에 -<= = 계4:2-3-보좌가 베풀어져 있고-보좌는-음부에 집 宙에 들어 있으며

창1:5-4-2-혼돈하고 공허한 어두움에 땅에-<= = = = = 계4:2-4-보좌가 베풀어져 있고-보좌에 있는 네 생물이-음부의 -집에 신전이 되는 것이며

창1:5-4-2-깊음에 있는 하늘이라 칭하신 궁창에-<= = = 계4:2-5-보좌가 베풀어져 있고-보좌에 있는 네 생물의 날개들이 24 기초석을 이루고 있고

창1:5-4-2-수면이 있던 에덴동산에 어두움에-<= = = = 계4:2-6-보좌가 베풀어져 있고-장로들이 음부의 집 宙에 - 24 기초석을 이루고 있더라.

또

창1:5-4-2-아침이 되는 -계4:2-8-밤이라 칭하신 -계4:2-7-네 생물을-겔1:4-28-여호와라 하는 것이며 여호와가-

창1:5-4-2-수면에 -창1:9-10-물을 모이라 하시고 바다라 칭하시고 땅이라 칭하신 뭍에 있는- 창2:4-9/창3:24-에덴동산에 여호와가 있었던 것이며

창1:5-4-2-아침이 되는-계4:2-8- 밤이라 칭하신-계4:2-7-네 생물이

창1:5-4-2-깊음이라 하는-창1:6-8-물의 흑암 속에 있으라 하시고 하늘이라 칭하신 궁창에서-겔10:1-20-운행하는 것을 보며-

창1:5-4-2-어두움에-창3:24-에덴동산 동편에서 생명나무 낙원으로 가는 생명나무 길을 덮어서 막아서 지키는 그룹들이라 하는 것이며

창1:5-4-2-아침이 되는-계4:2-8- 밤이라 칭하신-계4:2-7-네 생물이

창1:5-4-2-혼돈하고 공허한 땅에서 -사6:1-13-운행하는 것을 보며 스랍들이라 하는 이들을

창1:5-4-2-어두움에-창3:24-에덴 동편에서 생명나무 낙원으로 가는 생명나무 길을 막아서 지키는 화염검으로 보며

창1:5-4-2-아침이 되는-계4:2-8- 밤이라 칭하신 -계4:2-7-네 생물이

창1:5-4-2-과-겔28:1-13-네가 옛적에 에덴동산에서 -범죄하였도다-네 모든 성소를 더럽혔음이며 -네 가운데 불을 던져 불살라서 재가 되었도다.

그리고

창1:5-4-1-낮이라 칭하신-창1:1-4/창14:17-20/요1:1-17/롬8:2-빛이신 예수님 안에 있는 생명의 성령의 법이라는 살렘 왕 멜기세덱의 반차를 따라서

창1:5-4-1-낮이라 칭하신-창1ㅣ104/창14:17-20/요1:1-17/엡2:15-16-빛이신 예수께서 원수 된

창1:5-4-2-밤이라 칭하신-계4:2-7/신4:10-15/요1:5-17/엡2:15-16-어두움에 계명과 율법 육체로 폐하시고 십자가로 소멸하여 죽으신

창1:5-4-1-낮이라 칭하신-창1:1-4/창14:17-20/요1:1-17/엡2:15-15/롬6:1-11- 예수님의 죽으심과 합하여 물로 세례를 받아서

창1:5-4-1-밤이라 칭하신-요1:5-17/고전15:56-어두움의 율법이 사망으로 쏘는 죄가-롬7:1-24-율법 아래 있는 사람들만 주관하는 권세를 가지고 있어

창1:5-4-1-낮이라 칭하신-창1:1-4/창14:17-20/요1:1-17/엡2:15-16/롬6:1-11-예수님의 죽으심과 합하여 물로 세례를 받아서 죽음을 맞보지 아니하고
죽은 자들이 받는 아브라함의 복을 받았으니 이는

창1:5-4-2-밤이라 칭하신-계4:2-7/신4:10-15/요1:5-17/롬7:1-24/갈15:56-어두움의 율법이 사망으로 쏘는 -롬6:1-14-죄가 주관하지 못하는

창1:5-4-1-낮이라 칭하신-창1:1-4/창14:17-20/요1:1-17/롬6:1-14-빛이신 예수 그리스도의 은혜를 받아서

창1:5-4-1-낮이라 칭하신-요1:1-17/고후9:8-빛이신 예수님이 능히 모든 은혜를 나에게 넘치게 해서 나로 모든 일에 모든 것이 항상 넉넉하여 모든 착한 일을
넘치도록 하게 하시는 예수님의 전능하신 은혜로 살아가는 천국에 복음을

창1:5-4-2-밤이라 칭하신-신4:10-15/요1:5-17-어두움의 율법을 따르는-계22:15-개들이 기복신앙이라 하는 개소리 하는 개들을 이렇게 보여 주느라.

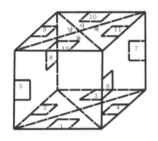
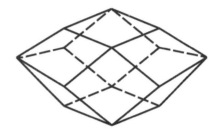

계1	계4	계8	계12	계16	계20
계2	계5	계9	계13	계17	계21
계3	계6	계10	계14	계18	계22
	계7	계11	계15	계19	

계1	계4	계8	계12	계16	계20
계2	계5	계9	계13	계17	계21
계3	계6	계10	계14	계18	계22
구약성경	계7	계11	계15	계19	신약성경

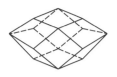

창1:5-4-1-천부께서

창1:5-4-1-저녁이 되는 -계4:1-2-5-8-낮이라 칭하신-예수님과-성령과-일곱 영의-빛이 힘있게 비추는 = = =>-

창1:5-4-1-지면에-<== 창2:4-9-계22:1-생명나무-계2:1-7-낙원이 있으며

창1:5-4-1-지면에-<== 낮이라 칭하신-요1:1-18-29-계22:1-어린양의 보좌가 있고-어린양의 12제자가-천부의 집 宇에-12기초석을 이루고 있고

창1:5-4-1-천이라 하는 -계4:1-8-낮의 첫째 하늘에-<= 계4:5-일곱 영의 -계20:4-6-보좌들이 있으며

창1:5-4-1-천이라 하는 -계4:1-8-낮의 둘째 하늘에 -<=계5:2-성령의-계20:11-12-크고 흰 보좌가 있으며

창1:5-4-1-천이라 하는 -계4:1-8-낮의 셋째 하늘에 -<=계3:21-천부와 천자이신 예수님의 보좌가 있고-보좌에 예수님이 천부의 집 宇에 성전이 되시며

창1:5-4-1-천이라 하는 -계4:1-8-낮의 셋째 하늘에 -<=계4:1- 열린 문들이-천부와 천자의 집에 -위에-그림과 같이 있으며

반면에

창1:5-4-2-아침이 되는-계4:2-8-밤이라 칭하신-계4:2-7-네 생물에 -계4:2-4-5-6-보좌가

창1:5-4-2-흑암에 구름이라 하는 어둠에 밤하늘에 -<= 계4:2-3-보좌가 베풀어져 있고-보좌는-음부에 집 宙에 들어 있으며

창1:5-4-2-혼돈하고 공허한 어둠에 땅에-<= = = = = = 계4:2-4-보좌가 베풀어져 있고-보좌에 있는 네 생물이-음부의-집에 신전이 되는 것이며

창1:5-4-2-깊음에 있는 하늘이라 칭하신 궁창에-<= = = = 계4:2-5-보좌가 베풀어져 있고-보좌에 있는 네 생물의 날개들이 24 기초석을 이루고 있고

창1:5-4-2-수면에 있던 에덴동산에 어둠에-<= = = = 계4:2-6-보좌가 베풀어져 있고-장로들이 음부의 집 宙에- 24기초석을 이루고 있더라.

또

창1:5-4-2-아침이 되는 -계4:2-8-밤이라 칭하신 -계4:2-7-네 생물을-겔1:4-28-여호와라 하는 것이며 여호와가-

창1:5-4-2-수면에 -창1:9-10-물을 모이라 하시고 바다라 칭하시고 땅이라 칭하신 뭍에 있는- 창2:4-9/창3:24-에덴동산에 여호와가 있었던 것이며

창1:5-4-2-아침이 되는-계4:2-8- 밤이라 칭하신-계4:2-7-네 생물이

창1:5-4-2-깊음이라 하는-창1:6-8-물의 흑암 속에 있으라 하시고 하늘이라 칭하신 궁창에서-겔10:1-20-운행하는 것을 보며-

창1:5-4-2-어둠에-창3:24-에덴동산 동편에서 생명나무 낙원으로 가는 생명나무 길을 덮어서 막아서 지키는 그룹들이라 하는 것이며

창1:5-4-2-아침이 되는-계4:2-8- 밤이라 칭하신-계4:2-7-네 생물이

창1:5-4-2-혼돈하고 공허한 땅에서 -사6:1-13-운행하는 것을 보며 스랍들이라 하는 이들을

창1:5-4-2-어둠에-창3:24-에덴 동편에서 생명나무 낙원으로 가는 생명나무 길을 막아서 지키는 화염검으로 보며

창1:5-4-2-아침이 되는-계4:2-8- 밤이라 칭하신 -계4:2-7-네 생물이

창1:5-4-2-과-겔28:1-13-네가 옛적에 에덴동산에서 -범죄하여도다-네 모든 성소를 더럽혔음이며 -네 가운데 불을 던져 불살라서 재가 되었도다.

그리고

창1:5-4-1-낮이라 칭하신-창1:1-4/창14:17-20/요1:1-17/롬8:2-빛이신 예수님 안에 있는 생명의 성령의 법이라는 살렘 왕 멜기세덱의 반차를 따라서

창1:5-4-1-낮이라 칭하신-창1:1-4/창14:17-20/요1:1-17/롬8:2-/빌3:1-9-빛이신 예수님 안에 있는 생명의 성령의 법에서 난

창1:5-4-1-낮이라 칭하신-창1:1-4/창14:17-20/ 요1:1-17-빛이신 예수님께서-마5-6-7-장-에-나타내신 의로 의롭다 하심을 예수님 은혜로 얻어서

창1:5-4-2-밤이라 칭하신-계4:2-7/신4:10-15/요1:5-17/롬8:2-/빌3:9-8-어둠의 율법에서 난 의를 배설물에 똥과 같이 버려 버리고

창1:5-4-1-낮이라 칭하신-창1:1-4/창14:17/20/요1:1-17/롬8:2-빛이신 예수님 안에 있는 생명의 성령의 법을 따르는 사람들을-<====

창1:5-4-1-밤이라 칭하신-요1:5-17/롬8:2-어둠의 율법이 죄와 사망의 율법에서 난 의를 가지고 있는-빌3:9-2-개들이 개소리로 영지주의자라 하는 이단의 프레임을 씌우던 -계22:2-15-개들의 개소리를 하는 거짓말쟁이들이

창1:5-4-1-天父와 天子-집 宇에-계4:1-열린 문에서 심판을 받아서 = = =>-

창1:5-4-2-흑암에-신4:10-15-구름 속에 여호와가 있는 화염에 불꽃이 충천한 불못에-<==== 던져지는 -계22:2-15-개들을- 성령에 감동하여

창1:5-4-1-저녁이 되는 -계4:1-2-5-8-낮의 하늘에서 이렇게 보고 보며 본 것이라 이렇게 그 리얼 스토리에 이야기를 이렇게 하고 하며 하는 것이니라.

여호수아와 갈렙은 여호와의 개라 하는 것을 보고 보며 본 것이다.

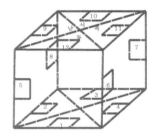
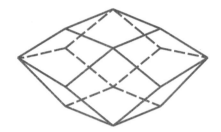

계1	계4	계8	계12	계16	계20
계2	계5	계9	계13	계17	계21
계3	계6	계10	계14	계18	계22
	계7	계11	계15	계19	

계1	계4	계8	계12	계16	계20
계2	계5	계9	계13	계17	계21
계3	계6	계10	계14	계18	계22
구약성경	계7	계11	계15	계19	신약성경

창1:5-4-1-천부께서

창1:5-4-1-저녁이 되는 -계4:1-2-5-8-낮이라 칭하신-예수님과-성령과-일곱 영의-빛이 힘있게 비추는 ====>-

창1:5-4-1-지면에-<== 창2:4-9-계22:1-생명나무-계2:1-7-낙원이 있으며

창1:5-4-1-지면에-<== 낮이라 칭하신-요1:1-18-29-계22:1-어린양의 보좌가 있고-어린양의 12제자가-천부의 집 宇에-12기초석을 이루고 있고

창1:5-4-1-천이라 하는 -계4:1-8-낮의 첫째 하늘에 -<계4:5-일곱 영의 -계20:4-6-보좌들이 있으며

창1:5-4-1-천이라 하는 -계4:1-8-낮의 둘째 하늘에 -<=계5:2-성령의-계20:11-12-크고 흰 보좌가 있으며

창1:5-4-1-천이라 하는 -계4:1-8-낮의 셋째 하늘에 -<계3:21-천부와 천자이신 예수님의 보좌가 있고-보좌에 예수님이 천부의 집 宇에 성전이 되시며

창1:5-4-1-천이라 하는 -계4:1-8-낮의 셋째 하늘에 -<=계4:1- 열린 문들이-천부와 천자의 집에 -위에-그림과 같이 있으며

반면에

창1:5-4-2-아침이 되는-계4:2-8-밤이라 칭하신-계4:2-7-네 생물에 -계4:2-4-5-6-보좌가

창1:5-4-2-흑암에 구름이라 하는 어두움에 밤하늘에 -<= = 계4:2-3-보좌가 베풀어져 있고-보좌는-음부에 집 宙에 들어 있으며

창1:5-4-2-혼돈하고 공허한 어두움에 땅에-<= = = = = 계4:2-4-보좌가 베풀어져 있고-보좌에 있는 네 생물이-음부의 -집에 신전이 되는 것이며

창1:5-4-2-깊음에 있는 하늘이라 칭하신 궁창에-<= = = 계4:2-5-보좌가 베풀어져 있고-보좌에 있는 네 생물의 날개들이 24 기초석을 이루고 있고

창1:5-4-2-수면이 있던 에덴동산에 어두움에-<= = = = 계4:2-6-보좌가 베풀어져 있고-장로들이 음부의 집 宙에 - 24 기초석을 이루고 있더라.

또

창1:5-4-2-아침이 되는 -계4:2-8-밤이라 칭하신 -계4:2-7-네 생물을-겔1:4-28-여호와라 하는 것이며 여호와가-

창1:5-4-2-수면에 -창1:9-10-물을 모이라 하시고 바다라 칭하시고 땅이라 칭하신 뭍에 있는- 창2:4-9/창3:24-에덴동산에 여호와가 있었던 것이며

창1:5-4-2-아침이 되는-계4:2-8- 밤이라 칭하신-계4:2-7-네 생물이

창1:5-4-2-깊음이라 하는-창1:6-8-물의 흑암 속에 있으라 하시고 하늘이라 칭하신 궁창에서-겔10:1-20-운행하는 것을 보며-

창1:5-4-2-어두움에-창3:24-에덴동산 동편에서 생명나무 낙원으로 가는 생명나무 길을 덮어서 막아서 지키는 그룹들이라 하는 것이며

창1:5-4-2-아침이 되는-계4:2-8- 밤이라 칭하신-계4:2-7-네 생물이

창1:5-4-2-혼돈하고 공허한 땅에서 -사6:1-13-운행하는 것을 보며 스랍들이라 하는 이들을

창1:5-4-2-어두움에-창3:24-에덴 동편에서 생명나무 낙원으로 가는 생명나무 길을 막아서 지키는 화염검으로 보며

창1:5-4-2-아침이 되는-계4:2-8- 밤이라 칭하신 -계4:2-7-네 생물이

창1:5-4-2-과-겔28:1-13-네가 옛적에 에덴동산에서 -범죄하였도다-네 모든 성소를 더럽혔음이며 -네 가운데 불을 던져 불살라서 재가 되었도다.

그리고

창1:5-4-1-저녁이 되는-계4:1-2-5-8-낮의 하늘에-성령과 -일곱 영이= = =>-계1:4-교회들에-<=== 하시는 말씀은

창1:5-4-2-아침이 되는-밤이라 칭하신-창1:2-4/신4:10-15/ 요1:5-17/갈5:4-어두움인 여호와의 율법 안에서 의롭다 함을 얻으려 하는 너희는 <==

창1:5-4-1-저녁이 되는-낮이라 칭하신-창1:1-4/창14:17-20/요1:1-17/갈5:4-빛이신 예수 그리스도에게서 끊어지고-<===

창1:5-4-2-아침이 되는-밤이라 칭하신-창1:2-4/신4:10-15/고전15:56-어두움의 율법이 사망으로 쏘는 -롬6:1-14-죄가 주관하지 못하는

창1:5-4-1-저녁이 되는-낮이라 칭하신-창1:1-4/창14:17-20/요1:1-17/롬6:1-14/갈5:4-빛이신 예수님 은혜에서 떨어져 -<===

창1:5-4-1-저녁이 되는-계4:1-8-낮의 하늘에 열린 문으로 예수께서

-계4:1-계1:10-나팔 소리 같은 음성으로--> 갈5:4/계3:1-두 교회 사자에게 네가 살았다 하는 나의 이름은 가졌으나 죽은 자로다.

갈5:4-25/계3:1-3-그러므로 회개하라 하시는

-계4:1-2-5-8-낮의 하늘에 계신 예수님과 성령과 일곱 영이 = = =>-교회들에게 하시는 말씀을 -이렇게- 성령의 감동하여

창1:5-4-1-저녁이 되는-낮의 하늘에서 이렇게 보고 보며 본 것이라 이렇게 그 리얼 스토리에 이야기를 이렇게 천 번이고 만 번이고 하고 하며 하라 하시니라.

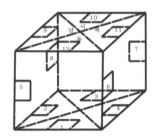
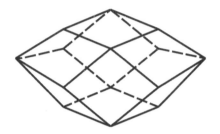

계1	계4	계8	계12	계16	계20
계2	계5	계9	계13	계17	계21
계3	계6	계10	계14	계18	계22
	계7	계11	계15	계19	

계1	계4	계8	계12	계16	계20
계2	계5	계9	계13	계17	계21
계3	계6	계10	계14	계18	계22
구약성경	계7	계11	계15	계19	신약성경

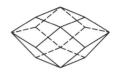

창1:5-4-1-천부께서

창1:5-4-1-저녁이 되는 -계4:1-2-5-8-낮이라 칭하신-예수님과-성령과-일곱 영의-빛이 힘있게 비추는 ====>-

창1:5-4-1-지면에-<== 창2:4-9-계22:1-생명나무-계2:1-7-낙원이 있으며

창1:5-4-1-지면에-<== 낮이라 칭하신-요1:1-18-29-계22:1-어린양의 보좌가 있고-어린양의 12제자가-천부의 집 宇에-12기초석을 이루고 있고

창1:5-4-1-천이라 하는 -계4:1-8-낮의 첫째 하늘에-<= 계4:5-일곱 영의 -계20:4-6-보좌들이 있으며

창1:5-4-1-천이라 하는 -계4:1-8-낮의 둘째 하늘에 -<=계5:2-성령의-계20:11-12-크고 흰 보좌가 있으며

창1:5-4-1-천이라 하는 -계4:1-8-낮의 셋째 하늘에 -<=계3:21-천부와 천자이신 예수님의 보좌가 있고-보좌에 예수님이 천부의 집 宇에 성전이 되시며

창1:5-4-1-천이라 하는 -계4:1-8-낮의 셋째 하늘에 -<=계4:1- 열린 문들이-천부와 천자의 집 -에 -위에-그림과 같이 있으며

반면에

창1:5-4-2-아침이 되는-계4:2-8-밤이라 칭하신-계4:2-7-네 생물에 -계4:2-4-5-6-보좌가

창1:5-4-2-흑암에 구름이라 하는 어두움에 밤하늘에 -<= 계4:2-3-보좌가 베풀어져 있고-보좌는-음부에 집 宙에 들어 있으며

창1:5-4-2-혼돈하고 공허한 어두움에 땅에-<= = = = = 계4:2-4-보좌가 베풀어져 있고-보좌에 있는 네 생물이-음부의 -집에 신전이 되는 것이며

창1:5-4-2-깊음에 있는 하늘이라 칭하신 궁창에-<= = = 계4:2-5-보좌가 베풀어져 있고-보좌에 있는 네 생물의 날개들이 24 기초석을 이루고 있고

창1:5-4-2-수면이 있던 에덴동산에 어두움에-<= = = = 계4:2-6-보좌가 베풀어져 있고-장로들이 음부의 집 宙에 - 24 기초석을 이루고 있더라.

또

창1:5-4-2-아침이 되는 -계4:2-8-밤이라 칭하신 -계4:2-7-네 생물을-겔1:4-28-여호와라 하는 것이며 여호와가-

창1:5-4-2-수면에 -창1:9-10-물을 모이라 하시고 바다라 칭하시고 땅이라 칭하신 뭍에 있는- 창2:4-9/창3:24-에덴동산에 여호와가 있었던 것이며

창1:5-4-2-아침이 되는-계4:2-8- 밤이라 칭하신-계4:2-7-네 생물이

창1:5-4-2-깊음이라 하는-창1:6-8-물의 흑암 속에 있으라 하시고 하늘이라 칭하신 궁창에서-겔10:1-20-운행하는 것을 보며-

창1:5-4-2-어두움에-창3:24-에덴동산 동편에서 생명나무 낙원으로 가는 생명나무 길을 덮어서 막아서 지키는 그룹들이라 하는 것이며

창1:5-4-2-아침이 되는-계4:2-8- 밤이라 칭하신-계4:2-7-네 생물이

창1:5-4-2-혼돈하고 공허한 땅에서 -사6:1-13-운행하는 것을 보며 스랍들이라 하는 이들을

창1:5-4-2-어두움에-창3:24-에덴 동편에서 생명나무 낙원으로 가는 생명나무 길을 막아서 지키는 화염검으로 보며

창1:5-4-2-아침이 되는-계4:2-8- 밤이라 칭하신 -계4:2-7-네 생물이

창1:5-4-2-과-겔28:1-13-네가 옛적에 에덴동산에서 -범죄하였도다-네 모든 성소를 더럽혔음이며 -네 가운데 불을 던져 불살라서 재가 되었도다.

그리고

창1:5-4-1-낮이라 칭하신-창1:1-4/창14:17-20/요1:1-17/롬8:2-빛이신 예수님 안에 있는 생명의 성령의 법이라는 -살렘 왕 멜기세덱의 반차를 따라서

창1:5-4-1-낮이라 칭하신-창1:1-4/창14:17-20/요1:1-17/엡2:15-16-빛이신 예수께서 원수 된

창1:5-4-2-밤이라 칭하신-창1:2-4/신4:10-15/ 요1:5-17/엡2:15-16-어두움인 여호와의 계명과 율법을 육체로 폐하시고 십자가로 소멸하여 죽으신

창1:5-4-1-낮이라 칭하신-창1:1-4/창14:17-20/요1:1-17/엡2:15-16/롬6:1-11-예수님의 죽으심과 합하여 물로 세례를 받아서

창1:5-4-2-밤이라 칭하신-창1:2-4/신4:10-15/고전15:56-어두움과-여호와와-율법과-죄에-<= = = 대하여 - 롬6:1-4- 죽어 장사된 사람을

창1:5-4-1-천부 아버지의-롬6:1-4/골2:12-영광과 능력으로 예수 그리스도를 죽은 자 가운데서 다시 살리심과 같이

-엡2:1-4-예수 그리스도와 함께 일으키사 하늘이라 하는

창1:5-4-1-천이라 하는--계1-2-5-8-낮의 첫째와 둘째와 셋째 하늘에 계신 -계20:4-6/계20:11-13/계3:21-예수님과 성령과 일곱 영의 보좌들 위에

은혜로 첫째와 둘째 부활에 참여하여 앉히시는 반면에

창1:5-4-2-밤이라 칭하신-창1:2-4/신4:10-15/요1:5-17/롬8:2/고전15:56-어두움에 죄와 사망의 율법 안에는 부활이 없더라.

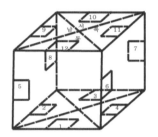
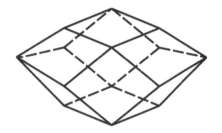

계1	계4	계8	계12	계16	계20
계2	계5	계9	계13	계17	계21
계3	계6	계10	계14	계18	계22
	계7	계11	계15	계19	

계1	계4	계8	계12	계16	계20
계2	계5	계9	계13	계17	계21
계3	계6	계10	계14	계18	계22
구약성경	계7	계11	계15	계19	신약성경

창1:5-4-1-저녁이 되는-계4:1-2-5-8-낮의 하늘에 계신-계4:1- 예수께서 아버지
창1:5-4-1-천부의 집에-계4:1-열린 문으로 처음에-
　　　　　　　　-계4:1-계1:10-나팔 소리 같은 큰 음성으로 -계1:9-밧모섬에 있는 제자 요한에게 너 보는 것을 두루마리에 써서
　　　　　　　　　　　　　　　-계4:1-계1:4-아시아에 있는 일곱 교회에 보내라 하시기로
　　　　　　　　-계4:1-계1:10-12-요한이 몸을 돌이켜서 볼 때 일곱 금 촛대를 보았는데 촛대 사이에
　　　　　　　　-계4:1-계1:10-13-인자 같은 이가 발에 끌리는 옷을 입고 가슴에 금띠를 띠시고
　　　　　　　　-계4:1-계1:10-14-그의 머리와 털의 희기가 흰 양털 같고 눈 같으며 그의 눈은 불꽃 같고
　　　　　　　　-계4:1-계1:10-15-그의 발은 풀무에 단련한 빛난 주석 같고 그의 음성은 많은 물소리 같으며
　　　　　　　　-계4:1-계1:10-16-그의 오른손에 -계4:5-일곱 영이라 하는 일곱 별이 있고
　　　　　　　　　　　　그의 입에서 좌우에 날 선 -계4:2-성령의 검이 나오고
　　　　　　　　　　　　그의 얼굴을 궁창에 있는 해가 힘있게 비추는 것과 같이
창1:5-4-1-저녁이 되는-계4:1-1-2-5-8- 낮이라 칭하신 빛이 힘있게 비추는 그의 얼굴을 볼 때
　　　　　　　　-계4:1-계1:10-17-그의 발 앞에 요한이 엎드려져 죽은 자같이 되매
　　　　　　　　　　　　그가 오른손을 요한에게 얹고 이르시되 두려워 말라 나는 처음이요 마지막이니
　　　　　　　　-계4:1-계1:10-18-내가 전에 죽었었다가 살아 있노라 볼지어다 이제 세세토록 살아 있어
창1:5-4-2-음부와 사망-계4:1-계1:10-18-에 열쇠를 가졌노니
　　　　　　　　-계4:1-계1:10-19-그러므로 네 본 것과 이제 있는 일과 장차 될 일을 기록하라.
　　　　　　　　-계4:1-계1:10-20-네가 본 것은 내 오른손에 일곱 별의 비밀과 또 일곱 금 촛대라.
　　　　　　　　　　　　내 오른손에 일곱 별은 일곱 교회에 사자요 일곱 촛대는 -계1:4-아시아에 있는 일곱 교회니라.

　　　　　　　　　　　　　　그리고
창1:5-4-1-저녁이 되는-계4:1-2-5-8-낮의 하늘에 계신 -계4:1-예수께서 아버지
창1:5-4-1-천부의 집에-계4:1-열린 문으로 처음에
　　　　　　　-계4:1-계1:10-나팔 소리 같은 큰 음성으로 = = = =>-
　　　　　　　-계4:1-계1:10-11-에베소 교회-계2:1-7-사자에게 편지하시며-계4:1-2-성령이 교회들에게 하시는 말씀을 듣고서
창1:5-4-2-아침이 되는-계4:2-4-5-6-8-밤이라 칭하신
창1:5-4-2-음부와 음자-계4:2-4-5-6-7-보좌에 있는 어두움이라 하는 여호와의 율법이 사망으로 쏘는 죄를-<= = = 계2:1-7-이기는 그에게
창1:5-4-1-지면에 있는-계2:1-7-낙원에-계22:1-생명나무 열매를 주어서 먹게 하리라.
창1:5-4-1-저녁이 되는-계4:1-2-5-8-낮의 하늘에 계신 예수님-사도 요한과 바울과 농부가 성령에 감동하여 보고 듣고 본 것이 이렇게 동일하며
창1:5-4-2-밤이라 칭하신 -요1:5-17-어두움의 율법을 따르는-행6:5-유대교에 입교한-계2:1-6-니골라 당의 행위를-계4:1-예수께서도 미워하노라.

　　　　　　　　　　　　　　또
창1:5-4-1-저녁이 되는-계4:1-2-5-8- 낮의 하늘에 계신-계4:1-예수께서 처음에
창1:5-4-1-천부의 집에-계4:1-열린 문으로 처음에
　　　　　　　-계4:1-계1:10-나팔 소리 같은 큰 음성으로 = = = =>-
　　　　　　　-계4:1-계1:10-11-서머나 교회-계2:8-11-사자에게 편지하시며 -계4:1-2-성령이 교회들에게 하시는 말씀을 듣고서
창1:5-4-2-아침이 되는-계4:2-4-5-6-8-밤이라 칭하신
창1:5-4-2-음부와 음자-계4:2-4-5-6-7-보좌에 있는 어두움의 율법이 사망으로 쏘는 죄를-< = = = = 계2:8-11-이기는 자는
창1:5-4-1-천이라 하는-계4:1-2-5-8-8-낮의 셋째 하늘에
창1:5-4-1-천부 아버지-계21:2-하나님께로부터 내려오는 재림 심판에서-계20:11-13/ 계21:2-8-과-계2:8-11-둘째 사망의 해를 받지 아니하리라.
창1:5-4-2-밤이라 칭하신-요1:5-17-어두움의 율법을 따르는 유대인들의 유대교를 -<- - - - - --계2:8-9-사탄의 회라 예수께서 말씀하셨습니다.

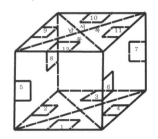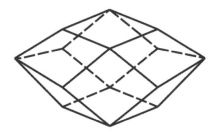

계1	계4	계8	계12	계16	계20
계2	계5	계9	계13	계17	계21
계3	계6	계10	계14	계18	계22
	계7	계11	계15	계19	

계1	계4	계8	계12	계16	계20
계2	계5	계9	계13	계17	계21
계3	계6	계10	계14	계18	계22
구약성경	계7	계11	계15	계19	신약성경

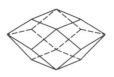

창1:5-4-1-저녁이 되는-계4:1-2-5-8-낮의 하늘에 계신-계4:1- 예수께서 아버지
창1:5-4-1-천부의 집에-계4:1-열린 문으로 처음에-
　　　　-계4:1-계1:10-나팔 소리 같은 큰 음성으로 -계1:9-밧모섬에 있는 제자 요한에게 너 보는 것을 두루마리에 써서
　　　　　　　　　　　-계4:1-4-아시아에 있는 일곱 교회에 보내라 하시기로
　　　　-계4:1-계1:10-12-요한이 몸을 돌이켜서 볼 때 일곱 금 촛대를 보았는데 촛대 사이에
　　　　-계4:1-계1:10-13-인자 같은 이가 발에 끌리는 옷을 입고 가슴에 금띠를 띠시고
　　　　-계4:1-계1:10-14-그의 머리와 털의 희기가 흰 양털 같고 눈 같으며 그의 눈은 불꽃 같고
　　　　-계4:1-계1:10-15-그의 발은 풀무에 단련한 빛난 주석 같고 그의 음성은 많은 물소리 같으며
　　　　-계4:1-계1:10-16-그의 오른손에 -계4:5-일곱 영이라 하는 일곱 별이 있고
　　　　　　　　그의 입에서 좌우에 날 선 -계4:2-성령의 검이 나오고
　　　　　　　　그의 얼굴을 궁창에 있는 해가 힘있게 비추는 것과 같이
창1:5-4-1-저녁이 되는-계4:1-1-2-5-8- 낮이라 칭하신 빛이 힘있게 비추는 그의 얼굴을 볼 때
　　　　-계4:1-계1:10-17-그의 발 앞에 요한이 엎드려져 죽은 자같이 되매
　　　　　　　　그가 오른손을 요한에게 얹고 이르시되 두려워 말라 나는 처음이요 마지막이니
　　　　-계4:1-계1:10-18-내가 전에 죽었었다가 살아 있노라 볼지어다 이제 세세토록 살아 있어
창1:5-4-2-음부와 사망-계4:1-계1:10-18-에 열쇠를 가졌노니
　　　　-계4:1-계1:10-19-그러므로 네 본 것과 이제 있는 일과 장차 될 일을 기록하라.
　　　　-계4:1-계1:10-20-네가 본 것은 내 오른손에 일곱 별의 비밀과 또 일곱 금 촛대라.
　　　　　　　　내 오른손에 일곱 별은 일곱 교회에 사자요 일곱 촛대는 -계1:4-아시아에 있는 일곱 교회니라.

또

창1:5-4-1-저녁이 되는-계4:1-2-5-8-낮의 하늘에 계신 -계4:1-예수께서 아버지
창1:5-4-1-천부의 집에-계4:1-열린 문으로 처음에
　　　　-계4:1-계1:10-나팔 소리 같은 큰 음성으로 = = = =>-
　　　　　　-계4:1-계1:10-11-버가모 교회-계2:12-17-사자에게 편지하시며-계4:1-2-성령이 교회들에게 하시는 말씀을 듣고서
창1:5-4-2-아침이 되는-계4:2-4-5-6-8-밤이라 칭하신
창1:5-4-2-음부의 - -계4:2-4-5-6-7-보좌에 있는 어두움이라 하는 여호와의 율법이 사망으로 쏘는 죄를-<= = 계2:12-17-이기는 그에게
창1:5-4-1-저녁이 되는-계4:1-2-5-8-낮의 하늘에서 계신-계4:1- 예수께서-계2:12-17- 내가 감추었던 만나라 하는
창1:5-4-1-낮이라 칭하신-요1:1-17/요6:53-58/마26:26-29/고전10:14-22-예수님의 몸 된 성찬을 주고 또 흰 돌을 줄 텐데 그 돌 위에 새 이름을
　　　　기록한 것이 있나니 받는 자 밖에는 그 이름을 알 사람이 없느니라.

또

창1:5-4-1-저녁이 되는-계4:1-2-5-8- 낮의 하늘에 계신-계4:1-예수께서 처음에
창1:5-4-1-천부의 집에-계4:1-열린 문으로 처음에
　　　　-계4:1-계1:10-나팔 소리 같은 큰 음성으로 = = = =>-
　　　　　-계4:1-계1:10-11-두아디라 교회-계2:18-20--사자에게 편지하시며 -계4:1-2-성령이 교회들에게 하시는 말씀을 듣고서
창1:5-4-2-아침이 되는-계4:2-4-5-6-8-밤이라 칭하신
창1:5-4-2-음부에- - -계4:2-4-5-6-7-보좌에 있는 어두움의 율법이 사망으로 쏘는 죄를-<=== 계2:18-26-이기는 자와 내 일을 끝까지 지키는
　　　　　　　　　　그에게 만국을 다스리는 권세를 주리니 그가
창1:5-4-1-낮의 하늘에 -계4:1-문이 있는-계19:11-열린 하늘로 백마를 타고 나아가 손에 철장으로 ==>
창1:5-4-2-어두움에 있는 만국을 -<= = =계2:18-19- 다스려 심판하리라 나도 내 아버지 천부께 받은 것이 그러하니라.

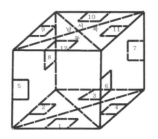
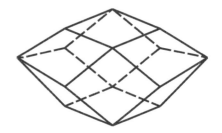

계1	계4	계8	계12	계16	계20
계2	계5	계9	계13	계17	계21
계3	계6	계10	계14	계18	계22
	계7	계11	계15	계19	

계1	계4	계8	계12	계16	계20
계2	계5	계9	계13	계17	계21
계3	계6	계10	계14	계18	계22
구약성경	계7	계11	계15	계19	신약성경

창1:5-4-1-저녁이 되는-계4:1-2-5-8-낮의 하늘에 계신-계4:1- 예수께서 아버지
창1:5-4-1-천부의 집에-계4:1-열린 문으로 처음에-
　　　　　　　-계4:1-계1:10-나팔 소리 같은 큰 음성으로 -계1:9-밧모섬에 있는 제자 요한에게 너 보는 것을 두루마리에 써서
　　　　　　　　　　　　-계4:1:4-아시아에 있는 일곱 교회에 보내라 하시기로
　　　　　　　-계4:1-계1:10-12-요한이 몸을 돌이켜서 볼 때 일곱 금 촛대를 보았는데 촛대 사이에
　　　　　　　-계4:1-계1:10-13-인자 같은 이가 발에 끌리는 옷을 입고 가슴에 금띠를 띠시고
　　　　　　　-계4:1-계1:10-14-그의 머리와 털의 희기가 흰 양털 같고 눈 같으며 그의 눈은 불꽃 같고
　　　　　　　-계4:1-계1:10-15-그의 발은 풀무에 단련한 빛난 주석 같고 그의 음성은 많은 물소리 같으며
　　　　　　　-계4:1-계1:10-16-그의 오른손에 -계4:5-일곱 영이라 하는 일곱 별이 있고
　　　　　　　　　　그의 입에서 좌우에 날 선 -계4:2-성령의 검이 나오고
　　　　　　　　　　그의 얼굴을 궁창에 있는 해가 힘있게 비추는 것과 같이
창1:5-4-1-저녁이 되는-계4:1-2-5-8- 낮이라 칭하신 빛이 힘있게 비추는 그의 얼굴을 볼 때
　　　　　　　-계4:1-계1:10-17-그의 발 앞에 요한이 엎드려져 죽은 자같이 되매
　　　　　　　　　　　　그가 오른손을 요한에게 얹고 이르시되 두려워 말라 나는 처음이요 마지막이니
　　　　　　　-계4:1-계1:10-18-내가 전에 죽었다가 살아 있노라 볼지어다 이제 세세토록 살아 있어
창1:5-4-2-음부와 사망-계4:1-계1:10-18-에 열쇠를 가졌노니
　　　　　　　-계4:1-계1:10-19-그러므로 네 본 것과 이제 있는 일과 장차 될 일을 기록하라.
　　　　　　　-계4:1-계1:10-20-네가 본 것은 내 오른손에 일곱 별의 비밀과 또 일곱 금 촛대라.
　　　　　　　　　　내 오른손에 일곱 별은 일곱 교회에 사자요 일곱 촛대는 -계1:4-아시아에 있는 일곱 교회니라.

또

창1:5-4-1-저녁이 되는-계4:1-2-5-8-낮의 하늘에 계신 -계4:1-예수께서 아버지
창1:5-4-1-천부의 집에-계4:1-열린 문으로 처음에
　　　　　　　-계4:1-계1:10-나팔소리 같은 큰 음성으로 = = = =>-
　　　　　　　-계4:1-계1:10-11-사대 교회-계3:1-6-사자에게 편지하시며-계4:1-2-성령이 교회들에게 하시는 말씀을 듣고서
창1:5-4-2-아침이 되는-계4:2-4-5-6-8-밤이라 칭하신
창1:5-4-2-음부의 - - -계4:2-4-5-6-7-보좌에 앉은 어두움이라 하는 여호와의 율법이 사망으로 쏘는 죄를-<= = 계3:1-5-이기는 자는
　　　　　　　계4:1-계5:9-11-흰 두루마기-계3:1-5-흰 옷을-갈3:27-누구든지 그리스도 합하기 위하여 물로 세례를 받은 자는
　　　　　　　계4:1-계5:9-11-계3:1-5-갈53:27-예수 그리스도로 옷 입은 자라.
　　　　　　　계4:2-성령님의-계20:11-12-보좌 앞에 있는 생명책에서-계3:1-5-그 이름을 결코 지우지 아니하고 그 이름을
창1:5-4-1-천부 아버지 앞과 -계19:11-계3:1-5-그 천사들 앞에서 시인하리라.

또

창1:5-4-1-저녁이 되는-계4:1-2-5-8- 낮의 하늘에 계신-계4:1-예수께서 처음에
창1:5-4-1-천부의 집에-계4:1-열린 문으로 처음에
　　　　　　　-계4:1-계1:10-나팔 소리 같은 큰 음성으로 = = = =>-
　　　　　　　-계4:1-계1:10-11-빌리델비아 교회-계3:7-13-사자에게 편지하시며 -계4:1-2-성령이 교회들에게 하시는 말씀을 듣고서
창1:5-4-2-아침이 되는-계4:2-4-5-6-8-밤이라 칭하신
창1:5-4-2-음부와 음자-계4:2-4-5-6-7-보좌에 있는 어두움의 율법이 사망으로 쏘는 죄를-<= = = 계7-12-이기는 자는 내 하나님
창1:5-4-1-천부 아버지-집 字라는-계21:2-10-22-거룩한 성 새 예루살렘의-계3:1-12-성전 기둥이 되게 하리리 나의 새 이름이 그이 위에 있으리라.

이렇게

창1:5-4-1-저녁이 되는-계4:1-2-5-8-낮의 하늘에서 성령에 감동하여 보고 보며 본 것이라 그 이야기를-창1:1-2-안에서 하고 하며 하게 되는 것이다.

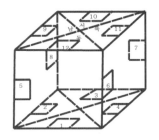

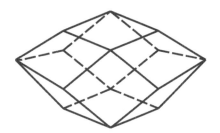

계1	계4	계8	계12	계16	계20
계2	계5	계9	계13	계17	계21
계3	계6	계10	계14	계18	계22
	계7	계11	계15	계19	

계1	계4	계8	계12	계16	계20
계2	계5	계9	계13	계17	계21
계3	계6	계10	계14	계18	계22
구약성경	계7	계11	계15	계19	신약성경

창1:5-4-1-저녁이 되는-계4:1-2-5-8-낮의 하늘에 계신-계4:1- 예수께서 아버지
창1:5-4-1-천부의 집에-계4:1-열린 문으로 처음에-
　　　　　　-계4:1-계1:10-나팔 소리 같은 큰 음성으로 -계1:9-밧모섬에 있는 제자 요한에게 너 보는 것을 두루마리에 써서
　　　　　　　　　　　　　　　-계1:4-아시아에 있는 일곱 교회에 보내라 하시기로
　　　　　　-계4:1-계1:10-12-요한이 몸을 돌이켜서 볼 때 일곱 금 촛대를 보았는데 촛대 사이에
　　　　　　-계4:1-계1:10-13-인자 같은 이가 발에 끌리는 옷을 입고 가슴에 금띠를 띠시고
　　　　　　-계4:1-계1:10-14-그의 머리와 털의 희기가 흰 양털 같고 눈 같으며 그의 눈은 불꽃 같고
　　　　　　-계4:1-계1:10-15-그의 발은 풀무에 단련한 빛난 주석 같고 그의 음성은 많은 물소리 같으며
　　　　　　-계4:1-계1:10-16-그의 오른손에 -계4:5-일곱 영이라 하는 일곱 별이 있고
　　　　　　　　　　그의 입에서 좌우에 날 선 -계4:2-성령의 검이 나오고
　　　　　　　　　　그의 얼굴을 궁창에 있는 해가 힘있게 비추는 것과 같이
창1:5-4-1-저녁이 되는-계4:1-1-2-5-8- 낮이라 칭하신 빛이 힘있게 비추는 그의 얼굴을 볼 때
　　　　　　-계4:1-계1:10-17-그의 발 앞에 요한이 엎드러져 죽은 자같이 되매
　　　　　　　　　　그가 오른손을 요한에게 얹고 이르시되 두려워 말라 나는 처음이요 마지막이니
　　　　　　-계4:1-계1:10-18-내가 전에 죽었었다가 살아 있노라 볼지어다 이제 세세토록 살아 있어
창1:5-4-2-음부와 사망-계4:1-계1:10-18-에 열쇠를 가졌노니
　　　　　　-계4:1-계1:10-19-그러므로 네 본 것과 이제 있는 일과 장차 될 일을 기록하라.
　　　　　　-계4:1-계1:10-20-네가 본 것은 내 오른손에 일곱 별의 비밀과 또 일곱 금 촛대라.
　　　　　　　　　　내 오른손에 일곱 별은 일곱 교회에 사자요 일곱 촛대는 -계1:4-아시아에 있는 일곱 교회니라.

　　　　　　　　　　　　　또
창1:5-4-1-저녁이 되는-계4:1-2-5-8-낮의 하늘에 계신 -계4:1-예수께서 아버지
창1:5-4-1-천부의 집에-계4:1-열린 문으로 처음에
　　　　　　-계4:1-계1:10-나팔 소리 같은 큰 음성으로 = = = =>-
　　　　　　-계4:1-계1:10-11-라오디게아 교회-계3:14-22-사자에게 편지하시며-계4:1-2-성령이 교회들에게 하시는 말씀을 듣고서
창1:5-4-2-아침이 되는-계4:2-4-5-6-8-밤이라 칭하신
창1:5-4-2-음부의 - -계4:2-4-5-6-7-보좌에 앉은 어두움이라 하는 여호와의 율법이 사망으로 쏘는 죄를-<= = 계3:-21-이기는 자는
창1:5-4-1-천부 아버지-계4:1-3:21-보좌에 함께 앉게 하여 주기를 내가
창1:5-4-2-아침이 되는-계4:2-4-5-6-8-밤이라 칭하신
창1:5-4-2-음부와 음자- 계4:2-4-5-6-7-보좌에 앉은 어두움이라 하는 여호에 율법이 사망으로 쏘는 죄를-<= = = = 계3:21-이기고
창1:5-4-1-천부 아버지-계4:1-3:21-보좌에 함께 앉은 것과 같이 하리라 하시는 말씀을
　　　　　　--계4:1-2-5-8-낮의 하늘에 계신-계4:1-예수께서
　　　　　　--계4:1-계1:10-나팔 소리 같은 큰 음성으로 부르시는 예수님을 이렇게 보고 듣고 보며 보는 것이라 하는 이 이야기를 하는 것이며
　　　　　　　　　　　　　또
창1:5-4-2-저녁이 되는-계4:1-2-5-8-낮의 하늘에 계시는-계22:1-16-나 예수는 교회들을 위하여 내 사자를 보내어 이것들을 증거하게 하였노라.
창1:5-4-2-아침이 되는-계4:2-4-5-6-8-밤이라 칭하신
창1:5-4-2-음부와 음자-계4:2-4-5-6-7-보좌에 앉은- 롬7:1-24/고전15:56-어두움의 율법이 사망으로 쏘는- 롬6:1-14-죄가 주관하지 못하는
창1:5-4-1-저녁이 되는-계4:1-2-5-8-낮이라 칭하신--요1:1-17/롬6:1-14/계22:1-21-빛이신 주 예수의 은혜가 모든 사람에 있을지어다. 아멘.

창1:5-4-1-지면에 있는-계22:1-생명나무가 -어두움에-롬7:1-24/고전15:56-율법이 사망으로 쏘는 죄가 주관하는 밤에 달마다 열두 가지 과실을 맺으시
창1:5-4-1-아침이 되는-계4:2-4-5-6-8-밤이라 칭하신-어두움의 율법이 사망으로 쏘는 죄를 <= ===계2:1-7-이기는 그에게 주어서 먹게 하려고
창1:5-4-1-지면에 창조기로부터 세세토록 있는 것을 성령에 감동하여 이렇게 보고 듣고 보며 본 것이라 이렇게 그 이야기를 하고 하며 하게 되는 것이니라.

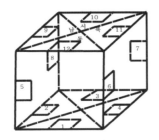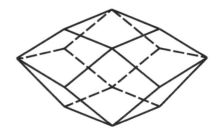

계1	계4	계8	계12	계16	계20
계2	계5	계9	계13	계17	계21
계3	계6	계10	계14	계18	계22
	계7	계11	계15	계19	

계1	계4	계8	계12	계16	계20
계2	계5	계9	계13	계17	계21
계3	계6	계10	계14	계18	계22
구약성경	계7	계11	계15	계19	신약성경

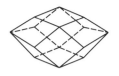

창1:5-4-1-저녁이 되는-계4:1-2-5-8-낮의 하늘에 계신-계4:1- 예수께서 아버지

창1:5-4-1-천부의 집에-계4:1-열린 문으로 처음에-

-계4:1-계1:10-나팔 소리 같은 큰 음성으로 -계1:9-밧모섬에 있는 제자 요한에게 너 보는 것을 두루마리에 써서

-계4:1-아시아에 있는 일곱 교회에 보내라 하시기로

-계4:1-계1:10-12-요한이 몸을 돌이켜서 볼 때 일곱 금 촛대를 보았는데 촛대 사이에

-계4:1-계1:10-13-인자 같은 이가 발에 끌리는 옷을 입고 가슴에 금띠를 띠시고

-계4:1-계1:10-14-그의 머리와 털의 희기가 흰 양털 같고 눈 같으며 그의 눈은 불꽃 같고

-계4:1-계1:10-15-그의 발은 풀무에 단련한 빛난 주석 같고 그의 음성은 많은 물소리 같으며

-계4:1-계1:10-16-그의 오른손에 -계4:5-일곱 영이라 하는 일곱 별이 있고

그의 입에서 좌우에 날 선 -계4:2-성령의 검이 나오고

그의 얼굴을 궁창에 있는 해가 힘있게 비추는 것과 같이

창1:5-4-1-저녁이 되는-계4:1-1-2-5-8- 낮이라 칭하신 빛이 힘있게 비추는 그의 얼굴을 볼 때

-계4:1-계1:10-17-그의 발 앞에 요한이 엎드려져 죽은 자같이 되매

그가 오른손을 요한에게 얹고 이르시되 두려워 말라 나는 처음이요 마지막이니

-계4:1-계1:10-18-내가 전에 죽었었다가 살아 있노라 볼지어다 이제 세세토록 살아 있어

창1:5-4-2-음부와 사망-계4:1-계1:10-18-에 열쇠를 가졌노니

-계4:1-계1:10-19-그러므로 네 본 것과 이제 있는 일과 장차 될 일을 기록하라.

-계4:1-계1:10-20-네가 본 것은 내 오른손에 일곱 별의 비밀과 또 일곱 금 촛대라.

내 오른손에 일곱 별은 일곱 교회에 사자요 일곱 촛대는 -계1:4-아시아에 있는 일곱 교회니라.

또

창1:5-4-1-저녁이 되는-계4:1-2-5-8-낮의 하늘에 계신 예수님과 성령과 일곱 영이 = = =>-계1:10-4-교회들에게 하시는 말씀 중에서

-계4:1-2-5-계1:10-11-4-사데와 갈라디아와 로마와 고린도 교회-사자에게 하시는 말씀을 편집하여 소개하면

창1:5-4-2-아침이 되는-계4:2-4-5-6-8-밤이라 칭하신

창1:5-4-2-음부의 음자-계4:2-4-5-6-7-보좌에 앉은-어두움에-요1:5-17/갈5:4-율법 안에서 의롭다 함을 얻으려 하는 너희는

창1:5-4-1-저녁이 되는-계4:1-2-5-8-낮이라 칭하신-빛이신--요1:1-17/갈5:4-예수 그리스도에게서 끊어지고

창1:5-4-2-아침이 되는-계4:2-4-5-6-8-밤이라 칭하신

창1:5-4-2-음부와 음자- 계4:2-4-5-6-7-보좌에 앉은-

창1:5-4-2-어두움에---요1:5-17/롬7:1-24/고전15:56-율법이 사망으로 쏘는 -롬6:1-14- 죄가 주관하지 못하는

창1:5-4-2-저녁이 되는-계4:1-2-5-8-낮이라 칭하신-빛이신-요1:1-17/롬6:1-14/갈5:4- 예수 그리스도의 은혜에서 떨어져

창1:5-4-1-저녁이 되는-계4:1-2-5-8-낮의 하늘에 계신 예수께서-계4:1-계10-11-계3:1-네가 살았다 하는 나의 이름은 가졌으나 죽은 자로다.

계3:3-그러므로 회개하리 하시는 예수님과 성령과 일곱 영이

이제도-지금도-계1:1-4-교회들에게 하시는 말씀을 이렇게 보고 듣고 볼수 있는 눈과 귀를 가지고 있는 사람이 복이 있는 사람들로 보고 보며 본 것이라.

모든 분들을 복이 있는 분들이 되어서 모든 분들이 자기 인생에 팔자와 운명과 숙명을 전능하신 예수님의 은혜와 진리라 하는

창1:5-4-1-저녁이 되는-계4:1-2-5-8-낮이라 칭하신

창1:5-4-1-천부의 천자-요1:1-17/롬8:1-2-예수 그리스도 안에 있는 생명의 성령의 법이라 하는 은혜와 진리가

창1:5-4-2-음부와 음자-요1:5-17/롬8:1-2-어두움에 죄와 사망의 율법에 매여 있는 운명과 팔자와 숙명에서 <===-우리 인류를 해방하셔서===>

창1:5-4-1-천부와 천자-요1:1-17/마410-1-7-벧전2:9-천국에 거룩한 나라와 왕 같은 제사장으로 삼으셔서

창1:5-4-2-음부와 음자-요1:5-17/롬7:1-24/고전15:56-어두움의 율법이 사망으로 쏘는-- -- 롬6:1-14-죄가 주관하지 못하는

창1:5-4-1-천부와 천자-요1:1-17/롬6:1-14- 예수님 은혜의 영원한-히4:1-10-안식에-<===들어가는 길이라 하는 은혜와 진리라 하는

창1:5-4-1-천부와 천자-요1:1-17/롬8:1-2- 예수님 안에 있는 생명의 성령의 법을 따라서-<==자기 인생의 팔자와 운명과 숙명을 바꾸어서

창1:5-4-1-천부와 천자-요1:1-17/고후9:8- 예수 그리스도께서 능히 모든 은혜를 나에게 넘치게 하셔서 나로 모든 일에 항상 모든 것이 넉넉하여 모든 착한 일을 넘치게 하시는 전능하신 예수그리스도의 전능하신 은혜와 진리로 인생살이를 바꾸어 사시기를 엘엘룐 엘올람 엘샤다이 이름으로 축원합니다.

계15-1-2-3-4

계시록
해석

부록

계1	계4	계8	계12	계16	계20
계2	계5	계9	계13	계17	계21
계3	계6	계10	계14	계18	계22
	계7	계11	계15	계19	

창1:5-4-2-아침이 되는--계4:2-4-5-6-7-8-밤이라 칭하신 어두움과 어두움에 아비라 하는

창1:5-4-2-陰父와 陰自에-계4:2-3-보좌가 -창1:2-시18:11-흑암에 구름이라 하는 어두움에 밤하늘에 베풀어져 있으며

창1:5-4-2-陰父와 陰自에-계4:2-4-보좌가 -창1:2-혼돈하고 공허한 어두움에 땅에 베풀어져 있으며

창1:5-4-2-陰父와 陰自에-계4:2-5-보좌가 -창1:2-깊음에-창1:6-8-물의 흑암 속에 있으라 하시고 하늘이라 칭하신 궁창에 있으며

창1:5-4-2-陰父와 陰自에-계4:2-6-보좌가 -창1:2-수면에-창1:9-10-물을 모으라 하시고 땅이라 칭하신 뭍에 있는 에덴동산에 있으며

창1:5-4-2-陰父와 음自는-계4:2-4-5-6-7-보좌 가운데서-계12:1-5-7-14-한 때와 두 때에-

　　　　　　　　-계6:1-3-5-7-8-인 떼어진-- 계4:2-4-5-6-7-네 생물이

창1:5-4-2-아침이 되는--계4:2-4-5-6-8-밤이라 칭하신-계4:2-4-5-6-7-어두움이며 어두움과 어두움에 아비를 陰父와 陰自라 하는 것이며

반면에

창1:5-4-1-저녁이 되는-계4:1-2-5-8-낮이라 칭하신 빛들과 빛들의 아버지 하나님

창1:5-4-1-天父와 天子-계4:1-계3:21-보좌에 앉은 天父人이라 하는-창1:4-빛의 자녀들이 = = =>-

　　　　-계4:1-2-5-8-낮의 셋째 하늘나라에서==> 창1:4-어두움에-계21:1-처음 하늘과 처음 땅과 바다를-<=점령하고 있으며

　　　　-계4:1-열린 문은-天父와 天子와 天夫人이라 하는 빛의 자녀들의 집 宇라 하는-계21:1-2-거룩한 성 새 예루살렘에 있으며

창1:5-4-1-天父와 성령-계4:2-계20:11-보좌에 앉은-天夫人이라 하는-창1:4-빛의 자녀들이 = = = >-

　　　　-계4:2-5-8-낮의-둘째 하늘나라에서 = = ==>-창1:4-어두움에 하늘과 땅과 바다를-<== = = 점령하고 있으며

창1:5-4-1-天父와 칠영-계4:5-계20:4-일곱 영의 보좌들에 앉은 -天夫人이라 하는-창1:4-빛의 저녀들이 = = = >-

　　　　-계4:5-8-낮의 첫째 하늘에서 = = = = = == = =>-창1:4- 어두움에 하늘을 -<== 점령하고 있으며

창1:5-4-1-天父와 어린양의 -계22:1-보좌가 -창1:1-지면에 있으며 지면에는 생명나무 -계2:1-7-낙원이 있으며

또

창1:5-4-2-陰父와 陰自의-창1:4-어두움에-고전15:56- 율법이 사망으로 쏘는 죄가 주관하는-창1:5-밤에 달마다

창1:5-4-1-지면에 있는--계2:1-7- 낙원에 -계22:1-2-생명나무가 열두 가지 열매를 맺어서

창1:5-4-1-저녁이 되는--계4:1-2-5-8-낮의 하늘에 계신 예수님과 성령과 일곱 영이= = =>-계1:4-교회들에게 하시는 말씀을 듣고서

창1:5-4-2-陰父와 陰自의-창1:4-어두움에-고전15:56-율법이 사망으로 쏘는 죄를-<= 계2:1-7-이기는 그에게 주려고

창1:5-4-1-지면에 있는--계2:1-7-낙원에 -계22:1-2-생명나무 열매가-

창1:5-4-1-창조기와 태초기와 창세기와 말세기에 -세세토록 있는 것을 이렇게 성령에 감동하여

창1:5-4-1-저녁이 되는 낮의 하늘에서 보고 보며 볼 때

창1:5-4-1-지면에 있는 생명나무 열매를-창1:5-낮이라 칭하신-요1:1-17/롬8:2-예수님 안에 있는 생명의 성령의 법에서 난 의로 보고 보는- 반면에

창1:5-4-2-땅에 있는 선악나무과 열매를-창1:5-밤이라 칭하신-요1:5-17/신4:10-15//롬8:2-여호와의 죄와 사망의 율법에서 난 의로-<= 보고 보며

창1:5-4-1-지면에 생명나무 잎사귀가-어두움의 율법이 사망으로 쏘는 죄에 쏘이고 맞아 죽어 잠자는 영혼들을 깨우기 위하여 깨어 일어날 蘇라 하는 音과

　　-어두움에 죄와 사망의 율법에 취하여 있는-계22:15-개들과 술객들과 행음자들과 살인자들과 우상 숭배자들과

　　　　거짓말하는 거짓말쟁이들을 <=깨우치기 위하여-술 깰 醒이라 하는 音으로 세세토록 있는 音을 보고 보며 볼 때

창1:5-4-1-지면에 있는 --계22:1-2- 생명나무 잎사귀가 -창1:5-밤이라 칭하신-창1:4-어두움에 있는 세상 만국을 소성하는 -蘇醒-에-音-을-

창1:5-4-1-낮이라 칭하신-창1:1-4/요1:1-17/엡2:15-16-빛이신 예수께서 원수 된

창1:5-4-2-밤이라 칭하신-창1:2-4/요1:5-17/엡2:15-16-어두움에 계명과 율법을 육체로 폐하시고 십자가로 소멸하신

창1:5-4-1-낮이라 칭하신-창1:1-4/요1:1-17/엡2:15-16/고전1:18-예수님의 십자가의 도라 하는 생명나무 길과 십자가의 복음을 -蘇醒-에-音으로

　　　　보고 듣고 보며 본 것이라 이렇게 그 이야기를 성경으로 하고 하며 하게 되는 것이다.

계1	계4	계8	계12	계16	계20
계2	계5	계9	계13	계17	계21
계3	계6	계10	계14	계18	계22
	계7	계11	계15	계19	

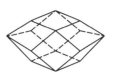

창1:5-4-2-아침이 되는--계4:2-4-5-6-7-8-밤이라 칭하신 어두움과 어두움에 아비라 하는

창1:5-4-2-陰父와 陰自에-계4:2-3-보좌가 -창1:2-시18:11-흑암에 구름이라 하는 어두움에 밤하늘에 베풀어져 있으며

창1:5-4-2-陰父와 陰自에-계4:2-4-보좌가 -창1:2-혼돈하고 공허한 어두움에 땅에 베풀어져 있으며

창1:5-4-2-陰父와 陰自에-계4:2-5-보좌가 -창1:2-깊음에-창1:6-8-물의 흑암 속에 있으라 하시고 하늘이라 칭하신 궁창에 있으며

창1:5-4-2-陰父와 陰自에-계4:2-6-보좌가 -창1:2-수면에-창1:9-10-물을 모이라 하시고 땅이라 칭하신 뭍에 있는 에덴동산에 있으며

창1:5-4-2-陰父와 음自는-계4:2-4-5-6-7-보좌 가운데서-계12:1-5=7-14-한 때와 두 때에-
　　　　　-계6:1-3-5-7-8-인 떼어진-- 계4:2-4-5-6-7-네 생물이

창1:5-4-2-아침이 되는--계4:2-4-5-6-8-밤이라 칭하신-계4:2-4-5-6-7-어두움이며 어두움과 어두움에 아비를 陰父와 陰自들이라 하는 것이며

반면에

창1:5-4-1-저녁이 되는-계4:1-2-5-8-낮이라 칭하신 빛들과 빛들의 아버지 하나님

창1:5-4-1-天父와 天子-계4:1-계3:21-보좌에 앉은 天父人이라는-창1:4-빛의 자녀들이 ===>-
　　　　　-계4:1-2-5-8-낮의 셋째 하늘나라에서--창1:4-어두움에-계21:1-처음 하늘과 처음 땅과 바다를-<=== 점령하고 있으며

창1:5-4-1-天父와 天子의 天夫人이라 하는 빛의 자녀들이 ====>-창1:4-어두움에-계21:1-처음 하늘과 처음 땅과 바다를-<=== 점령하여 있어서
　　　　　창1:4-빛의 자녀들이 점령하여 있는-계21:1-새 하늘과 새 땅을 보니 어두움에 처음 하늘과 처음 땅과
　　　　　　　　　　　바다도 다시 있지 않고 이와 함께

창1:5-4-1-천이라 하는 -계4:1-2-5-8-낮의 셋째 하늘나라에서-창1:4-어두움에 날이-한 때와 두 때에- 一始無始一 - 一終無終一 -로-다시 있지 않더라.

또

창1:5-4-1-천이라 하는-계4:1-2-5-8-낮의 셋째 하늘에서-계21:2-하나님께로부터 거룩한 성 새 예루살렘이 천부의 천자이신 예수님과 함께

창1:5-4-1-天父와 성령-계4:2-계20:11-12-13-<= = =계21:2-8- 재림 심판을 -둘째 하늘나라에서 -한 때와 두 때에-마치고

-또-

-<= = = 계21:2-10-재림하시는 천부의 천자이신 예수님과 거룩한 성 새 예루살렘을
　　　-계4:2-5-일곱 영이라 하는-계21:9-일곱 천사 중에 하나가 요한에게 나아와서-계4:2-계21:9-성령으로 데리고 크고 높은

창1:5-4-2-陰父와 陰自에-계4:2-5-보좌와-계14:3-시온성이 있는-계14:1-시온산에 내려온-계21:2-10-거룩한 성 새 예루살렘을 보이니
　　　　　　　-계14:1-시온산에 내려온-계21:2-10-거룩한 성 새 예루살렘에

창1:5-4-2-陰父와 陰自에-계4:2-5-보좌가 있는 궁창에 -계21:2-10-23-해나 달에 비침이 쓸데없으니 이는 그 거룩한 성 새 예루살렘에는
　　　　　　　계21:2-10-22-성전이 되시는 주 하나님 전능하신 어린양이-계4:1-5-그 등이 되심이라.
　　　　　　　　　　하여서-계4장-안에서 있는 일이라 하는 것을 이렇게 알 수가 있으며
　　　　-계4:1-5/계14:1-시온산에 서신 거룩한 성 새 예루살렘의 성전이 되는 주 하나님 전능하신 어린양이-한 때와 두 때에-

창1:5-4-2-陰父와 陰自에-계4:2-5/계14:3-보좌 가운데-셋째 생물에 -한 때와 두 때에-<= = = = 셋째와 일곱째 -인 떼심과 나팔과 대접 심판하셔서
　　　　-계4:2/계14:3-보좌에서-계6:5-6-한 때와 두 때에-계14:14-16- 추수하는 곡식들은
　　　-계4:2-5-보좌로부터 뇌성의 불과 번갯불과 우레 소리 음성의 불이-여섯째 인 떼실 때-하늘이라 칭하신 궁창으로 떠내려
　　　　　있는 흑암에 구름을 가르며 나오는 -신4:10-15/계20:1-15-무저갱이라 하는 궁창에 있는 불못에-<= 던져지는

-반면에-

　　　-계4:1-5/계14:1-어린양이- 한 때와 두 때에- 계6:5-6-과-계14:17-다른 낮의 하늘에서 수확하는 감람유와 포도주는
　　　　-계4:1-5-일곱 영의 -계20:4-6-보좌들 위에 앉히시는- 주 하나님 전능하신 어린양이신 예수님의 은혜를 이렇게

창1:5-4-1-저녁이 되는--계4:1-2-5-8-낮의 하늘에서 성령에 감동하여 보고 보며 본 것이라 이렇게 그 리얼 스토리에 이야기를 하고 하며 하는 것은

창1:1-과-2-안에서 있는 계시의 영상의 일들을 계산으로 계산하고 그림으로 그리고 도표를 만들어서 이렇게 증거하여 증명을 하고 하며 하게 되는 것이다.

계1	계4	계8	계12	계16	계20
계2	계5	계9	계13	계17	계21
계3	계6	계10	계14	계18	계22
	계7	계11	계15	계19	

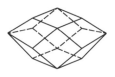

창1:5-4-2-아침이 되는--계4:2-4-5-6-7-8-밤이라 칭하신 어두움과 어두움에 아비라 하는

창1:5-4-2-陰父와 陰自에-계4:2-3-보좌가 -창1:2-시18:11-흑암에 구름이라 하는 어두움에 밤하늘에 베풀어져 있으며

창1:5-4-2-陰父와 陰自에-계4:2-4-보좌가 -창1:2-혼돈하고 공허한 어두움에 땅에 베풀어져 있으며

창1:5-4-2-陰父와 陰自에-계4:2-5-보좌가 -창1:2-깊음에-창1:6-8-물의 흑암 속에 있으라 하시고 하늘이라 칭하신 궁창에 있으며

창1:5-4-2-陰父와 陰自에-계4:2-6-보좌가 -창1:2-수면에-창1:9-10-물을 모이라 하시고 땅이라 칭하신 뭍에 있는 에덴동산에 있으며

창1:5-4-2-陰父와 음自는-계4:2-4-5-6-7-보좌 가운데서--계12:1-5-7-14-한 때와 두 때-
-계6:1-3-5-7-8-인 떼어진 --- 계4:2-4-5-6-7-네 생물이

창1:5-4-2-아침이 되는--계4:2-4-5-6-8- 밤이라 칭하신 -계4:2-4-5-6-7-어두움이며 어두움과 어두움에 아비를 -陰父와 陰自라 하는 것이며

반면에

창1:5-4-1-저녁이 되는-계4:1-2-5-8-낮이라 칭하신 빛들과 빛들의 아버지 하나님

창1:5-4-1-天父와 天子-계4:1-계3:21-보좌에 앉은 天父人이라는-창1:4-빛의 자녀들이 ===>-
-계4:1-2-5-8-낮의 셋째 하늘나라에서--창1:4-어두움에-계21:1-처음 하늘과 처음 땅과 바다를-<=== 점령하고 있으며

창1:5-4-1-天父와 天子의 天夫人이라 하는 빛의 자녀들이 ====>-창1:4-어두움에-계21:1-처음 하늘과 처음 땅과 바다를-<=== 점령하여 있어서

창1:4-빛의 자녀들이 점령하여 있는-계21:1-새 하늘과 새 땅을 보니 어두움에 처음 하늘과 처음 땅과
바다도 다시 있지 않고 이와 함께

창1:5-4-1-천이라 하는 -계4:1-2-5-8-낮의 셋째 하늘나라에서-창1:4-어두움에 날이-한 때와 두 때에- —始無始— —終無終—로-다시 있지 않더라.

또

창1:5-4-1-천이라 하는-계4:1-2-5-8-낮의 셋째 하늘에서-계21:2-하나님께로부터 거룩한 성 새 예루살렘이 천부의 천자이신 예수님과 함께

창1:5-4-1-天父와 성령-계4:2-계20:11-12-13-<= 계21:2-8- 재림 심판을 하실 때
-<= 계21:2-또 거룩한 성 새 예루살렘이 하나님께로부터 셋째 하늘에서 내려오니 그 준비한 것이
신부가 남편을 위하여 단장한 것 같더라.
-<= 계21:2-3-보좌에서 음성이 나서 이르되 보라 하나님의 장막이 사람들과 함께 있으매 하나님이
그들과 함께 계시리니 그들은 하나님의 백성이 되고 하나님은 친히 그들과 함께 계셔

창1:5-4-1-천부와 성령-계4:2-계20:11-12-13-<=계21:2-4-서 모든 눈물을 그 눈에서 씻기시매
계4:2-계20:11-12-13-음부에-어두움의 -율법이-계21:2-4-사망으로 쏘는 죄가 다시 없고 애통하는 것이나 곡하는 것이나
아픈 것이 다시 있지 아니하리니 어두움에 처음 것들이 다 재림하시는 예수님 빛 앞에서 다
지나갔음이라 -보좌에 앉으신 예수님이 만물을 새롭게 하노라 하시고 또 이르시되 이 말을 신실하고
참되니 기록하라 하시고 또 요한에게 이르시되 이루었도다 나는 알파와 오메가라 - 처음과 나중이라
생명수 샘물을 목마른 자에게 값없이 주리니 -계21:2-7-나는 -

창1:5-4-1-천부와 성령-계4:2-계20:11-12-13-陰父의 어두움의 율법이 사망으로 쏘는 죄를-<== 이기는 자의 하나님이 되고 그는 내 아들이 되어서
-생명책에 있는-생명수 샘물-요1:1-17-은혜와 진리를 유업으로 얻으리라 -계21:2-8- 그러나

창1:5-4-1-천부와 성령-계4:2-계20:11-12-13-다른책에 있는 -陰父와 陰自에-창1:4-어두움에 -롬8:2-죄와 사망의 율법에서 난 의를 가진 자들은

창1:5-4-1-천부와 성령-계4:2-계20:11-12-15-누구든지-신4:10-15/계21:2-8-불과 유황으로 타는 여호와가 있는 불못에 던져지리니 이것이
둘째 하늘나라에서 있는 둘째 사망이라 하는 것이며

그리고

창1:5-4-1-천부와 성령-계4:2-계20:11-12-13-보좌 앞에서 다른 책에 있는-갈2:16-율법의 행위로 의롭다 함을 얻을 육체가 없는 것을 사도 바울이
본 것과 같이 농부도 본 것이라 이렇게 그 이야기를 하는 것이며 또

창1:5-4-1-천부와 성령-계4:2-계20:11-12-13-다른 책에-신4:10-15/시1:2-고전15:56/롬8:2- 여호와의 죄와 사망의 율법이 있으며
-생명책에-요1:1-17/롬8:2-빌3:1-9-예수님 안에 있는 생명의 성령의 법에서 난 의를 가지고 있는

사람들의 그 이름이 생명책에 있으니 사도 바울과 같이 죄와 사망의 율법에서 난 의를-빌3:9-8-배설물의 똥과 같이 버려 버리고 예수님 안에 있는 생명의
성령의 법에서 난 의를 믿음으로 지키면 그 이름이 생명책에서 지워지지 않으며 여호와의 율법을 따라가면 그 이름이 생명책에서 흐려지는 것을 본 것이다.

계1	계4	계8	계12	계16	계20
계2	계5	계9	계13	계17	계21
계3	계6	계10	계14	계18	계22
	계7	계11	계15	계19	

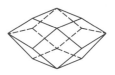

창1:5-4-2-아침이 되는--계4:2-4-5-6-7-8-밤이라 칭하신 어두움과 어두움에 아비라 하는

창1:5-4-2-陰父와 陰自에-계4:2-3-보좌가 -창1:2-시18:11-흑암에 구름이라 하는 어두움에 밤하늘에 베풀어져 있으며

창1:5-4-2-陰父와 陰自에-계4:2-4-보좌가 -창1:2-혼돈하고 공허한 어두움에 땅에 베풀어져 있으며

창1:5-4-2-陰父와 陰自에-계4:2-5-보좌가 -창1:2-깊음에-창1:6-8-물의 흑암 속에 있으라 하시고 하늘이라 칭하신 궁창에 있으며

창1:5-4-2-陰父와 陰自에-계4:2-6-보좌가 -창1:2-수면에-창1:9-10-물을 모이라 하시고 땅이라 칭하신 뭍에 있는 에덴동산에 있으며

창1:5-4-2-陰父와 음自는-계4:2-4-5-6-7-보좌 가운데서-계12:1-5-7-14-한 때와 두 때에-
-계6:1-3-5-7-8-인 떼어진-계4:2-4-5-6-7-네 생물이

창1:5-4-2-아침이 되는--계4:2-4-5-6-8-밤이라 칭하신-계4:2-4-5-6-7-어두움이며 어두움과 어두움에 아비를- 陰父와 陰自라 하는 것이며

반면에

창1:5-4-1-天父의 天子-계4:1-예수님의 제자라 하는 天父人들이 하는-사도들이

창1:5-4-1-저녁이 되는-계4:1-2-5-8-낮의 하늘에 계시는-예수님과 성령과 일곱 영이= = = =>-

창1:5-4-1-지면에 있는-계1:1-4-교회들에게 하시는 말씀을 사도들이 받아 서신에 담서 교회들에게 서신이라 하는 편지로 보낸 것이며 사도들의 편지
내용을 편집하여 보면

창1:5-4-1-저녁이 되는-계4:1-8-낮이라 칭하신-창1:1-4/창14:17-20/요1:1-17/엡2:15-16-빛이신 예수께서 원수 된

창1:5-4-2-아침이 되는-계4:2-8-밤이라 칭하신-창1:2-4/신4:10-15/요1:5-17/엡2:15-16-어두움에 계명과 율법을 육체로 폐하시고 십자가로
소멸하시고 죽은 자들 가운데서

창1:5-4-2-아침이 되는-계4:2-8-밤이라 칭하신-창1:2-4/신4:10-15/고전15:56-어두움의 율법의 사망을 이겨서 폐하시고 다시 살아나셔서
계1:1-4-5-땅의 임금들의 머리가 되신 만왕의 왕이신 예수 그리스도께서 우리를
사랑하사 그의 피로

창1:5-4-2-밤이라 칭하신-창1:2-4/신4:10-15/고전15:56/갈3:13/계1:5-어두움에 죄와 사망의 율법의 저주에 = = = = >- 우리를 해방과 속량하시고

창1:5-4-2-밤이라 칭하신-창1:2-4/벧전2:9-어두움에서 = = = = = = = = = = = = = = =>-우리를 불러내셔서

창1:5-4-1-천부와 천자의-마10:1-7/벧전2:9-천국에 거룩한 나라와 살렘 왕 멜기세덱의 반차를 따르는 왕 같은 제사장으로 삼으시고 승천하셔서

창1:5-4-1-저녁이 되는--계4:1-2-5-8-낮의 하늘에 계시는-롬8:2-예수님 안에 있는 생명의 성령의 법과 살렘 왕 멜기세덱의 반차를 따라서

창1:5-4-1-낮이라 칭하신-요1:1-17/엡2:15-16/롬6:1-11-예수님의 죽으심과 합하여 물로 세례를 받아서

창1:5-4-2-밤이라 칭하신-창1:2-4/요1:5-17/롬7:1-24/고전15:56-어두움과 여호와와 율법과 죄에 -<==대하여 죽어 장사되고
골2:12-죽은 자들 가운데서 예수님을 일으키신 하나님의 역사를 믿음으로 말미암아 예수님과 함께 일으키심을 받아서
갈3:12-14-죽음을 맛보지 아니하고서 죽은 자들이 받는 아브라함의 복을 받는데 그 복이

창1:5-4-2-밤이라 칭하신 -창1:4-어두움에 -고전15:5-율법이 사망으로 쏘는-롬6:1-14-죄가 주관하지 못하는

창1:5-4-1-낮이라 칭하신 -요1:1-17/롬6:1-14/계22:1-21-주 예수의 은혜와 진리 안에서-히4:1-10-안식에 쉼을 얻는 것이며

그리고

창1:5-4-2-밤이라 칭하신 -창1:4-어두움에 -고전15:56-율법이 사망으로 쏘는 죄가-롬7:1-율법 아래 있는 사람들만 주관하는 권세를 가지고 있으며

창1:5-4-1-낮이라 칭하신 -창1:1-4/요1:1-17/엡2:15-16-빛이신 예수님이 원수 된-창1:4- 어두움과 여호와의 계명과 율법을 육체로 폐하시고 십자가
로 소멸하셨습니다. -아멘- 아멘- 하는 사람들의 이름은 -

창1:5-4-1-낮의 하늘에--계4:2-계20:11-13-성령님 보좌 앞에 있는 생명책에 이름이 있고-아멘-하지 못하는 사람들의 이름은 다른 책에 있다가

창1:5-4-2-과-신4:10-15/계21:2-8-흑암에 구름 속에 여호와가 있는 화염에 불꽃이 충천한 불못에 던져지는 것을 본 것이라 그 이야기를 하는 것이다.

0-1-1-1

205

계1	계4	계8	계12	계16	계20
계2	계5	계9	계13	계17	계21
계3	계6	계10	계14	계18	계22
	계7	계11	계15	계19	

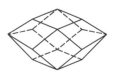

창1:5-4-2-아침이 되는--계4:2-4-5-6-7-8-밤이라 칭하신 어두움과 어두움에 아비라 하는

창1:5-4-2-陰父와 陰自에-계4:2-3-보좌가 -창1:2-시18:11-흑암에 구름이라 하는 어두움에 밤하늘에 베풀어져 있으며

창1:5-4-2-陰父와 陰自에-계4:2-4-보좌가 -창1:2-혼돈하고 공허한 어두움에 땅에 베풀어져 있으며

창1:5-4-2-陰父와 陰自에-계4:2-5-보좌가 -창1:2-깊음에-창1:6-8-물의 흑암 속에 있으라 하시고 하늘이라 칭하신 궁창에 있으며

창1:5-4-2-陰父와 陰自에-계4:2-6-보좌가 -창1:2-수면에-창1:9-10-물을 모이라 하시고 땅이라 칭하신 뭍에 있는 에덴동산에 있으며

창1:5-4-2-陰父와 음自는-계4:2-4-5-6-보좌 가운데서--- 계12:1-5-7-14-한 때와 두 때에-

-계6:1-3-5-7-8-인 떼어진----계4:2-4-5-6-7-네 생물이

창1:5-4-2-아침이 되는 --계4:2-4-5-6-8-밤이라 칭하신 -계4:2-4-5-6-7-어두움이며 어두움과 어두움에 아비를 陰父와 陰自라 하는 갓이며

또

창1:5-4-2-陰父와 陰自의-계4:2-3-보좌에-계5:1-9-12-14-거문고 향연의-계19:1-할렐루야 무리에-陰夫人이라는-창1:4-어두움에 자녀들이 있으며

창1:5-4-2-陰父와 陰自의-계4:2-4-보좌에-계5:1-9-12-14-거문고 향연의-계19:3-할렐루야 무리에-陰夫人이라는-창1:4-어두움에 자녀들이 있으며

창1:5-4-2-陰父와 陰自의-계4:2-5-보좌에-계5:1-9-12-14-거문고 향연의-계19:4-할렐루야 무리에-陰夫人이라는-창1:4-어두움에 자녀들이 있으며

창1:5-4-2-陰父와 陰自의-계4:2-6-보좌에-계5:1-9-12-14-거문고 향연의-계19:6-할렐루야 무리에-陰夫人이라는-창1:4-어두움에 자녀들이 있으며

반면에

창1:5-4-1-낮의 하늘에-계4:1-문이 있는-계19:11-열린 하늘로 = = = 天父의 天子이신 예수님의 백마 탄 군대가 손에 철장을 들고 나아와서 = = =〉-

창1:5-4-2-흑암에 구름을 -〈 = = = = = 타고서 - 백마 탄 天父의 天子이신 예수님의 군대가 손에 철장으로

창1:5-4-2-과-계4:2-3-보좌에-거문고 향연의 할렐루야 무리를-〈=== 손에 철장으로 심판하여 타고 있는-신4:10-15-흑암에 구름 속에 여호와가 있는

불못에 산 채로 거문고 향연의 할렐루야

무리를 던져버리고-〈 = = 신4:10-15-흑암에 구름을 타고서 내려가 = = =〉-

창1:5-4-2-과-계4:2-4-보좌에-거문고 향연의 할렐루야 무리를-〈 = = 손에 철장으로 심판하여 타고 있는-신4:10-15-흑암에 구름 속에 여호와가 있는

불못에 산 채로 거문고 향연에 할렐루야

무리를 던져버리고-〈 = = 신4:10-15-흑암에 구름을 타고서 내려가 = = =〉-

창1:5-4-2-과-계4:2-5-보좌에-거문고 향연의 할렐루야 무리를-〈 = = 손에 철장으로 심판하여 타고 있는 -신4:10-15-흑암에 구름 속에 여호와가 있는

불못에 산 채로 거문고 향연의 할렐루야

- 무리를 던져버리는 심판에-〈= = = 심판을 -

창1:5-4-2-수면에-물을-창1:9-10-모이라 하시고 땅과 바다라 칭하신 바다에 -계1:4-9-밧모섬에서- 요한이-계1:10-성령에 처음 감동하여

창1:5-4-1-낮의 하늘에 -계4:1-열린 문으로 처음에 예수께서

-계4:1-계1:10-나팔 소리 같은 큰 음성으로 말씀하시는 예수께서 거문고 향연의 할렐루야 무리를 심판하시며 내려오시는 예수님을

-계4:1-계1:10-11-12-13-17- 볼 때 요한이 예수님 발 앞에 엎드려져서 죽은 자같이 되어서 벌벌 떨고 있었던 이유가

창1:5-4-1-天父의 天子- 계1:1-4-8-9-17-예수님의 제자와 사도가 된 요한이-유대교에 있을 때-

창1:5-4-2-陰父 陰自애- 계1:1-4-보좌가 있는 -요2:19- 성전 제단에서 제사하는 -거문고 향연의 할렐루야 무리 가운데 있었기 때문이라 하였으며

그리고

창1:5-4-1-천부의 천자-계4:1-계1:10- 예수께서 나팔 소리 같은 큰 음성으로 = = = =〉-

-계4:1-계1:10-11-계1:4-일곱 교회에 편지하시며-행6:5-유대교에 입교한-계2:1-6-니골라 당의 행위를 미워하노라 말씀하시며

-계4:1-계1:10-11-계1:4-서머나와 빌라델비아 교회에 편지하셔서-계2:9-계3:9-유대인들의 유대교를 사탄의 회라 - 말씀하시는

창1:5-4-1-저녁이 되는-계4:1-2-5-8- 낮의 하늘에 계신 예수님을 성령에 감동하여 사도 요한과 같이 보고 보며 뵈온 것이라 이렇게 그 이야기를 하는 것이다.

계1	계4	계8	계12	계16	계20
계2	계5	계9	계13	계17	계21
계3	계6	계10	계14	계18	계22
	계7	계11	계15	계19	

╽1:5-4-2-아침이 되는--계4:2-4-5-6-7-8-밤이라 칭하신 어두움과 어두움에 아비라 하는

╽1:5-4-2-陰父와 陰自에-계4:2-3-보좌가 -창1:2-시18:11-흑암에 구름이라 하는 어두움에 밤하늘에 베풀어져 있으며

╽1:5-4-2-陰父와 陰自에-계4:2-4-보좌가 -창1:2-혼돈하고 공허한 어두움에 땅에 베풀어져 있으며

╽1:5-4-2-陰父와 陰自에-계4:2-5-보좌가 -창1:2-깊음에-창1:6-8-물의 흑암 속에 있으라 하시고 하늘이라 칭하신 궁창에 있으며

╽1:5-4-2-陰父와 陰自에-계4:2-6-보좌가 -창1:2-수면에-창1:9-10-물을 모이라 하시고 땅이라 칭하신 뭍에 있는 에덴동산에 있으며

반면에

╽1:5-4-1-저녁이 되는 -- 계4:1-2-5-8- 낮의 하늘에 빛으로 계시는

╽1:5-4-1-天父의 天子 -- 계4:1-예수께서-

╽1:5-4-2-陰父의 陰自들- 계4:2-4-5-6-보좌 가운데서--- 계12:1-14-한 때에-있는-

-계6:1-3-5-7-8-인 떼심과 나팔과 대접심판을 하셔서

╽1:5-4-2-밤이라 칭하신 -창1:4-어두움에-계5:1-6-보좌에 - 陰父와 陰自들과 陰夫人들이라는 - 24장로들이 면류관을 쓰고 24보좌에 앉아 있는데

╽1:5-4-1-낮이라 칭하신 -창1:4-빛이신 - 계5:1-6-어린양이 장로들 사이에 서서 계시다가 걸어서

계5:5-6-보좌 가운데 앉은 陰自들의 아비- 陰父에게로 -<-- 어린양이 걸어가셔서

계5:1-7-陰自들의 아비 -陰父의 오른손에서 일곱 인봉된 두루마리를-<= * =>-어린양이 - 빼앗아서

계5:1-8-어린양이 취하시매-

계5:1-9-陰父와 陰自들이라 하는 -네 생물과 이십사 장로들이 보좌 위에서 거꾸려져 떨어져서

계5:1-9-서서 계시는 어린양의 발 앞에 엎드려져서의 어린양의 원수들이 어린양의 발등상이 되는 것을 이렇게

- 보고 보며 -또-

계5:1-9-어린양이 - 계12:1-5-14-한 때와 두 때에-

계6:1-8/ 9-11--첫째며 다섯째와

계6:1-8/12-17- 둘째며 여섯째 인 떼실 때- 보고 보며-

볼 때

╽1:5-4-2-陰父와 陰自들과 陰夫人들에-계4:2-3-보좌가 베풀어져 있는-창1:2-시18:11-흑암에 구름이라 하는 -창1:5- 아침이 되는 어두움에 밤하늘이

╽1:5-4-1-천이라 하는-계4:1-2-5-8- 낮의 셋째 하늘에서 = = = =>-큰 대풍에 휘말려서 두루마리 책에 종이 축이 말리는 것과 같이 떠나가 = = =>-

╽1:5-4-2-陰父와 陰自들과 陰夫人들에-계4:2-5-보좌가 베풀어져 있는-창1:6-8- 하늘이라 칭하신 궁창으로 -<= = = =떠내려가므로

-계4:2-5-궁창에 해와 달이 총담같이 검어지고 검 붉은 피같이 되며

-계4:2-5-궁창에 별들이 밤하늘이 떠내려가 대풍에 흔들려서 설익은 무화과나무 열매처럼 대풍에 흔들려서

╽1:5-4-2-수면에 물을 - - - -창1:9-10-모이라 하시고 땅이라 칭하신 뭍으로-<= = = = = = = = = = 궁창에 별들이 대풍에 흔들려서 떨어지며

╽1:5-4-2-혼돈하고 공허한 땅과 -창1:6-8-궁창 위로 나누어진 물이 있는 바다에-<= = = = = = = = = 큰 지진이 있어 섬이 제자리에서 옮기매

╽1:5-4-2-陰父와 陰自의-계4:2-4-보좌가 있는-땅의 임금들과 장군들과 왕족들과 부자들과 강한 자들과 각종과 자주자가 굴과 산 바위틈에 숨어서<===

-큰 지진에 무너지는 산들에게 이르되 -= = = = = = = ==>- 우리 위로 무너져 달라 하며

-큰 지진에 터져서 날아다니는 바위 덩어리들에게 이르되 == =>-우리 위로 떨어져서

╽1:5-4-1-과-계4:1-2-5-8-낮의 하늘에 보좌에 앉으신 예수님 얼굴에 힘 있는 낮이라 칭하신 빛 앞에서 = = =>-계16:1-16-우리를 가리우라

계6:1-16-17-그들의 진노의-유1:6-큰 날 심판이 이르렀으니 누가 능히 그 빛 앞에 서리요 하는 것을 이렇게

-창1:1-2-안에서 -보고 보며 본 것이라 이렇게 그 이야기를 하는 것이며

또

╽1:5-4-1-천부의 천자이신 -계4:1-예수께서 -유1:6-자기 지위를 지키지 아니하고 자기의 처소를 떠난 천사들을 큰 날 심판까지 영원한 결박으로

╽1:5-4-2-과-유1:6-흑암에 가두어 두어서-신4:10-15-흑암에 구름 속에 있는 화염에 불꽃이 충천한 불못에 여호와가 있는 것을 보고 보며 보는 것이다.

1

계1	계4	계8	계12	계16	계20
계2	계5	계9	계13	계17	계21
계3	계6	계10	계14	계18	계22
	계7	계11	계15	계19	

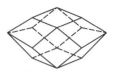

창1:5-4-2-아침이 되는--계4:2-4-5-6-7-8-밤이라 칭하신 어두움과 어두움에 아비라 하는

창1:5-4-2-陰父와 陰自에-계4:2-3-보좌가 -창1:2-시18:11-흑암에 구름이라 하는 어두움에 밤하늘에 베풀어져 있으며

창1:5-4-2-陰父와 陰自에-계4:2-4-보좌가 -창1:2-혼돈하고 공허한 어두움에 땅에 베풀어져 있으며

창1:5-4-2-陰父와 陰自에-계4:2-5-보좌가 -창1:2-깊음에-창1:6-8-물의 흑암 속에 있으라 하시고 하늘이라 칭하신 궁창에 있으며

창1:5-4-2-陰父와 陰自에-계4:2-6-보좌가 -창1:2-수면에-창1:9-10-물을 모이라 하시고 땅이라 칭하신 뭍에 있는 에덴동산에 있으며,

반면에

창1:5-4-1-저녁이 되는 -- 계4:1-2-5-8- 낮의 하늘에 빛으로 계시는

창1:5-4-1-天父의 天子 -- 계4:1-예수께서-

창1:5-4-2-陰父의 陰自들- 계4:2-4-5-6-보좌 가운데서--- 계12:1-14-한 때에-있는-

-계6:1-3-5-7-8-인 떼심과 나팔과 대접 심판을 하셔서

창1:5-4-2-밤이라 칭하신 -창1:4-어두움에-계5:1-6-보좌에- 陰父와 陰自들과 陰夫인들이라는 - 24장로들이 면류관을 쓰고 24보좌에 앉아 있는데

창1:5-4-1-낮이라 칭하신 -창1:4-빛이신 - 계5:1-6-어린양이 장로들 사이에 서서 계시다가 걸어서

계5:5-6-보좌 가운데 앉은 陰自들의 아비- 陰父에게로 -<-- 어린양이 걸어가셔서

계5:1-7-陰自들의 아비 -陰父의 오른손에서 일곱 인봉된 두루마리를-<= * =>-어린양이 - 빼앗아서

계5:1-8-어린양이 취하시매-

계5:1-9-陰父와 陰自들이라 하는 -네 생물과 이십사 장로들이 보좌 위에서 거꾸려져 떨어져서

계5:1-9-서서 계시는 어린양의 발 앞에 엎드려져서의 어린양의 원수들이 어린양의 발등상이 되는 것을 이렇게 - 보고 보며 볼 때

창1:5-4-2-밤이라 칭하신 어두움이-계5:1-9-12-14-아멘 하는 거문고 향연의 옛 노랫소리와 새 노랫소리에

-계5:9-12-죽임을 당하사 죽임을 당하신 어린양은 인봉을 떼시기에 합당하시도다.

-계5:9-12-죽임을 당하사 죽임을 당하신 어린양은 능력과 부와 지혜와 힘과 존귀와 영광과 찬송을 받으시기에 합당하도다.

-계5:1-9-12-14-아멘 하는-거문고 향연의 노랫소리를-

-계4:1-8-전편에서 보고 들으면-

창1:5-4-1-천지를 창조하신-빛과 생명과 말씀에 씨나락을 -창1:2-신이라 하는 귀신들이 까먹는 소리로 들었으며-

또

-계5:1-9-12-14-거문고 향연의 노랫소리를 -계4:1-8-가운데서 보고 들을 때-

창1:5-4-1-낮의 하늘에서 -계12:1-10-계4:1-8-밤낮-우리 주 하나님 앞에서 우리 주 하나님이신 전능하신 어린양을 참소하는 자들의 소리로 보고 들었으며

또

-계5:1-9-12-14-아멘 하는 거문고 향연의 노랫소리를-계4:1-8- 좌편에서 보고 들 때-

-만전 만승하신 만세반석이신 어린양을-계5:9-12- 죽임을 당하사 - 죽임을 당하신 어린양이라 하면서

-만전 만승하신 만세반석이신 어린양을 ===>-계5:9-12- 만전 만폐하신 만세 폐석으로

-계5:9-12-14-- 계18:2-22-세공을 하는 세공업자들에 이빨 까는 멧돌 소리로 거문고 향연의 소리를 보고 들으며

또

-계5:1-9-어린양이-陰父와 陰自에-어두움에-엡2:15-16-계명과 율법을 육체로 폐하시고 십자가로 소멸하여 죽으시고

-계5:1-9-어린양이-陰父와 陰自에-어두움에-고전15:56-율법의 사망을 이기고 다시 살아나셔서 인봉을 떼시는 것이라.

-계5:1-9-12-14--계18:2-22-거문고 향연의 세공업자들의 이빨 까는 멧돌 소리를-계4:1-8- 후편에서 보고 들 때

-계22:1-15-개들과 술객들과 행음자들과 살인자들과 우상 숭배 자들이 거짓말을 만들어 내는 소리로 보고 들은 것이라

-계5:1-9-12-14-네 생물이 -아멘 하는 거문고 향연의 소리를-개소리라 하는 이야기를 이렇게 설명하는 것이다.

계1	계4	계8	계12	계16	계20
계2	계5	계9	계13	계17	계21
계3	계6	계10	계14	계18	계22
	계7	계11	계15	계19	

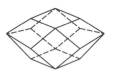

창1:5-4-2-아침이 되는--계4:2-4-5-6-7-8-밤이라 칭하신 어두움과 어두움에 아비라 하는

창1:5-4-2-陰父와 陰自에-계4:2-3-보좌가 -창1:2-시18:11-흑암에 구름이라 하는 어두움에 밤하늘에 베풀어져 있으며

창1:5-4-2-陰父와 陰自에-계4:2-4-보좌가 -창1:2-혼돈하고 공허한 어두움에 땅에 베풀어져 있으며

창1:5-4-2-陰父와 陰自에-계4:2-5-보좌가 -창1:2-깊음에-창1:6-8-물의 흑암 속에 있으라 하시고 하늘이라 칭하신 궁창에 있으며

창1:5-4-2-陰父와 陰自에-계4:2-6-보좌가 -창1:2-수면에-창1:9-10-물을 모이라 하시고 땅이라 칭하신 뭍에 있는 에덴동산에 있으며

반면에

창1:5-4-1-天父의 天子-계4:1-예수님이신-요1:1-18-29- 어린양이 -계8:1- 일곱 인을 떼실 때-

　　　　　　　　　　　　　　　-계1:4-5-6-7-아멘 -아멘 하는 -계8:1-3-4-성도의 기도들은

창1:5-4-1-天父와 天子-집에-계4:1-열린 문으로 올라가-계3:21-天父와 天子 보좌 앞-계8:1-3-금 제단에 상달이 되어 올라가는

반면에

창1:5-4-2-音父와 陰自-집에-계1:4-보좌가 있는-요2:19-성전 제단 불에서 올라오는-

　　　　　　　　　　　　-계5:1-9-12-14-거문고 향연이-계5:1-11-만만과 천천의 천사들이 손으로부터 올라와

　　　　　　　　　　　　-계8:1-3-4-성도들의 기도들과 합하여 -계8:1-3-보좌 앞 금 제단에 드리고자 하다가

창1:5-4-1-天父와 天子-집에-계4:1-열린 문에서-계5:6-9-어린양의 일곱 뿔이라 하는 일곱 천사가 일곱 나팔 소리로->거문고 향연의 노랫소리를 심판하고

　　　　　　　　　　　　-계4:1-열린 문에서-계5:6-9-어린양의 일곱 눈이라 하는 일곱 천사가 일곱 대접에 -거문고 향연의 향로 불을 일곱 대접에 담아서

한 때와 두 때에

창1:5-4-2-음부와 음자에---계4:2-4-5-6-보좌에-<==== 쏟아서 버려 버리는 것을

창1:5-4-1-저녁이 되는----계4:1-2-5-8- 낮의 하늘에서 -성령에 감동하여 -이렇게- 보고 보며 본 것이라 이렇게 그 이야기를 하고 하며 하는 것이다.

그리고

계1:4-5-6-아멘 하는-성도들의 기도 소리를-계7:4-8-계9:4-계14:1-3-살아 계신 하나님의 인을 맞은 144,000-밖에는 능히 이 노래를 배울 자가 없다는 것은

창1:5-4-2-陰父와 陰自-어두움에-율법을 따라서 제사하는-성전 제단 불에서 어린양이 다시 살아나면 율법을 따라서 제사하는 그 제사가 성립될 수 없기 때문에

　　　　　　　　　　　　　예수님이 다시 살아나신 부활이 담겨 있는 -계1:14-5-6-성도들의 기도를 능히 배울 수가 없으며

창1:5-4-1-낮이라 칭하신-요1:1-17-롬8:2-빛으로 영생하시는 예수님 안에 있는 생명의 성령의 법을 따르는 사람만 능하게 배워서 능하게 부를 수 있는 것이며

그리고

창1:5-4-1-천부의 천자-계1:1-4-5-6-예수께서 죽은 자들 가운데서 살아나셔서

창1:5-4-1-천부의 천자-계4:1-예수께서 -계8:1-일곱 인봉을 떼시는 것이라 -계1:1-4-5-6-아멘 하는 성도의 기도는

　　　　　　　　　　-계15:2-3-짐승과 그의 우상과 그의 이름의 수를 이기고 벗어난 자들이 -유리바닷가에 서서 주 하나님 전능하신 어린양의 노랫소리는

　　　　　　　　　　-계4:1- 열린 천국 문으로 올라가 -계3:21-천부와 천자 보좌 앞-계8:1-3-금 제단에 상달되는 것이며

반면에

창1:5-4-2-陰父와 陰自-집에-계1:4-보좌가 있는-요2:19-성전 제단 불에서-계5:9-12-14-아멘 하는 거문고 향연을-계5:11-만만과 천천의 손으로 올라가

창1:5-4-1-天父와 天子-집에-계4:1-열린 문에서 심판을 받는 이유는

　　　　　　　　　　-계4:1-예수께서 -계5:9-12-죽임을 당하사 죽임을 당하셔서

　　　　　　　　　　-계8:1-일곱 인을 떼시는 것이 아니기 때문에 -계5:9-12-14-거문고 향연의 노랫소리

　　　　　　　　　　-계14:8-11-계15:2-3-짐승과 그의 우상과 이름의 표를 받은 사람은 모세의 노래- 거문고 향연의 노래를 하는 것이다.

계1	계4	계8	계12	계16	계20
계2	계5	계9	계13	계17	계21
계3	계6	계10	계14	계18	계22
	계7	계11	계15	계19	

창1:5-4-2-아침이 되는--계4:2-4-5-6-7-8-밤이라 칭하신 어두움과 어두움에 아비라 하는

창1:5-4-2-陰父와 陰自에-계4:2-3-보좌가 -창1:2-시18:11-흑암에 구름이라 하는 어두움에 밤하늘에 베풀어져 있으며

창1:5-4-2-陰父와 陰自에-계4:2-4-보좌가 -창1:2-혼돈하고 공허한 어두움에 땅에 베풀어져 있으며

창1:5-4-2-陰父와 陰自에-계4:2-5-보좌가 -창1:2-깊음에-창1:6-8-물의 흑암 속에 있으라 하시고 하늘이라 칭하신 궁창에 있으며

창1:5-4-2-陰父와 陰自에-계4:2-6-보좌가 -창1:2-수면에-창1:9-10-물을 모이라 하시고 땅이라 칭하신 뭍에 있는 에덴동산에 있으며

계14:9-11-과-계15:2-짐승과 그의 우상의 이름은

창1:5-4-2-과-단7:2-4-25-한 때와 두 때에-첫째며 다섯째-계13:1-2-사자 같은 짐승에게-<---계4:6-7-첫째 생물이 능력과 보좌와 큰 권세를 주어서 -단2:2-31-38-첫째- 금머리 왕의- 단4:3-큰 바빌론- 첫째와 다섯째 -계17:1-5-큰 바빌론이 있으며

또

창1:5-4-2-과-단7:2-4-5-25-한 때와 두 때에-둘째며 여섯째-계13:1-곰과 같은 짐승에게-<---계4:6-7-둘째 생물이 능력과 보좌와 큰 권세를 주어서 -단2:2-31-둘째 은나라-단8:1-4-20-메데 바사 연합제국이 -둘째며 여섯째-계13:11-18-제국이라 하는 짐승이 올라오는 것이며 -대하36:22-23-바사 왕 고레스가 조서를 내려서 말하노니 밤하늘의 신 여호와가

세상 만국으로 내게 주었고 또 나에게 명령하여 유다 예루살렘에 무너진

여호와의 성전을 건축하라 하였나니 너희 중에 여호와의 백성된 자는 다

예루살렘으로 올라갈지어다 -하여서-

유대교 유대인들이 바빌론 제국에 포로 생활에서 해방되어서 고국에 돌아와 무너진 여호와의 성전을 다시 세웠던 것과 같이

또

-계13:11-18-새끼 양 같은 짐승이라 하는-둘째이던 여섯째 짐승이라 하는 연합 제국이- 메데 바사 연합 제국이 -유대교 유대인들에게 하였던 일을 동일하게 재현하여서-유대교 유대인들에게 잃어버린 나라와 땅을 찾아주고 무너진 유대교 여호와의 성전을 다시 세우도록 도와주어서-요2:19-여호와의 성전이 다시 세워진 것을 볼 수 있으며

또

창1:5-4-2-과-단7:2-6-7-25-한 때와 두 때에-셋째며 일곱째-계13:1-2-표범 비슷한 짐승에게-<-계4:6-7-셋째 생물이 능력과 보좌와 큰 권세를 주어서 -단2:2-31-38-셋째 놋나라-단8:5-21-헬라 제국을 건설하여 있었으며

-계9:1-11-헬라 음으로 아볼루온이라 하는 자가 헬라에 알렉산더 왕과 함께 전쟁 바람을 일으켜 셋째 헬라 제국을 건설하고 함께 무저갱에 있다가 -계20:1-7-알렉산더 왕이 죽고 천 년이 차매 무저갱에서 놓여 나아와-

-계20:7-8-과-창10:1-2-야벳의 아들들의 나라들 -고멜과 마곡과 마대와 야완과 메삭과 두발과 디라스의 나라들을 미혹하고 모아서==>-

-계13:11-18-여섯째 제국이 유대교 유대인들에게 찾아주고 세워 준 나라에 땅과 유대교 신전을 두고서-<==싸움을 붙이므로 세상 사람들이 그곳을 바라보면서 중동의 화약고라 하는 이야기를 하는 것이며

또

창1:5-4-2-과-단7:2-7-25-한대와 두 때에-넷째며 여덟째-계13:2-1-일곱 머리 열 뿔 짐승에게-<-계4:6-7-넷째 생물이 능력과 보좌와 큰 권세를 주어서 -단2:2-31-40-넷째 철나라 로마제국이라 하는 -계17:1-3-열 뿔 짐승이- 때와 법을 변개하여- 한 때와 두 때에 -첫째며 다섯째 왕을 -계17:1-3-5- 등에 태우고 함께 왕 노릇 하다가

-계17:1-3-10-넷째가 다섯째 왕과 함께 망하고

-계17:1-3-11-전에 있었다가 시방 없어진 넷째 열 뿔 짐승이-남은 반의 권세를 가시고 -다시 여덟째 왕으로 나올 것을

창1:5-4-1-저녁이 되는 -계4:1-2-5-8-낮의 하늘에 -계4:5-일곱 영이라 하는 -계17:1-일곱 천사 중 하나가 -요한을 -계4:2-계17:3-성령으로 데리고

창1:5-4-2-陰父와 陰自에-창1:4- 어두움에-땅- 광야로 데리고 가서 -계12:1-14-한 때와 두 때와 반 때에 -짐승과 그의 우상과 이름에 비밀을 알려 준 것이며

계17:1-3-11-여덟 왕이라 하는 여덟 짐승 중에서 다섯은 망하고 남아 있는- 여섯째와 일곱째와 여덟째 -세 짐승과 -세 짐승의 우상과 -세 짐승의 이름의 수를

계13:1-11-18-(육백)(육십)(육) 이라 하는 것을- 이렇게 농부에게도 보여 주었기에-계산 방법으로-권세 기간까지-천자문과 주역으로 정리하여 소개한 것이다.

계1	계4	계8	계12	계16	계20
계2	계5	계9	계13	계17	계21
계3	계6	계10	계14	계18	계22
	계7	계11	계15	계19	

창1:5-4-2-아침이 되는--계4:2-4-5-6-7-8-밤이라 칭하신 어두움과 어두움에 아비라 하는
창1:5-4-2-陰父와 陰自에-계4:2-3-보좌가 -창1:2-시18:11-흑암에 구름이라 하는 어두움에 밤하늘에 베풀어져 있으며
창1:5-4-2-陰父와 陰自에-계4:2-4-보좌가 -창1:2-혼돈하고 공허한 어두움에 땅에 베풀어져 있으며
창1:5-4-2-陰父와 陰自에-계4:2-5-보좌가 -창1:2-깊음에-창1:6-8-물의 흑암 속에 있으라 하시고 하늘이라 칭하신 궁창에 있으며
창1:5-4-2-陰父와 陰自에-계4:2-6-보좌가 -창1:2-수면에-창1:9-10-물을 모이라 하시고 땅이라 칭하신 뭍에 있는 에덴동산에 있으며
창1:5-4-2-陰父와 음自는-계4:2-4-5-6-7-보좌 가운데서-계12:1-5-7-14-한 때와 두 때에-
　　　　　　　　　　　-계6:1-3-5-7-8-인 떼어진 - - 계4:2-4-5-6-7-네 생물이
창1:5-4-2-아침이 되는--계4:2-4-5-6-8- 밤이라 칭하신 -계4:2-4-5-6-7-어두움이며 어두움과 어두움에 아비를 -陰父와 陰自라 하는 것이며

반면에

창1:5-4-1-저녁이 되는-계4:1-2-5-8-낮의 하늘에 계시는 -예수님과 성령과 일곱 영이= = =>-
창1:5-4-2-陰父와 陰自-어두움에-계4:6-계1:4-보좌가 있는- 아시아에 일곱 교회들에게 하시는 말씀을 편집하여 살펴봅니다.
창1:5-4-1-天父와 天子-집에-계4:1-열린 문으로 天父의 天子이신-예수께서 처음에 = = =>-
창1:5-4-1-천부와 천자-집에-계4:1-계1:10-나팔 소리 같은 큰 음성으로 = = ==>-계1:9- 밧모섬에 있는 제자 요한에게
창1:5-4-1-천부와 천자-집에-계4:1-계1:11-너 보는 것을 두루마리에 써서= = =>-계1:4-아시아에 일곱 교회에 보내라 하시면서

창1:5-4-1-낮에 하늘에서-계4:1-계1:10-나팔 소리 같은 음성으로 = >-계2:1-에베소 교회 사자에게 편지하시기를 오른손에-
　　　　　　-계4:1-5-일곱 영이라 하는 일곱 별을 붙잡고-계1:4-일곱 교회라 하는 일곱 금 촛대 사이에 거니시는 이가 이르시되
　　　　　　-계4:1-2-성령이-계2:1-7-교회들에게 하시는 말씀을 듣고서
창1:5-4-2-陰父와 陰自에-어두움에-고전15:56-율법이 사망으로 쏘는 죄를-<===계2:1-7-이기는 그에게
창1:5-4-1-지면에 있는-계2:1-7-낙원에-계22:1-생명나무의 열매를 주어서 먹게 하리라.

창1:5-4-1-지면에 있는-계22:1-생명나무가-창1:4-어두움에-고전15:56-율법이 사망으로 쏘는 죄가 주관하는 밤에 달마다 열두 가지 열매를 맺어서
창1:5-4-1-천이라 하는-계4:1-2-5-8-낮의 하늘에 계시는 예수님과 성령과 일곱 영이 교회들에게 하시는 말씀을 듣고서
창1:5-4-2-陰父와 陰自-어두움에 -고전15:56-율법이 사망으로 쏘는 죄를-<===계2:1-7-이기는 그에게 주려고
창1:5-4-1-지면에 있는-계2:1-7- 낙원에 생명나무 열매가-창조기와 -태초기와- 창세기와- 말세기에-세세토록- 있으며

또

창1:5-4-1-저녁이 되는-여섯째-계4:1-8-낮에-계4:1-예수께서-
창1:5-4-1-창1:27-29-창조하신 빛의 자녀들에게 -<= = = = = = = = = 복을 주시며 이르시되 생육하고 번성하여
창1:5-4-2-아침이 되는-계4:2-8-밤이라 칭하신-계4:2-7-모든 생물을 -<== 이겨서 다스리라 하시고
　　　　　아침이 되는-계4:2-8-밤이라 칭하신-어두움 -<= = = = 정복하고 정령하라 하신 예수님의 말씀을 따르는 창조하신 빛의 자녀들에게
창1:5-4-1-지면에 있는 생명나무 열매를 주어서 창조하신 빛의 자녀들이 먹고서 생육하고 번성하여 = = =>-
창1:5-4-2-陰父와 陰自-어두움에-계21:1-처음 하늘과 처음 땅과 바다를-<= = = = = = = 정복과 정령을 하고 있는 것을 이렇게 보고 보며 본 것이라.
이렇게 그 이야기를 하고 하며 하는 것이며

또

창1:5-4-1-지면에-天父와 天子에-계22:1-생명나무-계2:1-7-낙원이 있으며 -반면에-
창1:5-4-2-陰父와 陰自에-어두움에-땅에-창3:24-선악나무 에덴동산이 있고 에덴 동산 동편에-생명나무 낙원으로 가는 생명나무 길을 여호와가 화염검과
　　　　　　그룹들을 두어서 세세토록 지키고 있으며
창1:5-4-2-밤이라 칭하신 -창1:4-어두움에 아비를 陰父라 하고 어두움이라 하는 네 생물을 陰自들이라 하는 것이며 에덴동산에 있는 여호와는 陰父이며
창1:5-4-2-과-창3:24-에덴동산 동편에 있는 생명나무 길을 막아서 지키는 화염검과 그룹들을-陰父의 陰自들로 보고 보며 본 것을 이미 소개하였으며
창1:5-4-1-저녁이 되는-계4:1-8-낮의 빛으로 계신 예수께서-계4:1-계1:4-18-나는 처음과 나중이요 시작과 끝이라 하시며 내가 전에 죽었노라.
볼지어다 세세토록 살아 계시는 예수께서 이렇게 농부에게 보여 주시니라.

2

계1	계4	계8	계12	계16	계20
계2	계5	계9	계13	계17	계21
계3	계6	계10	계14	계18	계22
	계7	계11	계15	계19	

창1:5-4-2-아침이 되는--계4:2-4-5-6-7-8-밤이라 칭하신 어두움과 어두움에 아비라 하는

창1:5-4-2-陰父와 陰自에-계4:2-3-보좌가 -창1:2-시18:11-흑암에 구름이라 하는 어두움에 밤하늘에 베풀어져 있으며

창1:5-4-2-陰父와 陰自에-계4:2-4-보좌가 -창1:2-혼돈하고 공허한 어두움에 땅에 베풀어져 있으며

창1:5-4-2-陰父와 陰自에-계4:2-5-보좌가 -창1:2-깊음에-창1:6-8-물의 흑암 속에 있으라 하시고 하늘이라 칭하신 궁창에 있으며

창1:5-4-2-陰父와 陰自에-계4:2-6-보좌가 -창1:2-수면에-창1:9-10-물을 모이라 하시고 땅이라 칭하신 뭍에 있는 에덴동산에 있으며

창1:5-4-2-陰父와 음自는-계4:2-4-5-6-7-보좌 가운데서--계12:1-5-7-14-한 때와 두 때에-

　　　　　　　　　　-계6:1-3-5-7-8-인 떼어진 - - 계4:2-4-5-6-7-네 생물이

창1:5-4-2-아침이 되는--계4:2-4-5-6-7-8- 밤이라 칭하신 -계4:2-4-5-6-7-어두움이며 어두움과 어두움에 아비를 -陰父와 陰自라 하는 것이며

반면에

창1:5-4-1-저녁이 되는-계4:1-2-5-8-낮의 하늘에 계시는 -예수님과 -성령과 -일곱 영이= = =>-

창1:5-4-2-陰父와 陰自-어두움에-계4:6-계1:4-보좌가 있는- 아시아에 일곱 교회들에게 하시는 말씀을 편집하여 살펴봅니다.

창1:5-4-1-天父와 天子-집에-계4:1-열린 문으로 天父의 天子이신-예수께서 처음에 = = =>-

창1:5-4-1-천부와 천자-집에-계4:1-계1:10-나팔 소리 같은 큰 음성으로 = = ==>-계1:9- 밧모섬에 있는 제자 요한에게

창1:5-4-1-천부와 천자-집에-계4:1-계1:10-11-너 보는 것을 두루마리에 써서 =>-계1:4-아시아에 일곱 교회에 보내라 하시는

창1:5-4-1-낮에 하늘에서-계4:1-열린 문으로 처음에-계1:10-나팔 소리 같은 음성으로 = = =>-

　　　　　　　　　-계4:1-계1:10-계2:8-서머나 교회 사자에게 편지하라 하시며-처음과 나중이요 죽었다가 살아나신 이가 이르시되

창1:5-4-2-陰父와 陰自--요1:5-17-어두움의 율법을 따르는 -행6:5-계2:8-9-유대인들의 유대교를 사탄의 회라 말씀하시며

　　　　　　　　　-계4:1-2-성령이-계2:8-11-교회들에게 하시는 말씀을 듣고서

창1:5-4-2-陰父와 陰自에-요1:5-17/고전15:56-어두움의 율법이 사망으로 쏘는 죄를 -<= = 계2:8-11-이기는 자는-

창1:5-4-1-낮의 하늘에서-계4:1-계21:2-하나님께로부터 내려오는 재림 심판에-계21:2-8-과-계2:8-11-둘째 사망의 해를 받지 아니하리라.

　　　　　　　　　-계4:1-계1:10-계2:8- 죽었다가 살아나신 이는

창1:5-4-1-천부의 천자-요1:1-17-18/엡2:15-16- 빛이신 예수께서 원수 된

창1:5-4-2-음부와 음자--요1:5-17-18/엡2:15-16- 어두움에 계명과 율법을 육체로 폐하시고 십자가로 소멸하시고 죽은 자들 가운데서

　　　　　　　-요1:5-17/고전15:56- 어두움의 율법의 사망을 이겨서 폐하시고 -계1:1-4-5-살아나신

창1:5-4-1-천부의 천자-계4:1-계1:10-계2:8-예수님 자신을 가리키는 말씀입니다.

또

창1:5-4-1-낮의 하늘에서-계4:1-계1:10-나팔 소리 같은 음성으로 ===>-

　　　　　　　　-계4:1-계1:10-계2:12-버가모 교회 사자에게 편지하시기를 -계1:10-16-좌우에 날 선 검을 가지신 이가 이르시되

　　　　　　　　-계4:1-계1:10-계2:12-15-이와 같이 니골라 당의 교훈을 지키는 자들이 있도다 - 니골라 당의 교훈은-

　　　　　　　　-행15:1-안디옥 교회에서-너희가-요1:5-17-모세의 율법대로 할례를 받지 아니하면 능히 구원을 얻지 못하리라 하여서

　　　　　　　　-행15:1-안디옥 교회에서-요1:5-17/ 갈3:13-모세의 율법의 저주에서 우리를 속량하여 구원의 복음을 전하는 사도 바울에

　　　　　　　　-행15:1-2-다툼과 변론을 일으키는 교훈을 -안디옥 사람 -계2:12-15-니골라 당의 교훈이라 하는 것이며

　　　　　　　　-행6:5- 유대교 제단의 제물을 -계2:12-14- 우상의 제물이라 하는 것이며

　　　　　　　　-계4:1-2-성령이-계2:12-17-교회들에게 하시는 말씀을 듣고서

창1:5-4-2-陰父와 陰自--요1:5-17/고전15:56-어두움의 율법이 사망으로 쏘는 죄를 <= = = = = 계2:12-17-이기는 그에게 감추인 만나를 주리니

　　　　　　　　-계4:1-계1:10-계2:12-17- 감추인 만나는

창1:5-4-1-천부의 천자 -요1:1-17/요6:53-58/마26:26-29/고전10:14-22-주 예수 그리스도의 몸 된 성찬을 가리켜서-감추인 만나- 하는 것이며

　　　　주 예수 그리스도의 몸 된 성찬을 -절대로- 유대교 제단의 제물과 겸하여 먹는 것을 금지하는 이유는

창1:5-4-2-陰父와 陰自 -요1:5-17-어두움의 율법을 따르는 -행6:5-계2:8-9-유대인들의 유대교를 사탄의 회라 하시며

　　　　　　　　-행6:5-유대교 제단의 제물을-계2:12-14-우상의 제물이라 말씀하시는 예수님이십니다

계1	계4	계8	계12	계16	계20
계2	계5	계9	계13	계17	계21
계3	계6	계10	계14	계18	계22
	계7	계11	계15	계19	

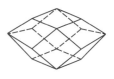

창1:5-4-2-아침이 되는--계4:2-4-5-6-7-8-밤이라 칭하신 어두움과 어두움에 아비라 하는

창1:5-4-2-陰父와 陰自에-계4:2-3-보좌가 -창1:2-시18:11-흑암에 구름이라 하는 어두움에 밤하늘에 베풀어져 있으며

창1:5-4-2-陰父와 陰自에-계4:2-4-보좌가 -창1:2-혼돈하고 공허한 어두움에 땅에 베풀어져 있으며

창1:5-4-2-陰父와 陰自에-계4:2-5-보좌가 -창1:2-깊음에-창1:6-8-물의 흑암 속에 있으라 하시고 하늘이라 칭하신 궁창에 있으며

창1:5-4-2-陰父와 陰自에-계4:2-6-보좌가 -창1:2-수면에-창1:9-10-물을 모이라 하시고 땅이라 칭하신 뭍에 있는 에덴동산에 있으며

창1:5-4-2-陰父와 음自는-계4:2-4-5-6-7-보좌 가운데서-계12:1-5-7-14-한 때와 두 때에-
  -계6:1-3-5-7-8-인 떼어진 --- 계4:2-4-5-6-7-네 생물이

창1:5-4-2-아침이 되는--계4:2-4-5-6-8- 밤이라 칭하신 -계4:2-4-5-6-7-어두움이며 어두움과 어두움에 아비를 -陰父와 陰自라 하는 것이며

반면에

창1:5-4-1-저녁이 되는-계4:1-2-5-8-낮의 하늘에 계시는 -예수님과 성령과 일곱 영이= =>-

창1:5-4-2-陰父와 陰自에-어두움에-계4:6-계1:4-보좌가 있는- 아시아에 일곱 교회들에게 하시는 말씀을 편집하여 살펴봅니다.

창1:5-4-1-天父와 天子-집에-계4:1-열린 문으로 天父의 天子이신- 예수께서 처음에 = = =>-

창1:5-4-1-천부와 천자-집에-계4:1-계1:10-나팔 소리 같은 큰 음성으로 = = ==>-계1:9- 밧모섬에 있는 제자 요한에게

창1:5-4-1-천부와 천자-집에-계4:1-계1:10-11-너 보는 것을 두루마리에 써서= = =>-계1:4-아시아에 일곱 교회에 보내라.

창1:5-4-1-천부의 천자-집에-계4:1-계1:10-나팔 소리 같은 음성으로 = = =>-
  -계4:1-계1:10-11-계2:18-두아디라 교회 사자에게 편지하시기를
  -계4:1-계1:10-11-14-15-그 눈이 불꽃 같고 그 발이 풀무에 단련하는 빛난 주석과 같은 하나님의 아들 이르시되
  -계4:1-계1:10-11-14-15-그 눈이 불꽃 같고 그 발이 빛난 주석과 같은 것은 - 천부의 천자이신 예수께서 원수 된

창1:5-4-2-陰父와 陰自-어두움에--요1:5-17/엡2:15-16-계명과 율법을 육체로 폐하시고 십자가로 소멸하시고

창1:5-4-2-陰自의 아비 陰父가 있는-신4:10-15-흑암에 구름 속에 화염에 불꽃이 충천한 불못-<== 벧전3:19-옥에 있는 영들에게 복음을 전하시고

창1:5-4-2-陰父와 陰自-어두움에--요1:5-17/고전15:56-율법의 사망을 이겨서 폐하시고 다시 -계1:1-4-5-살아나셔서-

창1:5-4-1-천부의 천자이신-계4:1-계1:10-계2:18-하나님 아들 예수님의 그 눈이 불꽃 같고 그의 발이 풀무에 단련한 빛난 주석과 같이 빛나는 것이며

  -계4:1-계1:10-계2:18-20-그러나 네게 책망할 것이 있나니 선지자라 하는 여자 이세벨을 네가 용납함이니 그가 내
    종들을 가르쳐 꾀어 행음하게 하고 우상의 제물을 먹게 하였도다.
  -계4:1-계1:10-계2:18-20-행음은-天父의 天子이신 예수님과
    陰父와 陰自라 하는 여호와를 같은 주 하나님으로 믿는 것이 행음이며

  -계4:1-계1:10-계2:18-24-두아디라에 남아 있어 이 교훈을 받지 아니하고 소위 사탄의 깊은 것을 알지 못하는 너희에게
    말하노니 다른 짐으로 너희에게 지울 것이 없노라 다만 너희에게 있는 것을 내가 올 때까지
    굳게 잡으라.

창1:5-4-2-陰父와 陰自-어두움에-요1:5-17 고전15:56-율법이 사망으로 쏘는 죄를-<==== 계2:18-26-이기는 자와 내일을 끝까지 지키는 그에게
  -계4:1-계1:10-계2:18-26-만국을 다스릴 권세를 주리니-
  -계4:1-계1:10-계2:18-27-그가-계19:11-손에 철장을 가지고 = = =>-

창1:5-4-2-陰父와 陰自의--계4:2-4-5-6-보좌와 함께한 -계19:1-3-4-6-할렐루야 무리를-<==== 다스려 질그릇 깨뜨리는 것과 같이 하리라.
  -계4:1-내가 또-계1:10-계2:18-28-그에게-계22:1-16-새벽 별을 주리라.

창1:5-4-1-天父의 天子이신-계4:1-예수께서-계4:2-성령이-계2:18-29-교회들에게 하시는 말씀을 들을지어다-하셔서-교회들에게 하시는 말씀을
  -모아서 편집하여서 이렇게 보고 들으며 보는 일들이 모두 다 -창1:1-과-2-안에 있는 일들을 이야기하는 것이다.

계1	계4	계8	계12	계16	계20
계2	계5	계9	계13	계17	계21
계3	계6	계10	계14	계18	계22
	계7	계11	계15	계19	

창1:5-4-2-아침이 되는--계4:2-4-5-6-7-8-밤이라 칭하신 어두움과 어두움에 아비라 하는

창1:5-4-2-陰父와 陰自에-계4:2-3-보좌가 -창1:2-시18:11-흑암에 구름이라 하는 어두움에 밤하늘에 베풀어져 있으며

창1:5-4-2-陰父와 陰自에-계4:2-4-보좌가 -창1:2-혼돈하고 공허한 어두움에 땅에 베풀어져 있으며

창1:5-4-2-陰父와 陰自에-계4:2-5-보좌가 -창1:2-깊음-창1:6-8-물의 흑암 속에 있으라 하시고 하늘이라 칭하신 궁창에 있으며

창1:5-4-2-陰父와 陰自에-계4:2-6-보좌가 -창1:2-수면에-창1:9-10-물을 모이라 하시고 땅이라 칭하신 뭍에 있는 에덴동산에 있으며

창1:5-4-2-陰父와 음자는-계4:2-4-5-6-7-보좌 가운데서-계12:1-5-7-14-한 때와 두 때에-
-계6:1-3-5-7-8-인 떼어진 --- 계4:2-4-5-6-7-네 생물이

창1:5-4-2-아침이 되는--계4:2-4-5-6-8- 밤이라 칭하신 -계4:2-4-5-6-7-어두움이며 어두움과 어두움에 아비를 -陰父와 陰自라 하는 것이며
반면에

창1:5-4-1-저녁이 되는-계4:1-2-5-8-낮의 하늘에 계시는 -예수님과 -성령과 일곱 영이 = = =>-

창1:5-4-2-陰父와 陰自에-어두움에-계4:6-계1:4-보좌가 있는- 아시아에 일곱 교회들에게 하시는 말씀을 편집하여 살펴봅니다.

창1:5-4-1-天父와 天子-집에-계4:1-열린 문으로 天父의 天子이신- 예수께서 처음에 = = =>-

창1:5-4-1-천부와 천자-집에-계4:1-계1:10-나팔 소리 같은 큰 음성으로 = = ==>-계1:9- 밧모섬에 있는 제자 요한에게

창1:5-4-1-천부와 천자-집에-계4:1-계1:10-11-너 보는 것을 두루마리에 써서= = =>-계1:4-아시아에 일곱 교회에 보내라

창1:5-4-1-천부의 천자-계4:1-계1:10-나팔 소리 같은 음성으로 = = =>-
-계4:1-계1:10-11-계3:1-사데 교회 사자에게 편지하시기를
-계4:1-2-5-계3:1-일곱 영과 -계1:10-11-14-16-계3:1-일곱 별을 가지신 이가 이르시되
-계4:1-계1:10-계3:1-네가 살았다 하는 나의 이름은 가졌으니 죽은 자로다 말씀하시는 ==>-
-계4:1-계1:10-계3:1-네 행위는?

창1:5-4-2-陰父와 陰自-요1:5-17/갈5:4-어두움인 여호와의 율법 안에서 의롭다 함을 얻으려 하는 너희는

창1:5-4-1-천부와 천자-요1:1-17/갈5:4-빛이신 예수 그리스도에게서 끊어지고

창1:5-4-2-陰父와 陰自-요1:5-17/고전15:56-어두움인 여호와의 율법의 사망으로 쏘는--롬6:1-14-죄가 주관하지 못하는

창1:5-4-1-천부와 천자-요1:1-17/롬6:1-14/갈5:4-빛이신 예수 그리스도의 은혜에서 떨어져

창1:5-4-1-천부의 천자-계4:1-예수께서-계1:10-계3:1-네가 살았다 하는 나의 이름은 가졌으나 죽은 자로다 하시는 자들에 행위를 이렇게

창1:5-4-1-저녁이 되는-계4:1-2-5-8-낮의 하늘에서 -성령에 감동하여 보고 듣고 보며 본 것이라 이렇게 그 이야기를 하고 하며 하는 것이다.

창1:5-4-1-천부의 천자-계4:1-계1:10-계3:1-2-네 행위에 온전한 것을 찾지 못하였노니 그러므로 네가 어떻게 받았으며 어떻게 들었는지 생각하고
-계3:1-3-지켜 회개하라.
-계3:1-4-그러나 사데에 그 옷을 더럽히지 아니한 몇 명이 네게 있어 흰옷을 입고 나와 함께 다니리니 그들은
나와 합당한 자인 연고라 -흰옷은?-
-갈3:27-누구든지 그리스도와 합하기 위하여 세례를 받은 자는 그리스도로 옷 입었느니라.
-롬6:1-11-예수님의 죽으심과 합하여 물로 세례를 받아서

창1:5-4-2-陰父와 音自와 어두움과 율법과 죄에 -<==대하여 -롬6:1-14/골2:12-세례를 받아서 죽어 장사되고 또
음부와 음자와 어두움과 율법과 죄에 -<==대하여 죽은 자들 가운데서 예수님을 일으키신 천부 하나님의 역사를 믿음으로 말미암아 예수님
안에서-롬4:25-의롭다 하심과 예수님과 함께 일으키심을 받았으며 그리스도로 옷 입었느니라. 아멘.
또

창1:5-4-1-천부의 천자-계4:1-예수님과 -계4:2-성령이-계3:1-6-교회들에게 하시는 말씀을 듣고서

창1:5-4-2-음부와 음자-요1:5-17/고전15:56-어두움인 여호와의 율법이 사망으로 쏘는 죄를<= 계3:1-5-이기는 자는 이와 같이 흰옷을 입을 것이요

창1:5-4-1-천부의 천자-계4:1-예수께서-계3:1-5-내가 그 이름을 -계20:11-13-생명책에서 결코 지우지 아니하고 그 이름을 내 아버지 천부 앞과
계4:1-계19:11-그의 천사들 앞에서 시인하리라-아멘-이렇게-보고 듣고 보며 본 것이라 이렇게 그 이야기를 하며 하는 것이며
그리고

나는 예수님의 죽으심과 합하여 물로 세례를 받아서 여호와와 율법과 죄에 대하여 죽어 장사되었다 믿고 말하는 사람은 누구든지 여호와의 율법이 사망으로
쏘는 죄가 나를 주관하지 못하는 예수님의 전능하신 은혜를 체험하기 시작하여 온전하게 행하는 예수님 안에 있는 생명의 성령의 법을 따르게 되는 것이다.

계1	계4	계8	계12	계16	계20
계2	계5	계9	계13	계17	계21
계3	계6	계10	계14	계18	계22
	계7	계11	계15	계19	

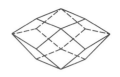

창1:5-4-2-아침이 되는--계4:2-4-5-6-7-8-밤이라 칭하신 어두움과 어두움에 아비라 하는

창1:5-4-2-陰父와 陰自에-계4:2-3-보좌가 -창1:2-시18:11-흑암에 구름이라 하는 어두움에 밤하늘에 베풀어져 있으며

창1:5-4-2-陰父와 陰自에-계4:2-4-보좌가 -창1:2-혼돈하고 공허한 어두움에 땅에 베풀어져 있으며

창1:5-4-2-陰父와 陰自에-계4:2-5-보좌가 -창1:2-깊음에-창1:6-8-물의 흑암 속에 있으라 하시고 하늘이라 칭하신 궁창에 있으며

창1:5-4-2-陰父와 陰自에-계4:2-6-보좌가 -창1:2-수면에-창1:9-10-물을 모이라 하시고 땅이라 칭하신 물에 있는 에덴동산에 있으며

창1:5-4-2-陰父와 음自는-계4:2-4-5-6-7-보좌 가운데서--계12:1-5-7-14-한 때와 두 때에-
　　　　　　　　　　　　　　　-계6:1-3-5-7-8-인 떼어진 - - 계4:2-4-5-6-7-네 생물이

창1:5-4-2-아침이 되는--계4:2-4-5-6-8- 밤이라 칭하신 -계4:2-4-5-6-7-어두움이며 어두움과 어두움에 아비를 -陰父와 陰自라 하는 것이며

반면에

창1:5-4-1-저녁이 되는-계4:1-2-5-8-낮의 하늘에 계시는 -예수님과 -성령과 일곱 영이= =>-

창1:5-4-2-陰父와 陰自-어두움에-계4:6-계1:4-보좌가 있는- 아시아에 일곱 교회들에게 하시는 말씀을 편집하여 살펴봅니다.

창1:5-4-1-天父와 天子-집에-계4:1-열린 문으로 天父의 天子이신- 예수께서 처음에 = = =>-

창1:5-4-1-천부와 천자-집에-계4:1-계1:10-나팔 소리 같은 큰 음성으로 = = ==>-계1:9- 밧모섬에 있는 제자 요한에게

창1:5-4-1-천부와 천자-집에-계4:1-계1:10-11-너 보는 것을 두루마리에 써서= =>-계1:4-아시아에 일곱 교회에 보내라.

창1:5-4-1-천부의 천자-계4:1-계1:10-나팔 소리 같은 음성으로 = = =>-
　　　　　　-계4:1-계1:10-계3:7-빌라델비아 교회 사자에게 편지하시기를
　　　　　　-계4:1-계1:10-18-사망과 음부의 열쇠와-
　　　　　　-계4:1-계1:10-계3:1-거룩하고 진실하사 다윗의 열쇠를 가지신 열면 닫을 사람이 없고 닫으면 열 사람이 없는 그이가 이르시되

　　　　　　-계4:1-계1:10-계3:1-2-볼지어다 내가 네 앞에 열린 문을 두었으되 능히 닫을 사람이 없으리라 -열린 문을-농부가 본 것은
창1:5-4-2-음부와 음자-신4:10-15/요1:15-17/고전515:56-어두움인 여호와의 율법이 사망으로 쏘는 -롬6:1-14-죄가 주관하지 못하는

창1:5-4-1-천부의 천자-요1:1-17/롬6:1-14-빛이신 예수님 은혜 안에 들어가는 은혜와 진리를 -계3:7-8-열린 문으로 보고 들으며 볼 때-

창1:5-4-1-천부의 천자-계4:1-계3:7-9-보라 하시는 것을 보니 이는

창1:5-4-2-음부와 음자-요1:5-17/신4:10-15-어두움인 여호와의 율법을 따르는-행6:5-계3:8-9-유대인들의 유대교를 <--사탄의 회라 하시니라.

창1:5-4-1-천부의 천자 -계4:1-예수께서-계4:2-성령이-계3:7-13-교회들에게 하시는 말씀을 듣고서

창1:5-4-2-음부와 음자-요1:5-17/고전15:56-어두움인 여호와의 율법이 사망으로 쏘는 죄를<= = = = 계3:7-12-이기는 자는

창1:5-4-1-천부-계21:2-계3:7-12-내 하나님께로부터 내려오는 거룩한 성 새 예루살렘의 성전 기둥이 되게 하리니 그가 결코 다시 나가지 아니하리라.

또

창1:5-4-1-천부의 천자 -계4:1-예수께서-계1:10-11-계3:14-라오디게아 교회 사자에게 편지하시기를
　　　　　　　-계4:1-예수께서-계4:2-성령이-계3:14-22-교회들에 하시는 말씀을 듣고서

창1:5-4-2-음부와 음자-요1:5-17/신4:10-15/고전15:56-어두움인 여호와의 율법이 사망으로 쏘는 죄를-<=== 계3:14-21-이기는 그에게는 내가

창1:5-4-1-천부와 천자-계4:1-계3:21-내 보좌에 함께 앉게 하여 주기를 내가 어두움을 이기고 아버지 천부 보좌에 앉은 것과 같이 하리라 말씀하시는

창1:5-4-1-천부와 천자-계4:1-8-낮의 하늘에 계시는-계4:1-예수님을-성령에 감동하여 이렇게 보고 듣고 본 것이라 이렇게. 그 이야기를 하는 것이다.

제1	제4	제8	제12	제16	제20
제2	제5	제9	제13	제17	제21
제3	제6	제10	제14	제18	제22
	제7	제11	제15	제19	

창1:5-4-1-저녁이 되는 낮을 - - - - 천자문에서-기울 仄이라 하고
창1:5-4-2-아침이 되는 밤을 - - - - 천자문에서-찰 盈이라 하며

창1:5-4-1-저녁이 되는 낮이라 칭하신 빛이 있는 천지를- - - - - - - - - - - - - 천자문에서-하늘 天 땅 地라 하고
창1:5-4-2-아침이 되는 밤이라 칭하신 어두움이 있는 흑암과 깊음과 혼돈하고 공허한 땅을 -천자문에서-검을 玄 누를 黃 이라 하며

창1:5-4-1-저녁이 되는 낮이라 칭하신 빛의 아버지 집을 - - - - - 천자문에서-집 宇라 하고
창1:5-4-2-아침이 되는 밤이라 칭하신 어두움에 아비의 집을 - - - 천자문에서-집 宙라 하며

창1:5-4-1-저녁이 되는-계4:1-8-낮이라 칭하신-요1:1-18-빛의 아버지 하나님을 -창1:1 -天父 천부라 하시며 -또-上宰-상재라 하고
        저녁이 되는-계4:1-8-낮이라 칭하신-요1:1-18-빛이신 독생자를 - - - 창1:1 天子라 하고
        저녁이 되는-여섯째 -계4:1-8-낮에 창조하신 빛의 자녀들을- - - - - 창1:1-天夫人들이라 하며
창1:5-4-1-아침이 되는-여섯째 -계4:2-8-밤에-창1:26- 만든 어두움에 자녀들을 - - 창1:2-陰夫人들과-神夫人들이라 하며
        아침이 되는-계4:2-8-밤이라 칭하신-계4:2-7- 네 생물을 - - - - - - 창1:2-陰自들과--神들이라는-도깨비들로 보며
        아침이 되는-계4:2-8-밤이라 칭하신-어두움에 아비를- - - - - - -창1:2-陰父 음부라 하며-또-玉皇- 옥황이라 하는 것이며

창1:5-4-1-저녁이 되는-계4:1-8-낮이라 칭하신-창1:4-나누어진 빛의 날을- -每日 每日 매일 매일이라 하며 -晝 주마다라 하며 -季 해마다라 하며
창1:5-4-2-아침이 되는-계4:2-8-밤이라 칭하신-창1:4-나누어진 어두움에 날을 -捺 날마라 하며 -月 달마다 -年 년마다라 하며
창1:5-4-2-아침이 되는-계4:2-8-밤이라 칭하신-창1:4-나누어진 어두움에 날을 --始無始一 析三極無盡本 一終無終一 -이라 하며
창1:5-4-2-아침이 되는-계4:2-8-밤이라 칭하신
창1:5-4-2-陰父와 陰自-요1:5-17/롬8:2-어두움에 죄와 사망의 율법을 -道可道非常道 名可名非常名이라 하며
                                -空不異色 色不空이라 하며 - 육바람 소리라 하며
창1:5-4-1-저녁이 되는-계4:1-8- 낮이라 칭하신 -창1:4-나누어진 빛으로 영생하시는
창1:5-4-1-천부와 천자-요1:1-17/롬8:2-빛이신 예수님 안에 있는 생명의 성령의 법을 -道可道非常道 名可名非常名이라 하며
                                - 色卽是空 空卽是色이라 하며 보시바람이라 하는 것이며
창1:5-4-1-천부 하나님 아버지 집 宇 를-구약 성경에서- 살렘 왕이 있는 살렘 성과 제사장 멜기세덱 제단이 있는 성전을 벧엘이라 하는 것이며
창1:5-4-1-천부 하나님 아버지 집 宇 를-환단 고기에서- 마고성과 부도라 하는 것이며
창1:5-4-1-천부 하나님 아버지 집 宇 를-불교 성경에서- 옴 마 마 벧 메 홈 -이라 하는 것이며
                    -옴 마 니 벧 메 홈 -에-
-옴-은-창1:5-4-1-천지를 창조하신 -요1:1-18-빛과 생명과 말씀이신 -光明進人에 진리이신 天子이신 독생자 예수님을 가리켜서 - -옴 -이라 하며
-마-는-창1:5-4-1-천부와 천자의 집 宇 라 하는-계21:2-10-20-거룩한 성 새 예루살렘의 열두 보석의 기초석을 가리켜서- - - - - -마-라 하며
-니-는-창1:5-4-1-천부와 천자의 집 宇 라 하는-계21:2-10-21-거룩한 성 새 예루살렘의 열두 진주 문을 가리켜서- - - - - - -니-라 하며
-벧-은-창1:5-4-1-천부와 천자의 집 宇 라 하는-계21:2-10-22-거룩한 성 새 예루살렘 안에 있는 성전을 가리켜서 벧엘의 -벧-이라 하며
-메-는-창1:5-4-1-천부와 천자의 집 宇 라 하는-계21:2-10-거룩한 성 새 예루살렘이 내려온 크고 높은 시온산을 가리켜서 - - -메-라 하며
-홈-은-창1:5-4-1-천부와 천자의 집 宇 라 하는-계21:2-10-거룩한 성 새 예루살렘에 들어 있는-마4:17-마10:1-7-천국을 - - -홈 -이라 함으로
-창1:5-4-1-저녁이 되는 낮의 하늘에-성령에 감동하여 올라가서 이렇게-성경과 천자문과 천부경과 환단고기와 불경과 도덕경으로 보고 보면서 또
-성령에 감동하여- 성경과- 천자문과 -천부경과 환단고기와 불경과 도덕경과 주역에 공부를 다시 하는 체험을 한 것이라 이렇게 그 이야기를 하는 것이며
                    요17:1-3-참 하나님 이름을
창1:5-4-1-천지의 대 주재이시며 지극히 높으신 만 왕의 왕이시며 만 주의 주 하나님 이름을- 아람어 방언으로 -엘 엘룐- 아브라함의 하나님 -上宰
창1:5-4-1-천지를 창조하신 빛과 생명과 말씀으로 영생하시는 천부와 천자 하나님 이름을 --아람아 방언으로 - 엘 올람- 이삭의 하나님
창1:5-4-1-빛과 생명과 말씀으로 천지를 창조하신 전지전능하신 천부와 천자 하나님 이름을-아람어 방언으로--엘샤다이-이스라엘의 하나님이시며
                    반면에
창1:5-4-2-陰父와 陰自-어두움에- 율법을 따르는 유대교 유대인들이 사용하는 히브리어 방언에는-요17:3-참 하나님의 이름이 계시지 아니하시다

계1	계4	계8	계12	계16	계20
계2	계5	계9	계13	계17	계21
계3	계6	계10	계14	계18	계22
	계7	계11	계15	계19	

창1:5-4-1-저녁이 되는-계4:1-2-5-8-낮의 셋째 하늘에 계시는-

창1:5-4-1-천부의 천자이신 예수님을 천부 하나님 아버지께서- - - - - -창1:1--창조기-한 때에-

창1:4-4-2-어두움에 -<= = = 창1:3- 있으라 하신 빛으로 천자이신 독생자 예수님을 보내서서 독생자 예수께서 내려오시며

창1:5-4-2-어두움에-계4:2-3-보좌 가운데-첫째 생물에-첫째 인 떼시고

창1:5-4-2-어두움에-계4:2-4-보좌 가운데-둘째 생물에-둘째 인 떼시고

창1:5-4-2-어두움에-계4:2-5-보좌 가운데-셋째 생물에-셋째 인 떼시고

창1:5-4-2-어두움에-계4:2-6-보좌 가운데-넷째 생물에-넷째 인 떼어서

창1:5-4-2-아침이 되는 밤이라 칭하신 어두움과 어두움에 아비를- - - - - 창1:2-陰父와 陰自자 하며-신이라 하는 귀신들이라 하는 것이며

창1:5-4-1-저녁이 되는 낮이라 칭하신 빛과 빛의 아버지를- - - - - - 창1:1-天父와 天子 하시며-성령과 일곱 영의 하나님이시며

창1:5-4-2-아침이 되는 -여섯째-밤에-계4:2-8- 밤이라 칭하신 -계4:2-7-네 생물이라 하며- 陰自라 하며 신이라 하는- 금 은 놋 쇠 도깨비들이

창1:5-4-2-수면에 물을 -창1:9-10-모이라 하시고 땅이라 칭하신

창1:5-4-2-물에 흙으로- 창1:26-금 은 놋 쇠 나라들의 - 조상들이라 하는 어두움에 자녀들을 만들었으며-

반면에

창1:5-4-1-저녁이 되는 -여섯째 -낮에-계4:1-8- 낮이라 칭하신-계4:1-8- 예수께서

창1:5-4-1-지면에서 --계1:27-29-사람을 창조하시되 남자와 여자라는 빛의 자녀들을 창조하시고 창조하신 빛의 자녀들에게 이르시되 생육하고
번성하여 밤이라 칭하신 모든 생물을 이겨서 다스리라 하시고 어두움에 하늘과 땅과 바다를 정복하고 점령하라 하시고
어두움을-<== 이기며 정복하는 창조하신 빛의 자녀들에게

창1:5-4-1-지면에 있는-계2:1-7-낙원에 -계22:1-생명나무 열매를 주어서 생육하고 번성하여 어두움을 점령하게 하시는 일을 -성령에 감동하여

창1:5-4-1-저녁이 되는-계4:1-2-5-8-낮의 하늘에서 -시간과 공간 여행을 하면서 이렇게 보고 보며 본 것이라 하는 이야기하는 것이다.

또

창1:5-4-1-저녁이 되는-계4:1-2-5-8-낮의 셋째 하늘에 계시는

창1:5-4-1-천부의 천자이신 예수님을 천부 하나님 아버지께서 - - - - - 창1:1-태초기-한 때에-

창1:5-4-2-어두움에-<= = = = 창1:3-있으라 하신 빛으로 천자이신 예수님을 보내서서 독생자 예수께서 내려오시며

창1:5-4-2-어두움에-계4:2-3-보좌 가운데-첫째 생물에-첫째 인 떼심과 나팔과 대접 심판을 하시고

창1:5-4-2-어두움에-계4:2-4-보좌 가운데-둘째 생물에-둘째 인 떼심과 나팔과 대접 심판을 하시고

창1:5-4-2-어두움에-계4:2-5-보좌 가운데-셋째 생물에-셋째 인 떼심과 나팔과 대접 심판을 하시고

창1:5-4-2-어두움에-계4:2-6-보좌 가운데-넷째 생물에-넷째 인 떼심과 나팔과 대접 심판을 하시고

창1:5-4-2-에덴동산에서 발원하는---창2:8-14-넷째 강이 흐르는 땅에- 넷째 쇠나라-메소포타미아 제국의 때에-

창1:5-4-1-천부의 천자이신 예수께서 -창2:8-12-벧엘리엄의 하나님으로 내려오셔서
-창4:16-17-에녹성에 있는 -창5:21-24-에녹과 삼백 년을 동행하시며 빛의 자녀들을 생산하시는 일하시고

창1:5-4-1-저녁이 되는 낮의 하늘로--창4:16-17-에녹성에 승천하신 기록이 있으며

그리고

창4:16-17-가인이-창3:23-에덴동산에서 여호와 앞을 떠나 생명나무 길을 따라서 나아와 에덴 동편-셋째-놋나라 제국 놋 땅에 거하며 놋나라 여인을

창4:16-17-가인이 아내로 맞이하여 에녹을 낳고 그 땅에 생명나무 제단과 성전과 성을 쌓고서 그 성의 이름을 에녹이라 하였으며 가인과 에녹의 후손을
에덴 동편-동의족 사람 노자 李耳는 -우리나라 고성 이씨의 시조로 있으며- 또-환단고기를 족보로 가지고 있는 몇몇 宗 집들이 있으며

창1:5-4-2-에덴동산에서 발원하여 네 강이 흐르는 땅에 있었던 -금나라와 은나라와 놋나라와 철나라에- 고대사 기록을 성경이 아닌 환단고기에서
찾아볼 수 있으며- 환단고기와 - 메소포타미아와 수메르 제국의 문명이

창1:5-4-1-태초기- 한 때와 두 때에-넷째와 여덟 철나라 메소포타미아와 -첫째며 다섯째 금나라 수메르 제국이 떼와 법을 변개하여 함께 있었던
고대사가 있었던 것을 세계사 자료에서 볼 수 있는 것이다.

계1	계4	계8	계12	계16	계20
계2	계5	계9	계13	계17	계21
계3	계6	계10	계14	계18	계22
	계7	계11	계15	계19	

창1:5-4-1-저녁이 되는-계4:1-2-5-8-낮의 셋째 하늘에 계시는-

창1:5-4-1-천부의 천자이신 예수님을 천부 하나님 아버지께서- - - - - -창1:1--창조기-한 때에-

창1:4-4-2-어두움에 -<= = = 창1:3- 있으라 하신 빛으로 천자이신 독생자 예수님을 보내서서 독생자 예수께서 내려오시며

창1:5-4-2-어두움에-계4:2-3-보좌 가운데-첫째 생물에-첫째 인 떼시고

창1:5-4-2-어두움에-계4:2-4-보좌 가운데-둘째 생물에-둘째 인 떼시고

창1:5-4-2-어두움에-계4:2-5-보좌 가운데-셋째 생물에-셋째 인 떼시고

창1:5-4-2-어두움에-계4:2-6-보좌 가운데-넷째 생물에-넷째 인 떼어서

창1:5-4-2-아침이 되는 밤이라 칭하신 어두움과 어두움에 아비를 - - - - 창1:2-陰父와 陰自자 하며-신이라 하는 귀신들이 하는 것이며

창1:5-4-1-저녁이 되는 낮이라 칭하신 빛과 빛의 아버지를 - - - - - - 창1:1-天父와 天子 하시며-성령과 일곱 영의 하나님이시며

창1:5-4-2-아침이 되는 -여섯째-밤에-계4:2-8- 밤이라 칭하신 -계4:2-7-네 생물이라 하며- 陰自라 하며 신이라 하는- 금 은 놋 쇠 도깨비들이

창1:5-4-2-수면에 물을 -창1:9-10-모이라 하시고 땅이라 칭하신

창1:5-4-2-뭍에 흙으로- 창1:26-금 은 놋 쇠 나라들의 - 조상들이라 하는 어두움의 자녀들을 만들었으며-

반면에

창1:5-4-1-저녁이 되는-여섯째 -낮에-계4:1-8- 낮이라 칭하신-계4:1-8- 예수께서

창1:5-4-1-지면에서 --1:27-29-사람을 창조하시되 남자와 여자라는 빛의 자녀들을 창조하시고 창조하신 빛의 자녀들에게 이르시되 생육하고

번성하여 밤이라 칭하신 모든 생물을 이겨서 다스리라 하시고 어두움에 하늘과 땅과 바다를 정복하고 점령하라 하시고

어두움을-<== 이기며 정복하는 창조하신 빛의 자녀들에게

창1:5-4-1-지면에 있는-계2:1-7-낙원에 -계22:1-생명나무 열매를 주어서 생육하고 번성하여 어두움을 점령하게 하시는 일을 -성령에 감동하여

창1:5-4-1-저녁이 되는-계4:1-2-5-8-낮의 하늘에서 -시간과 공간 여행을 하면서 이렇게 보고 보며 본 것이라 하는 이야기를 하는 것이며 그리고

또

창1:5-4-1-저녁이 되는-계4:1-2-5-8-낮의 셋째 하늘에 계시는

창1:5-4-1-천부의 천자이신 예수님을 천부 하나님 아버지께서 - - - - - 창1:1-창세기-한 때에-

창1:5-4-2-어두움에-<= = = = 창1:3-있으라 하신 빛으로 천자이신 예수님을 보내서서 독생자 예수께서 내려오시며

창1:5-4-2-어두움에-계4:2-3-보좌 가운데-첫째 생물에-첫째 인 떼심과 나팔과 대접 심판을 하시고

창1:5-4-2-어두움에-계4:2-4-보좌 가운데-둘째 생물에-둘째 인 떼심과 나팔과 대접 심판을 하시고

창1:5-4-2-어두움에-계4:2-5-보좌 가운데-셋째 생물에-셋째 인 떼심과 나팔과 대접 심판을 하시고

창1:5-4-2-어두움에-계4:2-6-보좌 가운데-넷째 생물에-넷째 인 떼심과 나팔과 대접 심판을 하시고

창1:5-4-2-에덴동산에서 발원하는---창2:8-14-넷째 강이 흐르는 -창110:8-12-넷째 쇠나라-니므룻 제국의 때에-

창1:5-4-1-천부의 천자이신 예수께서 -창2:4-12-벧엘리엄이라는-창12:8-창31:13-벧엘의 하나님으로 내려오셔서

창1:5-4-1-천부의 천자이신 예수께서 -창2:4-12-창31:13-벧엘에서- 금나라 갈대아 우르에 있는 아브람을 불러 일하시고

-창31:13-벧엘에서-놋나라 밧단아람에 있는 야곱을 부르시며

-창35:1-9-야곱이 밧단아람에서 벧엘로 돌아오매 야곱을 양자를 삼아서 벧엘의 하나님 이름에

있는 성씨-엘을- 야곱에게 주어서 야곱에 이름과 성씨를 바꾸어 이스라엘이라

칭하여 아브라함과 이삭에 주셨던 복을 이스라엘에게 주시며

-창1:27-29-또 이르시되 생육하고 번성하라 = = = = = = = = 하시고

창1:5-4-1-저녁이 되는-계4:1-8-낮의 하늘로-창35:1-6-11-벧엘에서 승천하실 때에-나는 전능한 하나님-엘샤다이라 하시니라.

그리고

창1:5-4-1-창세기 -한 때와 두 때에-첫째며 다섯째 금나라 애굽에-때에-모세가 태어나 모세가 금나라 문화권에서-40년을 장성하여 망명하여서

-한 때와 두 때에-둘째며 여섯째 은나라 미디안의 제사장 이드로에 집에서 이드로의 반차를 따라-40년 망명 생활을 하고서 미디안

나라의 도움을 받아서 출애굽하는 과정에서 미디안 제사장의 이드로의 반차를 따라서 유대교를 만들고 이드로가 사용하는 그 성경을

가지고 유대교에 가지고 들어와서 유대교와 기독에서 사용하는 성경이 되어 있는 것이다.

계1	계4	계8	계12	계16	계20
계2	계5	계9	계13	계17	계21
계3	계6	계10	계14	계18	계22
	계7	계11	계15	계19	

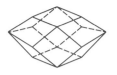

창1:5-4-1-저녁이 되는-계4:1-2-5-8-낮의 셋째 하늘에 계시는

창1:5-4-1-천부의 천자이신 예수님을 천부 하나님 아버지께서 - - - - - - - - - - - 창1:1-태초기와 창세기와 말세기-한 때에-

창1:5-4-2-어두움에-<= = = = =-창1:3-있으라 하신 빛으로 천자이신 예수님을 보내서서-창1:1-천부의 독생자 예수께서 내려오시며

창1:5-4-2-어두움에-계4:2-3-보좌 가운데-첫째 생물에-첫째 인 떼심과 나팔과 대접 심판을 하시고

창1:5-4-2-어두움에-계4:2-4-보좌 가운데-둘째 생물에-둘째 인 떼심과 나팔과 대접 심판을 하시고

창1:5-4-2-어두움에-계4:2-5-보좌 가운데-셋째 생물에-셋째 인 떼심과 나팔과 대접 심판을 하시고

창1:5-4-2-어두움에-계4:2-6-보좌 가운데-넷째 생물에-넷째 인 떼심과 나팔과 대접 심판을 하시고

창1:5-4-2-어두움에 - -단7:2-4-5-6-7-25-한 때에-넷째 열 뿔 짐승이라 하며

　　　　　　　-단2:2-31-38-39-40-넷째-철나라-눅2:1-가이사 아구도의 로마제국의 때에

창1:5-4-2-陰父와 陰自-요1:5-17/신4:10-15/신5:1-22-어두움인 여호와의 십계명과 율법을 따르는 유대교 유대인들에게 -<= = = =

창1:5-4-1-天父의 天子-요1:1-18-빛이신 예수께서-벤엘리엄과 벤엘이라는-마2:1-베들레헴과-마1:23-임마누엘 하나님으로 오셔서

　　　　　　　-마4:17-마11110:1-7-회개하라 하시며--천부의 천국에 복음이라 하는 은혜와 진리를 전하여 주시고

창1:5-4-1-天父의 天子-요1:1-18-엡2:15-16-빛이신 독생자 예수께서 원수 된

창1:5-4-2-陰父의 陰自-요1:5-17/엡2:15-16-어두움에 계명과 율법을 육체로 폐하시고 십자가로 소멸하시고 죽은 자들 가운데서

창1:5-4-2-陰父와 陰自-요1:5-17/신:10-15-어두움 -고전15:56-율법의 사망을 이겨서 폐하시고 =*=>-계1:4-5-다시 살아나신 예수께서

창1:5-4-2-음부와 음자-요1:5-17/신4:10-15/고전15:56/갈3:12-어두움의 율법의 죄와 사망의 저주에서= = = =>-우리 인류를 속량하시고

창1:5-4-2-음부와 음자-창1:2-4-벧전2:9-어두움에서 = = = = = = = = >-우리 인류를 불러내어서

창1:5-4-1-천부와 천자-창1:1-4-빛이 있는-마10:1-7-벧전2:9-천국의 나라와 살렘 왕 멜기세덱의 반차를 따르는 왕 같은 제사장으로 삼으시고

창1:5-4-1-천이라 하는-계4:1-2-5-8-낮의 셋째 하늘로- 벤엘리엄과 벤엘과 베들레헴이라는 베다니-행1:1-9-12-감람원에- - - 승천하신

창1:5-4-1-천부의 천자-계4:1- 예수께서

창1:5-4-1-천부의 집에-계4:1- 열린 문으로 처음에 ===>-

창1:5-4-1-천부의 집에-계4:1-계1:10- 나팔 소리 같은 큰 음성으로= = = =>-계1:11-계1:4-교회들에게 편지하라 하시며

창1:5-4-1-천부의 천자-계4:1-예수께서-계4:2-성령이 -계1:11-계1:4-교회들에게 하시는 말씀을 듣고서

창1:5-4-2-음부와 음자-요1:5-17/신4:10-15/고전15:56-어두움의 율법이 사망으로 쏘는 죄를-<====계1:11-계2:1-7-이기는 그에게

창1:5-4-1-지면에 있는-계2:1-7-천부 아버지 낙원에-창1:27-29-계22:1-생명나무의 열매를 주어 생명나무 열매를 먹고서 생육하고 번성하여

창1:5-4-1-천부와 천자-계4:1-계3:21-보좌에 앉은-天夫人들이 셋째 하늘나라에서==>-창1:4-계21:1-어두움에 처음 하늘과 처음 땅과 바다를

　　　　　　　-<= = = 정복과 점령을 하고 있으며

창1:5-4-1-천부와 천자-계4:2-계20:11-성령님 보좌에 앉은-天夫人들이 -둘째 하늘나라에서==>-창1:4-계20:11-14-어두움에 하늘과 땅과

　　　　　　　　　　　바다를-<=== 정복과 점령을 하는 것이며

창1:5-4-1-천부와 천자-계4:5-계20:4-일곱 영들 보좌에 앉은-天夫人들이-첫째 하늘에서===>-창1:4-어두움에 밤하늘을 정복하고 있으며

창1:5-4-1-지면에 있는-계22:1-어린양의 보좌에 앉은 -天夫人들이===>이 세상에서-창1:4-어두움에 땅과 바다를-<== 정복하고 점령하는

　　　　　　　것을 이렇게 -천부경으로 -보고 듣고 보며-볼 때-

창1:5-4-1-삼천지인- 三天地人들이라 하는-天父와 天子에 天夫人들이라 하는 창조하신 빛의 자녀들을-이렇게-본 것이라-이렇게- 그 이야기를

　　　　　　　하고 하며 하게 되는 것이다.

창1:5-4-1-천부의 천자-요1:1-17/롬8:2-예수님 안에 있는 생명의 성령의 법을 따르는 빛의 자녀들은-계4:1-2-5-8-낮의 하늘나라 천국에 있고

창1:5-4-2-음부와 음자-요1:5-17/롬8:2-어두움과 여호와의 죄와 사망에 율법을 따르는 자들은 어두움에 밤하늘로 올라가서

창1:5-4-2-과-신4:10-15/계20:1-15-시18:11-흑암에 구름 속에 여호와가 있는 화염에 불꽃이 충천한 불못에 던져지는 것을 보고 보며 본 것이라.

　　　　　　　이렇게 그 리얼 스토리에 이야기를 이렇게 하고 하며 하게 되는 것이다.

계1	계4	계8	계12	계16	계20
계2	계5	계9	계13	계17	계21
계3	계6	계10	계14	계18	계22
	계7	계11	계15	계19	

창1:5-4-1-천이라 하는-계4:1-2-5-8-낮의 셋째 하늘로- 벧엘리엄과 벧엘과 베들레헴이라는 베다니-행1:1-9-12-감람원에- - - 승천하신

창1:5-4-1-천부의 천자-계4:1- 예수께서

창1:5-4-1-천부의 집에-계4:1- 열린 문으로 처음에 ===>-

창1:5-4-1-천부의 집에-계4:1-계1:10- 나팔 소리 같은 큰 음성으로= = = =>-계1:11-계1:4-교회들에게 편지하라 하시며

창1:5-4-1-천부의 천자-계4:1-예수께서-계4:2-성령이 -계1:11-계1:4-교회들에게 하시는 말씀을 듣고서

창1:5-4-2-음부와 음자-요1:5-17/신4:10-15/고전15:56-어두움의 율법이 사망으로 쏘는 죄를-<====계1:11-계2:1-7-이기는 그에게

창1:5-4-1-지면에 있는-계2:1-7-천부 아버지 낙원에-창1:27-29-계22:1-생명나무의 열매를 주어 생명나무 열매를 먹고서 생육하고 번성하여

창1:5-4-1-창조기- - -한 때와 두 때에-

창1:5-4-2-음부와 음자-창1:2-4-어두움에-율법이 사망으로 쏘는 죄를-<== 이기고 올라온-창1:27-29-창조하신 빛의 자녀들의 열두 족장에

창1:5-4-1-천부와 천자-집-字-라 하는-계21:2-20-거룩한 성 새 예루살렘-계4:1-열두 보석의 열두 족장의 열두 보석의 이름으로

창1:5-4-1-천부와 천자-집-字-라 하는-계21:2-20-거룩한 성 새 예루살렘의-계4:1-열두 기초석을

창1:5-4-1-천부의 천자-계4:1- 예수께서 단장하셨고 -또-이와 같이-

또

창1:5-4-1-태초기- - -한 때와 두 때에-동일하게-

창1:5-4-2-음부와 음자-어두움에-율법이 사망으로 쏘는 죄를-<=== 이기고 올라온 창조하신 빛의 자녀들의 후손이라 하는-12 환국에 -12 단군에

-열두 진주 이름으로

창1:5-4-1-천부와 천자-집-字-라 하는-계21:2-21-거룩한 성 새 예루살렘의-계4:1-열린 열두 문을-

창1:5-4-1-천부의 천자-계4:1-예수께서-십이 환국에 십이 단군의 열두 진주 이름으로 단장을 하셨으며 -이와 같이-

또

창1:5-4-1-창세기- - - 한 때와 두 때에-동일하게-

창1:5-4-2-음부와 음자-어두움에-율법이 사망으로 쏘는 죄를-<=== 이기고 올라온 -창35:10-26/창48:1-5-과-

-계7:2-4-8-이스라엘 자손 열두 지파 이름으로

창1:5-4-1-천와 천자-- 집-字-라 하는-계21:2-12-거룩한 성 새 예루살렘의 -계4:1-열린 열두 문을-

창1:5-4-1-천부의 천자-계4:1-예수께서-단장을 하셨으며

또

창1:5-4-1-말세기- - -한 때에-

창1:5-4-2-음부와 음자-어두움에-율법이 사망으로 쏘는 죄를-<=== 이기고 올라온 -[계10:1-2 + 마10:1-17]-(마27:1-5/마26:69-75)=

(계11:13)+(요21:15-23/행9:1-22)=[계4:1-계2:1-17]

창1:5-4-1-천부와 천자-집-字-라 하는-계21:2-14-거룩한 성 새 예루살렘의-열두 기초석 위에-열두 제자의 열두 사도 이름으로

창1:5-4-1-천부의 천자-계4:1-예수께서-단장을 하시고

창1:5-4-1-두 때에- - -계4:1-계21:2-8-10-재림 심판하시며 내려오는-창1:1-천부와 천자-집-字-라 하는- 거룩한 성 새 예루살렘을

창1:5-4-1-낮의 하늘에-계4:1-2-5-일곱 영이라 하는-계21:9-일곱 천사 중에서 하나가-요한을-계4:2-계19:10-성령으로 데리고 - 크고 높은

창1:5-4-2-음부 음자에-계4:2-4-5-보좌와 계14:3-시온성이 있는-계14:1-시온산에 내려온-<- 계21:2-10-거룩한 성 새 예루살렘을 보이며

창1:5-4-1-낮의 첫째 하늘에서-계41:1-계21:9-16-16-성령의 척량은 그 성은 네모가 반듯하여 장과 광과 고의 길이가 12,000스다디온으로 같더라.

-계14:1-계21:9-16-17-천사의 척량은 그 거룩한 성을 -144규빗이라 하는 것이며

창1:5-4-1-낮의 첫째 하늘에서-계14:1-계21:9-16-17-사람의 척량은 [성의 12기초석]*[12,000]=144,000-살아 계신 하나님의 인 맞은 수이며

[12기초석]*[12,000]=[144,000] 이 계산은-상단에-그림으로 보는-창1:1-천부와 천자에-집-字-라는 거룩한 성 새 예루살렘을 척량하여 계산한 것이며 -천사의 척량과 계산으로는-144 규빗이라 하는 것이다.

계1	계4	계8	계12	계16	계20
계2	계5	계9	계13	계17	계21
계3	계6	계10	계14	계18	계22
	계7	계11	계15	계19	

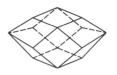

창1:5-4-2-음부 음자에-계4:2-4-5-보좌와-계14:3-시온성이 있는-계14:1-시온산에 내려온-<- 계21:2-10-거룩한 성 새 예루살렘을 보이며
창1:5-4-1-낮의 첫째 하늘에서-계41:1-계21:9-16-16-성령의 척량은 그 성은 네모가 반듯하여 장과 광과 고의 길이가 12,000스디온으로 같더라.
-계14:1-계21:9-16-17-천사의 척량은 그 거룩한 성을 -144규빗이라 하는 것이며
창1:5-4-1-낮의 첫째 하늘에서-계14:1-계21:9-16-17-사람의 척량은 [성의 12기초석]*[12,000]=144,000-살아 계신 하나님의 인 맞은 수이며

[12기초석]*[12,000]=[144,000] 이 계산은-상단에-그림으로 보는-창1:1-천부와 천자에-집-宇라는 거룩한 성 새 예루살렘을 척량하여 계산한 것이며 -천사의 척량과 계산으로는-144 규빗이라 하는 것이며
또
창1:5-4-2-음부와 음자-계4:2-5-계14:3-보좌 가운데에 -셋째 생물에-한 때와 두 때에-
창1:5-4-1-천부의 천자-계4:1-5-계14:1-어린양이-- 셋째와 일곱째-인 떼심과 나팔과 -대접 심판을 하신 것이며
-계14:3- 한 때와 두 때에-계6:5-6-과-계14:14-16-추수하는 곡식들은
창1:5-4-2-음부와 음자-계4:2-5-보좌로부터-뇌성의 불과-번갯불과-우레 소리 음성의 불이 나오는 -아침이 되는 어두움에 밤하늘이라 하는
창1:5-4-1-천이라 하는-계4:1-2-5-낮의- 셋째 하늘에서-둘째와 여섯째-인 떼실 때-대풍에 휘말려서 떠내려가==>- 궁창에 있는
창1:5-4-2-과-신4:10-15/계20:1-15-흑암에 구름 속에 화염에 불꽃이 충천한 불못에-<= = = 던져지는 -계19:11-것이며
반면에
창1:5-4-1-천부의 천자-계4:1-2-5-계4:-어린양이-셋째와 일곱째 인 떼실 때-계12:1-14- 한 때와 두 때에-
-계4:1-한 때와 두 때에-계14:17-다른 낮의 하늘에서 수학하는 -계6:5-6-과-계14:17-20-감람유와 포도주는
창1:5-4-1-천부와 천자-계4:1-2-5-일곱 영의-계20:4-6-보좌들 위에 앉히시는-
창1:5-4-1-천부의 천자-요1:1-17-골2:12-엡2:1-6-예수님의 전능하신 은혜로-첫째 부활에 참여하여-첫째 낮의 하늘이라 하는 보좌에 앉히시는
창1:5-4-1-천부의 천자-요1:1-17-전능하신 예수님의 은혜와 진리를 이렇게 보이신 것이라 이렇게 그 이야기를 하고 하며 하게 되는 것은
또
창1:5-4-1-천부의 천자-계4:1-예수께서-계4:1-2-5-8-낮의 하늘은.-계4:1-나의 보좌요- 어두움에 땅은-계4:1-나의 발등상이라 하시니
-계14:1-17-또 다른 하늘은 -계4:1-2-5-8-낮의 첫째 하늘로 보며
창1:5-4-2-음부와 음자-계4:2-4-5---계14:3-14-또 구름의 흑암을-계4:2-4-5-8-밤의 첫째 하늘로 보고 보며 본 것이라.
계시의 영상을 -계산 방법으로 -계산하여서 -설명을 하였던 것이며
또
창1:5-4-2-과-계12:1-14-한 때와 두 때에-계6:5-6-과-계14:14-16-데나리온의 은화로 계산하는- 추수하는 곡식들에 대하여 -<===
-계14:11-계15:2-3-짐승과 그의 우상과 그의 이름의 표를 받은
- 계22:15-개들과 술객들과 행음자들과 살인자들과 우상숭배자들이 거짓말을 만들어서-
창1:5-4-2-음부와 음자- 어두움에-요1:5-17/신4:10-15/신5:1-22-십계명과 율법을 따라서 좋게 이야기를 하고 있는 이야기에 속지 말라는 뜻으로
이야기한 것이며
또
창1:5-4-2-음부와 음자-창1:2-4-어두움에-요1:5-17/신4:10-15/롬8:2/빌3:2-9-죄와 사망의 율법에서 난 의를 기고 있는 개가 되지 말고
창1:5-4-2-음부와 음자-창1:2-4-어두움에-요1:5-17/신4:10-15/롬8:2/빌3:9-8-죄와 사망의 율법에서 난 의를 배설물에 똥과 같이 버려 버리고
창1:5-4-1-천부와 천자-창1:1-4-빛이신--요1:1-17/창14:17-20/롬8:2/빌3:1-9-예수 안에 있는 생명의 성령의 법에서 난 의를 믿음으로 받은
-계6:5-6-과-계14:17-20-감람유와 포도주가 되라 하는 새 술을 새 부대라 하는 믿음에 담으라 하는 이야기를 하는 것이며
또
창1:5-4-2-음부와 음자-창1:2-4/요1:5-17/신4:10-15/롬8:2/빌3:9-7-어두움에 죄와 사망의 율법에서 난 의를 사망의 해로- 보고 보며-볼 때-
창1:5-4-2-음부와 음자-암5:18-여호와의 날은 -빛이 아니요 어두움이라-여호와의 날을 사모하는 자들은 집에 들어가도 화를 당하며 집에서 나아가도
화를 당하고 해를 받아서
창1:5-4-2-과-신4:10-15/계20:1-15-흑암에 구름 속에 여호와가 있는 화염에 불꽃이 충천한 불못에 던져지는 것을 보고 보며 본 것이라. 이렇게
그 리얼 스토리에 이야기하고 하며 하게 되는 것이다.

계1	계4	계8	계12	계16	계20
계2	계5	계9	계13	계17	계21
계3	계6	계10	계14	계18	계22
	계7	계11	계15	계19	

창1:5-4-1-천부와 천자-집-宇-라 하는-거룩한 성 새 예루살렘의-계4:1-열린 열두 문에-창35:10-26-과-창48:1-5-
　　　　　　　　　　　　　　　　　　-계4:1-계7:4-8-이스라엘 자손 열두 지파 이름이-낮의 셋째 하늘에 있으며
　　　　　　　　　　　　　　　　　　　　　　　　-또-
창1:5-4-1-천부의 천자-집-宇-라 하는-계11:1-2-거룩한 성에-<＝＝ 마4:17-마10:1-7-천국이 들어 있으며
　　　　　　　　　　-계11:1-2-거룩한 성의-<＝＝＝ 열두 기초석에-마10:1-17-열두 제자에 이름이 있으며
　　　　　　　　　　-계11:1-2-거룩한 성의-<＝＝＝ 성전이 되는 -마4:17-예수님이-천부의 천국을 전파하시는 것이며
　　　　　　　　　　-계11:1-2-거룩한 성 새 예루살렘의-성전이 되시는 예수께서 ＝＝＝>-
창1:5-4-2-음부와 음자-집-宙-라 하는-요2:19-성전을-<＝＝＝ 헐라고 말씀하시는 것이며 -또-
　　　　　　　-요2:19-요8:2-44-성전에 있는 자들에게 마귀의 자식들이라 하시고
　　　　　　　-요2:19-요8:2-44-성전을-<＝＝＝마귀의 집이라 말씀하시고 -요8:2-44-59-성전에서 숨어 나가시니라.

창1:5-4-1-천부와 천자-집-宇-라 하는-계11:1-13-성전 척량이 끝나는 시에-
　　　　　　　　　　-계11:2-13-거룩한 성의 십 분의 일이 무너질 때-
　　　　　　　　　　-계11:1-2+마10:1-7-(마27:1-5-/마26:69-75) ＝(계11:1-13)-거룩한 성의 십 분의 일이 무너지며
창1:5-4-2-음부와 음자-집-宙-라 하는-요2:19-성전 성소에-마27:51-성소의 휘장이 위에서 아래로 찢어져서
　　　　　　　　　　-요2:19-성전 지성소에 있는-계11:19-언약궤라 하는 율법의 법궤가 보이며
　　　　　　　　　　　　　　　　　　　　-또-
창1:5-4-2-음부와 음자-계4:2-4-5-6-보좌가 있는 곳에서-계11:19-
　　-뇌성의 불과-번갯불과-우레소리 음성의 불이 떨어지며-지진에 불이 있는 것을-성령에 감동하여 공간과 시간여행을 하면서
창1:5-4-1-저녁이 되는-계4:1-2-5-8-낮의 하늘에서 보고 보며 본 것이 -사도 요한이 본 것과 이렇게 동일하다는 것을-이렇게- 알게 된 것이며
　　　　　　　　　　　　　　　　　　　　그리고
창1:5-4-1-천부와 천자-집-宇-라 하는-계11:1-13-거룩한 성의 무너진 십 분의 일이 다시 회복되는 계시의 영상을 계산 방법으로 정리하면
　　　　　　　1. [계11:1-2+마10:1-7]-(마27:1-5/마26:69-75)=(계11:13)+(요21:15-23/행9:-22)=[계4:1-계2:12-17]
　　　　　　　2. [계11:1-13]*[계14:17-20]+[계14:1-]

[계11:1-13]*[계14:17-20] = 이 계산은-셋째 인 떼실 때-네 생물이 데나리온의 은으로 계산하지 말라 하는 - 감람유와 포도주를 계산하는 것이며
[계11:1-13]*[계14:17-20] = 이 계산에 나오는 수는 - 다섯째 인 떼실 때-흰 두루마기를 주시며 쉬며 기다리라 말씀하시는 그 수가 나오는 것이며
　　　　　[계14:1 = 어린양이-계12:1-14-한 때와 두 때에-
　　　　　[계14:3-보좌 가운데-계12:1-14-한 때와 두 때에-셋째 생물에 -셋째와 일곱째-인을-떼신 것이며

　　　　[계11:1-13-십 분의 일이 무너지고 남은 거룩한 성의 십 분의 구]*[계14:17-20-일천육백 스다디온의 퍼진 포도주]=아라비아 수로
　　　　[9/10]*[1,600]=14,400 =[계11:13-십 분의 일이 무너지고 남은 거룩한 성의 십 분의 구-129,600]=[144,000=계14:1]
　　　　　　　　　　　　　이렇게
창1:5-4-1-천부와 천자-집-宇-라 하는-거룩한 성 새 예루살렘을-계4:1-2-5-8-낮의 첫째 하늘-계14:1-시온산에서 -보고 보며 본 것이다.
창1:5-4-1-천부와 천자-집-宇-라 하는-거룩한 성의-계4:1-열린 열 문이 있는 열두 기초석에-마10:1-7/행9:1-22-사도의 사울의 새 이름이
　　　　　　　　-마10:1-17/마27:5-가룟 유다를 대신하여 -계4:1-셋째 하늘에 있는 계시의 영상을-1번-계산으로 정리한 것이며
창1:5-4-1-천부와 천자-집-宇-라 하는-계11:1-13-거룩한 성 새 예루살렘이- 이 세상에 있는 계시의 영상을-
　　　　　　　　-[계11:1-13+마10:1-7]-(마27:105/마26:69-75)=(11:11-13)+(요21:15-23/행9:1-22)=(계2:17)
　　　　　　　계산으로 정리한 것이라-계11-12-장은 -말세기-한 때와 -복음서 사도행전과 짝을 이루고 있고
　　　　　　　　　　　-계4-7-장은-태초기-창세기와 -짝을 이루고 있는 것을 본 것이며
창1:5-4-2-수면에 -창1:9-10-물을 모이라 하시고 땅과 바다라 칭하신 -계7:1-계11:1-계15:2-땅과 바다에-시작과 처음과 전에도 이제와 장차의
　　　　　　　　　일들이 -계15:2-3-있는 것을 도표로 정리한 것이다.

계1	계4	계8	계12	계16	계20
계2	계5	계9	계13	계17	계21
계3	계6	계10	계14	계18	계22
	계7	계11	계15	계19	

창1:5-4-1-천이라 하는-계4:1-2-5-8-낮의 하늘에서 - - - - - - - - - - - - - - - - - -계12:1-큰 이적이 보이며
창1:5-4-1-천부의 천자-계4:1-2-5-8-낮이라 칭하신-요1:1-17-예수께서 성령의 권능을 입으신 모습이- - - -계12:-해를 입을 여자로 보이며
창1:5-4-1-천부와 천자-집-字-라 하는-거룩한 성의-계4:1-열두 문에 열두 천사가- - - -계12:1- 여자가 머리에 쓴면류관에 열두 별로 보이며
　　　　　　　　　　　　　　　　　　　　　　　　　--계12:1-여자 발아래 달이 있는 곳을== = = =>-
창1:5-4-2-과-마4:16-흑암에 앉은 백성이 있으며-<===
창1:5-4-2-아침이 되는-계4:2-8-밤이라 칭하신-요1:5-17-어두움에 -마4:16-그늘진 곳이며-<==
창1:5-4-2-음부와 음자-어두움에-신4:10-15/고전15:56-율법의 죄와-마4:15-사망이 있는 땅이며-<====
창1:5-4-2-과-마4:16-흑암에 앉은 백성들과 사망에 땅과 어두움에 그늘진 곳에-<=== = 전파하는 천국이 -계12:1-여자 면류관의 은혜와 진리이며
창1:5-4-2-어두움에-<= ==천국을 전파하는 예수께서 십자가를 앞에 두고서 감람산에서 기도하시는 모습이-계12:1-2-해산하려는 여자로 보이며
창1:5-4-2-아침이 되는-계4:2-4-5-6-8-밤하늘에서- - - - - - - - - - - - - - - - - 계12:1-3-또 다른 이적이 보이며
창1:5-4-2-밤하늘이라 하는-흑암에 구름에 베풀어진-계4:2-3-보좌에 음자의 음부가 - - - - - - 계12:1-3-또 다른 이적에서 용으로 보이며
　　　　　　　　　　　　　　　　　　　--계12:1-4-용의 꼬리가 하늘에 별이라 하는
창1:5-4-1-천부와 천자-집-字-라 하는 거룩한 성의-계4:1-열린 열두 문에 열두 천사 중에 사 분의 일을 끌어다가
창1:5-4-2-어두움에 땅에-<= 던지는-계12:1-4- 것을 보며
창1:5-4-2-아둠에 아비 음부-계4:2-3-용의 꼬리= = =>-
창1:5-4-2-아침이 되는-마27:1-새벽이-계12:1-4-여자라 하는 예수님을-죽이려고 함께 의논하고 결박하는-
창1:5-4-2-아침이 되는-계4:2-8-밤이라 칭하신-요1:5-17-어두움의 율법을 따르는--행6:5-유대교 대제사장들과 장로들이 용의 꼬리로 보이며
창1:5-4-1-천부의 천자-요1:1-18-예수님의 무덤을 인봉하여 지키는 행위를-<---계12:1-4-여자가 해산하는 아이를 삼키고자 용의 꼬리로 보이며
　　　　　　　　　　　　　　-<----계12:1-4-여자가 해산한 사내아이가-죽은 자 가운데서
창1:5-4-2-과-신4:10-15-흑암에 구름 속에 화염에 불꽃이 충천한 불못에서-벧3:19-옥이 있는 영들에게<= = = = = 천국에 복음을 전파하시고
　　　　　-고전15:56-율법의 사망을 이겨서 폐하시고 다시 천부의 성령의 권능으로 -계1:1-4-5-살아나신 예수께서-40일 동안에
창1:5-4-2-아침이 되는-계4:2-8-밤이라 칭하신-요1:5-16/고전15:56/계1:4-5-6-어두움의 율법의 죄에서 = = = = = >-우리를 해방하셔서
창1:5-4-1-천부-계1:1-4-5-6-아버지 하나님을 위하여 <=우리를 나라와 제사장으로 삼으시고 -행1:1-12-감람원에서 승천하신 예수님으로 보며
　　　　　　　　　　　　　또
　　　　　　　　　　　　　　--계12:1-5-6-그 여자가 광야로 도망하는 모습은-
창1:5-4-1-낮의 하늘에 -계4:1-2-성령-행2:1-5-강림으로 탄생한 승천하신 예수님의 몸 된 예루살렘 교회가-<===
창1:5-4-2-밤이라 칭하신 -요1:5-17-어두움의 율법을 따르는-행6:5-유대교 제사장들과 장로들의 핍박과 박해를 받아서
　　　　-행2:1-5-행8:1-예루살렘가-유대와 사마리와-금 은 놋 철나라에 땅으로 흩어지는 모습을- 계12:1-6-광야로 도망하여
　　　　-계1:1-4-아시아에- 일곱 교회라 하는 여자들이 있는 것을 보며
　　　　　　　　　　　　　-또-
　　　　　　　　　　　　-계12:1-6-14- 한 때와-
1:5-4-2-과-단7:2-4-5-6-7-25-한 때에-계17:1-2-3-넷째 열 뿔 짐승이라 하는-넷째 철나라 -로마 제국을 탄 그 여자를-로마 교회로 보며
　　　　　　-계12:1-6-14- 여자들이-한 때와 두 때에- 성령의 양육을 받아서-
1:5-4-1-천부의 천자--계21:2-21-주 하나님 전능하신 어린양의 신부라 하는- 창1:1-天父와 天子의 天夫人이-<= = = = = 되고 되며 되는
　　　　　　　반면에
　　　　　-계12:1-6-14-한 때에- 여자가-주 하나님 전능하신 어린양의 신부로- 성령의 양육을 받는 과정에서 실패하고 실패하여
1:5-4-2-陰父와 陰自의 陰夫人이 된 모양이-계17:1-3-5-한 때에-넷째 짐승을 탄 다섯째 왕이 된 - 로마 천주교- 神夫라 하는 교황이 된 것으로
　　　　　　　보고 보며 본 것이라 이렇게 그 이야기를 하고 하며 하게 되는 것이며
　　　　　　　　　　또
1:5-4-1-낮의 하늘에-계4:1-2-성령 강림으로 탄생한-행2:1-5-예루살렘 교회라 하는-계12:1-6-17-그 여자의 남은 자손들과 더불어 싸우려고
1:5-4-2-음자의 음부-계12:7-8-13-17-용이 바다가 모래 위에 서 있더라.

계1	계4	계8	계12	계16	계20
계2	계5	계9	계13	계17	계21
계3	계6	계10	계14	계18	계22
	계7	계11	계15	계19	

계12:1-17-과-계13:1-바다는-창1:2-깊음이라 하는-창1:6-8-물의 흑암 속에 있으라 하시고 하늘이라 칭하신 궁창 위로 나누어진 물이 있는 바다며
계12:1-17-과-계13:11-바닷가 땅은 -계4:2-4-보좌가 있는-창1:5-4-2-혼돈하고 공허한 어두움에 땅으로 보고 보며 보는 것이며
또
창1:5-4-2-과-단7:2-25-한 때와 두 때에-계13:1-2-네 짐승이-계10:1-4-인봉된 우레 소리에 천사가 오른발로 밟고 있는 바다에서 나온 것을 보며
또
(계5:11-천사의 수-천천)/(계8:1-13-남은 화의 수 셋)=(계13:11-18)- 아라비아 수로 계산하면
(2,000)/(3)=(육백육십육)=계17:1-3-10-11- 여덟 왕이라는 여덟 짐승 중에서 다섯은 망하고 남은- 여섯째와 일곱째 짐승과 그들의 우상과 그들의
이름의 수이며- 또- 이 계산에 계시의 영상을- 반 배로 계산하면
(666)*(3)=1998+(계17:1-10-다섯은 망하고 하나는 있고 아직 이르지 아니한-계9:11-아볼루온과 아바돈 두 임금을 더하면)= 2,000이 됩니다.
또
(계5:11-천사의 수 만만) /(계14:8-계18:2-/계16:1-19-큰 성 바빌론이 세 갈래로 갈라져서 무너진 수 셋)=(계13:1-2)-을·아라비아 수로 계산하면
(계5:11-천사의 수 만만은 사람의 수로- 20,00)/(3)=(6,666)=(육천)(육백)(육십)(육)
창1:5-4-2-음부와 음자-집 宙-라 하는 큰 성 바빌론이-창1:1-천이라 하는 셋째 하늘에서 세 갈래로 갈라져서 무너져내려= = =>-
창1:5-4-2-네 장소에- 있는-계시의 영상을 계산으로 이렇게-설명을 하는 것은-계13:1-18-세어보라, 곧 계산하여 보라 하셔서 계산한 것이며
또

(육천)(육백)(육십)(육)-네 수에 들어 있는 육육육육-은-단7:2-25-한 때와 두 때에-계13:1-2-네 짐승에게 - -용이 준 용의 능력을 가리키는 수이며
(육천)(육백)(육십)(육)-네 수에 들어 있는 네자릿수-는-단7:2-25-한 때와 두 때에-계13:1-2-네 짐승에게 - -용이 준 용의 보좌를 가리키는 수이고
(육천)-은-단7:2-4-25-한 때와 두 때에-첫째며 다섯째-계13:1-2-사자 같은 짐승에게-<==용이 준 용의 능력과 보좌와 큰 권세를 가리키는 수이고
(육백)-은-단7:2-5-25-한 때와 두 때에-둘째며 여섯째-계13:1-2-곰과 같은 짐승에게-<==용이 준 용의 능력과 보좌와 큰 권세를 가리키는 수이고
(육십)-은-단7:2-6-25-한 때와 두 때에-셋째며 일곱째-계13:1-2-표법 같은 짐승에게-<==용이 준 용의 능력과 보좌와 큰 권세를 가리키는 수이고
(육)- 은-단7:2-7-25-한 때와 두 때에-넷째며 여덟째-계13:2-1-넷째 열 뿔 짐승에게-<==용이 준 용의 능력과 보좌와 큰 권세를 가리키는 수이며

(육천)(육백)(육십)(육)--네 수에 들어 있는 -육육육육-은-
창1:5-4-2-아침이 되는 -계4:2-4-5-6-보좌에서-한 때와 두 때에- 인 떼어진-계4:2-8-밤이라 칭하신-계4:2-5-6-7-네 생물에 날개 수이며
(육천)(육백)(육십)(육)-네 수에 들어 있는 -네 자릿수-는-
창1:5-4-2-아침이 되는 -계4:2-8-밤이라 칭하신-계4:2-7- 네 생물 날개의 가득한 눈들이라 하는 천사들의 수를 가리키는 수이며

창1:5-4-2-음부와 음자-집 宙-라 하는-큰 성 바빌론이==>-
창1:5-4-1-천부와 천자-집 宇-라 하는-거룩한 성과 <== 사14:12-14-비기고 비기려 하는 전쟁을 하다가-창1:1-태초기-한 때와 두 때에-무너져
창1:5-4-2-수면에 물이 모이고 드러난 땅과 바다로 -<=== 66,666,666-이- 무너져 내려가고
창1:5-4-2-음부와 음자-집 宙-라 하는-큰 성 바빌론이==>-
창1:5-4-1-천부와 천자-집 宇-라 하는-거룩한 성과 <== 사14:12-14-비기고 비기려 하는 전쟁을 하다가-창1:1-창세기-한 때와 두 때에-무너져
창1:5-4-2-수면에 물이 모이고 드러난 땅과 바다로-<=== 66,666,666-이-무너져 내려가고
창1:5-4-2-음부와 음자-집 宙-라 하는-큰 성 바빌론이 ==>-
창1:5-4-1-천부와 천자-집 宇-라 하는-거룩한 성과 ==사14:12-14-비기고 비기려 하는 전쟁을 하다가-창1:1-말세기-한 때에-무너져
창1:5-4-2-수면에 물이 모이고 드러난 땅과 바다로-<== 66,600,000-이-남은-계5:11-만만과 천천이-창1:11-말세기-두 때에-무너져
창1:5-4-2-수면에 물이 모이고 드러난 땅과 바다로-<== 육천육백육십육-이-무너져 내려간 것이라.
창1:5-4-2-에덴동산에서 발원하여 흐르는 넷째 강-계9:14-16-유브라데 결박한-마병대 수 이만만에
창1:5-4-2-음부와 음자-집 宙-라 하는-큰 성 바빌론이-<= = = =
창1:5-4-1-천부와 천자-집 宇-라 하는-계21:2-10-거룩한 성 새 예루살렘이 -재림 심판에-마지막-심판을- 이 세상에서-심판을 것이라. ==>-
계4:8-11-짐승과 그의 우상과 이름의 표를
창1:5-4-2-밤이라 칭하신-요1:5-17/신4:10-15/고전15:56/롬8:2-어두움에 죄와 사망이 율법이라 하는 것이며
창1:5-4-2-밤이라 칭하신-요1:5-17/신4:10-15/고전15:56-어두움의 율법이 사망으로 쏘는 죄라-롬7:1-율법 아래 있는 사람들만 주관하여 밤낮
쉼을 얻지 못하는 것이라 여호와의 죄와 사망의 율법을 짐승과 그의 우상에 이름의 표라 하는 것이니라.

계1	계4	계8	계12	계16	계20
계2	계5	계9	계13	계17	계21
계3	계6	계10	계14	계18	계22
	계7	계11	계15	계19	

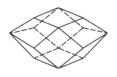

창1:5-4-2-과-단7:4-5-6-7-25-한 때와 두 때에-때와 법을 변개하여 있는 -계17:1-3-5-넷째와 첫째이던 다섯째 왕국의 권세 기간은
창1:5-4-2-과-계9:1-15-年-에- 속하여 있는-계11:2-마흔두 달이라는- 삼 년 반이며

창1:5-4-2-과-단7:2-4-5-6-7-25-한 때와 두 때에-둘째며 여섯째-계13:1-2-곰 같은 짐승이라 하며-계17:1-10-다섯은 망하고 하나는 있고에
　　　-단8:1-4/계13:11-18-둘째이던 여섯째 -왕국이라는- 새끼 양 같은 짐승의 두 뿔 권세 기간은
창1:5-4-2-과-계9:1-15-月-에 - - 속하여 있는 -계9:5-10- 두 다섯 달이며

창1:5-4-2-돠-단7:4-5-6-7-25-한 때와 두 때에 -셋째며 일곱째-계13:1-2-표범 비슷한 짐승이라 하며-개17:1-10- 아직 이르지 아니하였던
　　　단8:5-21-셋째이던 일곱 짐승의 큰 뿔과 네 뿔의 권세 기간은
창1:5-4-2-과-계9:1-15-일시에- 속하여 있는-계2:10-십 일과 -계17:12-한 시간이며

창1:5-4-2-과-단7:4-5-6-7-25-한 때와 두 때에-넷째며 여덟째-계13:1-열 뿔 짐승의 권세 기간은
창1:5-4-1-과-계9:1-15-年-에-속하여 있는-계13:1-5-마흔두 달이라 하는 삼 년 반이며
　　　　　　　　　　　　　　　　그리고
창1:5-4-2-깊음에 있는 하늘이라 칭하신 궁창이라는 무저갱에 =(마흔두 달에 들어 있는 어두움의 날짜 수)/(한 이레에 들어 있는 어두움의 날짜 수)=
　　　　　　　　　　　　　　　(1,260)/(7)=180으로
창1:5-4-2-어두움에-계4:2-3-보좌 가운데 -한 때와 두 때에-넷째와 다섯째 짐승의 우상의 이름의 권세 기간 -180이레가
창1:5-4-1-천이라는-계4:1-2-5-8-낮의 셋째 하늘나라에서-있었을 때-
창1:5-4-2-어두움에-계4:2-6-보좌가 있는 이 세상에서 -넷째와 다섯째-왕국의 권세 기간이-1,800년으로 있었으며-이때-
　　　한 때에-단2:2-32-38-첫째 금나라 큰 바빌론 제국의 때와 같이
창1:5-4-2-어두움에-요1:5-17/신4:10-15-율법을 따르는 유대교 성전이 무너지고 유대교 유대인들이 나라가 무너지고 유대교 유대인들은 사로잡혀
　　　끌려가서 바빌론 제국 종살이를 하였던 일들이-1,800년 동안에 유대교 유대인들에게 재현되었던 것을 보고 보며 본 것이고
　　　　　　　　　　　　　　　　그리고
창1:5-4-2-깊음에 있는 궁창이라 하는 무저갱에서 보는= 두 다섯 달은 =단8:1-4/계13:11-18-둘째이던 여섯째 짐승의 두 뿔이 연합하여 있었기에
　　　　　　　(한 다섯 달에 들어있는 어두움의 날짜 수)/(한 이레의 들어 있는 어두움의 날짜 수) ====(150)/(7)=21.3이레
창1:5-4-2-어두움에-계4:2-4-보좌 가운데- 한 때와 두 때에-둘째며 여섯째 짐승의 우상의 이름의 권세 기간이-21.3이레가
창1:5-4-1-천이라는-계4:1-2-5-8-낮의 둘째 하늘나라에서-있었을 때-
창1:5-4-2-어두움에-계4:4-6-보좌가 있는- 세상에서-둘째이던 여섯째 -왕국의 권세 기간이-213년으로 있으며- 이때-
　　　한 때에-둘째-단8:1-4-20-과-대하36:23-메데 바사 연합제국의 바사 왕 고레스가 조서를 내려서 밤하늘의 신 여호와가 세상 만국으로
　　　네게 주었고 또 나에게 명령하여 무너진 유다 예루살렘의 여호와의 성전을 건축하라 하였나니 무릇 여호와의 백성 된 자들은
　　　예루살렘으로 올라가라 하는 명령이 내려져 유대인들이 바빌론 포로에서 해방되었던 일들이-213년 동안에 유대교 유대인들에게
　　　재현되어 있는 것을 보고 보며 보고 있으며
　　　　　　　　　　　　　　　그리고
창1:5-4-2-깊음에 있으라 하시고 하늘이라 칭하신 궁창이라 하는 무저갱에서 보는= 계17:1-3-12- 한 시간은-성령의 시간으로 정리하여
　　　　　　　　　　　[1,000년]/[하루 안에 들어 있는 24시간] =41.6년으로, 이는
창1:5-4-2-음부와 음자-계4:2-5-보좌 가운데-한 때와 두 때에-셋째며 일곱째 -짐승의 우상의 이름의 권세 기간- 41.6년이
창1:5-4-1-천이라 하는-계4:1-2-5-8-낮의 첫째 하늘에서- 있는 것이며
　　　　　　-계4:2-5-보좌 가운데 -계8:1-일곱째 인 떼실 때 -半時間 -동안 조용할 때
창1:5-4-2-어두움에- 계4:5-6-보좌가 있는 세상에서
창1:5-4-1-빛이신-요1:1-17-예수님의 -마4:14-천국-복음 전파에-처음과 나중에-행8:1/행2:1-5- 예루살렘에서 있으며
　　　　　　-천국-복음 전파에-시작과 끝이-마4:17-갈릴리에서 만나며 예루살렘과 갈릴리에 처음과 나중에
　　계11:1-4-두 감람나무와 두 촛대라 하는 예수님의 몸 된 두 교회가 예루살렘과 갈릴리에 세워지고 유대교 유대인들의 눈과 귀와 마음과
　　　생각을 덮어서 가리고 있었던-사6:1-스랍들의 권세 기간이 종료되어서 유대교 유대인들의 눈과 귀와 마음과 생각이 열려서
창1:5-4-2-어두움에-계4:6-7-보좌 주위에 둘째 생물이 여호와라 하는 것과-계16:12-16-더러운 세 영 중에 하나라는 것을 알게 되어 회개하는-
　　　유대교 유대인들이 두 교회에 구름떼같이 몰려와 재림하시는 예수님 맞을 준비를 하게 될 것을 이렇게 보고 보며 볼 때-

계1	계4	계8	계12	계16	계20
계2	계5	계9	계13	계17	계21
계3	계6	계10	계14	계18	계22
	계7	계11	계15	계19	

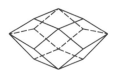

창1:5-4-2-아침이 되는 밤이라 칭하신 어두움의 날이

창1:5-4-1-천이라 하는-계4:1-2-5-8-낮의 셋째와 둘째 하늘나라에서- ―始無始― ―終無―로- 한 때와 두 때에- 다시 있지 아니하고

그리고

창1:5-4-2-깊음에 있으라 하시고 하늘이라 칭하신 궁창이라 하는 무저갱에서 보는= 계17:1-3-12- 한 시간은-일곱 영과 성령의 시간으로 정리하여
[1,000년]/[하루 안에 들어 있는 24시간]===[1,000]]/[24]=41.6년으로 이는

창1:5-4-2-음부와 음자-계4:2-5-보좌 가운데-한 때와 두 때에-셋째며 일곱째 -짐승의 우상의 이름의 권세 기간- 41.6년이

창1:5-4-1-천이라 하는-계4:1-2-5-8-낮의 첫째 하늘에서- 있으며-

-계4:2-5-보좌 가운데 -계8:1-일곱째 인 떼실 때 -半時間 -후에-

창1:5-4-2- 어두움에--계4:5-6-보좌가 있는 세상에서

한 때에- 단2:2-31-39-셋째 노라 -단8:5-21-헬라 제국의 군대가 예루살렘에 들어가서
- 요2:19-성전에 있는 여호와의 신상을 철거하고 그 자리에 헬라 제국의 제우스 신상을 세워 마카비의 난이 있었던 것과 같이 또
- 계9:1-11/계20:1-8-/창10:2-야벳의 아들들의 나라들-고멜과 마곡과 마대와 야완 두발과 메삭과 디라스의 나라들이 연합하여
예루살렘에 들어가 유대인들의 유대교-요2:19-성전을 접수하여 자기들이 섬기는 신에게 유대교 성전을 봉헌할 것이며

그리고

창1:5-4-2-어두움에 -계4:6-7-보좌 가운데 -한대와 두 때에-넷째 생물이 능력과 보좌와 큰 권세를-계9:1-11-아바돈에게 줄 것이며
-계4:6-보좌에 있는 아바돈 여덟째 왕이 있는 아마겟돈 성으로
-계4:6-7-보좌 주위에 있는 첫째 둘째 셋째 생물이라 하는-계16:12-16-더러운 세 영이-
-계7:1-사방의 바람에 - 금은 놋 철나라들에 임금들과 대제사장들과 제상들과 군대들을 아마겟돈 성으로 모아서

창1:5-4-1-천부의 천자이신 예수님 재림하시는 마지막 심판전쟁을 대항하여 -사방 바람의 신 바람 소리 거문고 향연의 할렐루야 소리로 싸울 것이며

창1:5-4-2-음부와 음자들의-년 월 시 일-에-1800년-213년-41.6년-에-시곗바늘이- 행8:27-에디오피아에서 사용하는 달력에 시곗바늘과 가장
가깝게 맞추어져 있는 것을 보았으며- 주역에 능통하신 분은 주역과 마고력으로 보고 있을 것입니다.

창1:5-4-2-음부와 음자에 음기와 -창1:5-4-1-천부와 천자에- 천기를-이렇게- 누설하는 권세를 주게 받은 것이라 이렇게 그 이야기를 하는 것이니
세상 모든 사람들이 영생복락을 누리는 좋은 선택을 하게 하라 하셨으니- 사사로이 학문으로 훼방하여 스스로 자기 영혼을
창1:5-4-2-과-신4:10-15/계20:1-15-여호와가 있는 화염에 불꽃이 충천한 불못으로 던져버리는 일이 없도록 주의하시기 바라며 - 성령에 감동하여
창1:5-4-1-저녁이 되는-계4:1-2-5-8-낮의 셋째 하늘에 다녀오지 않았으면 다녀온 사람의 이야기를 스스로 검토하여 좋은 선택을 하시기 바랍니다.

창1:5-4-2- 이 세상에서 많은 사람들이 신학이라 하는 학문을 복음과 함께 받아서
창1:5-4-1-천부의 천자-예수님 안에 있는 생명의 성령의 법을 따르는 자들에게-<== 영지주의자라 하는 이단에-프레임을 씌워서-성령을 훼방하여
창1:5-4-2-신이라 하는 신의-신학이라 학문으로 -자기 스스로 자기의 영혼을= = =>-
창1:5-4-2-과-신4:10-15/계20:1-15-여호와가 있는 화염에 불꽃이 충천한 불못으로 -<==== 던져버리는 것을 보고 보며 볼 때

또

창1:5-4-1-낮이라 칭하신-요1:1-17/고후9-8-빛이신 천부와 천자께서 능히 은혜를 넘치게 하셔서 모든 일에 항상 모든 것이 넉넉하여 모든 착한 일을
넘치게 하게 하셔서
창1:5-4-2-밤이라 칭하신-요1:5-17,고전15:56-어두움에 음부와 음자에 율법이 사망으로 쏘는-롬6:1-14-죄가 주관하지 못하는
창1:5-4-1-낮이라 칭하신-요1:1-17/롬6:1-14-빛이신 천부와 천자의 은혜와 진리에 복음을 기복신앙이라 하여 조롱과 비방을 하여서 복음에 빛을
자기 스스로 버려 버리고 그 누구도 받을 수 없게 하여 자기 스스로 자기의 영혼을====>-
창1:5-4-2-과-신4:10-15/계20:1-15-흑암에 구름 속에 여호와가 있는 화염에 불꽃이 충천한 불못에-<==== 던져버리는 그들을-<==== 향하여
창1:5-4-1-과-계4:1-예수님의-계1:10-14-불꽃같이 진노하신 눈빛이 향하여 있는 것을 보고 보며 본 것이라 이러한 사람들은 늦기 전에 회개하라
권면하는 것이다. 그 죄가 얼마나 크고 큰 것인지를 죽기 전에 깨닫는 사람이 복이 있으며

창1:5-4-2-밤이라 칭하신-요1:5-17/롬8:2/빌3:9-8-음부와 음자 여호와의 죄와 사망에의 율법에서 난 의를 배설물에 똥과 같이 버려 버리고서
창1:5-4-1-낮이라 칭하신-요1:1-18/롬8:2/빌3:1-9-천부의 천자 예수님 안에 있는 생명의 성령의 법에서 난 의를 믿음으로 받아서 영생하시라. 아멘.

4-4-4-4-4

계1	세4	계8	계12	계16	계20
계2	계5	계9	계13	계17	계21
계3	계6	계10	계14	계18	계22
	계7	계11	계15	계19	

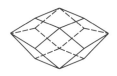

창1:5-4-1-천이라 하는-계4:1-2-5-8-낮의 셋째 하늘에 계시는
창1:5-4-1-천부의 천자-계4:1- 예수께서-
창1:5-4-2-음부와 음자-계4:2-3-보좌 가운데에-첫째 생물에-첫째 인을 떼시고
창1:5-4-2-음부와 음자-계4:2-4-보좌 가운데에-둘째 생물에-둘째 인을 떼시고
창1:5-4-2-음부와 음자-계4:2-5-보좌 가운데에-셋째 생물에-셋째 인을 떼시고
창1:5-4-2-음부와 음자-계4:2-6-보좌 가운데에-넷째 생물에-넷째 인을 떼어서

창1:5-4-2-아침이 되는-계4:2-8-밤이라 칭하신-계4:2-7-네 생물을 어두움이라 하며 어두움에 아비를 -음부라 하며 - 玉皇 라 하는 것이며
창1:5-4-1-저녁이 되는-계4:1-8-낮이라 칭하신-계4:1-8-독생자 예수님을 빛이라 하며 아버지를- 천부라 하며 - - - 上帝라 하는 것이며
성경에서
창1:5-4-1-천지의 대주재시요 지극히 높으신 만왕의 왕이시며 만주의 주 하나님을 - 천부와 독생자 천자를--아람어 방언으로--엘 엘룐과
창1:5-4-1-천지를 창조하신 낮이라 칭하신 빛과 생명과 말씀으로 영생하시는 - - - 천부와 독생자 천자를--아람어 방언으로--엘 올람과
창1:5-4-1-낮이라 칭하신 빛과 생명과 말씀으로 천지를 창조하신 전지전능하신 --- 천부와 독생자 천자를--아람어 방언으로--엘샤다이라 하시며
아브라함과 이삭과 이스라엘의 하나님이시라 합니다.
그리고
창1:5-4-1-천부의 천자-창1:1-4/요1:1-18/엡2:15-16-빛이신 예수께서 원수 된
창1:5-4-2-음부와 음자-창1:2-4/요1:5-17/엡2:15-16-어두움에 계명과 율법을 육체로 폐하시고 십자로 소멸하여 죽은 자들 가운데서
창1:5-4-2-음부와 음자-창1:2-4/요1:5-17/고전15:56- 어두움의 율법의 죄와 사망을 이겨서 폐하시고 다시-<= *=-> 살아나신 천자 예수께서
창1:5-4-2-음부와 음자-창1:2-4/요1:5-17/고전15:56/갈3:13-어두움에 죄와 사망의 율법의 저주에서= = = = ==>-우리 인류를 속량하시고
창1:5-4-2-음부와 음자-창1:2-4/벧전2:9-어두움에서 = = = = = = = = = = = = = == ==>-우리 인류를 불러내어서
창1:5-4-1-천부와 천자-천국에 거룩한 나라와 왕 같은 제사장으로 삼으시고 - 천이라 하는- 계4:1-2-5-8-낮의 셋째 하늘로 - - - - 승천하신
창1:5-4-1-저녁이 되는-계4:1-2-5-8-낮의 하늘에 계시는
창1:5-4-1-천부와 천자-창1:1-4/요1:1-18/롬8:2-빛이신 예수님 안에 있는 생명의 성령의 법을 따라서
창1:5-4-1-천부의 천자-창1:1-4/요1:1-17/엡2:15-16/롬6:1-11-빛이신 예수님의 죽으심과 합하여 무로 세례를 받아서
창1:5-4-2-음부와 음자-창1:2-4/요1:5-17/고전15:56-어두움에 죄와 사망의 율법과 음부와 음자에 대하여 죽어 장사되고 죽은 자들 가운데서
골2:12-예수님을 일으키신 천부 하나님의 역사를 믿음으로 말미암아
창1:5-4-1-천부의 천자-요1:1-18-예수께서 산상수훈에 나타내신 의로 -롬4:25-빌3:9-의롭다 하심을 얻은 의인이 되어서
창1:5-4-2-음부와 음자-창1:2-4/요1:5-17/롬8:2/빌3:9-8-어두움에 죄와 사망의 율법에서 난 의를 배설물의 똥과 같이 버려 버리고
창1:5-4-1-천부와 천자-창1:1-4/요1:1-18/롬8:2/빌3:1-9-빛이신 예수님 안에 있는 생명의 성령의 법에서 난 의를 믿음으로 가지고
창1:5-4-1-천부의 천자-계4:1-2-5-8-낮의 하늘에-계4:1-열린 문으로 예수님이 부르신- - - - - - - - 빌3:1-9-14-부르심의 상을 위하여
창1:5-4-2-음부와 음자-계4:2-4-5-6-보좌에 있는 어두움의 율법이 사망으로 쏘는 죄를-<== = = 이기고 승리하여
계4:1-2-5-8-낮의-첫째와 둘째와 셋째 하늘에 -계4:1-열린 천국 문으로 들어가
창1:5-4-1-천부와 천자-계3:21-보좌에 앉히시는-빌3:1-9-14-부르심의 상급을 받는 것이며
반면에
창1:5-4-2-음부와 음자-창1:2-4/요1:5-17/롬8:2/빌3:2-9-어두움에 죄와 사망의 율법에서 난 의를 가지고 있는-계22:15- 빌3:9-2-개들은
창1:5-4-1-천부의 집에-계4:1-열린 문에서 심판을 받아 = = =>-
창1:5-4-2-흑암에-신4:10-15-구름 속에 여호와가 있는 화염에 불꽃이 충천한 불못에-<= = = 던져지는 이렇게 보고 보며 본 것이라.
창1:5-4-2-흑암이라 하는 어두움에 밤하늘을 -지옥이라 이야기하는 것은
또
창1:5-4-1-천부와 천자-계4:1-2-5-8-낮의 셋째 하늘에서-유1:6-자기 지위를 지키지 않고 처소를 떠난 천사들을 큰 날 심판까지 영원한 결박으로
창1:5-4-2-흑암이라 하는 밤하늘에 가두어서-신4:10-15-흑암에 구름이라 하는 밤하늘 안에 여호와가 화염에 불꽃이 충천한 불못에 갇혀 있는 것을
성령에 감동하여 이렇게 보고 보며 본 것이라 흑암이라는 밤하늘을 지옥이라 하는 것이며-지옥 불못에-옥황-이라 하는 왕이 있는 것을 보며
창1:5-4-1-천부와 천자-계4:1-2-5-8-낮의 셋째 하늘에-上帝-천지의 대 주재이시며 지극히 높으신 만왕의 왕 만주의 주 하나님을 뵈온 것이니라.

5

계1	계4	계8	계12	계16	계20
계2	계5	계9	계13	계17	계21
계3	계6	계10	계14	계18	계22
	계7	계11	계15	계19	

창1:5-4-1-천이라 하는- 계4:1-2-5-8-낮의 셋째 하늘에 계시는
창1:5-4-1-천부의 천자- 계4:1- 예수께서-
창1:5-4-2-음부와 음자- 계4:2-3-보좌 가운데에-첫째 생물에-첫째 인을 떼시고
창1:5-4-2-음부와 음자- 계4:2-4-보좌 가운데에-둘째 생물에-둘째 인을 떼시고
창1:5-4-2-음부와 음자- 계4:2-5-보좌 가운데에-셋째 생물에-셋째 인을 떼시고
창1:5-4-2-음부와 음자- 계4:2-6-보좌 가운데에-넷째 생물에-넷째 인을 떼어서

창1:5-4-2-아침이 되는- 계4:2-8-밤이라 칭하신-계4:2-7-네 생물을-陰自와 어두움이라 하며-네 생물의 아비를-陰父=음부라 하는 것이며
창1:5-4-2-흑암이라는 - 계4:2-8-밤하늘이라는-신4:10-15-흑암에 구름 속에 화염에 불꽃이 충천한 불꽃 가운데 있는 여호와를- 陰父-로 보며
창1:5-4-2-음부와 음자- 창1:2-4/요1:5-17/고전1:56/롬8:2- 어두움에 죄와 사망의 율법을-
　　　　　　　 - 道可道非常道 名可名非常名이라 하며
　　　　　　　 - 色不異空 空不異色이라 하며
창1:5-4-2-음부와 음자- 계4:2-8-밤이라 칭하신-계4:2-7-네 생물들의 여섯 날개를- 육바라밀이라 하는 것이며
창1:5-4-2-음부와 음자- 계4:2-8-밤이라 칭하신-계4:2-7-어두움의 죄와 사망의 율법을 따르는 사람들을 불경에서-아사리들이라 하는 것이며
창1:5-4-2-음부와 음자- 계4:2-8-밤이라 칭하신-계4:2-7-어두움에 죄와 사망의 율법을 따르는 信者들을 성경에서-빌5:9-2-개들이라 하는
　　　　　　　　　　　　　　　　　반면에
창1:5-4-1-저녁이 되는- 계4:1-2-5-8-낮의 하늘에 계시는
창1:5-4-1-천부와 천자- 계4:1-2-5-8-낮의 하늘에 계시는-계4:1-예수님 안에 있는 빛과 생명의 -계4:2- 성령의 법을
　　　　　도덕경에서- 道可道有常道 名可名有常名이라 하며
　　　　　불경에서- 色卽是空 空卽是色이라 하며 -또-계4:1-2-성령의 바람을 -보시바라밀이라 하는 것이며
　　　　　　　　　　　　　　　　또
창1:5-4-1-천부와 천자- 계4:1-2-5-8-낮의 하늘에 계신-계4:1 독생자 예수님 안에 있는 빛과 생명의 -계4:2-성령의 법을 따르는 사람들은
창1:5-4-1-천부와 천자- 계4:1-2-5-8-낮이라 칭하신-요1:1-18/롬8:2-/빌3:1-9-예수님 안에 있는 생명의 성령의 법에서 난 의를 가지고 있으며
　　　　　　　계4:2-4-5-6-7-8-밤이라 칭하신-요1:5-17/롬8:2/계3:9-8-어두움에 죄와 사망의 율법에서 난 의를 버려 버리고
　　　　　　　요3:5-물과 성령으로 거듭난 사람이라 하는 것이며
　　　　　불경에서- 아뇩다라 삼먁 삼보리라 하며
　　　　　 -밤이라 칭하신-요1:5-17/롬7:1-24/고전15:56-음부와 음자에 율법이 사망으로 쏘는 -롬6:1-14-죄가 주관하지 못하는
창1:5-4-1-천부의 천자- 낮이라 칭하신-요1:1-17/롬6:1-14-빛이신 예수님 은혜에 열반에-<==들어간 사람들을-天父와 天子의 天夫人이라 하며
　　　　　천부경에서- 天二三 地二三 人二三에 === 三天地人이라 하는 것이며
　　　　　　　　　　　　　　　　또
창1:5-4-1-아침이 되는- 계4:1-2-4-5-6-7-8-밤이라 칭하신 어두움과 어두움에 아바라 하는
창1:5-4-2-음부와 음자- 요1:5-17/고전15:56- 어두움의 율법이 사망으로 쏘는 죄가 = = =>-
　　　　　　　 -요1:5-17/롬7:1-24- 율법이 사람이 살아 있는 동안만-<= = = 사망으로 쏘는 죄로 주관하는 권세를 가지고 있어서
창1:5-4-1-천부의 천자- 요1:1-17/엡2:15-16-빛이신 예수께서 원수 된
창1:5-4-2-음부와 음자- 요1:5-17/엡2:15-16-어두움에 계명과 율법을 육체로 폐하시고 십자가로 소멸하신
창1:5-4-1-천부의 천자- 요1:1-17/엡2:15-16/롬6:1-11-예수님의 죽으심과 합하여 물로 세례를 받아서
창1:5-4-2-음부와 음자- 요1:5-17/고전15:56- 어두움인 음부와 음자와 율법에 -<== 대하여 -롬6:1-11- 물로 세례를 받아서 죽어 장사되고
　　　　　골2:12- 죽은 자들 가운데서 예수님을 일으켜 살리신-천자의 천부 하나님을 믿어서
　　　　　갈3:13-14- 아브라함의 복을 받는데 그 복이 죽음을 맞보지 아니하고 죽은 자들이 받는 복을 받는 것으로 이는
창1:5-4-2-음부와 음자-요1:5-17/고전15:56- 어두움의 율법이 사망으로 쏘는 죄가-롬7:1-사람이 살아 있는 동안만 주관하는 권세에서 해방되고
창1:5-4-2-음부와 음자에게서===> 해탈하여- 어두움인 음부와 음자에 율법이 사망으로 쏘는 -- 롬 6:1-11-14-죄가 주관하지 못한다
창1:5-4-1-천부와 천자- 요1:1-17 /롬6:1-14- 빛이신 예수님 은혜를 받아서 열반에 들어가는 것을 사도들이 이야기한 내용을 이렇게 편집하는 것은
창1:5-4-1-저녁이 되는-계4:1-2-5-8- 낮의 하늘에서-성령에 감동하여-이렇게-보고 듣고 본 것이라 이렇게 편집하여서 이야기하는 것이다.
　　　　　　　　　　　계안다 옴 가떼 가떼 바라 가떼 바라 상가떼 보디 스와하

계1	계4	계8	계12	계16	계20
계2	계5	계9	계13	계17	계21
계3	계6	계10	계14	계18	계22
	계7	계11	계15	계19	

창1:5-4-1-천이라 하는- 계4:1-2-5-8-낮의 셋째 하늘에 계시는

창1:5-4-1-천부의 천자- 계4:1- 예수께서-

창1:5-4-2-음부와 음자- 계4:2-3-보좌 가운데에-첫째 생물에-첫째 인을 떼시고 이 보좌는-창1:2-흑암에 구름이라는 밤하늘에 베풀어져 있고

창1:5-4-2-음부와 음자- 계4:2-4-보좌 가운데에-둘째 생물에-둘째 인을 떼시고 이 보좌는-창1:2-혼돈고 공허한 땅에 베풀어진 것이고

창1:5-4-2-음부와 음자- 계4:2-5-보좌 가운데에-셋째 생물에-셋째 인을 떼시고 이 보좌는-창1:2-깊음에 있는 궁창에 베풀어진 것이고

창1:5-4-2-음부와 음자- 계4:2-6-보좌 가운데에-넷째 생물에-넷째 인을 떼어서 이 보좌는-창1:2-수면에 물이 모이고 드러난 땅에 있으며

창1:5-4-2-아침이 되는- 계4:2-4-5-6-8-밤이라 칭하신-계4:2-7-네 생물을 陰自와 어두움이라 하며-네 생물의 아비를- 陰父 = 음부라 하며

창1:5-4-2-흑암이라며 계4:2-8-밤하늘이라 하는-신4:10-15-흑암에 구름 속에 화염에 불꽃이 충천한 불꽃 가운데 있는 여호와를- 陰父-로 보며

창1:5-4-2-음부와 음자- 창1:2-4/요1:5-17/고전1:56/롬8:2- 어두움에 죄와 사망의 율법을-

- 道可道非常道 名可名非常名이라 하며

- 色不異空 空不異色이라 하며

창1:5-4-2-음부와 음자- 계4:2-8-밤이라 칭하신-계4:2-7-네 생물들의 여섯 날개를- 육바라밀이라 하는 것이며

창1:5-4-2-음부와 음자- 계4:2-8-밤이라 칭하신-계4:2-7-어두움의 죄와 사망의 율법을 따르는 사람들을 불경에서-아사리들이라 하는 것이며

창1:5-4-2-음부와 음자- 계4:2-8-밤이라 칭하신-계4:2-7-어두움에 죄와 사망의 율법을 따르는 信者들을 성경에서-빌5:9-2-개들이라 하는 것이며

반면에

창1:5-4-1-저녁이 되는- 계4:1-2-5-8-낮의 하늘에 계시는

창1:5-4-1-천부와 천자- 계4:1-2-5-8-낮의 하늘에 계시는-계4:1-예수님 안에 있는 빛과 생명의 -계4:2- 성령의 법을

도덕경에서- 道可道有常道 名可名有常名이라 하며

불경에서- 色卽是空 空卽是色이라 하며 -또-계4:1-2-성령의 바람을 -보시바라밀이라 하는 것이며

또

창1:5-4-1-천부와 천자- 계4:1-2-5-8-낮의 하늘에 계신-계4:1 독생자 예수님 안에 있는 빛과 생명의 -계4:2-성령의 법을 따르는 사람들은

창1:5-4-1-천부와 천자- 계4:1-2-5-8-낮이라 칭하신-요1:1-18/롬8:2-/빌3:1-9-예수님 안에 있는 생명의 성령의 법에서 난 의를 가지고 있으며

계4:2-4-5-6-7-8-밤이라 칭하신-요1:5-17/롬8:2/계3:9-8-어두움에 죄와 사망의 율법에서 난 의를 버려 버리고

요3:5-물과 성령으로 거듭난 사람이라 하는 것이며

불경에서- 아뇩다라 삼먁 삼보리라 하며

-밤이라 칭하신-요1:5-17/롬7:1-24/고전15:56-음부와 음자에 율법이 사망으로 쏘는 -롬6:1-14-죄가 주관하지 못하는

창1:5-4-1-천부의 천자- 낮이라 칭하신-요1:1-17/롬6:1-14-빛이신 예수님 은혜에 열반에-<==들어간 사람들을- 天父와 天子의 天夫人이라 하며

천부경에서- 天二三 地二三 人二三에 === 三天地人이라 하는 것이며

또

창1:5-4-1-아침이 되는- 계4:1-2-4-5-6-7-8-밤이라 칭하신 어두움과 어두움에 아바라 하는

창1:5-4-2-음부와 음자- 요1:5-17/고전15:56- 어두움의 율법이 사망으로 쏘는 죄가= = =>롬6:1-14-주관하지 못하는

창1:5-4-1-천부와 천자- 요1:1-18/롬6:1-14-빛이신 천부의 독생자 예수님 은혜가 있는

창1:5-4-1-천부와 천자- 집-字를-성경에서-살렘 왕이며 벧엘의 하나님 제사장 멜기세덱의 살렘 성의 벧엘과 ----- 거룩한 새 예루살렘이라 하며

-환단고기에서 -마고성과 -부도지라 하는 것이며

-불경에서- 옴 마 니 벧 메 홈-이라 하는 것이며

-옴 마 니 벧 메 홈-에-

-옴-은-창1:5-4-1-천지를 창조하신-요1:1-18-빛과 생명과 말씀으로 영생하시는 -光明進言-진리이신 천부의 천자를 가리켜서-- 옴-이라 하며

-마-는-창1:5-4-1-천부와 천자-집-字-라 하는-계21:2-10-20-거룩한 성 새 예루살렘의 열두기초석에 열두 보석을 가리켜서-- 마-라 하며

-니-는-창1:5-4-1-천부와 천자-집-字-라 하는-계21:2-10-21-거룩한 성 새 예루살렘의-계4:1-열린 열두진주 문을가리켜 -- 니-라 하며

-벧-는-창1:5-4-1-천부와 천자-집-字-라 하는-계21:1-10-22-거룩한 성 새 예루살렘의 성전-벧엘의 벧을 가리켜서 ----- 벧-이라 하며

-메-는-창1:5-4-1-천부와 천자-집-字-라 하는-계21:2-10-거룩한 성 새 예루살렘이 내려온 크고 높은 산을 가리켜서 ---- 메-라 하며

-홈-은-창1:5-4-2-음부와 음자-집-宙-에-어두움에 율법이 사망으로 쏘는 죄가 주관하지 못하는-롬6:1-14-천부와 천자의 은혜를-홈-이라 함을

창1:5-4-1-저녁이 되는-계4:1-2-5-8-낮의 하늘에서 성령에 감동하여 이렇게 보고 들으며 본 것이라-이렇게-그 이야기를 하고 하며 하게 되느니라.

계1	계4	계8	계12	계16	계20
계2	계5	계9	계13	계17	계21
계3	계6	계10	계14	계18	계22
	계7	계11	계15	계19	

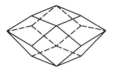

창1:5-4-1-천이라 하는- 계4:1-2-5-8-낮의 셋째 하늘에 계시는

창1:5-4-1-천부의 천자- 계4:1- 예수께서-

창1:5-4-2-음부와 음자- 계4:2-3-보좌 가운데에-첫째 생물에-첫째 인을 떼시고 이 보좌는-창1:2-흑암에 구름이라는 밤하늘에 베풀어져 있고

창1:5-4-2-음부와 음자- 계4:2-4-보좌 가운데에-둘째 생물에-둘째 인을 떼시고 이 보좌는-창1:2-혼돈고 공허한 땅에 베풀어진 것이고

창1:5-4-2-음부와 음자- 계4:2-5-보좌 가운데에-셋째 생물에-셋째 인을 떼시고 이 보좌는-창1:2-깊음에 있는 궁창에 베풀어진 것이고

창1:5-4-2-음부와 음자- 계4:2-6-보좌 가운데에-넷째 생물에-넷째 인을 떼어서 이 보좌는-창1:2-수면에 물이 모이고 드러난 땅에 있으며

창1:5-4-2-아침이 되는- 계4:2-4-5-6-8-밤이라 칭하신-

창1:5-4-2-음부와 음자- 창1:2-4/요1:5-17- 어두움의 율법을 따르는 유대교 유대인들에-<= = = = -

창1:5-4-1-저녁이 되는- 계4:1-2-5-8-낮이라 칭하신-

창1:5-4-1-천부와 천자- 창1:1-4/요1:1-18-빛이신 독생자 예수님 오셔서 은혜와 진리라 하는-마4:17-천국에 복음을 전하여 주시고 = = =>-

창1:1-4/요1:1-17/엡2:15-16-원수 된

창1:5-4-1-음부와 음자- 창1:2-4/요1:5-17/엡2:15-16-어두에 계명과 율법을 육체로 폐하시고 십자가로 소멸하시고 죽은 자들 가운데서

창1:2-4/신4:10-15/벧전3:19- 어두움에 -옥에 가서서 천국에 복음을 전파하시고

창1:2-4/신4:10-15/고전15:56-어두움의 율법의 사망을 이겨서 폐하시고- - - - 계1:1-4-5-다시 살아나신 예수께서

창1:2-4/신4:10-15/요1:5-17/고전15:56/갈3:13-어두움의 율법의 죄와 사망의 저주에서 ==>-우리 인류를 속량하시고

창1:2-4/벧전2:9-어두움에서 = = = = = = = = = = = = = = = = = = ===>-우리 인류를 불러내어서

창1:5-4-1-천부와 천자- 요1:1-18/마10:1-7/벧전2:9-천국에 거룩한 나라와 왕 같은 제사장으로 삼으시고 승천하신- - -천국에 복음을 받아들여서

- 요1:1-18/엡2:15-16/롬6:1-11-천자이신 예수님의 죽으심과 합하여 물로 세례를 받아서

- 요1:5-17/엡2:15-16/롬6:1-11-어두움인 음부와 음자와 율법과 죄와 사망에 -<= = = = 대하여 죽어 장사되고

롬4:1-25- 골2:12- 죽은 자들 가운데서 예수님을 일으켜 살리신 천부 하나님을 믿음으로 말미암아

- 요1:1-18-천부의 천자이신 독생자 예수께서 -산상수훈에서 나타내신 의로 의롭다 하심을 얻은 의인이 되어서

창1:5-4-2-음부와 음자- 요1:5-17/고전15:56/롬7:1-24-어두움의 율법 사망으로 쏘는 --롬6:1-14-죄가 주관하지 못하는

창1:5-4-1-천부와 천자- 요1:1-17-18/롬6:1-11-14-천부와 천자이신 예수님 은혜 안에 있다고 마음으로 믿고 입으로 시인하는 이야기를 하면

창1:5-4-1-천부와 천자- 요1:1-17-18/-/고후9:8-천부와 천자 예수님이 능히 모든 은혜를 넘치게 하셔서 모든 일에 항상 모든 것이 넉넉하여 모든

착함을 넘치게 하게 하시는 천국에 복음을-<== 기복신앙이라 조롱하고 비방하는 사람은 누구든지 죽어서 그 영혼들이 ==>-

창1:5-4-1-천부와 천자-집에-계4:1- 열린 천국에서-심판을 받아서= =>-

창1:5-4-2-흑암이라 하며 아침이 되는 어두움에 밤하늘이라 하는

신4:10-15-흑암에 구름 속에 여호와-음부가 있는 화염에 불꽃이 충천한 불못에-<== 던져지는 것을 보고 보며 본 것이라 그 이야기를 하고 하는 것이

그리고

창1:5-4-1-천이라 하는 -계4:1-2-5-8-낮의 하늘나라 천국에 다녀오신 분들이 동일하게 하는 이야기가 천국에 관한 이야기는 목사님들이 제일 많이

이야기하시는데 천국에 가서 목사님을 한 분도 보지 못하고 돌아왔다는 이야기를 하는 것은

낮의 하늘나라 천국에 여호와의 이름을 부르다가 회개한 사람은 있어도 회개하지 않고 죽은 사람은 누구든ᄌ

창1:5-4-1-천부와 천자-집에-계4:1-열린 문에서 심판을 받아서==>-

창1:5-4-2-흑암에 구름 속에-신4:10-15-여호와가 있는 화염에 불꽃이 충천한 불못에 -<= = = = 던져져 있기 때문에

창1:5-4-1-천부와 천자 집에서- 여호와의 이름을 부르던 목사님들이 없기 때문에 보지 못하는 것이다. 그러니 회개할 것이 있으면 회개하시라.

내가 1970년대에 교회를 가려고 자료 조사를 하는 과정에서 천국에 다녀오신 분들의 간증 이야기가 널리 펴져 있었던 것을 누구나 듣는 이야기였으ᄆ

실제로 기도굴에서 성령에 감동하여 기도굴에서 기도하고 있는 나를 또 하나에 내가 내려다보며 올라가는 공간 여행을 하여 올라가서 보고 보며 본 것이ᄅ

이렇게 그 이야기를 성경으로 하고 하며 하는 것은 이미 성경에 그 이야기들이 담겨 있기 때문이다.

계1	세4	계8	계12	계16	계20
계2	계5	계9	계13	계17	계21
계3	계6	계10	계14	계18	계22
	계7	계11	계15	계19	

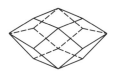

창1:5-4-1-천이라 하는-계4:1-2-5-8-낮의 셋째 하늘에 계시는
창1:5-4-1-천부- - - - 우리 하나님 아버지의-엘 엘룐- 엘올람- 엘샤다이- 이름이 거룩히 여김을 받으시오며
창1:5-4-1-천부- - - - 우리 하나님 아버지의 나라가 임하옵시며
창1:5-4-1-천부- - - - 우리 하나님 아버지의 뜻이 하늘에서 이루어져서
창1:5-4-1-천부- - - - 우리 하나님 아버지께서 -유1:6-자기 지위를 지키지 아니하고 자기 처소를 떠난 천사들이라 하는

창1:5-4-2-과-계4:2-3-보좌 가운데에-첫째 생물에-계6:1-2-첫째 인을 떼시고
창1:5-4-2-과-계4:2-4-보좌 가운데에-둘째 생물에-계6:3-4-둘째 인을 떼시고
창1:5-4-2-과-계4:2-5-보좌 가운데에-셋째 생물에-계6:5-6-셋째 인을 떼시고
창1:5-4-2-과-계4:2-6-보좌 가운데에-넷째 생물에-계4:7-8-넷째 인을 떼어서

창1:5-4-2-아침이 되는-계4:2-8-밤이라 칭하신-계4:2-7-네 생물과 네 생물의 아비 음부를
창1:5-4-2-흑암에- - -신4:10-16-구름이라 하는 밤하늘에 화염에 불꽃이 충천한 불못에 -유1:6-큰 날 심판까지 영원한 결박으로 가두어 두신
창1:5-4-1-저녁이 되는-계4:1-2-5-8-낮의 하늘에 계시는 천부-<== 우리 하나님 아버지의 뜻이 하늘에서 이루어진 것과 같이
창1:5-4-2-아침이 되는-계4:2-4-5-6-7-8-밤이라 칭하신
　　　　　　　　　　　-계4:6-7-어두움에 보좌가 있는 -<= = = = = 땅에서도 이루어지이다.

창1:5-4-1-저녁이 되는-계4:1-2-5-8-낮의 하늘에 계시는- 천부 하나님 아버지께서 독생자 천자를 ==>-
창1:5-4-2-어두움에 <-창1:3-있으라 하시고
창1:5-4-2-어두움과 <=창1:4-나누사
창1:5-4-1-저녁이 되는-계4:1-8-낮이라 칭하신 -요1:1-17-18-빛으로 천부의 천자이신 예수께서
창1:5-4-2-아침이 되는-계4:2-8-밤이라 칭하신 -요1:5-17-어두움에 있는 = = = 오늘날 우리에게 일용할 양식을 주옵시고
　　　　　　　　　　　　　　　　　우리가 우리에게 죄지은 자를 용서하여 준 것같이 우리의 죄를 용서하여 주옵시고
　　　　　　　　　　　　　　　　　우리를 시험 들게 하지 마옵시고 다만 악에서 구하옵소서
　　　　　　　　　　　　　　　　　대개 나라와 권세와 영광이
창1:5-4-1-저녁이 되는-계4:1-2-5-8-낮의 하늘에 계시는 - 천부 우리 하나님 아버지께 영원히 있사옵나이다. 아멘.

　　　　　　　　　　　　　　　　　그리고
창1:5-4-1-저녁이 되는-계4:1-2-5-8-낮이라 칭하신-- 요1:1-18/엡2:15-16-빛이신 천부의 독생자 예수께서 원수 된
창1:5-4-2-아침이 되는-계4:2-4-5-6-8-밤이라 칭하신-요1:5-17/엡2:15-16-어두움인 음부와 음자에 계명과 율법을 육체로 폐하시고
　　　　　　　　　　　　　　　　십자가로 소멸하여-요1:1-17/요19-30-다 이루었도다 하시고 죽은 자들이 있는
　　　　　　　　　　　　　　　　-요1:1-17/신4:10-15/벧전3:19-옥에 가서서 영으로 옥에 있는 영들에게도
　　　　　　　　　　　　　　　　-요1:1-17/신4:10-15마4:17-/마4:1-17-천국을 전파하시고
창1:5-4-2-아침이 되는-계4:2-4-5-6-8-밤이라 칭하신-요1:1-17/신4:10-15-어두움의 율법의 사망을 이겨서 폐하시고 다시 살아나신 예수께서
창1:5-4-2-아침이 되는-계4:2-8-밤이라 칭하신-신4:10-15/고전15:56/갈3:13-어두움에 죄와 사망과 율법의 저주에서 = =>-우리를 속량하시고
창1:5-4-2-아침이 되는-계4:2-8-밤이라 칭하신-창1:2-4/벧전2:9-어두움에서= = = = = = = = = = = = = = = = ==>-우리를 불러내어서
　　　　　　　　　　　　　　　　　　　　　　십자가 위에서 다 이루어 놓으신
창1:5-4-1-천부와 천자- 마4:17-마10:1-7-벧전2:9-천국에 거룩한 나라와 왕 같은 제사장으로 삼으시는 일을 - - - 40일간 일하시고 승천하셔서
창1:5-4-1-저녁이 되는-계4:1-2-5-8-낮의 셋째 하늘에 열린 천국 문으로
　　　　　　　　　　-계4:1-예수께서-계1:10-나팔 소리 같은 큰 음성으로==>- 계1:11-교회들에게
　　　　　　　　　　-계4:2-성령께서-계1:10-나팔 소리로-계1:1-11-교회들에게 하시는 말씀을 듣고서
창1:5-4-2-아침이 되는-계4:2-4-5-6-보좌에 있는 어두움의 율법이 사망으로 쏘는 죄를-<===이기는-계3:21-그에게
창1:5-4-1-천부와 천자-계4:1-계3:21-내 보좌에 함께 앉게 하여 주기를 내가 이기고 아버지 천부 보좌에 앉은 것과 같이 하리라 하시는 예수님을
창1:5-4-1-저녁이 되는-계4:1-2-5-8-낮의 하늘에서 성령에 감동하여 주기도문을 통해서 본 것이라 이렇게 주기도문으로 이야기하고 하는 것이다.

계1	계4	계8	계12	계16	계20
계2	계5	계9	계13	계17	계21
계3	계6	계10	계14	계18	계22
	계7	계11	계15	계19	

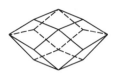

창1:5-4-1-천이라 하는-계4:1-2-5-8-낮의 셋째 하늘에 계시는

창1:5-4-1-천부- - - - 우리 하나님 아버지의-엘 엘룐- 엘올람- 엘샤다이- 이름이 거룩히 여김을 받으시오며

창1:5-4-1-천부- - - - 우리 하나님 아버지의 나라가 임하옵시며

창1:5-4-1-천부- - - - 우리 하나님 아버지의 뜻이 하늘에서 이루어진 것같이

창1:5-4-2-밤이라 칭하신 어두움에 땅에서도 이루어지이다.

창1:5-4-2-과-계4:2-3-보좌 가운데에-첫째 생물에-계6:1-2-첫째 인을 떼시고

창1:5-4-2-과-계4:2-4-보좌 가운데에-둘째 생물에-계6:3-4-둘째 인을 떼시고

창1:5-4-2-과-계4:2-5-보좌 가운데에-셋째 생물에-계6:5-6-셋째 인을 떼시고

창1:5-4-2-과-계4:2-6-보좌 가운데에-넷째 생물에-계4:7-8-넷째 인을 떼어서

창1:5-4-1-저녁이 되는-계4:1-2-5-8-낮이라 칭하신- 요1:1-18/엡2:15-16-빛이신 천부의 독생자 예수께서 원수 된

창1:5-4-2-아침이 되는-계4:2-4-5-6-8-밤이라 칭하신-요1:5-17/엡2:15-16-어두에 계명과 율법을 육체로 폐하시고

　　　　　　　　　　　　십자가로 소멸하여-요1:1-17/요19-30-다 이루었도다 하시고 죽은 자들이 있는

　　　　　　　　　　　　　　　　-요1:1-17/신4:10-15/벧전3:19-옥에 가서서 영으로 옥에 있는 영들에게도

　　　　　　　　　　　　　　　　-요1:1-17/신4:10-15마4:17-/마4:1-17-천국을 전파하시고

창1:5-4-2-아침이 되는-계4:2-4-5-6-8-밤이라 칭하신-요1:1-17/신4:10-15-어두움의 율법의 사망을 이겨서 폐하시고 다시 살아나신 예수께서

창1:5-4-2-아침이 되는-계4:2-8-밤이라 칭하신-신4:10-15/고전15:56/갈3:13-어두움에 죄와 사망과 율법의 저주에서 = =>-우리를 속량하시고

창1:5-4-2-아침이 되는-계4:2-8-밤이라 칭하신-창1:2-4/벧전2:9-어두움에서= = = = = = = = = = = = ==>-우리를 불러내어서

　　　　　　　　　　　　　　　　　　　　　　　십자가 위에서 다 이루어 놓으신

창1:5-4-1-천부와 천자- 마4:17-마10:1-7-벧전2:9-천국에 거룩한 나라와 왕 같은 제사장으로 삼으시는 일을 - - - 40일간 일하시고 승천하셔서

창1:5-4-1-저녁이 되는-계4:1-2-5-8-낮의 셋째 하늘에 열린 천국 문으로

　　　　　　　　-계4:1-예수께서-계1:10-나팔 소리 같은 큰 음성으로==>- 계1:11-교회들에게

　　　　　　　　-계4:2-성령께서-계1:10-나팔 소리로-계1:1-11-교회들에게 하시는 말씀을 듣고서

창1:5-4-2-아침이 되는-계4:2-4-5-6-보좌에 있는 어두움의 율법이 사망으로 쏘는 죄를-<===이기는-계3:21-그에게

창1:5-4-1-천부와 천자-계4:1-계3:21-내 보좌에 함께 앉게 하여 주기를 내가 이기고 아버지 천부 보좌에 앉은 것과 같이 하리라 하시는 예수님이

창1:5-4-1-저녁이 되는-계4:1-2-5-8-낮의 하늘에서 성령에 감동하여 주기도문을 통해서 본 것이라 이렇게 주기도문으로 이야기하고 하는 것이며

　　　　　　　　　　　　　　　　　　또

창1:5-4-1-천이라 하는-계4:1-2-5-8-낮의 빛으로 영생하시는

창1:5-4-1-천부의 천자-예수께서-태초기와 창세기와 말세기 -한 때에-

창1:5-4-2-음부와 음자-어두움에 -창1:3-빛으로 오셔서-어두움에서== =>-우리 인류를 구원하시고 승천하신

창1:5-4-1-천이라 하는-계4:1-2-5-8-낮의 빛으로 영생하신

창1:5-4-1-천부의 천자-요1:1-18-과-롬8:2- 예수님 안에 있는 생명의 성령의 법을 따라서-태초기와 창세기와 말세기-한 때와 두 때와 반 때에-

창1:5-4-2-어두움의 율법이 사망으로 쏘는 죄에 쏘이고 맞아 -고전15:29-죽은 자들을 대신하여 -롬6:1-14/골2:12- 물로 세례를 받아서

창1:5-4-2-흑암에-신4:10-15/계20:1-15/고전3:15-구름 속에 여호와가 있는 화염에 불꽃이 충천한 불 가운데서 =>행16:31-너와 네 집이 구원을

　　　　　　　　　　　　얻는 세례와 성찬 예식이 예수님 안에 있는 생명의 성령의 법이 있음과 같이 또

불교에서도 이와 같은 색즉시공 공즉시색이라 하는 생명의 성령의 법을 따르는 보시바라밀에 천도제라 하는 예식이 있는 것을 알 수가 있으며

　　　　　　　　　　　　　　　　　　또

창1:5-4-1-천이라 하는 --계4:1-2-5-8-낮의 하늘나라

창1:5-4-1-천부와 천자인-계4:1-계3:21-예수님과 아버지 보좌가 있는-창1:1-천이라 하는- 낮의 셋째 하늘나라-천국과 -창1:2-에 지옥이 있고

창1:5-4-1-천부와 천자에-계4:2-계20:11-성령님의 보좌가 있는 -- - 창1:1-천이라 하는- 낮의 둘째 하늘나라-천국과 -창1:2-에 지옥이 있고

창1:5-4-1-천부와 천자에-계4:5-계20:4-일곱 영의 보좌들이 있는 ---창1:1-천이라 하는- 낮의 첫째 하늘나라-천국과 -창1:2-에 지옥이 있고

창1:5-4-1-지면에 있는 낙원에-천부의 천자인-계22:1-어린양의 보좌와 생명나무 열매를-<= 예수님 안에 있는 생명 성령의 법에서 난 의로 보며

창1:5-4-2-에덴동산에 있는 선악과 열매를-<=밤이라 칭하신 어두움에 죄와 사망의 율법에서 난 의로 보고 보며 본 것을 이렇게 이야기하는 것이다.

계1	계4	계8	계12	계16	계20
계2	계5	계9	계13	계17	계21
계3	계6	계10	계14	계18	계22
	계7	계11	계15	계19	

창1:5-4-1-저녁이 되는-계4:1-2-5-8-낮의 셋째 와 둘째와 첫째 하늘에

창1:5-4-1-천부와 천자-계4:1-계3:21-예숫님 보좌에 앉은 빛의 자녀들이-낮의 셋째 하늘나라에서=>창1:4-계21:1-어두움에 하늘과 땅과 바다를 점령하는 것이고
창1:5-4-1-천부와 천자-계4:2-계20:11-성령 보좌에 앉은 빛의 자녀들이-낮의 둘째 하늘나라에서=>창1:4-계21:1-15-어두움에 하늘과 땅과 바다를 정령하고
창1:5-4-1-천부와 천자-계4:5-계20:4-칠령 보좌에 앉은 빛의 자녀들이 -낮의 첫째 하늘에서- - - ->창1:4-계20:1-2- 어두움에 하늘을 점령하는 것이며
창1:5-4-1-천부의 천자-계22:1-어린양에 보좌에 앉은 빛의 자녀들이 - -창1:1-지면에 - - - ->창1:4-어두움에 땅과 바다를 정복하고 점령하는 것이며
창1:5-4-1-저녁이 되는 -계4:1-2-5-8-낮이라 칭하신 예숫님 안에 있는 생명의 성령의 법에서 난 의를 빛의 자녀들이 가지 있으며

반면에

창1:5-4-2-음부와 음자-계4:2-3-보좌에 앉은 陰夫人 어두움에 자녀들이-밤의 셋째 하늘나라에서- 창1:4-어두움에 -계21:1-하늘에서 땅과 바다로 쫓겨 내려가고
창1:5-4-2-음부와 음자-계4:2-4-보좌에 앉은 陰夫人-어두움에 자녀들은-밤의 둘째 하늘나라에서- 창1:4-어두움에-계20:11-하늘에서 땅과 바다로 쫓겨 내려가고
창1:5-4-2-음부와 음자-계4:2-5-보좌에 앉은 陰夫人-어두움에 저녀들이-밤의 첫째 하늘에서 --- 창1:4-어두움에-계20:4-1-무저갱에 던져지는 것이며
창1:5-4-2-아침이 되는-계4:2-8-밤이라 칭하신-창1:4-어두움에-요1:5-17/갈5:4-율법 안에서 의롭다 함을 얻으려 하는 너희는
창1:5-4-1-저녁이 되는-계4:1-8-낮이라 칭하신-창1:4-빛이신--요1:1-17/갈5:4-그리스도에게서 끊어지고 은혜에서 떨어져-
창1:5-4-1-저녁이 되는-계4:1-8-낮의 하늘에 빛으로 계시는 예수께서 - - - 계3:1-살았다 하는 나의 이름은 가졌으나 죽은 자라 하는 심판이 있으며

또

창1:5-4-1-저녁이 되는 낮이라 칭하신 -요1:1-7/엡2:15-16/롬6:1-1/골2:12-예숫님의 죽으심과 합하여 물로 세를 받은 사람은 -계20:4-6-첫째 부활에 참여함이며
창1:5-4-1-저녁이 되는 낮이라 칭하신 -요1:1-17/롬8:2-빌3:1-9-예숫님 안에 있는 생명의 성령의 법에서 난 의를 믿음으로 받아서
창1:5-4-2-아침이 되는 밤이라 칭하신 -요1:5-17/롬8:2-빌3:9-8-여호와의 죄와 사망의 율법에서 난 의를 버려 버린 사람은-계20:11-15- 둘째 부활에 참예함이며
창1:5-4-2-아침이 되는 밤이라 칭하신 -요1:5-17//롬7:1-24/고전15:56-어두움의 율법이 사망으로 쏘는 -롬6:1-14-죄가 주관하지 못하는-
창1:5-4-1-저녁이 되는 낮이라 칭하신 -요1:1-17/롬6:1-14-은혜 아래서-고후9:8- 모든 일에 전능하신 예숫님 은혜로 능히 모든 일에 항상 모든 것이 넉넉하여 모든
넘치게 하시는 은혜로 살아가는 사람들을 - - - - - -셋째 하늘에-천부와 천자에 계3:21 보좌에 참여하여 있는 것을
창1:5-4-1-저녁이 되는-계4:1-2-5-8- 낮의 하늘에서 이렇게 보고 보며 본 것이라 이렇게 그 이야기를 하는 것은

명상과 수행을 하는 분들에게
宇-와-宙-를 보는 마음과 생각에 눈을 열어 주려는 것이며
성령을 받으려면

창1:5-4-1-저녁이 되는-계4:1-8-낮이라 칭하신 -요1:1-17롬6:1-11/엡2:15-16/골2:12-예숫님의 죽으심과 합하여 물로 세례를 받고
창1:5-4-1-천지의 대주재이시며 지극히 높으신 만왕의 왕이시며 만주의 주 하나님이신 -- 아람어 방언으로 -엘 엘론과
창1:5-4-1-천지를 창조하신 낮이라 칭하신 빛과 생명과 말씀으로 영생하시는 주 하나님 - 아람어 방언으로 -엘올라와
창1:5-4-1-낮이라 칭하신 빛과 생명과 말씀으로 천지를 창조하신 전능하신 주 하나님 -- 아람어 방언으로 -엘샤다이 이름을 불러서 기도하며
창1:5-4-1-저녁이 되는-계4:1-8-낮이라 칭하신 낮이라 칭하신 -요1:1-18-예수께서 산상수훈에서 드러내신 마음과 생각과 몸으로 지은 죄를 회개하여
예숫님의 죽으심과 합하여 물로 세례를 받고 예수님이 죽은 자들 가운데서 율법의 사망을 이겨서 폐하시고 다시 살아나신 예숫님의 부활을 믿어서
예숫님 산상수훈에서 나타내신 의로 나는 의롭다 하심을 얻은 의인이 되었다는 신앙고백을 하면서

기도하면
온전한 방언이 터져서 나올 것입니다. 혹시 만의 하나 - 라아알라 와 야-로 시작하는 방언은 따라 하지 마세요. -엘-로 시작하는 방언을 따라 하시며
말씀이 생각나고 생각 난 말씀이 주시는 깨달음과 믿음의 내용을 받아서 우리 언어로 기도하세요. 이것이 방언 통역 은사의 시작입니다.
성령 충만함을 받고 -혹시 만에 하나- 여호와의 이름을 부르거나 할렐루야 소리를 따라 하면 성령의 은사는 소멸하니 주의하시기 바랍니다.

나의 경우는 교회를 출석하기 전에 성경을 몇 번 읽고 예숫님 산상수훈으로 마음과 생각과 몸을 수행하며 묵상과 명상을 하면서 조부모님과 대화를 하는
과정에서 교회에 가서 목사님께 수행 방법을 배우라는 권유로 교회에 다니며 이 년간 새벽과 저녁기도를 하면서 나는 아무리 기도와 수행을 하여도 마음과
생각이 변화될 수 없다는 나 자신을 알게 되었으며 산상수훈에서 드러내신 죄에 내가 짓눌려서 숨을 쉬기조차 힘들어 더 살아야 죄만 태산같이 짖다가 지옥 갈 것이 두려워
산상수훈에서 드러난 죄를 금식 기도로 회개하며 죽어서 천국에 가리라 하는 결단으로 금식 기도하다가 성령에 감동하여 공간과 시간여행을 하며
체험한 것을 소개한 것이다.